W0330633

Das große Buch von Braunschweig

Tradition, Kultur, Wissenschaft und Moderne

Herbert Johannessen

ISBN 978-3-86037-357-6

1. Auflage

©2008 Edition Limosa
Agrimedia GmbH
Lüchower Str. 13a
29459 Clenze

Telefon (0 58 44) 97 11 63-0
Telefax (0 58 44) 97 11 63-9
mail@limosa.de
www.limosa.de

Satz und Layout: Zdenko Baticeli, Jana Mengel
Redaktion: Herbert Johannessen, Klaus Langhardt

Gedruckt in Deutschland.
Der Inhalt dieses Buches ist auf säurefreiem, alterungsbeständigem Papier gedruckt, hergestellt aus chlorfrei gebleichtem Zellstoff aus FSC-zertifiziertem Holz.

Alle in diesem Buch enthaltenen Angaben, Daten, Ergebnisse usw. wurden nach bestem Wissen erstellt und mit größtmöglicher Sorgfalt überprüft. Dennoch sind inhaltliche Fehler nicht völlig auszuschließen. Daher erfolgen die Angaben und Hinweise ohne jegliche Verpflichtung oder Garantie des Verlages, des Herausgebers oder der Autoren. Diese übernehmen deshalb keinerlei Verantwortung für etwa vorhandene Unrichtigkeiten.

Das Werk einschließlich aller seiner Teile ist urheberrechtlich geschützt. Jede Verwertung außerhalb der engen Grenzen des Urheberrechtsgesetzes ist ohne Zustimmung des Verlages unzulässig und strafbar. Das gilt besonders für Vervielfältigungen, Übersetzungen, Mikroverfilmungen und Einspeicherung und Verarbeitung in elektronischen Systemen.

Herbert Johannessen

Das große Buch von

Braunschweig

Tradition, Kultur, Wissenschaft und Moderne

Grußwort

Die letzten Jahre haben in besonderem Maße gezeigt, dass unsere Stadt nicht nur über eine lange Tradition verfügt, sondern dass ein hohes Maß an Dynamik und Zukunftsfähigkeit in ihr steckt. Insofern ist der Zeitpunkt für das Erscheinen des vorliegenden Braunschweig-Buches gut gewählt. Das Buch trägt mit dem Querschnitt seiner Beiträge – teils aus der Feder namhafter Braunschweiger – der großen Vielfalt unserer Stadt Rechnung.

Im Jahr 2009 feiern wir das »Kaiserjahr«. Achthundert Jahre zuvor war Otto IV., der Sohn Heinrichs des Löwen und Mathildes, als einziger Welfe zum deutschen Kaiser gekrönt worden und machte Braunschweig für die Dauer seiner Regentschaft zur »urbs regia – Stadt des Reiches«. Eine große Landesausstellung »Otto IV. – Traum vom welfischen Kaisertum« und zahlreiche Großveranstaltungen lassen das mittelalterliche Braunschweig lebendig werden, das – nach den massiven Zerstörungen im Zweiten Weltkrieg – heute vor allem an den Traditionsinseln wie dem Altstadtmarkt, St. Aegidien, dem Magniviertel und dem Burgplatz gegenwärtig ist. Der Burgplatz mit dem mächtigen Löwenstandbild ist in jedem Jahr Schauplatz lebhafter Veranstaltungen wie des Mittelalterlichen Marktes und des »Burgplatz Open-Air« des Staatstheaters Braunschweig. Dies sind nur zwei Beispiele der zahlreichen Veranstaltungen und großen Festivals, die das Programm der Kulturstadt Braunschweigs bereichern.

Das Bild der Stadt hat in den letzten Jahren einen starken Wandel erfahren. Der Wiederaufbau des Braunschweiger Residenzschlosses, das im Jahr 2006 der Öffentlichkeit übergeben wurde, hat zusammen mit den SchlossArkaden einen deutlichen Impuls gesetzt und einen dynamischen Prozess des Wandels und der Erneuerung in weiten Teilen der Braunschweiger Innenstadt ausgelöst. Vollendet wird das Ensemble durch die Aufstellung der Reiterstandbilder der Braunschweiger Herzöge vor dem Residenzschloss und die Bekrönung des Portikus durch die Quadriga. Die im Schloss untergebrachten Kultureinrichtungen werden am neuen Standort intensiv von der Bevölkerung angenommen. Braunschweig ist heute attraktiver denn je und wird damit auch seinem Ruf als Einkaufsstadt Nummer Eins gerecht.

Doch dies ist nur eine von vielen wichtigen Komponenten. Der Titel »Deutschlands Stadt der Wissenschaft« im Jahr 2007 hat eindrucksvoll belegt: In Braunschweig ist die Forschung zu Hause. Namen wie Gauß oder Agnes Pockels zeugen von einer langen Tradition der Wissenschaft in dieser Stadt. Heute ist Braunschweig laut einer aktuellen EU-Studie die forschungsintensivste Region Europas mit der höchsten Wissenschaftlerdichte. Viele von Ihnen werden die hochrangigen Wissenschaftseinrichtungen kennen, von denen einige auch in diesem Buch vorgestellt werden. Auch die Freunde der Sportstadt Braunschweig mit ihren zahlreichen Großereignissen kommen nicht zu kurz. Ein Bericht über den Traditionsverein und Fußballmeister von 1967, Eintracht Braunschweig, darf nicht fehlen. Das kann nicht verwundern, schließlich fand im Herbst 1874 in Braunschweig das erste Fußballspiel in Deutschland statt. Damit ist der Bogen weit gespannt: von Tradition über Moderne, Kunst, Kultur und Wissenschaft bis hin zum Sport.

Ich bin sicher, das neue Braunschweig-Buch wird Maßstäbe setzen und in den nächsten Jahren ein umfassender Leitfaden für alle sein, die sich über unsere Stadt informieren möchten. Ich wünsche dem Buchprojekt viel Erfolg.

Dr. Hoffmann
Oberbürgermeister

Grußwort

Liebe Leserin, lieber Leser,

Braunschweig – heute die zweitgrößte Stadt Niedersachsens – beherrscht den Spagat zwischen Tradition und Moderne. Vor 850 Jahren baute Heinrich der Löwe Braunschweig zur Residenz aus. Die Stadt durchlebte Reichtum und Macht, Niedergang und erneute Blüte, Zerstörung und Wiederaufbau.

Als die Innenstadt am 15. Oktober 1944 bombardiert wurde, versank die größte Fachwerkstadt Deutschlands, von der Oker umflossen, in Schutt und Asche. Beim Wiederaufbau haben sich die Braunschweiger in ihrer Innenstadt glücklicherweise »Traditionsinseln« geschaffen, die die historische Identität erahnen lassen und sich auf die »Weichbilde«, die mittelalterlichen selbstständigen Viertel Braunschweigs, gründen.

Abgesehen vom Burgplatz mit dem berühmten Löwenstandbild aus dem Jahre 1166 findet das herzogliche Braunschweig in den anderen Traditionsinseln, etwa dem Magniviertel, oder dem Altstadtmarkt, sein bürgerliches, durchaus machtbewusstes Pendant. Das bürgerliche Selbstbewusstsein der frühen Jahre haben die Braunschweiger sich über die Jahrhunderte bewahrt.

So verwundert es nicht, dass es hier bis heute ein stolzes und engagiertes Bürgertum gibt. Das Stiftungswesen ist in Braunschweig besonders rührig und aktiv. Renommierte, weit über Niedersachsen hinaus bekannte Events wie das »braunschweigclassix« oder das Festival »Kultur im Zelt« profitieren vom Wirken der Stiftungen.

Heute ist Braunschweig daher eine weltoffene, moderne Stadt, die sich ihrer Tradition sehr wohl bewusst ist. Kurz: Hier versteht man es, zu leben.

Auch deshalb ist Braunschweig sowohl für Unternehmen, als auch als Standort für Forschung und Lehre sehr attraktiv. Hier gehen die Uhren nicht anders als anderswo – hier wird die Zeit gemacht. Die Atomuhr aus Braunschweig gibt verbindlich die exakte Zeit vor. Überhaupt sind technologische Präzision und Innovation hier zu Hause. In kaum einer Region Europas arbeiten so viele Forschungsinstitute wie in der Löwenstadt. 2007 wurde Braunschweig dafür mit dem Titel »Stadt der Wissenschaft« belohnt.

Braunschweig ist eine spannende Stadt mit viel Vergangenheit und noch mehr Zukunft. Ich wünsche Ihnen bei der Lektüre des BraunschweigBuches viel Vergnügen und hoffe, dass Sie dabei

die eine oder andere Seite dieser schönen Stadt (wieder)entdecken.

Dr. Lothar Hagebölling
Chef der Niedersächsischen Staatskanzlei

Zu diesem Buch

Es war eine gute Idee des Verlages, die außergewöhnliche Stadt Braunschweig zu erschließen und die vielen unterschiedlichen Aspekte thematisch und bildlich in diesem liebevoll und aufwändig gestalteten Buch vorzustellen.
Braunschweig ist die Heimat der Kunst, Kultur und Wissenschaft. Sie ist aber auch eine pulsierende moderne Großstadt, die durch hochrangige Institutionen und hoch entwickelte Qualitätsprodukte weltweit bekannt ist.
Der Untertitel des BraunschweigBuches trifft daher genau den Kern zu allen Themen, die Braunschweig so typisch und gemütlich, so spannend und dynamisch machen.
Für mich war auch die Zusammenstellung dieses Buches spannend und interessant. Fast täglich durfte ich genießen, Menschen kennen zu lernen, die Braunschweig mit geprägt haben, über eine hohe Fachkompetenz verfügen oder mich einfach mit wichtigen Informationen versorgt haben.
Diese Form der Darstellung im Buch war aber auch nur möglich durch die Unterstützung und Mithilfe vieler Beteiligter, die sich mit ihren Beiträgen als Autoren vorstellen, mir ihr Insiderwissen weiter gegeben oder als »Protagonist« dazu beigetragen haben, dass dieses Buch zu einem ungewöhnlich günstigen Preis angeboten werden kann. Für das Mitwirken dieser Personen möchte ich mich ganz herzlich bedanken.

So aber konnte ein Buch entstehen, mit dem alle Leser die Stadt Braunschweig in einzigartiger Weise neu entdecken oder wieder erkennen können. Dabei war es uns wichtig, die Thematik unterschiedlich, interessant und reich an Informationen zu gestalten. Aber – natürlich kann auch dieses Buch keinen Anspruch auf Vollständigkeit erheben.
Wir wünschen Ihnen viel Freude dabei, die schöne und spannende Stadt Braunschweig auf einzigartige Weise kennen zu lernen und viel Wissenswertes zu erfahren. Alles, was für Braunschweig wissenswert, typisch, originell und reizvoll ist, möchten wir Ihnen vorstellen.
Und dabei ist fast jede Seite geprägt von herrlichen Fotos, die liebevoll und in mühevoller Detailarbeit von den Mitarbeitern des Verlages in diese Form gebracht sind.
Genießen Sie dieses Buch. Und wenn es Ihnen Freude bereitet, tragen Sie diese weiter.

Herbert Johannessen

Inhalt

Braunschweig ... 8
Klimawandel in Braunschweig? Hoffentlich! ... 12

Stöckheim – Leiferde: Der Markt als neues Zentrum

Tradition, Vergangenheit und Gegenwart in Stöckheim und Leiferde ... 16
Braunschweig aus der Vogelperspektive ... 21

Heidberg – Melverode: Hier liegen die Urzellen der Stadt

Der Golf-Klub Braunschweig ... 30

Südstadt – Rautheim – Mascherode: Wo einst Mönche wandelten

Braunschweigs Südosten ... 39

Viewegs Garten – Bebelhof: Ein Stadtteil mit vielen Gesichtern

Viewegs Garten – Bebelhof ... 40
Zwei Viertel, die alles bieten – Lebendig, quirlig und kommunikativ ... 43
»Platz für Ideen« ... 44
Braunschweiger Eisenbahnerlebnisse ... 50
Der Asse-Bummler ... 52
Braunschweig auf dem Weg in den Grand-Prix-Zirkus ... 61
Weltstars öffentlich auf Abwegen – Spät am Abend wird gerockt ... 62

Westliches Ringgebiet: Hier wurde die Industrialisierung geprägt

Hochschule für Bildende Künste ... 64

Weststadt: Industrie- und »Garten«stadt

Otto IV. ... 68
DTZ – Das Therapie Zentrum in Braunschweig – Gartenstadt ... 72

Innenstadt: Mehr als nur der Burglöwe

Traditionsinseln ... 74
Die Innenstadt ... 80
STADTREGALE – urbane Verstauräume ... 81

Niedersächsische Landesmuseen Braunschweig 82
»Arena für Champions« 86
Reitsportevent Löwen Classics 88
Industrie- und Handelskammer.. 90
Staatstheater Braunschweig 100
Der Erfolgsfaktor Familie zahlt sich doppelt aus 106
Das Hospiz Am Hohen Tore:
Ein »Haus im Park« mitten in der Stadt.................................. 107
Das eigene Zuhause als Quelle der Inspiration 112
Der Dom 114
Gartenpartie 117
Was wäre Braunschweig ohne sein Klinikum? 120
Basketball in Braunschweig 130
Der Bundesliga-Standort Braunschweig.................................. 132
Ein Schloss für alle Bürger.. 136
Braunschweigs schöne Fachwerkhäuser 138
Die Paul-Gerhardt-Gemeinde 142
Die Christentum-Säule... 143
Technische Universität Braunschweig.................................... 144
Das zukünftige Braunschweiger Schlossmuseum 151
Treffpunkt internationaler Klassikstars 156
Fastnacht/Karneval in Braunschweig 162
Soziale Verantwortung für (Berufs-)Anfänger.......................... 166
Bürgerstiftung Braunschweig... 172
Festival KulturImZelt.. 175
Reden wir über Stadt! Sprechen wir über Schönheit! 178
Förderung der Denkmalpflege 180
Wasserturm und Wasserwerk Bienroder Weg......................... 186
Das Altstadtrathaus 188
Die »jakob-kemenate«... 190
ForschungRegion Braunschweig:
Forschung stärken – Zukunft gestalten 192
Der Braunschweiger Tanz-Sport-Club e.V. 194

Magniviertel: Fachwerk und Gemütlichkeit

Stadtbibliothek Braunschweig 203
Die neue QUADRIGA 207

Östliches Ringgebiet: Ein Stadtteil aus Kaisers Zeiten

Östliches Ringgebiet.. 208
Literaturreihe »Braunschweigisches Kunsthandwerk« 213

Riddagshausen: Der Garten Braunschweigs

Riddagshausen 222
Riddagshausen, ein Ort der Ruhe und Kraft........................... 226

Volkmarode: Zwischen Schuntertal und Klosterteichen

Dibbesdorf im Schuntertal.. 228
Volkmarode 230
Schapen... 231

Nordstadt: Stadtteil mit Vergangenheit und Zukunft

Stadtteil Schwarzer Berg 232
Literaturfestival »seitenweise.« 235
Eintracht Braunschweig und die Deutsche
Fußballmeisterschaft... 236
Eintracht Braunschweig – für viele ein Stück Lebensinhalt....... 238
Eintracht Braunschweig im Jahr 2008 240

Lehndorf – Watenbüttel: Heimat der Wissenschaft

Über alle Maßen genau 244
Das Johann Heinrich von Thünen-Institut (vTI) 246
Yachthafen Heidanger 248

Veltenhof – Rühme: Pfälzer an der Oker

R. Sindermann Präzision GmbH
erhält den Deichmann-Förderpreis... 254
Lautlos am Himmel schweben 259
Veltenhof – Rühme.. 263
Spargelmetropole 267

Bienrode – Waggum – Bevenrode: Die Landschaftsperle im Norden

Das Deutsche Zentrum für Luft- und Raumfahrt e.V. (DLR)
am Standort Braunschweig 268
Die Landschaftsperle im Norden 270
Bienrode – Waggum – Bevenrode... 271

Wenden – Thune – Harxbüttel: Wo Schunter, Öl und Honig fließen

Wenden-Thune-Harxbüttel... 274

Orts-, Personen-, Firmen- und Sachregister 278
Bildquellennachweis 279
Wir sagen Danke.. 279

In den Hauptkapiteln dieses Buches werden Braunschweiger Stadtbezirke und Stadtteile vorgestellt.
Bei den Beiträgen mit **gelbfarbigen** Überschriften handelt es sich um (Selbst-) Darstellungen der Protagonisten dieses Buches. Die mit **grünen** Überschriften versehenen Beiträge sind redaktionelle Darstellungen zu verschiedenen Themen der Stadt Braunschweig.
Alle Beiträge, bei denen nicht andere Autorinnen oder Autoren genannt sind, wurden von Herbert Johannessen verfasst.

Braunschweig

Eine Metropole im Wandel der Jahrhunderte

Von Prof. Dr.h.c. Gerd Biegel

Wer sich mit der Geschichte der Stadt Braunschweig beschäftigt, stößt immer wieder auf ein kaum zu lösendes Problem, nämlich der Frage nach ihren Anfängen. Es fehlen schriftliche Zeugnisse für die Frühzeit und die Anfänge der Stadt Braunschweig bleiben im Dunkel einer eher sagenhaften Überlieferung verborgen. Erst im 11. Jahrhundert setzen schriftliche Nachrichten ein, die das Dunkel der Frühgeschichte der Stadt Braunschweig allmählich zu erhellen beginnen. Während um 1030 – ein ungesichertes Datum – die brunonische Gräfin Gertrud (gest. 1077) auf der Burginsel die Stiftskirche St. Blasius gründete, weihte der Halberstädter Bischof Branthag in der Altewiek die Kirche St. Magnus. In der darüber erhaltenen Urkunde von 1031 erscheint erstmals in der Form von *»Brunesguick«* der Name Braunschweigs. Eine wichtige Phase der frühen Stadtentwicklung fiel in die Zeit Lothars von Süpplingenburg, der ab 1106 Herzog von Sachsen und von 1125 bis 1137 als Lothar III. Kaiser war. Eine großzügige Siedlungsplanung im Bereich des Altstadtmarktes schuf das Weichbild der Altstadt, der vermutlich Lothar III. nach 1117 das Stadtrecht verliehen hat.

Dom St. Blasii, Grabmal von Herzog Heinrich dem Löwen und Herzogin Mathilde

Dom St. Blasii, Siebenarmiger Leuchter

Heinrich der Löwe und Braunschweig

Ein erster historischer Höhepunkt für Braunschweig wurde im Mittelalter die Epoche von Kaiser Lothars Enkel Heinrich dem Löwen (um 1130 bis 1195). Er baute als Herzog von Sachsen und Bayern die Stadt zu einem für die damalige Zeit in Deutschland einzigartigen Fürstensitz aus, der bis 1180 (Sturz Heinrichs des Löwen) ebenso wie die Höfe von England und Frankreich zu den bedeutendsten Machtzentren Europas zählte. Zu den herausragenden Kennzeichen dieser Epoche zählt der 1168 aufgestellte Burglöwe, der als erste frei im Raum stehende Großplastik in der Kunst des Mittelalters einen besonderen Platz einnimmt. Dieser Löwe erscheint als Münzbild auf Brakteaten Heinrichs des Löwen, als Siegel der Stadt und als Zeichen für Braunschweig auf der Ebstorfer Weltkarte. Er war und ist also das Braunschweig-Symbol schlechthin!

Von Braunschweig gingen damals Anstöße zu bedeutenden Stadtgründungen

Charlotte Christine Sophie (1694 bis 1715), Schwiegertochter Zar Peters I.

wie Lübeck und München aus, von hier aus entfaltete der Herzog eine erfolgreiche Ostkolonisation und schuf sich fast königliche Macht und imperiales Ansehen. Damit war der Konflikt mit seinem Vetter, Kaiser Friedrich I. Barbarossa, absehbar, der 1180 mit dem Verlust der Herzogtümer Sachsen und Bayern endete. Am 6. August 1195 starb Heinrich der Löwe auf seiner Burg Dankwarderode. In der nachfolgenden Zeit des Sohnes, Kaiser Ottos IV., wurde Braunschweig für kurze Zeit kaiserliche Residenz. Um 1200 setzte die wichtigste Entwicklung der bürgerlichen Selbstverwaltung ein: die Entstehung des Rates. Die aus fünf »Städten« bestehende Gesamtstadt – Pentapolis – entwickelte ein starkes städtisches Selbstbewusstsein. Der rasche Aufschwung der Stadt hatte allerdings auch negative Folgen. Soziale Unruhen, Aufstände der wirtschaftlich schwächeren Handwerkergilden gegen die kaufmännische Oberschicht der Altstadt und den von Patriziern dominierten Rat sowie Auseinandersetzungen mit dem Stadtherrn bestimmten wesentlich die Zeit vom 13. bis 15. Jahrhundert.

Gegen Ende des Mittelalters war Braunschweig eine der führenden Städte der Binnenhanse und wurde Vorort des Sächsischen Drittels der Hanse. Die wirtschaftliche Stärke der Stadt schuf die Grundlage zu wachsenden Unabhängigkeitsbestrebungen gegenüber den Herzögen, die um 1432 ihre Residenz end-

Herzog Anton Ulrich (1633 bis 1714)

Herzog Carl I. (1713 bis 1780) und Herzogin Philippine Charlotte (1716 bis 1801)

gültig nach Wolfenbüttel verlegten. Höhepunkt wurde im 16. Jahrhundert die Durchsetzung der Reformation, am 5. September 1528 vom Rat und der Bürgerschaft angenommen, und zwar gegen den Willen des Landesherrn. Unter den folgenden Auseinandersetzungen mit dem katholischen Landesherrn, deren Höhepunkt mit dem Beitritt der Stadt zum *»Schmalkaldischen Bund«* der evangelischen Fürsten und Städte 1531 erreicht werden sollte, litt die wirtschaftliche Stellung von Handel und Gewerbe, zumal wachsende Verschuldung und die Folgen des Dreißigjährigen Krieges die Autonomie der Stadt Braunschweig entscheidend schwächten. Folge war die endgültige Unterwerfung der Stadt Braunschweig durch die vereinten Welfen unter Herzog Rudolf August im Jahr 1671. Damit schien zunächst ein politischer Tiefpunkt in der Geschichte der Stadt erreicht zu sein, die Politik der Herzöge sollte sich aber in wirtschaftlicher Hinsicht rasch positiv auswirken. Die Einrichtung von zwei Warenmessen 1681 förderten Handel und Gewerbe, zumal Braunschweig nach Leipzig und Frankfurt rasch zum drittgrößten Messeplatz im Deutschen Reich expandierte.

Herzog Carl Wilhelm Ferdinand (1735 bis 1806)

Aufklärung in Braunschweig

Es war besonders der seit 1735 regierende Herzog Carl I., der in vielfältiger Weise die wirtschaftliche, soziale und kulturelle Förderung seiner neuen Residenzstadt betrieb. Höhepunkt seiner Maßnahmen war 1745 die Gründung des Collegium Carolinum, Keimzelle der ältesten deutschen Technischen Universität, auf Anraten von Abt Friedrich Wilhelm Jerusalem. Braunschweig wurde das städtische Zentrum der Aufklärung in Niedersachsen. Den Ideen der Aufklärung aufgeschlossen unterstützte Carl Wilhelm Ferdinand den jungen Carl Friedrich Gauß, förderte Louis Spohr, stellte Gotthold Ephraim Lessing als Herzoglichen Bibliothekar ein, gewann Joachim Heinrich Campe und Friedrich Vieweg für Braunschweig. Die Regierungszeit von Herzog Carl Wilhelm Ferdinand war zweifellos für die neuzeitliche Stadtgeschichte Braunschweigs die wichtigste Epoche.

Der »Schwarze Herzog«, Friedrich Wilhelm (1771 bis 1815) mit seinen Söhnen Karl (1804 bis 1873) und Wilhelm (1806 bis 1884)

Peter Joseph Krahe (1758 bis 1840), Architekt und Stadtplaner

Eine Episode mit ernstem Hintergrund war die Zeit der französischen Besetzung, während der Braunschweig zum Königreich Westphalen gehörte (1806 bis 1813). Obwohl das Herzogtum Braunschweig seine Selbständigkeit verloren hat-

Tod des »Schwarzen Herzogs« bei Quatrebras am 16. Juni 1815

te, begrüßte die Bevölkerung in Stadt und Land zunächst die politischen und gesellschaftlichen Veränderungen. Braunschweig wurde Hauptstadt des Okerdepartements. Allerdings hatten hohe Kontributionen der Franzosen die Bevölkerung erheblich belastet, und allmählich regte sich Widerstand. Als der *»Herzog ohne Land«*, Friedrich Wilhelm, 1809 mit seiner Freischar auf dem Zug von Böhmen zur Nordsee in Braunschweig eintraf (Lager vor dem Alten Petritor), erreichte die vaterländische Begeisterung ihren ersten Höhepunkt. Schon zu Lebzeiten wurde der *»Schwarze Herzog«* zur Legende. Sein Tod am 16. Juni 1815 bei Quatrebras im Freiheitskampf gegen Napoleon beflügelte den probraunschweigischen Patriotismus während des ganzen 19. Jahrhunderts.

Der Neuanfang nach 1815 wurde schwierig. Wirtschaftliche Einbußen, Rückschläge im Messehandel, soziale Not durch wachsende Arbeitslosigkeit, Teuerung und Missernten und ein absolutistisches Willkürregiment führten schließlich zur Vertreibung von Herzog Karl II. und zur Plünderung des brennenden Residenzschlosses am 7. September 1830. Nachfolger wurde sein jüngerer Bruder Wilhelm, der schließlich länger als 50 Jahre regieren sollte.

Brand des Residenzschlosses am 8. September 1830

Herzogin Victoria Luise (1892 bis 1980)

Braunschweiger Hauptbahnhof im 19. Jahrhundert, erbaut von Carl Theodor Ottmer (1800 bis 1843)

Zeitalter der Industrialisierung

Entscheidend für den Übergang der Stadt und der Region in die Epoche der Industrialisierung war das Jahr 1838 mit dem Betriebsbeginn der ersten Deutschen Staatseisenbahn. Die neue Mobilität, neue Fabrikzweige, intensive Landwirtschaft, Zuckerrübenanbau und damit einhergehender Maschinenbau wurden Kennzeichen der ersten Industrialisierungsphase, in der Industrieansiedlung und Bevölkerung allmählich wuchsen. Eine geradezu explosionsartige Entwicklung erlebte Braunschweig nach 1871 in allen Bereichen des öffentlichen Lebens. Von 1850 bis 1880 war die Einwohnerzahl von 39 000 auf 75 000 gestiegen, bereits 1890 wurde die Zahl von 100 000 Einwohnern überschritten. Braunschweig war Großstadt. Die wirtschaftliche Entwicklung im 19. Jahrhundert und der Übergang zur Großstadt verschärften die sozialen Probleme in der Stadt. Fehlende oder mangelhafte preiswerte Wohnungen, Niedriglohnpolitik und Arbeitslosigkeit waren die herausragenden Probleme, gegen die zunehmend die entstehende Sozialdemokratie unter dem Führer der Braunschweiger Arbeiterbewegung Wilhelm Bracke kämpfte. Braunschweig wurde zu einer Hochburg der Sozialdemokratie.

Braunschweig war zur Jahrhundertwende wirtschaftlich, politisch und kulturell durchaus auf einem guten Wege. Jäh gestoppt wurde diese Entwicklung Braunschweigs durch den Ausbruch des Ersten Weltkriegs. Kurz vorher sonnten sich Stadt und Land noch einmal im *»Glanz der Krone«*, als durch die Heirat der Kaisertochter Victoria Luise mit dem Welfenprinzen Ernst August erstmals wieder seit 1884 ein Mitglied des Welfenhauses als Herzog in Braunschweig residieren konnte. Nur kurz dauerte dessen Regierungszeit,

Herzog Ernst August (1887 bis 1953)

denn mit der Revolution vom 7. November und der durch den neu geschaffenen Arbeiter- und Soldatenrat erzwungenen Abdankung vom 8. November 1918 endete endgültig die Zeit der welfischen Monarchie in Braunschweig. Trotz der folgenden unruhigen Jahre und der Inflation 1923 bekamen Wohnungsbau und Wirtschaft in Braunschweig neue Impulse. Zumindest hoffnungsfrohe Ansätze eines Neubeginns nach dem Schrecken des Ersten Weltkrieges waren es – und kaum jemand erwartete damals, dass es noch schlimmer kommen konnte. Aber es kam noch schlimmer. Nach der Machtübernahme der Nationalsozialisten am 30. Januar 1933 kam es zu Terrorakten gegen SPD und KPD und am 8. März wurde das Rathaus von der SA gestürmt, Oberbürgermeister Dr. Ernst Böhme abgesetzt und misshandelt. Der ehemalige Ministerpräsident Heinrich Jasper

Inhaftierung des Oberbürgermeisters Dr. Ernst Böhme nach seiner gewaltsamen Absetzung

starb 1945 im Konzentrationslager Bergen-Belsen. Die Gleichschaltung der Stadtverordnetenversammlung erfolgte im Mai 1933 und spätestens ab 1935 bestand keine kommunale Selbstverwaltung mehr. Eingemeindungen erweiterten das Stadtgebiet, Neubaugebiete entstanden im Zuge von Arbeitsbeschaffung und zur Behebung akuter Wohnungsnot und ab 1938 entstand das VW-Werk, als Voraussetzung für den Werksaufbau in Wolfsburg.

Zentrale Einrichtungen des nationalsozialistischen Herrschaftsapparates wurden in Braunschweig angesiedelt, so die *»SS-Junkerschule«* im Schloss. Der Dom wurde zum *»Staatsdom«* erklärt und als *»Wallfahrts- und Weihestätte der Nation«* propagandistisch genutzt. Die historische Gestalt Heinrichs des Löwen wurde zum Vorkämpfer einer Po-

Der braunschweigische Ministerpräsident Dr. Heinrich Jasper (1875 bis 1945)

Das Braunschweiger Residenzschloss vor dem Zweiten Weltkrieg

litik erklärt, die *»Lebensraum im Osten«* eroberte. Damit wurde ideologisch vorbereitet, was zum Bombenkrieg und schließlich zum Inferno der Nacht vom 14. auf den 15. Oktober 1944 führte. Insgesamt sind in den Bombenangriffen auf die Stadt Braunschweig fast 3000 Menschen ums Leben gekommen. 90 Prozent der Innenstadt wurden zerstört, das historische Braunschweig ging weitestgehend verloren.

Nach dem Ende der Diktatur und einer letzten Konsolidierungsphase des noch selbstständigen Landes Braunschweig, wurde Braunschweig am 1. November 1946 Teil des neu geschaffenen Landes Niedersachsen mit der Kräftekonzentration auf Hannover. Braunschweig musste sich mit der neuen Rolle vertraut machen, nicht mehr Landeshauptstadt und dennoch für die Region ein Oberzentrum mit zukunftsorientierter Weichenstellung und mit Vorbildcharakter zu sein. Das Bild der Stadt hat sich seitdem gewandelt. Der Wiederaufbau war schwierig. Wohnraum fehlte, Arbeitsstätten waren zu 50 Prozent zerstört, und Flüchtlinge und Vertriebene kamen nach Braunschweig, dessen Lage in der Nachkriegszeit durch die nahe Zonengrenze zusätzlich belastet wurde. Mit der Verlagerung wissenschaftlicher Institute in die Stadt begann Braunschweigs Entwicklung zur Stadt der Forschung. Mit massiven Eingriffen in die historische Topographie suchte man im Sinne der Zeit ab den 1950er Jahren den Weg zur *»autogerechten«* Stadt. Am 1. Oktober 1960 wurde der neue Hauptbahnhof eröffnet, im selben Jahr war die Ruine des Schlosses abgerissen worden, eine städtebauliche Wunde, die vor Kurzem wieder geschlossen werden konnte. Immer schneller gingen die wirtschaftlichen und technischen Veränderungen voran, teilweise verbunden mit dem Niedergang großer Industrieunternehmen und einem wirtschaftlichen Strukturwandel in Stadt und Region Braunschweig, der bis heute nicht endgültig abgeschlossen ist.

So gäbe es noch viele Stationen auf dem Weg der Entwicklung bis in die Gegenwart aufzuführen. Braunschweig hat letztlich diesen Weg gemeistert, hat sich zu einer *»sympathischen Großstadt«* entwickelt, die zwischen Forschung und Technologie sowie historischer Tradition einen Weg beschritt, der ihr ein unverwechselbares Profil als *»ForschungRegion«* Braunschweig und *»Stadt Heinrichs des Löwen«* gegeben hat. Nach dem Fall der innerdeutschen Grenze liegt die Stadt Braunschweig seit Herbst 1989 wieder mitten in Deutschland, eine Stadt, in der es sich zu leben und die es stets zu entdecken lohnt, die ihr altes Residenzschloss wieder als neue Stadtmitte gewonnen hat und als *»Stadt der Wissenschaft und der Kultur«* Mittelpunkt einer Region ist, die sich erfolgreich für die Zukunft in Europa aufgestellt sieht.

Das zerstörte Braunschweig Ende 1944, Blick vom Gebäude der AOK nach Westen, links der Dom und in der Mitte die St. Katharinenkirche

Der Burgplatz: »Geschichte im Herzen der Stadt«

Das Verlagsgebäude Vieweg, heute Sitz des Braunschweigischen Landesmuseums

Braunschweig hat seine »Staatsmitte« wieder: das rekonstruierte Residenzschloss

Klimawandel in Braunschweig? Hoffentlich!

Von Professor Walter Ackers

1. Offene Lebensfreude

Wenn man die alten Bilder vom Bohlweg sieht, glaubt man, eine andere Stadt zu sehen. Diese Straße haben die Braunschweiger freiwillig über dreißig Jahre ausgehalten? Haben sich durchschleusen lassen durch diesen technisch zugerichteten Verkehrskanal, möglichst schnell, möglichst teilnahmslos – als Autofahrer oder Straßenbahnbenutzer, als Fußgänger oder Radfahrer? Dieses Braunschweig war für alle der erste Eindruck – ein Bild mit Tiefenwirkung.
Die mehr als 100 000 Menschen, die die letzten Jahre täglich den Bohlweg passierten, haben die Gefühllosigkeit dieses Stadtraums im Laufe der Jahre verinnerlichen können, haben mitgenommen, dass das Glück in Braunschweig wohl vor allem in Geschwindigkeitsvorteilen liegen muss. Das prägt das Lebensgefühl und den Umgang miteinander. Härte. Durchsetzung. Rücksicht ist überflüssig. Alles ist genau geregelt. Leitlinien. Leitplanken. Sicherheitszäune. Betreten verboten – mitten im öffentlichen Raum. Der Kampf um Vorteile ist gebautes Prinzip, setzt sich beim Einkauf fort, spiegelt sich in den Sonderangeboten und Rabattzahlen, zieht sich durch die ganze Fußgängerzone. Was zählt ist nur das Zählbare. So erzeugt man Masse. Doch das war gestern.

Braunschweig – eine der bedeutendsten mittelalterlichen Großstädte Deutschlands

Und jetzt diese seelische Erschütterung: Es geht auch anders. Lockerer. Noch mehr Menschen – und weniger Kampf. Das vorhergesagte Chaos zeigt sich als großstädtische Lebendigkeit. Autofahrer, Fußgänger, Radfahrer in größter Dichte arrangieren sich munter am Bohlweg. Wo ist der Stress, die Hektik, die gewohnte Aggressivität? Selbst die Straßenbahnfahrer, durch eigene Territorien und Vorfahrtsrechte offiziell besonders zur Rücksichtslosigkeit programmiert, begegnen plötzlich ihren Kunden auf den Gleisen mit größerer Vorsicht. Wer heute den Bohlweg quert, hat nicht nur Überlebenschancen, er wird sogar als Mensch wahrgenommen, er wird angesehen. Ansehen für jedermann! Autofahrer und Fußgänger, Radfahrer und Fußgänger gehen ganz »selbstverständlich« miteinander um. Man »verständigt« sich selbst – ohne vorherige staatliche Genehmigung. Nicht alle – aber zunehmend mehr. Es ist offensichtlich, dass man hier mit Rücksicht weiter kommt. Es gibt seit dreiunddreißig Jahren hier erstmals wieder die Chance, anderen den Vortritt zu lassen, einen freundlichen Blick zurück zu erhalten. Das motiviert zum kleinen Lächeln und zum aufrechten Gang. Die Autofahrer drängen nicht mehr, um noch bei Rot durchzufahren. Im Gegenteil. Man fährt langsam und hofft auf Gelb, um das neue Leben am Bohlweg und vor dem Schloss auch zu genießen. Es wirkt geradezu wie eine Lust am Stau. Der Fußgänger ist keine »Randerscheinung« mehr, er ist die Hauptsache an diesem öffentlichsten Fokus der Region.
Dieser überquert gelassen den Bohlweg, nimmt Besitz von dem Raum: Bevölkert Caféterrassen

Stadt als Lebensraum zurückerobert!

Auf dem »Weg der schönen Plätze«: Domplatz und Platz der Deutschen Einheit

und den Schlossplatz, sonnt sich auf den Sandsteintreppen, wie früher die Coletti-Generation in den 1970er Jahren auf der kleinen Mauer der Grünanlage. Bestaunt die Steinmetzarbeiten, die Herzöge zu Pferde und die Quadriga auf dem Dach. Lässt sich ablenken von Dudelsack und Akrobatik und interpretiert Tanz und Trommel der Schlossgegner um das goldene Kalb als ebensolche Unterhaltung. Selbst die Radfahrer genießen die neue Langsamkeit, bewegen sich frei zwischen Schaulustigen.
Dieser Platz ist öffentlich, wie es kein anderer Ort in der Region ist. Alle kommen hierher, selbst das stadtflüchtige Bürgertum. Die Verankerung der Kultur im Schloss wird sich noch als ein wahrer Segen erweisen. Sie wird dazu zwingen, diesen Raum trotz seiner kommerziellen Zeugung immer wieder als legitimes Kind öffentlich anzuerkennen und zu verteidigen. Die Gegenwart von Arm und Reich, von Jung und Alt, von Fremd und Bekannt geben hiervon beredtes Zeugnis dieser Öffentlichkeit – und politische Kundgebung und Demonstration sind deren höchster Ausdruck.
Der Klimawandel trägt südliche Früchte – Lebensfreude.

2. Offene Blicke

Diese Freude verträgt sich zum Glück überhaupt nicht mit dem Fundamentalismus einer Diskussion, ob Schloss oder Schlossfassade. Dies lenkt nur ab von der wichtigsten Frage: Stadt in aller Fülle und Komplexität – oder Stadt als funktionale Organisation? Hier beginnt der nächste Klimawandel in Braunschweig.
Einigen können wir uns auf »Schlossplatz«, so wie es vorher der Schlosspark war, obwohl von dem Schloss nur vier korinthische Kapitelle kitschig im Wasser plätscherten. Nein, es ist nicht das alte Schloss. Es ist die gebaute Erinnerung an das Schloss, das im Krieg zerstört und in den 1960er Jahren vollends beseitigt wurde. Viele Braunschweiger haben den Verlust nicht hinnehmen können. In Braunschweig muss man die Stadt lesen lernen, ihren Brüchen und Verwerfungen in der Geschichte nachgehen. Die Burg Dankwarderode ist noch viel weniger die alte. Denn die jetzige ist eine sehr freie Inszenierung des späten 19. Jahrhunderts. Und nicht nur am Burgplatz stehen seitdem auch Häuser, die vorher ganz woanders gelebt haben. Die Welt ist schwierig geworden, seit wir Verstand und Gefühl soweit auseinander dividiert haben, dass man daraus auch Geld machen kann.
In jedem Fall hat sich etwas verändert: Unser Blick. Wir sehen anders. Die wieder aufgeführte Architektur des späten Klassizismus entfaltet innerhalb der Stadt der Moderne unerwartet eine Kraft, die diese rundum schwächlich und krank aussehen lässt. Das ist das eigentliche Drama. Das städtebauliche Konzept der Nachkriegszeit wird plötzlich mit einer Architektur aus der Vergangenheit konfrontiert, die sie selbst eliminiert hatte. Der Abbruch ganzer Straßenzüge, die Auflösung des Stadtgrundrisses und damit die Zerstörung aller Maßstäbe der Geschichte und der Stadt war Programm dieser Stadtauffassung. Und nun erscheint der tot geglaubte Geist und macht sichtbar, dass die Moderne keine wirklichen Maßstäbe für städtisches Leben beinhaltet, sondern dass diese selbst von uns zu setzen und aus dem Ort abzuleiten sind.
Genius loci nennt dies der Architekt und fängt schlechtenfalls an zu spielen wie in der Georg-Eckert-Straße. Nachdem man in den 70er Jahren den Städtebau bereits verspielt hatte, wurde hier im Zeichen der Postmoderne nun auch der letzte Rest der Architektur »verspielt«. Nirgendwo ist die Beliebigkeit größer, sind die Widersprüche unseres Denkens sichtbarer. Ein buntes Durcheinander von Baustilen, Moden, Materialien. Mit jedem Blick ändern sich die Eindrücke. Jetzt endlich nehmen wir wahr, was wir sehen.

Gebaute Erinnerung – Rekonstruktion mit vielen originalen Bauteilen

Nach über 30 Jahren: Die Barriere Bohlweg ist überwunden!

Schlossplatz – ein neuer Platz für die Region

Der Blick fällt wie zufällig in einen Spiegel. Die Stadt entdeckt ihre Nacktheit, die Lücken der Bohlwegbebauung – schlichter Ersatz, schlecht gepflegt. Kariöse Stadt. Abgebrochene Zahnstümpfe mit schwacher Füllung. Im Bereich der Schlosspassagen ist eine Wurzelbehandlung unumgänglich. Das soll Braunschweig sein? Horten hüllt sich in seine bekannte Häkeldecke, die Haltestelle der Straßenbahnen sind ausgebaut als Bastion gegen andere Verkehrsteilnehmer – alles nur auf sich bezogen, isoliert. Wie es nördlich und südlich entlang der Stadtdurchfahrt aussieht, wissen alle, aber wollen es lieber nicht sehen. Das sind dank der Straßengestaltung der 1970er Jahre alles keine Adressen, die man sich merken müsste. Aber es könnten alles gute, sehr gute städtische Adressen werden, wenn denn die Straßen richtig als Lebensräume verstanden und gestaltet würden. Reden wir uns nicht raus mit dem starken »Verkehr«. Wir entscheiden, wie wir miteinander verkehren. Der Stadt ist gebaute Umgangsform. Der neue Bohlweg ist hierfür der Beweis.
Braunschweig lernt Sehen. Hoffentlich gelingt es, den Verkehr wieder mit städtischem Leben gleichzeitig zu denken und zu einer Architektur des Raumes und des Stadtlebens zurück zu finden. Denn der Umbau der gesamten Nordsüdachse durch Braunschweigs Innenstadt wird mit der Einfügung der Regio-Stadtbahn in Kürze erfolgen müssen. Doch nicht die Masse Verkehr in Längsrichtung darf die Gestaltung bestimmen. Maß und Proportion des Querschnitts sind entscheidend und die Atmosphäre des Raums, welcher den Anwohnern, Geschäften, Fußgängern und der Stadt zurückgegeben wird. Die »Vernähung« ist für unsere Lebensqualität in der Stadt wichtig, nicht das Prinzip der »Entfernung«, nach dem wir in den letzten Jahrzehnten unser Leben und unsere Städte organisiert haben.
Der Klimawandel öffnet die Augen – aber nur das Zusehen reicht nicht.

3. Offene Grenzen

Der Angriff erfolgte überraschend. Die Stadtbefestigung des Einzelhandels, das System der Innenstadttangenten, ist an seiner stärksten Stelle aufgebrochen. Erste Kämpfe gab es schon vor Jahren an der Langen Straße mit dem Bau des CineMaxx. Aber nirgendwo schienen die Handelsbarrieren so sicher und unverrückbar wie hier am Bohlweg mit vorgelagertem »Schussfeld«.
Auch im 17. Jahrhundert erfolgte der Angriff auf Braunschweig von Osten, als nach dem dreißigjährigen Krieg die Kraft der Hanse erlahmt war und Herzog Rudolf August 1671 die heruntergekommene Stadt Braunschweig erobern konnte. Die Braunschweiger hatten ihren Mut verloren und übergaben die Stadt unter Verlust ihrer Privilegien. Die Geschichte ist bekannt. Es ist der Beginn eines tief greifenden Wandels. Stadt und das Braunschweigische Land entfalten gemeinsam neue Kraft. Ein Erneuerungsschub erfasst die ganze Gesellschaft, befördert Wirtschaft und Kultur.
333 Jahre später beginnt das Ringen um ein neues (Macht)Zentrum an genau der gleichen Stelle, an dem sich die Herzöge ihre städtische Residenz geschaffen hatten. Wie damals geht es auch heute um Privilegien, die nicht mehr durch eigene Leistung und Willen untermauert sind. Die heutigen Eigentümer – Oberstudienräte, Ärzte, Pfarrer, Handwerker, Rechtsanwälte – sind meist durch Erbschaft in den Genuss der Einlagen und ihrer guten Erträge gekommen, die für sie ein zusätzliches Einkommen bedeuten. Die Notwendigkeit einer umfassenden Modernisierung oder eines Neubaus wird angesichts immer noch vorhandener Erträge nicht erkannt. Erforderliche und nachweisbar rentable Investitionen in Millionenhöhe liegen für viele außerhalb ihres Denkens. Besonders Erbengemeinschaften blockieren sich bis zur absoluten Handlungsunfähigkeit. Der Niedergang beginnt in Form von Billigläden, die ohne Investition über Masse noch eine Weile für Erträge sorgen. Auf dem Konto scheint die Welt fast noch in Ordnung – in der Wirklichkeit längst nicht mehr. Die Immobilie verkommt und zieht die Nachbarn in die nachteilige Entwicklung ein. Hier hilft nur noch ein Eigentümer- und Interessenwechsel.
Wer die Schloss-Arkaden als Problem sieht, vertauscht Ursache und Wirkung. Die neuen Ein-

Das rekonstruierte Schloss – wesentlicher Bestandteil einer Architektur des Raums

Alle Hoheitszeichen wieder am Platz – ein anspruchsvolles Projekt

kaufszentren sind nicht das Problem, sondern sind die marktwirtschaftliche Antwort auf ein Problem: Das gestörte innerstädtische Gleichgewicht aus einer 30-jährigen, einseitigen Privilegierung von Geschäftslagen durch Fußgängerzonen. Das innerstädtische Einkaufszentrum profitiert von überhöhten Bodenwerten, Mieten, Frequenzen und Umsatzerwartungen der ersten Innenstadtlagen und den schroffen Diskrepanzen zu ihren Randlagen und zur Wohnnutzung. Die Dämpfung dieser Werte eröffnet Chancen für eine innere Erneuerung zu mehr Qualität.

Die Schloss-Arkaden sind inzwischen fertig. Der Angriff gilt diesen hier dargestellten Verhältnissen. Doch die ändern sich sichtbar. Der Patient »Innenstadt«, durch die Amputation von Schloss mit scharfer Schnittführung der Georg-Eckert-Straße und Bohlweg in den 1970er Jahren langsam zum Erliegen gekommen, dieser Patient kommt mit der neuen Prothese wieder auf die Beine und bewegt sich. Eine ganze Reihe von Eigentümern und Geschäftsleuten zeigt längst Engagement. Innerhalb von gut eineinhalb Jahren sind neue Kauf- und Geschäftshäuser entstanden, heruntergekommene Passagen saniert, Läden umgebaut, weitere Straßen und Plätze in der Innenstadt neu gestaltet.

Das macht Mut. Manche Eigentümer warten noch ab. Häufig haben sie tatsächlich zu kämpfen: Zu kleine Grundstücke und Auflagen des Denkmalschutzes stellen Hindernisse dar, die schwer mit heutigen Anforderungen in Einklang zu bringen sind. Neue Konzepte sind nur auf größeren Flächen realisierbar. Stellplatzablösungen oder Abstandsflächen setzen Grenzen. Dies wird sich nur durch Zusammenlegung und städtische Unterstützung ändern. Auch die notwendige Wiederbelebung der Obergeschosse durch Wohnen wird nur unter gegenseitigen Konzessionen möglich sein. Alte Tugenden werden wieder gefragt: Mut, Kooperation, Qualitätsbewusstsein.

Dies gilt auch für den Einzelhandel selbst. Gerade auf den kleinen Parzellen der Innenstadt gibt es nur eine Chance: Qualität und Vielfalt. Individualität und Service. Hochwertigkeit. Und hier liegt auch insgesamt das Potential der Innenstadt. Aus dem Verbund mit dem einmaligen Stadtbild, den Straßen und Plätzen mit ihrer Maßstäblichkeit, der Kultur und der reichen Geschichte Braunschweigs lassen sich »Qualität und Vielfalt« als unverwechselbares Profil der Braunschweiger Innenstadt neu etablieren. Genau dies wurde mit dem Umbau von Steinweg und Münzstraße, Platz der Deutschen Einheit und Langer Hof, Bohlweg und Am Ritterbrunnen vorgezeichnet. Das einzige, was jetzt noch im Wege stehen könnte, ist unser Denken in den falschen Maßstäben und Kategorien der letzten Jahrzehnte. Die 70er Jahre müssen überwunden werden.

Der Klimawandel ist rundum spürbar. Der Mut zum Handeln breitet sich aus – eine alte Tugend der alten Hansestadt. Die Anfänge sind gemacht. Die Zonengrenze ist gefallen. Die Sonne scheint. Braunschweig ist wieder eine offene Stadt.

Die Fußgänger entdecken die Stadt neu – der Zusammenhang der Stadt ist für alle erlebbar.

Die neuen Stadtansichten vermitteln Lebendigkeit, Bewegung, Geschichte und ihre Brüche – Urbanität.

Perlen im Süden der Stadt

Tradition, Vergangenheit und Gegenwart in Stöckheim und Leiferde

Weghaus mit Zollschranke nach einer Lithographie von 1839

Von Peter Valentin

Die benachbarten Orte Stöckheim und Leiferde wurden 1974 im Zuge der Gebiets- und Verwaltungsreform als Stadtteile in Braunschweig eingemeindet.

Stöckheim findet seine erste urkundliche Erwähnung in der Königsurkunde Heinrich II. aus dem Jahre 1007, in der die Gründung des Kloster Steterburg verankert ist. Somit schaut das Dorf auf eine über tausendjährige Geschichte zurück. Stöckheim hat eine wechselvolle Geschichte hinter sich und wurde im späten Mittelalter mehrmals total verwüstet. Während des Dreißigjährigen Krieges hatte das Dorf bei der zweimaligen Belagerung der Feste Wolfenbüttel schwer zu leiden und war zeitweise sogar völlig entvölkert. Heute ist Stöckheim ein moderner prosperierender Stadtteil Braunschweigs mit hoher Wohnqualität und hohem Naherholungswert. Die Bevölkerungszahl Stöckheims nahm von etwa 800 vor dem Krieg auf über 6000 im Jahr 2007 zu.

Leiferde blickt wie Stöckheim auf ein ehrwürdiges Alter zurück. Das an der Grenze zu den Landkreisen Wolfenbüttel und Salzgitter gelegene Nachbardorf mit mehr als 2000 Einwohnern hat mit mehreren größeren landwirtschaftlichen Betrieben gegenüber Stöckheim seinen sympathischen ländlichen Charakter etwas mehr bewahren können. In Stöckheim beschäftigt sich von ehemals 28 Bauernhöfen nur noch ein Hof vollberuflich mit Landwirtschaft. Viele Bauern sind nur noch nebenberuflich in der Landwirtschaft tätig.

Das ehemalige Bauerndorf Stöckheim ist ein Kreuzungspunkt alter Handelswege und nimmt bis zum heutigen Tage eine wichtige Brückenfunktion zwischen den Städten Braunschweig und Wolfenbüttel ein. Darauf weisen auch die ehemals schiffbare Oker und das ehrwürdige »Große Weghaus« hin. Die im Jahr 1897 geschaffene Straßenbahnverband 50 Jahre die Städte Braunschweig und Wolfenbüttel über Stöckheim. Rechtzeitig im Jubiläumsjahr 2007 erfolgte eine Wiederaufnahme des Betriebes vorerst bis in unseren Stadtteil.

Das Bauerntum hatte einen bedeutenden Anteil an der Entstehung der Handwerker und Händler in den städtischen Siedlungen. Die in den Menschen entstandene bäuerliche Kultur und Eigenart begünstigte die stürmische städtische Entwicklung Braunschweigs und Wolfenbüttels. Die Industrialisierung führte zu einer Umwälzung der wirtschaftlichen und sozialen Strukturen. Der

Braunschweigisch-Wolfenbütteler Straßenbahn um 1897

8000 Frauen waren um 1900 auf den Gemüsefeldern um Braunschweig und 8000 Frauen in den Konservenfabriken der Stadt tätig.

Erntewagen auf dem Schriftsassenhof in Stöckheim

Natur pur in den Okerwiesen Stöckheims mit Blick auf den Halbeschen Hof um 1955

Aufstieg der Region zu einem Zentrum der landwirtschaftlichen Verarbeitungsindustrie ging mit der Modernisierung der Landwirtschaft einher. Ende des 19. Jahrhunderts arbeiteten bereits mehr als die Hälfte aller Erwerbstätigen der Region in der aufstrebenden Industrie.

Die ehemals reinen Bauerndörfer Stöckheim und Leiferde wurden intensiv in diesen gesellschaftlichen Prozess einbezogen. Die stadtorientierte Bevölkerungsstruktur Stöckheims gibt deutliche Hinweise auf die Entwicklung, in welcher heute der Anteil der so genannten berufstätigen Aus- und Einpendler, Schüler und Auszubildenden über 80 Prozent beträgt.
Ein Denkmal im schönen baumbestandenen Kirchgarten vor der Kirche in Leiferde ehrt den Kantor und Lehrer Lüders, der als berühmter Sohn der Gemeinde vor 150 Jahren mit seiner bahnbrechenden Erfindung der Rübenkernmaschine den Arbeitsaufwand bei der Aussaat von 200 auf 50 Arbeitsstunden je Hektar reduzieren konnte. Die Zuckerrübenaussaat wird heute noch nach dem gleichen System betrieben. Ein sozialer Aspekt dieser Entwicklung war, dass sich die Kinder zur Saatzeit wieder mehr dem Schulunterricht widmen konnten und nicht wie damals allgemein üblich von morgens bis abends auf dem Acker umherkriechen mussten.

Pferde gehören zum festen Bestandteil der Dorfkultur. Besonders in Leiferde wird Reitsport groß geschrieben. Drei Reiterhöfe laden die Pferdefreunde dazu ein. In über 100 Boxen werden Pferde in den landwirtschaftlichen Betrieben gehalten. Auf Spaziergängen an der Oker vermeint man gar, dass die Tiere eine feste Symbiose mit der alten Kulturlandschaft Stöckheims und Leiferdes eingegangen sind. Bekannt ist der jährlich stattfindende Fohlenmarkt in Stöckheim mit Welsch- und Shetlandponys.

In den alten Dorfkernen Stöckheims und Leiferdes findet man noch schöne, große Dreiseithöfe und gut erhaltene Kotsassenhöfe.

Auf einer kleinen Anhöhe über der Oker liegt die über 800 Jahre alte Dorfkirche Stöckheims »Zum heiligen Leiden Christi« mit trutzig-romanischem Turm. Erwähnenswert sind das barocke »Große Weghaus« vom Ende des 17. Jahrhunderts, der Rokokopavillon, der Schriftsassenhof mit seinem Herrenhaus im Barockstil, das Hohe Gericht, der Schwedendamm und die Jugendstilvilla an der Oker. Das »Große Weghaus« war nicht nur beliebter Aufenthaltsort des berühmten Ephraim Lessing, der zu dieser Zeit als Bibliothekar im Staatsarchiv Wolfenbüttel arbeitete. Es war auch Hort und Gründungsstätte vieler Vereine wie die berühmten »Ehrlichen Kleiderseller« um Wilhelm Raabe.

Mit neuem Schulzentrum, dem Stöckheimer Markt und neuen Baugebieten orientiert sich das neue moderne Zentrum Stöckheims deutlich vom alten Ortskern an der Oker weg in Richtung Norden, ohne seinen historischen Charakter zu verleugnen. Der Stadtteil besitzt eine gute Infrastruktur und ist als Wohngegend in Braunschweig beliebt.

Stöckheim hat neben der Grundschule ein Gymnasium, mehrere Kindergärten, Super-und Baumärkte, 16 Kilometer Rad- und über 20 Kilometer Fußwege. In dem über die Grenzen Stöckheims hinweg bekannten »Arche Noah-Zoo« vermerkt man mit Stolz die Aufzucht seltene Tierarten, die vom Aussterben bedroht sind.

Gute Verkehrsanbindungen nach Braunschweig und Wolfenbüttel, der nahegelegene Wald des Lechlumer Holzes, die idyllischen Okerauen und der Südsee tragen wesentlich zu der hohen Wohnqualität in Stöckheim bei. Man lebt dicht an der Stadt, die mit dem Fahrrad in einigen Minuten erreichbar ist, schätzt das Wohnen im Grünen und die traditionelle angenehme Freizeitatmosphäre in vielen Vereinen.

Zum Jubiläumsjahr 2007 stellte die Gemeinde den Bürgerinnen und Bürgern ein mehrfarbiges wertvolles Zeitdokument vor, welches im Schreibwarengeschäft »Kunterbunt« auf der Leipziger Straße erhältlich ist. Es stellt die Entwicklung des Dorfes und die facettenreiche Geschichte der Menschen in den vergangenen 1000 Jahren in Bild- und Textbeiträgen dar.

Geselligkeit und Vereinsleben haben Tradition. Umzug um 1955 am Alten Weg

Neues Haus, neues Team, neue Wege, neue Zielgruppe: Das MZS macht mobil

Im Möbelzentrum Stöckheim passieren derzeit große Dinge – Nur der Status »Stressless-General« bleibt unangetastet.

Von Klaus Langhardt

Einmalig in der Region: Das Ekornes Stressless-Studio. Die Stöckheimer sind der »General« für die weltweit erfolgreiche Möbelmarke mit dem unvergleichlichen Komfort.

Seit 1963 hat sich das Möbel-Zentrum Stöckheim (MZS) als so genannter »Voll-Sortimenter« dem Verkauf hochwertiger Möbel aller Sparten verschrieben. Ein klassisches Familienunternehmen, das den Service-Gedanken hegte und pflegte, die große Kundschaft dank langjähriger Firmentreue fast durch die Bank persönlich und mit Namen kannte, für jeden Lösungen fand, wenn es finanziell ein wenig eng wurde und für die Zufriedenheit der Kundschaft fast bis zur Selbstaufgabe alles tat.

Irgendwann merkte Dirk Österreicher (58), der geschäftsführende Inhaber des Traditionsunternehmens, dass man Gefahr lief, vor lauter Sorge um das Wohlbefinden der Kunden die Notwendigkeit des eigenen Seelenfriedens zu weit hintenan zu stellen. »Es musste was passieren«, sagt der gelernte Betriebswirt und Möbelkaufmann. Und es passierte was. Und das ist heute sehr gut sichtbar im Haus am Mascheroder Weg 5 in Stöckheim: Ein neues Firmenkonzept, neue Marken, eine Imageoffensive bisher nicht gekannten Ausmaßes und als signifikantestes Zeichen für den neuen Wind der totale Umbau des Möbelhauses. Der Grundgedanke: Weg von zu vielen Marken, hin zu wenigen, dafür aber nur noch hochwertigen. Weg vom Haus, das alles macht, hin zum reinen Verkaufshaus, das zwar den Service wie Lieferung und Aufbau von Zimmern, Schränken und Küchen garantiert, dies aber nicht mehr selbst leistet, sondern an Partner ausgegliedert hat. Genauso wie die komplette Verwaltung. »Zur Unternehmenssicherung mussten gravierende Einschnitte passieren«, sagt Österreicher und man nimmt ihm ab, dass ihm dieser Schritt schwer fiel. »Um das Gros der Arbeitsplätze zu halten und das Unternehmen weiter ausbauen zu können, waren sie aber unerlässlich. Wir

Großzügig und modern: Auf weiten Flächen werden die Polstermöbel namhafter Hersteller präsentiert.

mussten neue, moderne Strukturen schaffen und uns dabei von manchem trennen, was uns in den vergangenen Jahren fast wie selbstverständlich begleitet, aber nicht wirklich geholfen hatte.«

Auf die Karte »Das Haus der guten Marken« setzt man mit wirklich renommierten Unternehmen. Im Küchenbereich, der zukünftig die Kunden im Erdgeschoss empfängt und modernstes Ambiente liefert, beherrschen die Marken Nobilia (Preiseinstieg), Brinkmeyer und im Topsegment Brigitte das Bild. Außergewöhnliches Design, ganz neue Farbkonstellationen, feinste Technik und der Mut, Neues zu wagen, zeichnen diese Marken aus. Im Polsterbereich setzt man in Stöckheim jetzt verstärkt auf Willi und Ewald Schillig und führt als Flaggschiff natürlich weiterhin stolz »Ekornes Stressless« auf der Habenseite. Und dies nicht einfach so, nein, das Möbelzentrum Stöckheim ist weiterhin der »General« in der gesamten Region Braunschweig und in Niedersachsen für die Weltmarke mit dem unvergleichlichen Komfort.

Den Servicegedanken pflegt man in Stöckheim auch mit verjüngter und verstärkter Verkaufsmannschaft natürlich weiterhin. Mehr noch, man baut

Umbau und Verkauf gleichzeitig: Im Möbelzentrum standen wahrlich heiße Wochen an.

ihn sogar aus. »Wir wollen den Kunden mit dem Möbelkauf allein nicht entlassen, vielmehr wollen wir ihm ein erweitertes Angebot machen, das ihm zeigt, in welchem Umfeld sein neues Mobiliar am besten zur Geltung kommt«, sagt Geschäftsführer und Verkaufsleiter Ralph Koch (47), der seit dem 1. Juni 2008 an der Seite von Dirk Österreicher wirkt. So hat man mit Siggi Bauerfeld einen anerkannten Innenausstatter für das Unternehmen gewonnen, der von der Deko bis zur Gestaltung einer kompletten Innenausstattung dem Kunden umfassende Ideen vorstellen wird.

Der Umbau des Hauses findet in zwei großen Phasen statt und wird das gesamte Parterre im Ok-

Innenausstatter Siggi Bauerfeld, Inhaber Dirk Österreicher und Geschäftsführer und Verkaufsleiter Ralph Koch (v.l.n.r.) sind mit dem MZS auf neuem Kurs.

Auf neuestem Stand: Das großzügige und hochmoderne Küchenstudio demonstriert dem Kunden Küchentechnik und Design auf höchstem Niveau.

Klare Linien bei den Küchenmöbeln …

… den hochmodernen Schaltflächen für Herde und Backöfen …

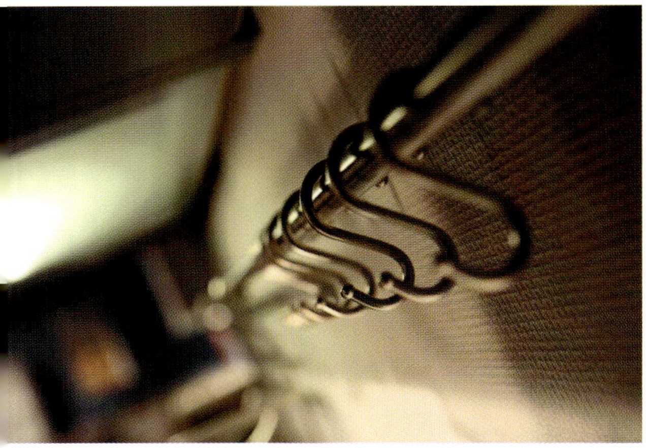

Bis zum kleinsten Accessoire, es fehlt an nichts.

… sowie den Armaturen im Spülbereich.

tober im neuen Outfit präsentieren, endgültig abgeschlossen wird die Generalrenovierung im Dezember 2008. »Wir werden der Kundschaft völlig neu gestaltete Küchen- Wohn- und Speiseflächen vorstellen«, freut sich Koch auf die nahe Zukunft. Mittelfristig soll in den kommenden drei Jahren auch die Käuferschicht für das MZS erschlossen werden, die sich bislang vorrangig anderweitig bediente. »Das junge Publikum ist ganz klar eine der interessantesten Zielgruppen für uns«, sagen Koch und Österreicher im Gleichklang. Was nicht heißt, dass man die gewachsenen Kundenstrukturen vernachlässigen will. »Unsere Angebotspalette soll und wird alle Schichten erreichen«, ist man sehr sicher. Um das zu realisieren, wird es ein ebenfalls »renoviertes« Marketing mit neuen Werbestrategien, Aktionen und vielen Events geben. Gutes tun und ruhig auch darüber reden.

Dem Thema »junges Wohnen« will man sich indes nicht über Billigangebote nähern. »Wir werden bei Service, Qualitätsgarantie und hervorragender persönlicher Bedienung keine Abstriche machen. In dem Punkt ist das Beste gerade richtig für uns. Genauso verhält sich das mit den Marken, die wir in dem Segment anbieten werden.« Natürlich werde es Marken für den Preiseinstieg geben, aber unter dem Strich setze man auch hier auf Hersteller, die Technik, Design und Komfort perfekt zu vereinigen wüssten. »Um es mal ein wenig flapsig zu sagen: Geiz finden wir überhaupt nicht geil.«

Auch Preiseinstiegsmodelle für die kleine Küche gibt es im MZS

So geht das Möbelzentrum Stöckheim nun wohlgemut einer Zukunft entgegen, von der alle überzeugt sind, dass es eine gute sein wird. Dass man im Stadtbild die Servicefahrzeuge mit dem bekannten Firmenaufdruck nun nicht mehr so häufig sehen wird, ist dem Umstand geschuldet, dass Lieferung und Montage an zuverlässige Partnerunternehmen vergeben wurden. Die absolute Konzentration auf das Kerngeschäft wird den neu eingeschlagenen Weg kennzeichnen. Und dabei einen andernorts viel gebrauchten Werbeslogan ad absurdum führen: »Nur wo Möbelzentrum Stöckheim draufsteht ist auch Möbelzentrum Stöckheim drin«, das stimmt so definitiv nicht mehr.

Möbelzentrum Stöckheim
Mascheroder Weg 5 · 38124 Braunschweig
Tel. (05 31) 6 16 27
info@moebelzentrum-stoeckheim.de

Braunschweig aus der Vogelperspektive

Ein Logenplatz am Himmel

Ein einmaliges Erlebnis: Braunschweig aus luftiger Höhe

Eine Fahrt in einem Heißluftballon ist ein unvergessliches Erlebnis. Doch am Anfang steht die Arbeit. Die Philosophie des Piloten ist, dass jeder Mitfahrer im Heißluftballon wissen muss, wie der Ballon zusammengebaut wird und wie er funktioniert. So wird der Korb mit vier Gasflaschen bestückt, von denen jede eine Fahrtzeit von 20 bis 30 Minuten garantiert. Verbunden werden die Gasflaschen mit einem Brenner, der später den über 3000 Kubikmeter großen Ballon mit heißer Luft versorgen wird. Sorgfältig wird der Korb mit dem Ballon verbunden, der aus sehr leichter Kunststoffseide besteht, aber eine hohe Zugfestigkeit vorweist. Immerhin kann er eine Masse von mehr als einer Tonne tragen.

Nachdem diese vorbereitenden Maßnahmen beendet sind, wird der Ballon durch ein Gebläse mit Volumen gefüllt. Während dieser Zeit vor dem Start wird das gesamte Luftfahrzeug komplett mit Zubehör und seiner Einrichtung peinlich genau durch den Piloten überprüft.

Dann ist es endlich soweit. Auch beim Start hat jeder Mitfahrer seine Aufgabe und steigt anschließend in den Korb. Der Ballon wird mit heißer Luft gefüllt und plötzlich erhebt er sich und gewinnt schnell an Höhe. Von diesem Augenblick an taucht man ein in eine andere Welt. Ich selbst hatte mich auf viele Fragen an den Piloten vorbereitet, doch ich mochte gar nicht reden, nur genießen. Wer eine Garantie dafür haben möchte, einmal für rund 100 Minuten vom Stress des Alltags abzuschalten und einzutauchen in eine Oase der Ruhe und unvorstellbarer Schönheit, der sollte sich ein solches Erlebnis nicht entgehen lassen.

In einer Höhe von 300 bis 1000 Metern entdeckt man die Stadt Braunschweig aus einer bisher nicht gekannten Sicht. Immer wieder variiert der Pilot die Höhe, um unterschiedliche Luftströmungen und damit verschiedene Fahrtrichtungen abzuwägen.

Wenn die Fahrtbedingungen es erforderlich machen, kann so ein Ballon bis in eine Höhe von 3000 Metern steigen, doch die schönste Sicht hat man in der Höhe bis 1000 Metern.

Auffällig ist, dass im Korb nicht viel geredet wird. Jeder Einzelne der vier Mitfahrer genießt den Augenblick und ist fasziniert von der herrlichen Aussicht.

Grenzenlose Freiheit über den Wolken

Man möchte es gar nicht glauben, wenn der Pilot sagt, dass er sich auf die Landung vorbereitet, denn die Zeit ist im wahrsten Sinne des Wortes wie im Fluge vergangen.

Durch Öffnen unterschiedlicher Luftklappen im Ballon kann der Pilot das Absinken genau bestimmen. In etwa 100 Metern Höhe sagt er: »Dort unten auf einer abgelegenen Wiese des Flughafens werden wir landen.« Es ist fast nicht zu glauben, aber ein paar Minuten später stehen wir wieder auf der Erde, eben punktgenau auf der avisierten Fläche.

Und alle finden es sehr schade, dass ein unvergessliches Erlebnis zu Ende ist. Das Begleitfahrzeug steht schon neben uns und bringt uns zur Taufe, die jeder Ballonfahrer bei der ersten Fahrt erlebt.

Die Ballons werden zum Start mit heißer Luft gefüllt.

Jedes Jahr gibt es im Zoo Nachwuchs zu bestaunen, wie hier bei den Totenkopfaffen.

»Arche Noah«

Der Zoo Braunschweig

Von Dr. Anja Blankenburg

Die Geschichte des »Arche Noah« Zoo Braunschweig beginnt eigentlich mit einem Schuhgeschäft. Ja, Sie haben richtig gelesen! Das Schuhgeschäft Siebenhaar, in Braunschweig Kattreppeln, wurde von Walter Siebenhaar geführt, der, 1910 bei Breslau geboren, schon als Kind den Wunsch hegte, einmal Zoodirektor zu werden. In seinen Geschäften richtete er umfangreiche Terrarien, Aquarien und andere Tiergehege ein, an denen sich die Kunden erfreuen konnten. Im Jahr 1965 machte Siebenhaar seinen Zoo im Braunschweiger Stadtteil Stöckheim der Öffentlichkeit zugänglich. Neben vielen Haustierarten konnten die Besucher auch verschiedene Papageienarten, Reptilien, Raubvögel und Affen bewundern.

Die Kattas sind immer für ein Sonnenbad zu haben.

Ein Kinderstreichelzoo war auch damals schon vorhanden. Selbst der berühmteste Zoologe Deutschlands, Prof. Dr. Dr. Grzimek, war einer der vielen Besucher bei Walter Siebenhaar. Am 1. März 1968 wurde der »Siebenhaar-Zoo« von Günter und Käte Pietsch übernommen. Sie betrieben den Zoo unter dem Namen »Zoologischer Garten Braunschweig-Stöckheim«. Mithilfe eines privaten Sponsors, wurde der Huftierstall im Jahr 1972 errichtet, der bis heute das Heim von Eseln, Ponys und Trampeltieren ist. Aus wirtschaftlichen Gründen wurde der Zoo 1973 an die »Zoologischer Garten Braunschweig-Stöckheim GmbH« mit Günter Pietsch als Geschäftsführer verkauft. Trotz öffentlicher Subventionen von 1973 bis 1976 hatte der Zoo wirtschaftliche Probleme. Im Jahre 1978 wurde er dann vom Ehepaar Edith und Uwe Wilhelm, die mit ihren zwei kleinen Kindern aus Grömitz an der Ostsee nach Braunschweig zogen, übernommen und wird von ihnen bis heute unter dem Namen »Arche Noah« Zoo Braunschweig, ohne Zuschüsse aus öffentlichen Mitteln, betrieben. Im Laufe der folgenden Jahrzehnte und bis heute erfolgte ein stetiger Umbau. Viele Gehege und Gebäude entstanden neu. So war es eines der ersten Projekte der Familie Wilhelm, ein neues, modernes und ausreichend großes Löwen- und Tigergehege entstehen zu lassen, sowie den damaligen Zooeingang »Am Zoo« neu zu gestalten. Hier entstand 1991 eine neue Kasse mit Café. Im Laufe der Jahre wurde der Tierbestand etwas verkleinert, damit für alle Arten mehr Platz zur Verfügung stehen konnte. In der ersten Zeit nach der Übernahme durch die Familie Wilhelm, fanden sich im Zoo Braunschweig unter anderem Wölfe, Löwen, Pumas, Luchse, Kamele, Ozelots, Ziegen und Papageien. 1996 begannen die Gespräche mit der Stadt Braunschweig zur Erweiterung des Zoogeländes und circa zwei Jahre später wurde die Erweiterung um zwei Hektar genehmigt. Ungefähr zur selben Zeit begann auch der Bau des neuen Haupteingangs an der Leipziger Straße, der im Jahre 2002 beendet wurde. Dieser Neubau im afrikanischen Stil umfasst ein neues Café mit mediterraner Terrasse, ein Büro und einen modernen Toilettenkomplex mit behindertengerechten Toiletten. Ein großer Parkplatz im Eingangsbereich an der Leipziger Straße wurde von der Stadt Braunschweig beigesteuert. Seit Bestehen des Zoos hat sich auch die Mitarbeiterzahl stetig verändert. So werden zum Beispiel regelmäßig Tierpfleger aus-

Aufgrund der Ähnlichkeit ihrer Haarpracht mit der des Komponisten Franz Liszt, heißen diese putzigen Gesellen »Lisztäffchen«.

Die Waschbären haben immer einen »Bärenhunger«.

Ein Sibirischer Tiger verspeist bis zu sechs Kilo Fleisch am Tag.

gebildet und seit dem Jahre 2000 ist ein Tierarzt fest angestellt.
Heute hat der »Arche Noah« Zoo Braunschweig eine Fläche von circa drei Hektar. Er beherbergt ungefähr 350 Tiere aus 60 verschiedenen Arten und begrüßt jedes Jahr durchschnittlich 100 000 Besucher. Neben Ponys, Eseln, Trampeltieren und Ziegen sind auch Sibirische Tiger, Geparden, verschiedene Lemuren und Krallenaffen, Totenkopfaffen, Berberaffen, Zwergotter, Waschbären, Nasenbären, Stinktiere, Papageien, Murmeltiere, Stachelschweine und viele andere im Zoo Braunschweig zu Hause. Schon seit den Zeiten des »Siebenhaar-Zoos«, stellt der enge Kontakt zum Tier bis heute eine Besonderheit des Zoos in Braunschweig dar. Viele Tiere können mit dem zooeigenen Futter gefüttert und auch angefasst werden. Für Kinder sind der Streichelzoo, Ponyreiten und die Spielplätze mit Autoskooter, Trampolin, Schaukel und Karussell ein ganz besonderes Erlebnis.
Seit einigen Jahren bietet der Zoo auch Begegnungen der besonderen Art an. Wer gibt seinen Gästen schon die Gelegenheit, einmal einen Geparden von ganz nah zu sehen, anzufassen und zu streicheln? Im Zoo Braunschweig ist dies eines der »Specials«, die angeboten werden. Die von Familie Wilhelm mit der Hand aufgezogene Gepardin »Samira« freut sich über Besucher in ihrem Gehege und genießt diese Sonderaktionen sichtlich. Ihr Schnurren ist selbst von den Besuchern außerhalb des Geheges noch zu hören.

Die verspielten Zwergotter begeistern Groß und Klein.

Wem dies zu aufregend ist, der kann auch eines der anderen Specials erleben. Begleiten Sie zum Beispiel die Tierpfleger einen ganzen Tag lang und lernen Sie die Tiere und ihre Eigenarten aus einer anderen Perspektive kennen. Haben Sie einen besonderen Liebling im Zoo Braunschweig? Dann werden Sie doch Pate oder verschenken eine Patenschaft an Freunde oder Verwandte! Der Zoo vergibt für seine Tiere Patenschaften schon ab 25 Euro im Jahr. Das Geld für eine Patenschaft wird ausschließlich für die Verbesserung der Tierhaltung im Zoo verwendet. So werden Neu- und Umbaumaßnahmen unterstützt, die nach den neuesten tiergärtnerischen Erkenntnissen erfolgen, wie auch Heizanlagen, artgerechte Beleuchtung und medizinisches Gerät für die Tiere beschafft. Alle Paten erhalten eine Patenschaftsurkunde und werden sowohl in einem im Zoo aufgestellten Schaukasten, als auch auf der Homepage des Zoos namentlich erwähnt. Wer noch mehr Interesse hat, die Weiterentwicklung des Zoos in Braunschweig zu verfolgen und zu fördern, der hat die Möglichkeit, dem Verein der Zoofreunde Braunschweig e.V. beizutreten. Die vom Verein geförderten Projekte konzentrieren sich hauptsächlich auf Bildungsmaßnahmen, aber auch auf den Arten- und Naturschutz. Diese drei Bereiche sind wichtige Bestandteile des Zoos. Die Erhaltung der Arten dieser Welt und das Wohlergehen der Tiere im Zoo werden immer das Hauptanliegen der Familie Wilhelm und des »Arche Noah« Zoos Braunschweig sein.

Der Gepard ist das schnellste Landsäugetier der Welt.

Die Zerstörung ihres Lebensraumes in Südamerika und der Vogelfang dezimieren den Wildbestand der Gelbbrustaras.

»Arche Noah« Zoo Braunschweig
Uwe Wilhelm GmbH
Am Zoo 35 · 38124 Braunschweig
Tel. (05 31) 61 12 69 · Fax (05 31) 6 18 09 47
info@zoo-bs.de · www.zoo-bs.de
Der Zooeingang liegt an der Leipziger Straße 190

Hof Crome im Ortsteil Leiferde

Pferdepension im Zeichen von Tradition und Moderne

Von Martina Rühl-Behrend

Nur wenige Autominuten von der Braunschweiger Innenstadt entfernt, gibt es für Pferdebesitzer eine ideale Anlage, um ihren Vierbeinern ein schönes Zuhause zu geben und beste Trainingsmöglichkeiten vorzufinden.

Wer von Rüningen kommend die erste Abfahrt in den Braunschweiger Ortsteil Leiferde nimmt, erkennt von weitem schon die moderne Reithalle. Auch mit der Buslinie 413, die direkt vor der Reithalle hält, ist die Anlage schnell und sicher zu erreichen. Gleich gegenüber gibt das geöffnete, schmiedeeiserne Tor im Eutschenwinkel 1 den Blick frei auf einen wunderschönen Vier-Seiten-Hof.

Umgeben von Stallungen, begrenzt durch das große weiße Wohnhaus und einem Fachwerkbau herrscht selbst an Sonntagen um sechs Uhr früh schon reges Treiben auf dem Innenhof. Die ersten Turnierreiter machen sich in windschnittigen Aluanhängern mit ihren Lieblingen morgens auf den Weg zu den Wettkämpfen, und die meisten kommen mit einer schönen bunten Schleife am Abend zurück.

Aber auch die Freizeitreiter, nicht weniger ambitioniert, haben am frühen Morgen schon viel zu tun. Pferdepflege, Longieren, Reiten, Bodenarbeit, all das kann mitunter viel Zeit in Anspruch nehmen. Wie gut, dass die schmucke Hof-Turmuhr jede Stunde präzise, laut und deutlich anschlägt.

Ausgeglichene Pferde beim Grasen auf den weitläufigen Weiden

Aus einem landwirtschaftlichen Betrieb mit klassischer Tierhaltung heraus hat Familie Crome in den vergangenen Jahrzehnten einen stattlichen Pferdepensionsbetrieb aufgebaut. »In den siebziger Jahren standen hier noch Charolais-Rinder«, berichtet Senior Hans-Jürgen Crome beim Rundgang durch den großen Stall.

Der Springplatz, im Hintergrund der Longierzirkel

Heute stehen über zwanzig Pensionspferde allein in diesem Gebäudeteil, der entsprechend umgebaut und modernisiert wurde. Auch die anderen Stallungen sowie die gesamte Reitanlage entsprechen voll und ganz den Bedürfnissen und Ansprüchen moderner Pferdehaltung und wurden in diesem Jahr von der Federation Nationale zertifiziert.

Sohn Klaus Peter übernahm im Sommer 2003 die Leitung des Betriebes. Als Jungunternehmer und Landwirt aus Leidenschaft setzt er auf moderne Betriebsführung und ein kundenorientiertes Angebot. So ließ er die landwirtschaftliche Betriebshalle zu einer Reithalle mit modernster Technik umbauen. Allein die Reitbahn ist mit 24 Meter mal 64 Meter großzügig geschnitten, aber der Clou ist der Ebbe- und Flut-Hallenboden. Mit diesem System wird der Boden nicht, wie sonst üblich, von oben beregnet, sondern von unten geflutet. Diese Technik garantiert einen Belag mit erstklassigen Tritteigenschaften, absolut staubfrei und zu jeder Jahreszeit

Hans-Jürgen und Klaus-Peter Crome vor dem Tor Ihrer FN-zertifizierten Reitanlage.

Blick in die Reithalle mit dem Ebbe- und Flut-Reitboden

bestens bereitbar. Eine Belüftungsautomatik im Lichtfirst des Daches sorgt selbsttätig für die nötige Frischluft.

Wer lieber draußen reiten möchte, wählt das 20 Meter mal 60 Meter große Dressur-Viereck, das mit unterlegten Reitplatzmatten ebenfalls beste Reiteigenschaften bietet, oder nutzt den Parcour auf dem angrenzenden Springplatz. 20 Hektar Weideland, Paddocks, Longierzirkel, Waschplatz, Untersuchungsstand und ein Seminarraum gehören ebenfalls zur Anlage.

Auch wenn der neue Pächter seine Aufgabe eher als Dienstleister sieht, statt als Hof-Nachfolger, so baut er dennoch auf die langjährige Erfahrung und Kompetenz seines Vaters. Und Dinge, die besprochen werden müssen, gibt es täglich genug, arbeiten beide doch Seite an Seite zusammen. So wird jedes Pensionspferd täglich genau beobachtet und keine noch so kleine Schramme oder eine leichte Unsicherheit im Gang seiner Schützlinge entgeht dem kritischen Blick des 70-Jährigen. Bei der Idee einer Führanlage äußerte er zwar Skepsis, ließ sich von seinem Sohn aber überzeugen, dass ein kontrollierter Bewegungsablauf dem Wohl der Equiden zugute kommt. Beim Thema Fütterung sind sich beide allerdings einig, denn da setzt das Team auf Qualität. Heu und Stroh sowie frisch gequetschter Hafer stammen aus eigener Produktion und

Lara liebt ihren Hannoveraner Ginger und beide fühlen sich auf Hof Crome gut aufgehoben.

Hafer, Heu und Stroh aus eigener Produktion – im Hintergrund der Blick auf die Reithalle

ein gut durchdachtes Weidemanagement sorgt für saftiges Grün, Erholung und Ausgeglichenheit der Pferde in den Sommermonaten.

Pferde wie Einsteller sollen sich gleichermaßen auf Hof Crome wohl fühlen. Daher setzt der Familienbetrieb auf eine individuelle Betreuung, Professionalität und Qualität. Altes bewahren und Neues zulassen, so die Philosophie. Wer die Reitanlage besuchen möchte, ist herzlich eingeladen. Terminvereinbarungen finden auf Anfrage statt.

Reitanlage Crome
Landwirtschaft & Pensionspferdehaltung
Eutschenwinkel 1 · 38124 Braunschweig
Tel. (0 53 41) 26 76 45 · Fax (0 53 41) 1 88 67 76

Rüdebusch

Ein Unternehmen immer einen Schritt voraus

Das Verwaltungsgebäude in Braunschweig/Rüningen

Als der bis dato selbstständige Fahrer im Güternahverkehr Hans Herrmann Rüdebusch am 1. August 1978 die Firma H.-H. Rüdebusch Baustoffe und Transporte gründete, konnte niemand ahnen, was aus diesem Ursprung einmal entstehen würde.

Die erste große Weiterentwicklung des Betriebes fand am 3. April 1983 statt, als H.-H. Rüdebusch seinen Fuhrpark mit vier damals hochmodernen TurboStars der Marke Iveco auffrischte und damit der Konkurrenz weit voraus war.

Zu Beginn des Jahres 1985 wurden drei neue Vierachser angeschafft. Es waren die ersten Fahrzeuge dieses Typs in der Region. Mit zunehmender Größe des Fuhrparks kaufte die Firma H.-H. Rüdebusch am 1. April 1988 in Braunschweig in der Maybachstraße 3a ein eigenes Betriebsgrundstück.

Blau-Gelb im Eintracht-Design – dieser LKW findet überall Beachtung.

Nach der Wiedervereinigung eröffnete die Firma H.-H. Rüdebusch am 30. Juni 1990 in Sachsen-Anhalt (Hecklingen) und am 1. April 1994 in Thüringen (Ilfeld) zwei moderne Niederlassungen, die bis heute für Qualität und Flexibilität in ihrer Region bekannt sind.

Um weiterhin alle Fahrzeuge des kontinuierlich wachsenden Fuhrparks auf eigenem Gelände in Braunschweig unterbringen zu können, zog die Firma H.-H. Rüdebusch am 8 Mai 2004 von der Maybachstraße in die Liebigstraße nach Rüningen um.

Und immer weiter ging es in der Entwicklung der Firma. So vergrößerte sie ihren Fuhrpark mit Tankwagen, Silos, und Container – Chassis und konnte sich durch ihre motivierten und erfahrenen Mitarbeiter auch in diesen Branchen erfolgreich etablieren.

Im September 2006 eröffnete die Firma H.-H. Rüdebusch die Niederlassung Felsberg und ist seitdem auch in Hessen etabliert. Und ein weiterer großer Schub kam im Juli 2007, als Hans-Hermann Rüdebusch die Firma Braunschweiger Binnenschifffahrtsgesellschaft mbh gründete. Das Gütermotorschiff »Inga R.« lief erstmals am 22. August seinen Heimathafen Braunschweig an, dem im August 2009 der Schubleichter »Serina« mit einer Kapazität von 1800 Tonnen folgte. Die Inga R. ist das erste Schiff mit dem Heimathafen Braunschweig. Hans-Hermann Rüdebusch hat das Schiff gekauft, um komplette Logistikketten anbieten zu können. Damit hat er eine größere Planungssicherheit beim Einsatz seiner Lkw. Überwiegend werden mit dem Schiff Schüttgüter von und nach Hamburg, Cuxhaven und Holland transportiert. Die Inga R. wurde 1971 gebaut und im Jahre 2007 von H.-H. Rüdebusch in Haren an der Ems grundüberholt. Sie hat eine Breite von 9,52 Metern, ist 85,59 Meter lang

Ein Spezial-LKW für Flüssigbitumentransporte

Die stattliche LKW-Flotte in Braunschweig

Koppelverband auf der Durchfahrt Richtung Hamburg

und hat eine Ladekapazität von circa 1395 Tonnen. Zusammen mit dem Leichter ergibt das eine Ladekapazität von 3195 Tonnen, was etwa 123 LKW-Ladungen entspricht. Angetrieben wird das Schiff von einem Deutz-Diesel Motor mit 1350 PS. Auf dem Schiff befindet sich eine Besetzung von vier Mann. Die Mannschaftsunterkunft ist ca. 100 Quadratmeter groß.

Seit Oktober 2007 sind die Firmen H.-H. Rüdebusch, G. Rüdebusch und Rüdebusch Braunschweiger Binnenschifffahrtsgesellschaft mbh zertifizierte Entsorgungsfachbetriebe. Im September 2008 erfolgte die QM-Zertifizierung nach DIN EN ISO 9001:2000. Die Zertifizierungen und die damit verbundenen internen und externen Audits geben den Kunden die Sicherheit, mit einem Partner zu arbeiten, der qualitativ entsorgungs- und umwelttechnisch auf dem neuesten Stand ist.

Im Mai 2008 hat die Firma Rüdebusch die Genehmigung zum Gelegenheitsverkehr mit Kraftomnibussen erworben. Der moderne Reisebus kann von jedermann gemietet werden. Fest gebucht wurde der Bus bereits von der Zweiten Herrenmannschaft der Braunschweiger Eintracht für ihre Auswärtsspiele.

Zum heutigen Zeitpunkt beschäftigt das Unternehmen 203 Mitarbeiter. Mit modernster Technik und einem perfekt eingespieltem Team ist die Firma H.-H. Rüdebusch auf dem bestem Wege, auch in Zukunft mit vortrefflicher Leistung überzeugen zu können.

Die Firma Rüdebusch beliefert Beton und Asphaltmischwerke, Baufirmen, Garten- und Landschaftsbauer und Privatkunden in der Region mit Kies, Mutterboden, Mineralgemischen, Splitte und diversen anderen Schüttgütern. Zum Transport von Flüssigbitumen sowie von staubförmigen Produkten, wie zum Beispiel Zement und Asche werden Silo- und Tankauflieger eingesetzt. Zudem transportiert das Unternehmen Überseecontainer im Auftrag der Hafenbetriebsgesellschaft Braunschweig zu den verschiedensten Unternehmen der Region.

Für Selbstabholer ist im Braunschweiger Hafen ein Baustoffplatz eingerichtet worden, der es auch dem privaten Kunden ermöglicht, unter anderem exklusive Hartsteine und Körnungen, die nicht in unmittelbarer Nähe gefördert oder produziert werden, erwerben zu können. Viele Gartenvereine nutzen dieses Angebot schon seit einigen Jahren. Des Weiteren werden auf dem Bauschuttplatz Böden und Bauschutt recycelt und dem Kreislauf wieder zugeführt, um Deponiekapazität und Rohstoffe zu schonen.

Umweltfreundlich von Disposition bis zum Fuhrpark. Auch in ökologischen Bereichen immer führend, hat Rüdebusch seinen gesamten Fuhrpark mit Fleet board ausgerüstet, was es ermöglicht, unter ständiger Kontrolle die Leerkilometer zu reduzieren und den Kraftstoffverbrauch enorm zu senken.
Durch ständige Erneuerung des Fuhrparks sind und werden die Lkw mit den neusten Abgastechnologien ausgestattet. Mit dem Ziel, die Schadstoffemissionen von Lkw drastisch zu reduzieren. Und schon fast selbstverständlich ist, das die Fahrzeuge von Rüdebusch mit Biodiesel fahren.

Mit Kohle auf dem Weg zum Heizkraftwerk

Inga R. verlässt ihren Heimathafen.

Das Binnenschiff Inga R. bei der Entladung im Hafen

Inga R. auf Hochtouren, denn der Kunde wartet.

Firma H.-H. Rüdebusch
Baustoffe und Transporte
Liebigstraße 3 · 38122 Braunschweig
Tel. (05 31) 31 03 50 · Fax (05 31) 3 10 35 44
info@ruedebusch-transporte.de
www.ruedebusch-transporte.de

Fahrschule Rüdebusch

Ausbildung mit Perspektive

Zu einem qualifizierten Fuhrpark gehören natürlich auch qualifizierte Mitarbeiter. Um dies zu sichern, beschloss Hans-Hermann Rüdebusch im Juli 2007 die Gründung einer eigenen Fahrschule.
Die Fahrzeugtechnik wird immer anspruchsvoller und es mangelt an gut ausgebildetem und motiviertem Fahrpersonal. Fahranfänger haben ihren Führerschein oft auf alten Lkw absolviert, so dass sie Probleme mit der Technik (zum Beispiel dem GPS System) der neueren Fahrzeuge haben.
Häufig fehlt ihnen auch die Praxis, beispielsweise beim Reifenwechsel oder bei den Be- und Entladepraktiken. Der neue Arbeitgeber hat in der Regel nicht die Zeit und das Geld, die Fahranfänger in diesen Punkten nachzuschulen. Aus diesem Grunde erweiterte Hans-Hermann Rüdebusch die Unternehmensgruppe um eine eigene Fahrschule zur Ausbildung neuer Mitarbeiter und zur Qualifizierung des bestehenden Personals.

Fahrschul Pkw Mercedes Benz, Sprinter

Das Konzept ist ebenso einzigartig, wie einfach. Es werden Fahrer speziell für Schüttgutfahrzeuge ausgebildet. Der moderne Fuhrpark und die verschiedenen Ausbildungsorte bieten dafür die besten Möglichkeiten. Nach dem Erwerb der Fahrerlaubnis, während des Praktikums, werden dem Fahrer weitere Lernbausteine angeboten, die über die reine Ausbildung im Schüttgüterbetrieb hinausgehen.
Die Fahrschule Rüdebusch will dem Fahrschüler den Start in das Berufsleben so leicht wie möglich machen. Durch die praxisnahe Ausbildung in allen Bereichen des Lkw-fahrens ist der Fahrschüler nach der Ausbildung nicht mehr als Anfänger zu betrachten.
Durch die Größe der Spedition ist die Firma zudem in der Lage, öfter einen Fahrschüler zu übernehmen. Sie bildet also zum Teil ihren eigenen Nachwuchs aus oder vermittelt an andere Speditionen.

Zu den Fahrschul-Lkw gehören: drei Sattelzüge Mercedes Benz Actros 1841 und drei Tandemzüge: Mercedes Benz Actros 2641 6 mal 4.
Zur normalen Fahrschule bietet die Fahrschule Rüdebusch zusätzliche Leistungen an. So lernen die Fahrschüler, wie man einen Reifen wechselt, wie das Fahrzeug gepflegt und die Ladung gesichert wird. Weiter fahren die Fahrschüler sowohl mit leeren, als auch mit beladenen Fahrzeugen und lernen die Be- und Entladepraktiken. Die zur Verfügung gestellten Fahrzeuge sind nicht älter als drei Jahre, so dass die Fahrschüler immer auf modernen Lkw geschult werden. Die Fahrschüler lernen so mit Funk, Telefon und GPS im Fahrerhaus umzugehen.

Jede Größe, jeder Fahrzeugtyp – die Fahrschul-Flotte von Rüdebusch

Fahrschul-Lkw Mercedes Benz, Actros 1841

Ausgestattet mit umfangreichem Wissen und Erfahrung hat der Kraftfahrer gute Chancen, langfristig auf dem Arbeitsmarkt »Transport« zu bestehen, mehr noch: Der hohe Kenntnisstand, mit dem der Fahrer die Rüdebusch – Fahrschule verlässt, macht ihn zu einem gefragten Könner, denn Können bedeutet auch im Alltag, bedacht zu handeln. Dies führt zu höherer Arbeitszufriedenheit beim Fahrer und zu einem Wettbewerbsvorteil für den zukünftigen Arbeitgeber.

Da auch der Kraftfahrer der Zukunft seine privaten wie beruflichen Perspektiven nur optimieren kann, wenn er weiterlernt, bietet die Fahrschule Rüdebusch neben der Führerschein- und Kraftfahrerausbildung ebenso Kraftfahrerweiterbildung an.

Auch die Führerscheinklassen B/BE, C/CE, D/DE können erworben werden.

www.ruedebusch-fahrschule.de

Fahrschul-Pkw Mercedes Benz, B-Klasse

Lusitano-Gestüt Neu-Waldhof

Es gibt viele Gründe es einmal zu besuchen!

Blick auf das Gestüt mit reetgedecktem Fachwerk

Von Inga und Gabriele Rüdebusch

Die Leidenschaft des Spediteurs Hans-Hermann Rüdebusch reicht von einem bis zu 1300 PS. Schon die Großeltern haben Transporte mit Pferd und Wagen durchgeführt. Daher hat er sich vor 20 Jahren einen Traum verwirklicht und mit einer kleinen Pferdezucht begonnen.

Das Gestüt liegt in einer reizvollen Umgebung am Rande der Südheide. Außerhalb des Ortes Winkel, umgeben von Weiden und Wald des Naturschutzgebietes »Fahle Heide«, ist es ideal eingebunden in eine intakte Umwelt, die für Mensch und Tier gleichermaßen eine entspannte Atmosphäre schafft.

Mit viel Liebe und Fachwissen hat die Familie Rüdebusch dieses Gestüt ohne Hast aufgebaut. Dies sind die Voraussetzungen für eine gesunde Zucht und Aufzucht ihrer Lusitanos. Seit 15 Jahren züchtet die Familie Rüdebusch diese aus Portugal stammende Pferderasse.

Zuchtstuten auf der Sommerweide

Der Deckhengst Poeta auf dem Abreiteplatz.

Marlene Rüdebusch mit Hengst Mestre bei dem Schaubild »Tanz mit der Garrocha«

Der Lusitano ist ein Pferd mit viel Stil, Agilität und Mut, weshalb er nicht nur als Freizeitpferd, sondern auch in allen Wettkampfdisziplinen (Dressur, Springen, Fahrsport) erfolgreich eingesetzt wird. So wurde zum Beispiel Felix Brasseur mit Lusitanos Vierspänner-Weltmeister. Typisch für die Lusitanos sind ein breiter Rücken, ein hochgewölbter Hals und eine lange dichte Mähne. Obwohl der Lusitano eine der ältesten zu reitenden Pferderassen ist, Höhlenzeichnungen im Alentejo aus der Zeit 17 000 bis 13 000 v. Chr. weisen darauf hin, ist die Population der Lusitanos noch sehr gering. Weltweit gibt es nur ungefähr 4000 eingetragene Zuchtstuten.

Auf dem Gestüt werden diese schönen Pferde nicht nur gezüchtet und ausgebildet, auch für Urlauber stehen Gastboxen zur Verfügung. Zum vielfältigen Angebot des Gestütes gehören weiterhin Reitlehrgänge sowie Planwagenfahrten und Gestütsbesichtigungen für Gruppen bis zu 40 Personen. Viele Vereine, Betriebe, Seniorengruppen und Familien haben dieses Angebot schon genutzt, um ihrer Feier einen besonderen Rahmen zu geben.

Bei der circa 90 Minuten dauernden Besichtigung erfahren die Besucher alles über die Zucht und den vielseitigen Einsatz der edlen Lusitanos. Höhepunkt dieser Besichtigung ist das Pferdetraining und die Kür nach Musik im Barockkostüm oder in iberischer Reitkleidung.

Für interessierte Züchter steht der Deckhengst Poeta zur Verfügung. Poeta ist ein großer, im modernen Sportpferde Typ stehender Hengst. Er hat einen freundlichen Charakter, ist völlig unkompliziert im Umgang und gibt diese Attribute an seine Nachzucht weiter.

Alle zwei Jahre organisiert die Familie Rüdebusch mit Hilfe der ganzen Ortschaft Winkel einen Tag der offenen Tür »Kunst Winkel Pferde«. Diese Veranstaltung ist mittlerweile weit über die Grenzen Braunschweigs bekannt. Es ist eine gelungene Symbiose von Kunst und Pferden; eine Ausstellung bildender Künstler in der kleinen Reithalle und die Kunst des Reitens dargestellt durch diverse Showblöcke in der großen Reithalle. Den kulinarischen Rahmen dafür gestalten die Dorfgemeinschaft Winkel und ansässige Vereine. Die nächste Veranstaltung wird voraussichtlich am letzten Augustwochenende 2010 stattfinden.

Informationen, Termine oder Buchungen sind über das Internet oder telefonisch jederzeit möglich.

Lusitano-Gestüt Neu-Waldhof
Neu-Waldhof 1 · 38518 Gifhorn
Tel. (0 53 71) 1 82 38 · Fax (0 53 71) 1 82 39
info@lusitano-neu-waldhof.de
www.lusitano-neu-waldhof.de

Kunstausstellung in der barocken Reithalle während der Veranstaltung – Kunst Winkel Pferde

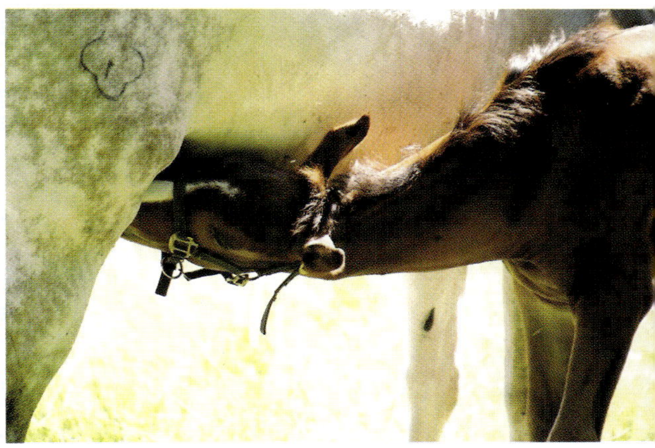

Die Zuchtstute Lisboeta mit ihrem sechs Wochen alten Hengstfohlen Bailador beim Saugen.

Der Golf-Klub Braunschweig

Sport in herrlicher Idylle

Der Golf-Klub Braunschweig wurde 1926 von einer Anzahl renommierter Braunschweiger Bürger gegründet, gehört damit zu den alten, traditionsreichen Klubs in Deutschland und ist mit Abstand der älteste Golfverein der Region Braunschweig. Zum Zeitpunkt seiner Gründung existierten in Deutschland lediglich zwölf Golfclubs mit circa 2000 Mitgliedern. Heute sind es über 700 Anlagen mit knapp 600 000 registrierten Spielern. Die Liste der Gründer führt so klangvolle Namen wie das Herzogpaar, Amme, Büssing, Löbbecke, Seeliger und andere.

Wie in der damaligen Zeit so oft, wurde anfangs ein Neun-Loch-Platz konzipiert, der zweite Weltkrieg führte zur weitgehenden Zerstörung der Anlage. Glücklicherweise war der Kommandant des direkt benachbarten britischen Lazaretts, vormals Luftwaffenlazarett und heute Städtisches Klinikum, ein begeisterter Golfer, so dass in einer damals nicht selbstverständlichen Kooperation ein englisch-deutscher Golfklub entstand. Die Erweiterung zu einer 18-Loch-Anlage erfolgte in den Jahren nach dem zweiten Weltkrieg in mehreren Schritten, zuletzt Anfang der 80iger Jahre.

Heute präsentiert sich die Anlage als der mit einer Fläche von 36 Hektar kleinste 18-Loch-Platz Deutschlands mit einem ganz besonderen Charakter: Dem eines Stadtparks. Charakteristisch ist der umfangreiche alte Baumbestand, der die einzelnen Fairways trennt. Die Bahnen sind relativ eng, aber für Spieler jeder Spielstärke fair. Die geringe Fläche macht sich dabei nicht in der Länge der Spielbahnen bemerkbar.

Die besondere Lage, nur fünf Minuten vom Hauptbahnhof und etwa zehn Minuten von der Stadtmitte, führen zu kurzen Wegen für die Mit-

Schlag aus dem Sandbunker

Klubhaus mit Übungs-Grün

Training auf der Driving-Range

Morgenstimmung

Golf auch im Winter

glieder. Der Nachteil dieser Lage liegt in der mangelnden Möglichkeit, den Platz zu erweitern.
Traditionell ist der Klub sehr sportlich ausgerichtet, seine Mannschaften spielen seit vielen Jahren in den oberen Ligen bis zur Bundesliga. Die Professionalität von Anlage wie Verein führt dazu, dass der Klub regelmäßig Ausrichter von Verbandsspielen des Golfverbandes Niedersachsen-Bremens wie des Deutschen Golfverbandes ist. Immer wieder haben Mitglieder internationale und vor allem nationale Titel gewonnen.
Derzeit hat der Klub circa 800 Mitglieder, eine Größenordung, die eine gesicherte finanzielle Basis garantiert. Er gehört damit zu den größeren Sportvereinen der Stadt.
Großes Gewicht neben dem Sportbetrieb der Erwachsenen wird der Jugendarbeit beigemessen, an dem Jugendtraining nehmen pro Jahr durchschnittlich 70 Kinder und Jugendliche teil.
Für das leibliche Wohl der Mitglieder und Gäste sorgt eine vorzügliche Klubgastronomie, zwei Trainer stehen den Mitgliedern für das Erlernen und die professionelle Weiterentwicklung zur Verfügung.
Nachdem sich der Golfsport Anfang der 90iger Jahre des vorigen Jahrhunderts aus seinem Nischendasein zu einer Sportart mit einer der größten jährlichen Zuwachsraten an Mitgliedern entwickelt hat, ist es in der Nachbarschaft von Braunschweig zu Neugründungen von Klubs gekommen. Der Braunschweiger Golf-Klub hat aber auf Grund seines Alters und seines spezifischen Charmes unverändert eine Sonderrolle, er ist ohne Frage ein Kleinod. Nur wenige deutsche Großstädte können sich rühmen, ein in Qualität und Stadtnähe vergleichbares Angebot zu haben.

Daten:
Herren:
Länge 5723 m, Par 71, Cr-Wert 70.8, Slope 129
Damen:
Länge 5045 m, Par 71, Cr-Wert 72.8, Slope 124

Auf dem Weg zum Grün

Fliesen Winter

Hier wird Qualität GROSSGESCHRIEBEN

Kreative Ideen für das »Traumbad aus einer Hand« findet man in der Ausstellung von Fliesen Winter.

Die Firma Fliesen Winter ist in Braunschweig nicht nur ein Name für höchste Qualität, sondern wahrscheinlich auch das Fliesenfachgeschäft mit der längsten Tradition. So stammt die älteste Erwähnung einer »Firma Winter« im Adressbuch der Stadt Braunschweig aus dem Jahre 1930. Erwähnt wird die Firma »Fliesenhaus Braunschweig GmbH« mit dem Geschäftsführer Gregor Winter am Giselerwall mit Bahnanschluss in der Fabrikstraße.

Jener Gregor Winter war der Vater des Firmengründers der noch heute bestehenden Unternehmung »Dipl.-Ing. Gregor Winter«. Da Vater und Sohn Winter nicht immer einer Meinung waren, gründete Gregor Winter junior im April 1952 seine eigene Firma in der Eichtalstraße in Braunschweig. Später zog man dann an den heutigen Firmensitz in die Schefflerstraße, Ecke Salzdahlumer Straße.
Anfangs lag der Unternehmensschwerpunkt in der Verlegung von Fliesen und Naturstein aller Art. Zeitweilig betrieb Gregor Winter auch eine Filiale in Düsseldorf, da es im Westen Deutschlands zu jener Zeit wesentlich mehr Arbeit gab.
1968 fing der heutige Geschäftsführer, Reinhard Hecker, als Angestellter bei Gregor Winter an. Seine Aufgabe war es, den Handel mit Fliesen aufzubauen. Da die Kinder des Ehepaars Winter an der Fortführung des Unternehmens kein Interesse hatten, übernahm Reinhard Hecker 1976 die Firma.

Und das konnte keine schlechte Entscheidung sein. Denn das Unternehmen an der Schefflerstraße wuchs stetig. 1980 wurde die erste größere Fliesenausstellung Braunschweigs mit 450 Quadratmetern eröffnet. Heute stehen dem Besucher auf über 1200 Quadratmetern Fliesen aus aller Welt und in jeder Preislage zur Auswahl.

(v.l.n.r.) Christian und Reinhard Hecker (Fliesen Winter Handelsgesellschaft mbH), Jens Ollech (Fliesen Winter Verlegetechnik GmbH)

Seit 1994 ist »die dritte Generation« im Hause Fliesen Winter. Christian Hecker teilt sich mit seinem Vater die Geschäftsführung der »Fliesen Winter Handelsgesellschaft mbH«, die sich mit der Beratung und dem Verkauf von Fliesen, Naturstein und Sanitär beschäftigt. Dabei hatte ein Gesichtspunkt immer höchste Priorität: Dem Kunden wird neben der großen Auswahl vor allem gute Qualität geboten. Der Bereich der Fliesenverlegung wurde im Jahre 2002 ausgegliedert und die »Fliesen Winter Verlegetechnik GmbH« wird heute von Fliesenlegermeister Jens Ollech geleitet. Gemeinsam beschäftigen beide Unternehmen über 20 Mitarbeiter.

Im März 2007 wurde auf dem Firmengelände die Ausstellung GODERSA eröffnet und ist seitdem Informationsplatz für Neuigkeiten rund um das Wohnen. Gemeinsam mit vier Partnerfirmen werden komplette Wohnambiente gezeigt und angeboten. Ein »Muss« für jeden, der außergewöhnliche Designs und stilvolle Wohnideen sucht.

Von der individuellen Fachberatung bis zur fachgerechten Ausführung, vom Fliesen- oder Natursteinbelag bis hin zur Komplettsanierung von Bädern – das Haus Fliesen Winter genießt weit über die Stadtgrenzen hinaus einen sehr guten Namen. Und das schon seit mehr als 50 Jahren...

Fliesen Winter
Schefflerstraße 2 · 38126 Braunschweig
Tel. (05 31) 26 47 70 · Fax (05 31) 2 64 77 24
www.fliesenwinter.de

Nicht nur wegen der Höhe ein Highlight

Feinste Speisen 60 Meter über Braunschweig

Eine Rundumerneuerung des Heidberger »I-Punkt« im Süden Braunschweigs machte es möglich: Nach der Restaurierung eröffnete im 17. Stock des in Braunschweig alles überragenden Gebäudes das Spezialitätenrestaurant »i-Vent«.
Schnell avancierte die Lokalität zu einer der führenden Adressen der Stadt und nimmt seither einen festen Platz in der Gastronomieszene der Region ein.
Besonders erfolgreich ist dabei das Ganztagskonzept des Restaurants: Mittagstisch, Kaffee und Kuchen, Abendessen, sieben Tage die Woche und an jedem Sonntag Brunch. Und einmalig in Braunschweig ist auch das Ambiente: Eine Betriebsfläche auf zwei Etagen, wobei sich in der unteren Etage Küche und Mitarbeiterräume befinden. In der oberen Etage finden die Gäste das Restaurant, eine Cocktailbar, eine Raucherlounge – vor allem aber einen unvergleichlichen Rundblick über die Stadt und die Region.

Blick in alle Himmelsrichtungen aus dem Restaurant

Das alles überragende I-Punkt Gebäude

Die weitläufige Lobby-Bar

Stolz sagt Geschäftsführer Vahit Yücel, dass es seines Wissens niedersachsenweit kein »höheres« Restaurant gäbe. Die Fensterfront ist voll verglast und die Fenster reichen bis zur Decke. So liegt dem Gast die Stadt zu Füßen. Und der Genuss der Speisen ist bei diesem Ausblick ein Erlebnis.
Obwohl der Mitarbeiterstab international ist und viele Sprachen spricht, hat sich das Konzept bewährt, im stilvollen mediterranen Ambiente spanisch – internationale Speisen zu servieren.
Ein Highlight des »i-Vent« ist die Cocktailbar mit mehr als 80 verschiedenen Kreationen, die das Barteam überwiegend selbst erstellt hat. Erhan Erdal als Showbarkeeper ist sicherlich der Beste seiner Branche, zumindest in Braunschweig. Sein Showbarkeeping ist schon fast artistisch und erfordert ein Höchstmaß an Jonglierkunst. Bei europäischen Meisterschaften landete er regelmäßig auf vorderen Plätzen.
Besonders beliebt bei Stammgästen ist die »Smokers Lounge«. Sie ist nicht nur ein »Raum zum Rauchen«, sondern vielmehr für viele Insider ein Treffpunkt zum Kennenlernen. Viele Gäste möchten einfach einmal ihren Tisch verlassen und in entspannter Atmosphäre auf einem der bequemen Ledersessel Platz nehmen, um eine Zigarette oder auch eine Zigarre zu genießen. Sie können fast sicher sein, in diesem Ambiente mit netten Menschen ins Gespräch zu kommen.
In gerade einmal einem guten Jahr hat sich das »i-Vent« in Braunschweig einen hervorragenden Ruf geschaffen. Und man kann sicher sein, dass das Restaurant eine der angesagtesten Adressen in Braunschweig bleiben wird. Die beiden Geschäftsführer Erhan Erdal und Vahit Yücel sind nie mit dem Erreichten zufrieden, sondern feilen stets an neuen Ideen, um Ihr Lokal attraktiv zu gestalten.

Das Schwimmbad und der Heidberg aus der Vogelperspektive

Wohlfühlambiente im Restaurant

So ist es eigentlich selbstverständlich, dass das »i-Vent« seit einiger Zeit auch einen Catering-Service anbietet.
Das »i-Vent« ist nicht nur das am höchsten gelegene Restaurant Braunschweigs, sondern auch ein Erlebnis und ein Highlight in der Qualität.

i-Vent Restaurant
Jenastieg 3-5 · 38124 Braunschweig
Tel. (05 31) 2 88 67 67 · Fax (05 31) 2 88 66 40
info@ivent17.de · www.ivent17.de

»Qualität aus Leidenschaft und Tradition«

Die Erfolgsgeschichte der Fleischerei Neubauer dauert schon über 110 Jahre...

...und das liegt ganz klar daran, dass in dieser Fachfleischerei keine halben Sachen gemacht werden. Hier läuft alles rund, denn selbst die original Braunschweiger Mettwurst ohne Ende, die es nur hier zu kaufen gibt, ist rund und hat keine Enden.
Der Kunde fragt sich, wie geht das?
Der Fleischermeister Jens Neubauer lächelt und schweigt. Er begeistert seine Kunden immer wieder aufs Neue mit innovativen Produkten und interessanten Verkaufsaktionen. Dabei ist es dem Innungsobermeister sehr wichtig, dass nicht irgendetwas in seine Wurstwaren kommt. Er setzt auf 100 Prozent Sicherheit und Qualität. So wird zum Beispiel nur Fleisch aus einem ganz bestimmten Markenfleischprogramm verwendet. Sein Land-Juwel Markenfleisch stammt nämlich von ausgewählten Landwirten, die sich vertraglich an festgelegte Qualitätsgrundsätze gebunden haben. So ist bis zur Ladentheke zum Beispiel jedes Kotelett nachzuvollziehen. Nach alten traditionell überlieferten Rezepten und mit ausgesuchten Naturgewürzen entstehen in der Produktion, in der Otto-

Eine runde Sache...
Neubauers patentierte Braunschweiger Mettwurstspezialität »Wurst ohne Ende«

Rudi Neubauer beim Einholen eines Kalbes (um 1930)

straße in Braunschweig, hochwertige Fleisch- und Wurstwaren, die ihres Gleichen suchen.
Die Kunden schätzen die gleichbleibende hohe Qualität der Produkte und die kompetente Bedienung durch das hoch qualifizierte Personal, ohne das es nicht möglich wäre, ständig derart hochwertige Waren anzubieten.
Die Kunden bekommen in den Verkaufsstellen der Fleischerei mehr als 150 Sorten Wurst zu kaufen. Unbedingt probieren sollten Sie dabei die Melveroder Kräuterleberwurst aus eigener Herstellung. Dieses Produkt ist zugleich ein Stück Fleischereigeschichte, da es noch heute nach dem unveränderten Originalrezept von Heinrich Tappe hergestellt wird.
Weiter dürfen Sie aus fast 50 Sorten küchenfertigen Spezialitäten und aus über 40 Sorten Salaten aus eigener Herstellung sowie 70 regionalen

Ein starkes Team... *Thorsten, Kerstin, Jens und Rudolf Neubauer (v.l.n.r.)*

und internationalen Käsespezialitäten auswählen. Keine Lust zu Kochen? Auch kein Problem, denn die Fleischerei bietet in den Verkaufsstellen jeden Tag einen wechselnden, frisch gekochten Mittagstisch zum günstigen Preis an.
Die Geschichte der Fleischerei Neubauer begann 1898. Da eröffnete der Fleischermeister Heinrich Tappe eine Fleischerei im Ortsteil Melverode. 1929 stieg dann Rudi Neubauer, der Vater vom Senior-Chef Rudolf Neubauer mit in das Geschäft ein.
Gemeinsam mit seinen Söhnen Thorsten und Jens sowie dessen Frau Kerstin und 40 weiteren Mitarbeiterinnen und Mitarbeitern ist nun dieses starke Team mit viel Freude und Spaß für die Kunden da.
Anfang September 2008 zog die Produktion in größere Räumlichkeiten in die Ottostraße in Braunschweig um. Am 1. September 2008 ist das

Neubauers Schlemmerland im Einkaufszentrum BS-Heidberg

Wurstmacher mit Leidenschaft und Humor...

Unternehmen zertifiziert worden. Auf diese EU-Zulassung ist das Unternehmen besonders stolz, unterstreicht sie doch die Unternehmenskultur. Frische, Qualität und Sicherheit auf allen Ebenen der Produktion und des Verkaufs.
Für Sie als Kunde bedeutet das ganz klar noch mehr Lebensmittelsicherheit, denn bevor so eine Zulassung erteilt wird, sind eine ganze Reihe von Anforderungen zu erfüllen. Zum einen sind damit optimale räumliche Arbeitsbedingungen auf hohem hygienischem Standard gemeint, zum anderen eine akkurate Arbeits- und Personalhygiene. Auf allen Produktionsstufen muss die Fleischerei eine lückenlose schriftliche Dokumentation der Hygiene durchführen.

Längst ist die Fleischerei Neubauer auch weit über die Stadtgrenzen Braunschweigs bekannt, denn sie bietet ein Komplett-Catering der Spitzenklasse an. Hier wird für jeden Geschmack und für jeden Geldbeutel individuell ein Catering zusammengestellt.

Haben Sie nun Lust bekommen, die Fleischerei Neubauer zu besuchen?
Sie finden diese in Braunschweig am Nibelungenplatz, im Einkaufszentrum Heidberg, am Jenastieg und in Wolfenbüttel im Elmweg, Ecke Doktorkamp.

Das Team der Fleischerei Neubauer freut sich auf Ihren Besuch.

Wenn Neubauers anrichten...

...greift man gerne zu!

NEUBAUERS Würstchen
Qualität aus Leidenschaft & Tradition seit 1898

Fleischerei Neubauer OHG
Nibelungenplatz 11 · 38106 Braunschweig
Tel. (05 31) 32 23 15 · Fax (05 31) 30 21 48
info@fleischerei-neubauer.de

Die beliebte »Tante Emma« heißt in Braunschweig Görge

Ein Unternehnen ist absolut kompromisslos bei der Frische seiner Waren und der guten Laune seiner Kunden – Notfalls mit Ellipse

Von Klaus Langhardt

Keine Frage, Otto Görge ist ein Mann mit Visionen. Er ist einer der Ideen entwickelt, sie zunächst gedanklich vervollkommnet und dann ohne langes Lamento in die Tat umsetzt. Den Kaufmann, der bei der CoOp das Geschäft lernte und von daher genau weiß, wie Konzerne funktionieren, beschäftigte lange die Vorstellung, als Bürger Braunschweigs der Nahversorger und Anbieter feiner Lebensmittel für seine Stadt sein zu wollen. Dabei sehr wohl wissend, dass er sich auf einen schwierigen Kampf mit den Giganten mit den vier Buchstaben (Aldi, Lidl, Plus etc.) einlassen würde. Denen wollte er ein Konzept entgegenstellen, das auf eine Qualität abzielt, mit der er ein Alleinstellungsmerkmal zu erreichen trachtete: »Frische, Frische, Frische.« Genau deshalb firmieren die Görge-Geschäfte allesamt als »Frischemärkte«. In diesem Jahr feierten sie bereits den 15. Geburtstag und damit schon etliche mehr, als viele dem Inhaber zum Start im Jahre 1993 zugetraut hatten. Weitere sollen und werden folgen. Oder anders formuliert: David hat vor Goliath nicht die mindeste Angst und verfolgt beharrlich weiter seine Ziele.

Mit drei Geschäften – am Saarplatz, in der Kastanienallee und am Bienroder Weg – fing 1993 alles an. Es war der erste Schritt auf dem Weg, die Menschen der Stadt in ihren Wohnvierteln mit feinen Lebensmitteln zu versorgen. Und zwar ausschließlich in Braunschweig, Expansionszüge in eine andere Stadt lehnt Görge entschieden ab. In der Löwenstadt allerdings zeigt er Unternehmungsgeist pur. So griff er im Jahre 2000 ganz beherzt zu, als

Da bleiben keine Fragen offen. Ingeborg Osterloh sortiert die gewaltige Auswahl an frischem Obst und Gemüse im Geschäft in Mascherode.

Weine feinster Reben in großer Auswahl – Geschäftsleiterin Martina Vogt (rechts) im Wein-Atelier, Kasernenstraße 34

sieben (!) Supermärkte einer Kette von der Schließung bedroht waren und gliederte sie seinem Unternehmen an. Allein zwei Jahre dauerten die aufwändigen Renovierungsarbeiten, dann waren sie auf dem Stand, den Otto Görge bei seinen Geschäften als Limit voraussetzt. Modern müssen sie sein, hell, freundlich und großzügig. Stillstand gibt es nie: Regelmäßig werden alle Geschäfte gestalterischen Verjüngungskuren unterzogen. Übrigens sehr zur Freude des regionalen Handwerks, das Görge – wenn eben möglich – bevorzugt bei seinen Projekten einsetzt.

Beim Umsetzen seiner Vorstellungen scheut Görge keine Risiken, solange sie eben kalkulierbar sind, und auf der Suche nach Verbesserungen ist er geradezu kompromisslos. Das hat sich ganz besonders gezeigt, als er in Mascherode das »Flaggschiff« seiner Kette realisierte. Sein Architekt hatte ihm davon berichtet, dass in einer ellipsenförmigen Bauform das Wohlgefühl der Käuferscharen größer sei, weil es dort keine Ecken und somit dunkle Winkel gebe. Konsequenz: Görge ließ sofort eine wunderbare Ellipse bauen und freut sich heute über wohlgelaunte Kunden. Mit 1200 Quadratmetern Verkaufsfläche steht in Mascherode auch das größte Geschäft der Kette, alle weiteren, wie beispielsweise der aktuell anstehende Neubau in Melverode oder die groß angelegte Geschäftserweiterung in Wenden werden auf einheitlich 800 Quadratmeter genormt.

Um seinem Credo »Frische geht über alles« jederzeit gerecht werden zu können, hat sich der studierte Handelsbetriebswirt auf zwei Standbeine gestellt. Mit der Edeka-Gruppe hat er den

So sieht eine appetitlich bestückte Fleischtheke aus.

Ein Quartett, das weiß, wie man feine Lebensmittel zu den Menschen bringt: Matthias Görge, Andrea Görge, Verkaufsleiter Dirk Hoffmann und Firmenchef Otto Görge.

Fort- und Weiterbildung groß geschrieben: Otto Görge referiert vor den Fleischermeistern des Unternehmens.

verlässlichen Lieferanten für hochwertige Nahrungsgrundsortimente, aber jenseits davon bedient er sich der besten regionalen Gemüse- und Fleischlieferanten. Das Gemüse kommt von einer Gärtnerei aus Wolfenbüttel und bei den Kartoffeln steht absolut sicher Groß-Oesingen als Herkunftsbezeichnung. »Es gibt viele Menschen, die fahren jedes Wochenende auf diese Höfe, um, sich einzudecken, die können jetzt direkt vor ihrer Haustür in unseren Geschäften exakt diese Ware bekommen«, begründet der 63-jährige Unternehmer diese Maßnahme. Überhaupt ist ihm das Wissen um die Befindlichkeiten seiner Kunden ein echtes Bedürfnis. Deshalb ist er an jedem Samstag auf Achse, um auf den Wochenmärkten, aber auch unerkannt in den eigenen Geschäften den Leuten einfach mal zuzuhören. »Das bildet ungemein«, hat er festgestellt, »man weiß, wie die Menschen denken und was sie möchten.«

Als klassisches Familienunternehmen, in dem seine Töchter Andrea und Stephanie ebenso engagiert arbeiten wie sein 14 Jahre jüngerer Bruder Matthias, setzt Görge ganz auf die Ausbildung junger Menschen und Weiterbildung seine Mitarbeiter. Pro Jahr beenden zwischen zehn und

Alles Käse? Aber ja doch. Bettina Scherer kennt sich mit den Leckereien aus.

zwölf »Azubis« ihre Lehrzeit und werden bevorzugt auch übernommen. »Das schafft Identifikation mit dem Unternehmen«, weiß der Chef und sieht gerade in dieser auch einen Eckpfeiler für die gute Zukunft seiner Frischemärkte.

Der Erfolg lässt Otto Görge nicht vergessen, wie alles begonnen hat, und welche harte Arbeit es zum Stand von heute gewesen ist. Um die Bodenhaftung nie zu verlieren, geht er alle zwei bis drei Jahre zur Klausur in ein Kloster und »läutert sich«, wie er sagt. Das Ergebnis benennt er »Modus et animus«. Oder: Er gewinnt die neue Ahnung, die neue Vision und sieht den Weg zur Realisierung.

Vielleicht hat ihm eine solche Klausur auch die Idee beschert, einen eigenen Weinhandel zu eröffnen, aus diesem heraus seine Geschäfte mit den feinsten Rebsäften (mit Vorliebe aus deutscher Winzerkunst) zu versorgen. »In vino veritas« wusste man schon im Altertum, also kann das auch heute nicht schaden. Gute Verhandlungen, gute Gespräche, ein ereignisreicher Tag – Otto Görge findet Gründe genug, mit Freunden oder Geschäftspartnern den Seelenfrieden und die innere Ruhe bei einem gemeinsam genossenen guten Tröpfchen im schön gestalteten Gewölbekeller seines »Weinateliers« anzustreben. Erfolg garantiert.

In Reih und Glied:^ Die Kundin findet alles ist am rechten Platz.

Eine gute Zukunft vor Augen: Den Azubis winkt nach der Ausbildung die Festanstellung im Unternehmen.

Görge – die Frischemärkte
Am Mascheroder Holz 2 · 38126 Braunschweig
Tel. (05 31) 2 34 93 25 · Fax (05 31) 2 34 93 38
info@goerge-markt.de · www.goerge-markt.de

Blick über das Rapsfeld auf Salzdahlum

Freier Blick aus Hötzum

Braunschweigs Südosten

Wo einst Mönche wandelten

Von Dirk Rühmann, Bezirksbürgermeister

Nur dem Radfahrer wird schlagartig klar, dass er sich auf einen ziemlich hohen Punkt in Braunschweig begibt, wenn er den Südosten unserer Stadt bereist. Schnaufend trampelt er den Lindenberg hinauf und erreicht am Möncheweg tatsächlich eine der höchsten Stellen unserer Stadt. Malerisch präsentieren sich die drei Höhenzüge des Elms seinem Betrachter. Hier auf dem Möncheweg, wo einst die Mönche von Mascherode kommend nach Riddagshausen zogen, rauschen heute Busse, Lkw und Autos mit meist überhöhter Geschwindigkeit vorbei. Diese Straße bildet die Achse des Stadtbezirkes 213 »Südstadt-Rautheim-Mascherode«, zu dem auch noch die Stadtteile Lindenberg und Mastbruch/Elmaussicht zählen.

Der Möncheweg von der Linderbergsiedlung Richtung Südstadt

Fachwerkgebäude in Mascherode

Während es sich bei Rautheim und Mascherode um fast tausend Jahre alte traditionsreiche Dörfer handelt, sind die übrigen Stadtteile erst im letzten Jahrhundert entstanden.

Zwei Kasernen zwischen Rautheim und Lindenberg sind inzwischen Relikte des Kalten Krieges, um deren zivile Nutzung noch gerungen wird.

Zwei Kilometer Autobahn der BAB 39 mitten im Stadtbezirk könnten sich im Guiness-Buch der Rekorde wiederfinden: Von der Eröffnung des Planfeststellungsverfahrens bis zur Eröffnung des Streckenabschnitts vergingen fast 18 Jahre.

Zwischen der Wabe im Osten und dem Springbach im Süden des Bezirkes sowie in unmittelbarer Nachbarschaft zum Rautheimer und Mascheroder Holz entstehen ständig neue Wohngebiete. Bei aller Freude darüber, dass der Südosten Braunschweigs so vielen Menschen zur Vertrauten Heimat geworden ist, bleibt eine mit Wehmut gestellte Frage: Wann wird hier der letzte Hahn zu krähen aufgehört haben?

Das Wahrzeichen der Südstadt: Das Roxy am Welfenplatz

Ziel vieler Ausflügler: der romantische Heidbergsee

Viewegs Garten – Bebelhof

Die grüne Lunge der Braunschweiger City

Von Karl-Heinz Löffelsend

Vordergründig ein Stadtteil ohne eigene Identität, nahe an der Innenstadt gelegen, stark gegliedert, aufgeteilt in verschiedene Wohngebiete, zerrissen durch die Bahnanlagen. Von der östlichen Stadtgrenze reicht dieser flächenmäßig große Braunschweiger Stadtbezirk bis zum Bürgerpark und von der A 39 südlich des eher vornehmen Zuckerbergs bis zum Altewiekring und der Stadthalle. Wir unterscheiden die Bereiche Bebelhof, Zuckerberg, Bahnhofsviertel, Viewegs Garten und das Gebiet entlang der Helmstedter Straße mit seinen Nebenstraßen und dem Güterbahnhof. Trotzdem ist eine geschlossene Betrachtung dieses erst im Jahre 1981 entstandenen Bezirks möglich.

Im 12. Jahrhundert entstand draußen vor der Stadt das Stift St. Leonhard. In seinem Siechenheim wurden bis 1813 Arme und Kranke betreut, ehe das 1780 fertiggestellte Herzogliche Armenkrankenhaus diese Aufgabe übernahm. Die dazugehörige Kirche wurde 1856 geschlossen und dem inzwischen geschaffenen Klostergut übereignet. Die St. Leonhard-Kapelle blieb trotz widriger Umstände erhalten und ist heute nach dem Dom die älteste Braunschweiger Kirche. Sie wird von der Christengemeinschaft genutzt. Das Klostergut bestand nur bis 1885, danach übernahm die Herzogliche Kammer Gebäude und die wenigen übriggeblieben Wirtschaftsflächen. Im Laufe von 50 Jahren hatte man Flächen für die Eisenbahn nach Helmstedt, für Exerzierplätze und besonders für die Stadterweiterung abgeben müssen. Das nun hier untergebrachte Landgestüt benötigte diese nicht. Nachdem 1934 das Landgestüt nach Bad Harzburg/Bündheim umgesetzt wurde, übernahm die Polizeiverwaltung die noch heute bestehenden Gebäude. Inzwischen befinden sie sich in Privatbesitz. Weite Teile des Stadtbezirks gehörten zum ehemaligen Stift St. Leonhard.

Dazu zählt insbesondere das Bahnhofsviertel, das der Dichter Wilhelm Raabe, der hier 40 Lebensjahre verbrachte, in seinen Krähenfelder Geschichten beschreibt. Noch heute ist das Viertel ein gemischtes Wohn- und Gewerbegebiet mit sehr viel Gartengrün. Die Gebäude von Voigtländer, Rollei und Büssing werden weiterhin gewerblich genutzt, auch wenn die einstmals weltbekannten Werke nicht mehr bestehen. Neben Wohnhäusern mit gehobenem Standard, insbesondere an der Wolfenbütteler-, der Adolf-, Leisewitz- und Campestraße, entstanden in den Gründerjahren auch zahlreiche Arbeiterwohnungen. Der »Hofjäger«, das »Konzerthaus« oder »Holst's Garten«

St. Leonhardkapelle

Stadthäuser an der Friedrichstraße

Wolfenbütteler Straße 4

Erholung im Bürgerpark

Magnifriedhof im Frühjahr

im nahen Bürgerpark boten den Menschen Entspannung und Möglichkeiten zur Durchführung von Großveranstaltungen. Theateraufführungen und Versammlungen mit mehr als 1000 Menschen waren möglich. 1871 siedelten sich hier auch die Feldschlößchen-Brauerei und 1880 das Hofbrauhaus Wolters an. Westlich des Bahnhofsviertels befindet sich seit 1886 der nach den Plänen des Promenadeninspektors Friedrich Kreiß entstandene Bürgerpark. Er ist neben dem Löwenwall, dem parkähnlichen Magni- und Domfriedhof und Viewegs Garten die »Grüne Lunge« der Braunschweiger Innenstadt. Viewegs Garten entstand ab 1797 nach Plänen des Schriftstellers und Pädagogen Joachim Heinrich Campe, nach dessen Schwiegersohn Vieweg der Garten später benannt wurde. Durch den Neubau des Braunschweiger Hauptbahnhofs wurde das Gelände stark verkleinert. Entscheidend für die Gesamtentwicklung dieses Bereichs waren die Stadterweiterungspläne der Stadtbaumeister Tappe und Winter.

In den 1920er Jahren entstanden die damals modernen Siedlungen Lämmchenteich und der August-Bebel-Hof, die wir heute als Bebelhof zusammenfassen, in unmittelbarer Nachbarschaft des damaligen Reichsbahnausbesserungswerks.
An der Helmstedter Straße entstand 1883 das Krankenhaus Marienstift, 1887 der Hauptfriedhof und an der Ackerstraße die Eisenbahnsignalbauanstalt von Max Jüdel und Heinrich Büssing, seit 1951 Siemens & Halske AG. Mit dem Bau des Rangierbahnhofes wurde 1919 begonnen und ab 1938 mit Intensität fortgesetzt. Im Stadtbezirk entstanden neue Brücken, die Rangiergleise wurden mit starkem Gefälle gelegt. Insgesamt wurde mit den Anlagen des Hauptgüterbahnhofs etwa 500 Hektar überbaut. Die Bahnanlagen wurden durch den 1960 fertiggestellten Hauptbahnhof noch einmal erweitert.
Schließlich ergibt sich mit der 1905 geweihten St. Johanniskirche eine letzte Identifikationsmöglichkeit. Als Tochter der mittelalterlichen St. Magni-Gemeinde umfasste sie bis Mitte der 1930er Jahre praktisch den gesamten Stadtbezirk. Durch die Zusammenarbeit von drei Kirchengemeinden im Quartier ergibt sich heute fast die gleiche Situation.

Altenpflegeheim St. Hedwig, ehem. Konzerthaus

Löwenwall mit Obelisk und Städtisches Museum

Hauptbahnhof mit Nahverkehrsterminal

Bebelhof an der Salzdahlumer Straße

St. Johanniskirche

Schloss Richmond

Schloss Richmond an der Charlottenhöhe

Der »Zuckerberg«, auch Charlottenhöhe genannt, und das am Hang zur Oker gelegene Schloss Richmond gehören in eine zusammenhängende Beschreibung, auch wenn sie unterschiedlichen Stadtbezirken angehören. 1769 ließ Erbprinz Karl Ferdinand für seine Gattin, der britischen Prinzessin Augusta, ein Sommerschloss im englischen Stil erbauen. Das Schlösschen, das das Heimweh der Prinzessin verringern sollte, erhielt lediglich einen, allerdings prachtvollen, Empfangsraum und diverse Nebenräume. Von seiner Dachterrasse hat der Betrachter einen weiten Blick über die Okerniederung. Bereits 1768 wurde mit dem Bau eines englischen Landschaftsgartens begonnen, der seit 1987 wieder hergestellt werden soll. Zum Schloss gehören zwei Cavaliershäuser, die unter anderem das Museum zum Gedenken an den Reiseschriftsteller Gerstäcker beherbergen. Auf dem alten Parkgelände befindet sich ein Gebäudekomplex im pseudoklassischen Stil, die bis 1938 entstandene »Akademie für Jugendführung der Hitlerjugend«. Inzwischen sind hier das »Braunschweig-Kolleg« und das Abendgymnasium untergebracht.

Gegenüber liegt der Zuckerberg, auf dem Herzog Wilhelm 1842 einen Park anlegen ließ. Außerdem ließ er einen Rundtempel zum Gedenken der Herzogin Philippine Charlotte auf das südöstliche Plateau umsetzen. Seitdem trägt der Zuckerberg auch den Namen Charlottenhöhe. 1883/1884 wurde anstelle des Rundtempels die Villa Schneider, das heutige Landesbildungszentrum für Hörgeschädigte, errichtet. Ab 1921 erfolgte eine umfangreiche Parzellierung und Bebauung. 1934 wurde die Martin-Luther-Kirche eingeweiht.

Ein 1913 als Wohnhaus von der Bauunternehmerfamilie Munte erbautes Gebäude, wurde 1929 von der Stadt Braunschweig gekauft und als Gästehaus eingerichtet. Ab 1985 stand es viele Jahre leer und verfiel beinahe, ehe es 1997 nach langer Bauzeit als Privatklinik eröffnet werden konnte.

Charlottenhöhe

Schloss Richmond, 1899

Wer noch mehr über den Stadtbezirk wissen möchte, lese nach bei:

- Karl-Heinz Löffelsend »100 Jahre St. Johannis Braunschweig«, Braunschweig 2003
- Karl-Heinz Löffelsend »Die Helmstedter – Die Geschichte einer Straße und ihrer Bewohner«, Braunschweig 2005
- Arbeitskreis Andere Geschichte e.V., Hrsg., »Braunschweiger Spaziergänge – Sieben Führungen durch das Ringgebiet«, Braunschweig 2008

Die Bücher sind im Buchhandel oder bei der Kirchengemeinde St. Johannis erhältlich.

Zwei Viertel, die alles bieten – Lebendig, quirlig und kommunikativ

»Aus meiner Sicht«

Von Eva Ziegler-Schrey

Unseren Bezirk beziehungsweise Bezirke zu beschreiben macht Freude. Seit mehr als 40 Jahren lebe ich hier und darf mit Überzeugung sagen, ich fühle mich hier wohl. Ein Bezirk, der alles bietet.

Politisch wurden die Bezirke Viewegs Garten und Bebelhof vor einigen Jahren zusammengelegt. Viewegs Garten im Norden – Der Bebelhof und der Zuckerberg im Süden.
Im Bereich Viewegs Garten finden wir weitgehend Altbauten, der Zuckerberg weist viele Villen auf und der Bebelhof ist eher das »neue« Viertel, denn der existiert erst seit 1929.

Der gesamte Bezirk wurde saniert, so dass wir eine schöne lebenswerte Wohnqualität vorweisen können.

Das Argument, »in der Stadt ist alles so anonym« trifft bei uns nicht zu. Mehrere Sportvereine, Kleingartenvereine und andere Freizeiteinrichtungen tragen dazu bei, Kontakt zu anderen Menschen zu finden. Vor einigen Jahren wurde ein Kinder- und Jugendtreff in der Hans-Porner-Straße eingerichtet. Kinder und Jugendliche können hier ihre Freizeit unter fachkompetenter Betreuung verbringen.

Hinzu kommen die Angebote der Begegnungsstätten für alle Altersschichten. Freizeit, Sport, Unterhaltung und diverse Veranstaltungen. Erwähnenswert sind die städtischen und privaten Kindertagesstätten.

Die vielen Parkanlagen um diesen Bezirk herum, bieten einen hohen Freizeit- und Erholungwert. Der Viewegs Garten zwischen Campestraße und Bahnhof, der kleine parkähnliche Durchgang zwischen Böckler und Wolfenbütteler und der Bürgerpark, der sich bis in andere Stadtteile hinzieht.

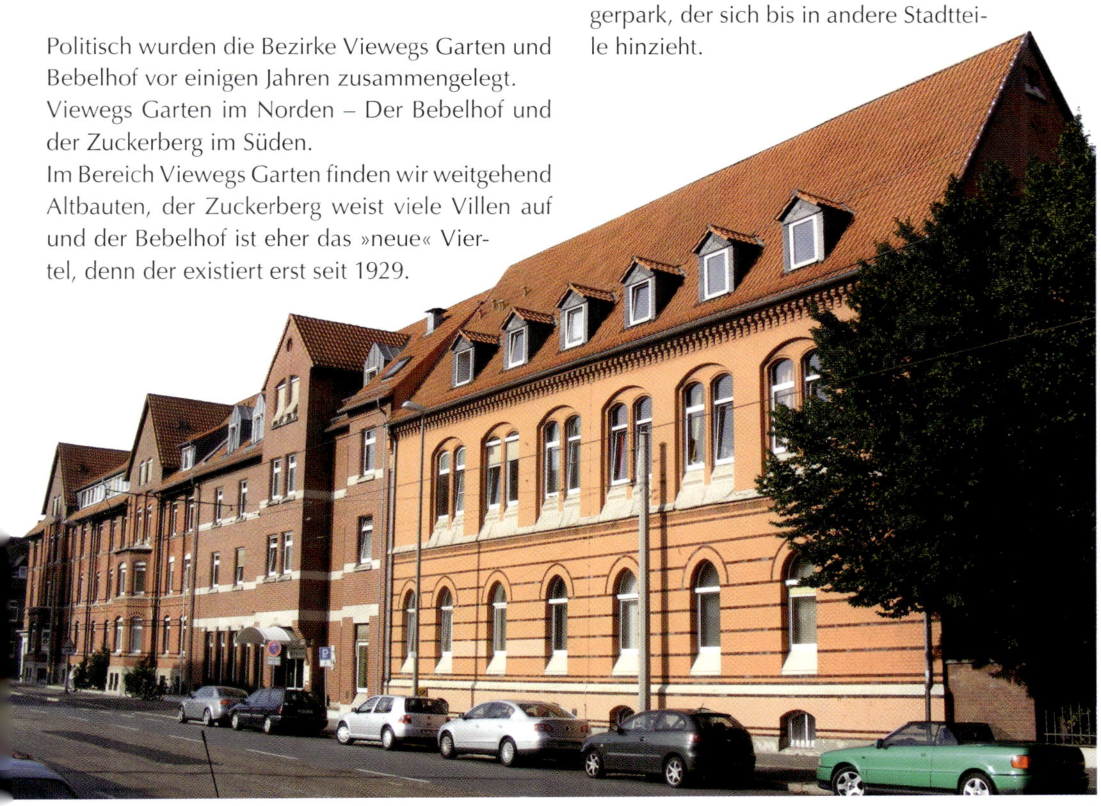

Krankenhaus Marienstift

Luftbild Marienstift Johanneskirche

Villierstraße

Rückseite der Straße »Am Windmühlenberg«

Beim Zusammenzählen der Geschäfte in unmittelbarer Nähe wird klar, dass wir eine Infrastruktur bieten, die nicht jeder Stadtteil zu bieten hat. Alle zum Leben notwendigen Branchen sind vertreten. Nicht zu vergessen, zwei Brauerein und große Industrieflächen.

Ich beschreibe einen Bezirk, der auch politisch gesehen als Nachbarbezirk der Innenstadt gilt. Ein Bezirk, zwischen Innenstadt, Bahnhof und den angrenzenden Außenbezirken Braunschweigs. Trotz alledem wohnen wir ruhig mit viel Grün.

All das sollten Sie sich bewusst machen, bewusst Ihren Bezirk erkunden. Bewusst hier leben.

Stadthalle Braunschweig: Das Kongress- und Kulturzentrum der Region.

»Platz für Ideen«

Stadthalle Braunschweig

Die Stadthalle Braunschweig ist *das* Kongress- und Kulturzentrum in der Region. Bis zu 3500 Gäste können hier feiern, debattieren, diskutieren, Erfahrungen austauschen, sich unterhalten lassen – oder von allem ein bisschen. Allein im Großen Saal finden 2300 Gäste Platz. Viel gelobt wegen seiner hervorragenden Akustik. Ein kluger Grundriss bietet überall beste Sicht, unten im Parkett ebenso wie auf den beiden Seitenemporen. Große klassische Konzert-Ereignisse von höchstem Rang finden hier den richtigen Rahmen. Erstklassige Orchester aus dem In- und Ausland begeistern ein großes Publikum.

Von den New Yorker Philharmonikern, über Anne-Sophie Mutter und Yehudi Menuhin, den Wiener Philharmonikern, dem Gewandhausorchester Leipzig, dem Philadelphia Orchestra, bis zu den Londoner Philharmonikern, Kurt Masur, Alfred Brendel und Cecilia Bartoli reicht die Palette der Weltstars der Klassik, die bereits auf der Bühne der Stadthalle Braunschweig standen.

Klassische Konzerte im Großen Saal – immer ein besonderer Genuss – nicht zuletzt dank der vielgelobten Akustik.

Partys, Bälle, Shows, Firmenfeste – die Stadthalle Braunschweig ist ein Mittelpunkt des gesellschaftlichen Lebens in Braunschweig.

»Kapazitäten für Kapazitäten«

Die Stadthalle Braunschweig wurde 1965 gebaut und ist architektonisch durchdacht. Sie verfügt über fünf separate Bereiche, bei Bedarf alle miteinander kombinierbar. Sie ist ein multifunktionales Kongress- und Kulturzentrum und mit knapp 1000 Veranstaltungen jährlich ein Anziehungspunkt weit über die Region hinaus. Optimal geeignet ist das Zentrum für 100 bis 1000 Kongressteilnehmer, eine flexible Raumgestaltung bietet jedem Veranstalter wunschgemäße Lösungen.

Der mehrtägige Spezialisten-Kongress findet in der Stadthalle Braunschweig ebenso beste Tagungsbedingungen wie großartige Preisverleihungen, internationale Wissenschafts-Symposien, kongressbegleitende Fachausstellungen oder Produkt-Präsentationen.

Neben internationalen Kongressen, Fachtagungen und Seminaren ist die Stadthalle ein Mittelpunkt des gesellschaftlichen Lebens in Braunschweig – mit zahlreichen Bällen, Partys, Betriebsfeiern und internationalem Entertainment. Und das seit mehr als vier Jahrzehnten.

Stadthalle und Löwenkrone – Eine glückliche Symbiose

»Wir sind das Haus der Feiern«

Blick auf die Terrasse

»Wir sind das Haus der Feiern«, sagt Karl König, seit 2005 Pächter des Restaurants Löwenkrone in der Stadthalle. Zentral in unmittelbarer Nähe zur Innenstadt und zum Bahnhof gelegen, sowie mit ausreichend Parkmöglichkeiten für Pkw und Busse, bietet das Restaurant einen guten Treffpunkt für Veranstaltungen aller Art und durch die Anbindung an die Stadthalle auch aller Größenordnungen.
Karl König hat es geschafft, sein Unternehmen in drei gastronomische Bereiche zu teilen, die durch ein perfektes Team wie ein Uhrwerk ineinander greifen.

Die Löwenkrone:
Mit dieser verbinden heute viele Gäste Gemütlichkeit, Wohlbehagen und eine lockere und doch komfortable Atmosphäre. Vor allem aber eine Speisekarte, die Erlesenes für jeden Geschmack bietet. Das Motto des Teams um Karl König lautet: Wir kochen mit Herz.
Zu jeder Tageszeit sowie bei speziellen Themenabenden sind kulinarische Genüsse für jeden Gaumenfreund eine Selbstverständlichkeit. Für Feiern jeder Art stehen über 200 Plätze zur Verfügung, die liebevoll und dem Anlass entsprechend eingedeckt werden. Auf der herrlichen Sonnenterasse wird dabei zur Begrüßung gern ein Sektempfang gereicht. Verschiedene Buffets unterschiedlicher Art und für jeden Geschmack tragen zur gelungenen Feier bei.

Die Stadthalle:
Ohne sie wäre die Löwenkrone undenkbar. Karl König und sein Team beweisen bei Seminaren, Konzerten und Events jeder Art ein Gespür dafür, was der Gast in Bezug auf die Bewirtung wünscht. Es versteht sich von selbst, dass die Küche der Löwenkrone der Jahreszeit entsprechendes zu bieten hat und ihre Angebote auf jeden Gästeumfang ausrichten kann.

Das Catering:
Lieferungen in und um Braunschweig, Wolfenbüttel und Salzgitter sind kein Problem. Für entsprechende Angebote, die ganz auf die Wünsche des Bestellers und die räumlichen Möglichkeiten ausgerichtet werden, ist Ronny Hunsen zuständig. Außer der Lieferung von Speisen und Getränken ist er auch bei dem Ausleihen von Equipment wie Geschirr, Bestuhlung, Zelten und dem Engagieren von Personal behilflich.

Blick ins Restaurant

Theke in der Stadthalle

Festlich gedeckter Tisch

Karl König und sein Restaurant-Team

LÖWENKRONE
Restaurant in der Stadthalle

Stadthallen-Gastronomie König GmbH
Leonardplatz · 38102 Braunschweig
Tel. (05 31) 70 70 70 · Fax (05 31) 7 07 07 77
info@loewenkrone.de

Geschichte und Heimat verpflichten – Wolters erobert die Region zurück

Traditionsbrauerei schreibt unter neuer Führung Erfolgsgeschichten – Im Ostharz röhrt »Big Moose«

Es gehörte für das Quartett Peter Lehna (Diplom-Kaufmann), Thomas Renneke (Rechtsanwalt), Hanns-Bernd de Wall (Kaufmann) und Wilhelm Koch (Diplom-Ingenieur) im Oktober 2006 schon eine gehörige Portion Mut dazu, die Braustätte Wolters in Braunschweig vom Brauerei-Giganten InBev zu lösen, mit der festen Absicht, unter »Hofbrauhaus Wolters GmbH« den bis dahin 380 Jahren traditionsreicher Brauerei weitere hinzuzufügen. »Es war eine Herzens-, Bauch- und Kopfangelegenheit gleichermaßen«, sagen die Vier heute, exakt zwei Jahre nach dem Kraftakt, der sie in der Entscheidungsphase schon manche schlaflose Nacht gekostet hatte. Aber heute wissen sie auch: »Es war jede Anstrengung wert, nahezu alles, was wir erhofft hatten, hat sich erfüllt.« Ergebnis: Die Brauerei steht nicht nur wieder glänzend da, sie ist auch auf einem sehr guten Weg in eine sichere Zukunft. Der 400. Geburtstag im Jahre 2026 ist kein Datum in Utopia mehr, er ist ein Datum, auf das man zielstrebig und mit ganz klaren Vorstellungen hinarbeitet.

Eine dieser Vorstellungen heißt: »Bier braucht eine Heimat«. Wie ein Leitfaden zieht sich dieser Slogan durch die gelebte Geschäftsphilosophie, wobei den vier Rettern eins zu Hilfe kommt: Die Marke Wolters hatte immer eine Heimat. Und in dieser brach der reinste Jubelsturm los, als klar war, der Traditionsbraustätte wird nicht der Garaus gemacht, da werden nicht Knall auf Fall die letzten 65 Brauerei-Mohikaner arbeitslos und der Name Braunschweig verschwindet nicht vollends von der Landkarte mit den berühmten Brauereien in unserem Land. »Allein für die 65 Mitarbeiterinnen und Mitarbeiter hat sich der Kampf ums Überleben schon gelohnt«, sagen rückblickend die vier Geschäftsführer, die unter Einsatz eines Teils ihres Privatvermögens den Deal überhaupt erst möglich machen konnten. »Die haben mit Körper und Herz ihren Einsatz für den Erhalt ihrer Arbeitsplätze geliefert, sie haben nie locker gelassen, immer gehofft und letztlich mit uns allen gewonnen.« Heute beschäftigt das Unternehmen über 100 hoch motivierte Männer und Frauen.

Dass die Stadt Braunschweig beim großen Deal hilfreich Pate stand, vergisst man bei Wolters nicht. Nicht nur ideelle Unterstützung, auch pekuniäre habe es gegeben. So hat die Stadt das gesamte

Aufgepasst ihr Hirsche im Harz: BIG MOOSE ist im Anmarsch.

Geschäftsführer der Hofbrauhaus Wolters GmbH: Hanns-Bernd de Wall, Thomas Renneke, Wilhelm Koch, Peter Lehna (v.l.n.r.)

Gelände von InBev zurückgekauft (drei Millionen Euro), die vom Konzern – auch das sei gesagt – als zurückzahlbare Liquiditätshilfe an die neuen Eigner weitergereicht wurden. Für den Global Player InBev hatte Wolters als Regionalmarke ansonsten keine Perspektive mehr.

Natürlich spielte dem Quartett auch in die Karten, dass alle Vier echte »Brauereipferde« sind, alle vom Fach, alle in der Materie und alle beseelt von der Idee: »Das mit Wolters kann man besser machen. Das muss man einfach besser machen.« Und sie machten es. Lehna als Marketingchef, Renneke als Rechtsexperte, de Wall für den Vertrieb und schlussendlich Koch als Diplombraumeister.

Basierend auf einer Grundidee, die heißt: Braunschweig ist nicht das Pflaster für modischen Bier-Firlefanz. Die Menschen lieben ihr glasklares Premium-Pilsener. Das schmeckt denen ohne Schnickschnack wie Zitronen, Ananas- oder Kirschkonzentratzusätze. »Back to the roots« dürfte mit Sicherheit der letzte englische Spruch in der Brauerei gewesen sein. »Zurück zu den Wurzeln« hieß es danach ab sofort und dem Spruch folgten Taten. Keine Mischbiere, dafür das Premium-Pilsener; der Schwarze Herzog wurde neu belebt, das Oktoberbier ebenfalls und mit dem Wolters Märzen wurde nach 100 Jahren Abstinenz ein Traditionsbier mit hoher Stammwürze auf den Mark zurückgeholt, das auf Anhieb seine Kundschaft fand.

Die so erfreuliche Erfolgsgeschichte in Braunschweig ist um so verwunderlicher, weil deutschlandweit die Bierumsätze rückläufig sind (minus sechs Prozent allein in Niedersachsen und Bremen im Jahr 2007). »Wir haben jedes Jahr um zwei Prozent zugelegt«, freut sich Lehna, der dem Unternehmen auch eine Frischzellenkur in Sachen Image verpasste. »Wir waren und sind keine Billigmarke, die zu Schleuderpreisen auf dem Markt gehandelt werden kann«, so das selbstbewusste Credo der vier Macher. Man zog konsequent die Preise wieder auf das übliche Niveau hoch und rangiert in diesem Punkt mit den gängigen Marken der Republik auf Augenhöhe.

Eindrücke vom Woltershoffest

Luftaufnahme Betriebsgelände Wolters

Dass die Qualität der Biere von der Wolfenbütteler Straße diese Preise augenscheinlich wert ist, hat sich gezeigt. »Wir haben unbestreitbar den Vorteil, dass Wolters in der Region einen hohen Sympathiewert hat. Ohne diese Grundsympathie wäre vieles ganz bestimmt schwieriger geworden«, gibt Lehna zu. So tut man alles, diesen positiven Grundwert sogar noch auszubauen. So freuen sich Kunden aus Handel und Gastronomie darüber, endlich wieder Ansprechpartner zu haben, die wirklich jederzeit für sie da sind. »Bei uns bleibt kein Anruf ohne Antwort, wir sehen uns als echte Dienstleister für unsere Partner«, dieses Versprechen aus dem Hause Wolters wird konsequent eingehalten, und es hat positive Wirkung gezeigt: Alleine im Jahr 2007 holte Wolters 80 Gastronomiebetriebe zurück an die Mutterbrust sowie unzählige Endverbraucher. Parallel dazu bringt sich Wolters verstärkt in die Kultur- und Sportszene der Region ein: Magnifest, das eigene Hoffest, Erntedank- und Schützenfeste, durch die Präsenz dort sowie die Sportförderung zeigt das Unternehmen die enge Bindung an die Heimat.

Aber mehr noch. Schritt für Schritt erobert die Brauerei auch Terrain, das über den Raum Braunschweig hinausgeht. So den Ostharz, wo ein echter Coup gelang: Wolters ist seit neuestem das Hausbier der supererfolgreichen Westernstadt »Pullman City« in Hasselfelde, für die man sogar eine eigene Marke mit tollem Marketingkonzept entwickelt: BIG MOOSE heißt es und führt den gewaltigen Schädel des nordamerikanischen Riesenelchs im Wappen. Damit nicht genug: Selbst in Sachsen-Anhalts Landeshauptstadt Magdeburg ist die Marke »Wolters« im Vormarsch. Und zwar nicht irgendwo, nein, direkt am Hasselbachplatz, im Herzen der Stadt, dem Zentrum der dortigen Gastroszene. Allerdings ändern derartige Erfolgsmeldungen nichts an der Grundidee: »Die Menschen freuen sich einfach, dass ›ihr‹ Bier an ›ihrem‹ Standort weiterlebt, dass fühl- und schmeckbare Geschichte ihren Alltag bereichert. Das werden wir in keinem Augenblick vergessen«, versprechen die vier Chefs. Dass man den Begriff Heimat dabei ganz gerne ein wenig weiter fassen möchte, liegt in der Natur des Vorhabens, in gesunden Schritten weiter zu wachsen. Aber der Slogan »Braunschweig – Region Wolters« ist und bleibt das Maß aller Dinge.

Hofbrauhaus Wolters GmbH
Wolfenbütteler Straße 39 · 38102 Braunschweig
Tel. (05 31) 2 71 80 · Fax (05 31) 2 71 83 60
info@hofbrauhaus-wolters.de
www.hofbrauhaus-wolters.de

Auch ein Traditionsbier wird heute mit modernster Technik gebraut.

Historische Fassade des heutigen Verwaltungsgebäudes

»Fahr das Rennen Deines Lebens«

Jeder hat die Gelegenheit, einmal »Schumacher« zu sein

»Du setzt den Helm auf und spürst die elektrisierende Atmosphäre, die die Karthalle erfüllt. Dein Puls geht hoch, wenn der Motor anspringt und Du spürst die Vibrationen in deinem Körper. Die Ampel schaltet auf Grün. Die Boxengasse wird geöffnet und Du gibst Gas. Es gibt kein zurück mehr. Das Adrenalin schießt durch Deinen Körper und Du bist im Rausch der Geschwindigkeit. Die Reifen quietschen und Du lässt Dich von niemandem abhängen. Nach einigen »Warm Up Laps« setzt Du Dich in den Windschatten Deines Gegners und startest ein Überholmanöver. Reifen an Reifen geht Ihr durch die Kurve und Du behauptest Dich. Nur wenige Zentimeter über dem Boden driftest Du über die Strecke und holst Dir die neue Bestzeit! Die Ampel schaltet auf Rot und Du hältst an. Im völligen Adrenalin-Rausch wird Dir klar: »Das war erst das Qualifying«! Jetzt gehts in die Startaufstellung zum Rennen...«

In der KartCity am Hauptgüterbahnhof kann jeder das machen, was andere nur vor dem Fernseher verfolgen. Seit sechs Jahren kommen Menschen aus Braunschweig und der Region auf die Kartbahn und tauchen für einige Stunden in die aufregende Welt des Motorsports ein. Egal ob mit Freunden oder Kollegen, das Kart-Rennen ist das Highlight des Abends und bietet noch lange Zeit brisanten Gesprächsstoff. Nach der Siegerehrung gibt es die Möglichkeit, im Paddock-Club der Kartbahn auf eine kühle Erfrischung abzusteigen, und den Abend Revue passieren zu lassen.

Da sich immer mehr Hobby-Rennfahrer vom »Mythos Motorsport« anstecken lassen, bietet KartCity in regelmäßigen Abständen freie Rennen, Lehrgänge und Meisterschaftsrennen an. Speziell für Kinder und Jugendliche wird seit 2008 die JuniorAkademie veranstaltet. Mit einer langfristig ausgerichteten Talentsichtung möchte KartCity möglichst viele junge Talente in ihre Reihen aufnehmen und fördern. Der ehemalige Rennsport-Profi Kenny Weiss leitet das Projekt und arbeitet mit den Jugendlichen intensiv an Disziplin, Konzentration, Teamgeist und natürlich schnellen Rundenzeiten. Das Highlight des Jahres, für sämtliche Hobby-Rennfahrer aller Altersklassen, sind die Braunschweiger Kart Meisterschaften, die im Herbst stattfinden. Neben den hochklassigen und spannenden Rennen gibt es jedes Jahr ein buntes Rahmenprogramm mit Show Acts, Musik und tollen Preisen. KartCity will jedem, der auf schnelle Autos und Nervenkitzel steht, die Möglichkeit bieten, in echten Rennen um Zeiten und Positionen zu kämpfen. Bei KartCity kann jeder das Rennen seines Lebens fahren!

Beim Rennen ist die ganze Konzentration gefragt

Am Ende sind alle Sieger!

Große Männer in kleinen Karts

Kinder-Kartführerschein für Kids ab acht Jahren

Der Kampf um den Pokal

KartCity AG
Am Hauptgüterbahnhof 29 · 38126 Braunschweig
Tel. (05 31) 7 07 55 50 · Fax (05 31) 2 32 96 01
info@kartcity.de

Braunschweiger Eisenbahnerlebnisse

Lokpark und ZeitSchiene stellen die Weichen für die gesamte Region

Von Jörg May und Katja Ortseifen

Braunschweig kann mit Stolz auf fast zwei Jahrhunderte prägender Eisenbahngeschichte zurückblicken: 1838 wurde mit der Eröffnung der Ersten Deutschen Staatseisenbahnlinie zwischen Braunschweig und Wolfenbüttel der Grundstein für die rasche Entwicklung der Stadt zum alsbaldigen Kompetenzstandort für Industrie und Verkehr gelegt. Durch die Eisenbahn konnten die Mobilität der Bevölkerung und der Warenaustausch enorm beschleunigt werden, wodurch die Entwicklung der Stadt mit der Eisenbahn zügig voranschritt. Einen bedeutenden Höhepunkt erlebte Braunschweig 1927 mit der Errichtung des Dampflok-Ausbesserungswerkes an der Borsigstraße, welches seinerzeit das größte und bedeutendste seiner Art war. Modernste Schnellzuglokomotiven der damaligen Zeit wurden in Braunschweig repariert. Um unter anderem derartige, für die Stadtgeschichte bedeutsame Ereignisse, nicht in Vergessenheit geraten zu lassen, wurde im Frühjahr 2008 die Braunschweiger ZeitSchiene eröffnet, die als lebendiges Freilichtmuseum die relevanten Orte der Stadt- und Eisenbahngeschichte in einem spannenden Bogen zwischen den zentralen Orten »Westbahnhof« und »Dampflok-Ausbesserungswerk« in Form eines Fußweges durch eine Zeitreise verknüpft. Mit der für Eisenbahnfahrten typischen Regelmäßigkeit, in der Telegrafenmasten oder auch Kilometersteine Eisenbahnstrecken säumen, gliedern, beginnend im Westbahnhof mit dem Jahr 1838, Dekadensteine die 5,5 Kilometer lange Strecke zeitlich – 300 Meter stehen dabei für zehn Jahre. Auf der ZeitSchiene wird die Geschichte für den Besucher erlebbar und soll nach Ankunft im ehemaligen Ausbesserungswerk an der Borsigstraße mit einem Eisenbahnerlebnis im heutigen Lokpark verbunden werden.

Der Lokpark ist die neue Eventlokation in Braunschweig – nicht nur für Besucher der Braunschweiger ZeitSchiene. Der traditionelle und gemeinnüt-

Fahrwerk der Dampflok »Braunschweig« (Foto: G. Joecks)

Fahrtvorbereitung: Abschmieren der Dampflok – Heizer in Aktion (Foto: G. Joecks)

zige »Verein Braunschweiger Verkehrsfreunde e.V.« (VBV) – als Träger der beiden Projekte – besteht seit 1949 und übernahm mit dem Ende der Dampflokzeit 1978 einen Teil des Ausbesserungswerksgeländes mit der Lokhalle (ehemaliger Anheizschuppen) und einer Schiebebühne. Mit dem Vereinsziel, historische Fahrzeuge – vornehmlich aus der Region – betriebsfähig oder als Schaustück für nachfolgende Generationen zu erhalten, wurde seither eine Schienenfahrzeugsammlung von über 80 Fahrzeugen zusammengetragen, die heute im Lokpark ausgestellt ist. Besonderheiten sind dabei unter anderem die über 80 Jahre alte und noch in Betrieb befindliche Dampflok »Braunschweig« sowie der legendäre VT08, auch überregional als Fußballweltmeisterzug von 1954 (»Das Wunder von Bern«) bekannt.

Mit dem Wegfall von Fördermitteln bei steigenden Kosten wurde das Konzept des Lokparks durch Vereinsmitglieder entwickelt und von ihnen in ehrenamtlicher Freizeitarbeit bereits größtenteils umgesetzt. An ungewöhnlichen Orten, zwischen Lokomotiven und Wagen, zu feiern oder Theateraufführungen auf einer Schiebebühne zu erleben, wird zunehmend beliebter. Kindergeburtstage, Betriebsausflüge, Familien- und Firmenfeiern oder auch Hochzeiten können im Lokpark, betreut durch die Vereinsmitglieder, veranstaltet werden.

Im Beschäftigungsbetrieb der Stadt Braunschweig hat der VBV einen Partner für die weitere Konzeptumsetzung gefunden, wodurch der Ausbau des Lokparks stetig voranschreitet und der Begriff »Eisenbahnerlebnispark« seine Bedeutung erhält. Weitere Schritte sind der Ausbau eines Vereinscafés und eines Spielplatzes. Auf über 27 000 Quadratmetern Erlebnisfläche soll der Lokpark in Verbindung mit der Braunschweiger ZeitSchiene künftig Menschen aller Altersklassen anziehen und zu einer Zeitreise erster Klasse in die Industrie- und Verkehrsgeschichte der Region einladen.

Anziehungspunkte des Erlebnisparks sind aber nicht nur abgestellte Schienenfahrzeuge, sondern auch Fahrten mit Dampflokomotiven und Sonderzügen. Die umfangreichen Gleisanlagen empfangen Sonderzüge aus ganz Europa, mit denen Besucher den Lokpark direkt erreichen können. Eine Parkeisenbahn mit echten Dampfloks wurde bereits in das Gelände integriert.

In der Lokhalle mit den historischen Werkstätten des Ausbesserungswerkes wird der weit über die Regionalgrenzen hinaus bekannte Dampf-Sonderzug »Asse-Bummler« durch den Verein gewartet und unterhalten. Der »Asse-Bummler« verkehrt mehrmals im Jahr auf der Traditionsstrecke zwischen Braunschweig, Wolfenbüttel und Wittmar/Asse, wobei bewusst die historisch bedeutende Strecke der Ersten Deutschen Staatseisenbahn (Braunschweig – Wolfenbüttel) befahren wird, um auch dem Anspruch einer Eisenbahnerlebnisregion gerecht zu werden. Der »Asse-Bummler« und weitere Züge können auch für Ausflugsfahrten zu anderen Zielen angemietet werden.

Das Motto »Tradition bewahren heißt nicht Asche aufzuheben, sondern eine Flamme am Brennen zu halten! (Jean Jaures)« ist das Leitbild des VBV für die Umsetzung der Projekte ZeitSchiene und Lokpark als Beitrag zur Eisenbahnerlebnis-Stadt Braunschweig.

Info-Güterwagen der ZeitSchiene auf dem Burgplatz (Foto: J. May)

Feiern im Lokpark (Foto: C. Hölscher)

Braunschweiger ZeitSchiene am Westbahnhof (Foto: K. Ortseifen)

Bummelhalt im Grünen (Foto: C. Hölscher)

Der Asse-Bummler

Das Dampfeisenbahnerlebnis in der Region

Von Jörg May

Noch in den 50er Jahren des vergangenen Jahrhunderts fuhr die Stadtbevölkerung zum Wochenendausflug »hinaus aufs Land« – natürlich mit der Eisenbahn. Die so genannten Bummelzüge schnauften mit kleinen Dampfloks und Wagen zu den Ausflugszielen der näheren Umgebung. In der Region Braunschweig ist das auch heute noch mit dem Asse-Bummler erlebbar.

Durch den Zusammenschluss von verkehrsinteressierten Bürgern der Region wurde im Jahr 1949 der Verein Braunschweiger Verkehrsfreunde e.V. (VBV) gegründet. Vorrangiges Ziel der Vereinsmitglieder war und ist die betriebsfähige Erhaltung historischer Schienenfahrzeuge für die überregionale Öffentlichkeit, weshalb am Vereinsstandort – dem Lokpark Braunschweig – eine umfangreiche und regionalbezogene Fahrzeugsammlung zusammengetragen wurde. Seit Ende der 1970er Jahre führt der VBV mit einigen dieser Fahrzeuge Sonderzugfahrten auf Strecken der Deutschen Bahn AG und Privatbahnen durch. Um die geschichtsträchtige und herausragende Bedeutung der Region Braunschweig in Bezug auf die Eisenbahn in der Öffentlichkeit hervorzuheben, wurde durch den VBV Mitte der 1990er Jahre mit ideeller Unterstützung durch den Landkreis Wolfenbüttel, die Samtgemeinde Asse und dem Betreiber der Eisenbahninfrastruktur in der Asse der Betrieb des Museumsdampfzuges »Asse-Bummler« ins Leben gerufen. Der Produktname für den Zug war dabei schnell gefunden; verbindet er doch Fahrtziel und Fahrterlebnis in geeigneter Weise miteinander. Und »Bummeln« ist durchaus ernst gemeint – 40 Stundenkilometer ist die absolute Höchstgeschwindigkeit des etwa 100 Jahre alten Museumszuges.

Die Auswahl der Fahrtstrecke wurde sehr bewusst gewählt. Insbesondere sollte die Strecke der 1838 eröffneten ersten Deutschen Staatseisenbahn von Braunschweig nach Wolfenbüttel mit den ehemaligen Haltepunkten Rüningen, Leiferde und Groß Stöckheim berücksichtigt werden. Auch durfte das letzte Teilstück der ehemaligen Braunschweig-Schöninger-Eisenbahn nicht fehlen, welches der Zug auf der Steilstrecke zwischen Wendessen und Wittmar befährt. Als geeignetes Ausflugsziel bot sich die Asse als Höhenzug und regionaler Hausberg mit Erlebnischarakter an. Vom Waldbahnsteig in Wittmar aus besteht die Möglichkeit, die Asse zu Fuß oder mit dem Fahrrad zu erkunden, den Bismarckturm zu besteigen oder die Burgruine zu erobern.

Seit 1999 verkehrt der Asse-Bummler planmäßig sechs Mal pro Jahr auf dieser Strecke. Zusätzlich wird der Zug jährlich etwa 20 Mal für Privatpersonen oder Firmen im Charterverkehr eingesetzt und fährt dabei auch andere überregionale Ziele an. Etwa 5000 begeisterte Fahrgäste nutzen den Zug mittlerweile pro Jahr und die Tendenz ist steigend. Insbesondere die jeweils im Dezember stattfindenden Nikolausfahrten sind oftmals bereits Anfang November ausgebucht.

Gezogen wird der Zug von der 1925 gebauten Dampflok »Braunschweig«. Die Fahrgäste werden stilecht in Wagen aus den Jahren von 1878 bis 1930 in der »dritten Holz-Klasse« auf originalen Sitzbänken befördert. In einem Barwagen werden die Reisenden während der Fahrt mit Getränken und kleinen Speisen versorgt. Auch Fahrräder können im Asse-Bummler mitgenommen werden, wofür der Zug einen Gepäckwagen mitführt.

Die »Macher« des Asse-Bummlers sind in ihrer Freizeit aktive Mitglieder des VBV. Von der Instandsetzung und Wartung der Fahrzeuge über die organisatorischen Arbeiten im Hintergrund

Vorbereiten der Dampflok (Foto: G. Joecks)

Nikolausfahrten (Foto: C. Hölscher)

Diesellok Asse-Bummler (Foto: G. Joecks)

Asse-Bummler (Foto: C. Hölscher)

Asse-Bummler innen (Foto: G. Joecks)

Fahrkartenkontrolle (Foto: G. Joecks)

wie Planung der Fahrten, Werbung, Fahrkartenverkauf, Zugreinigung und Cateringeinkauf bis hin zur Durchführung des Zugbetriebs als Lokführer oder Heizer, als Schaffner oder Cateringbegleitung; all das wird in liebevoller Vereinsarbeit durch die Mitglieder im Lokpark Braunschweig und während der Zugfahrt absolviert. Aufgrund der vielen Aufgaben, die für eine Zugfahrt erforderlich sind, werden jederzeit weitere helfende Hände im Vereinsteam gesucht!

Schnuppern Sie mit dem Asse-Bummler ein Stück Nostalgie und erinnern Sie sich an die »gute alte Zeit«. Zeigen Sie Ihren Freunden, Kindern und Enkeln wie man früher verreiste. Lassen Sie sich von uns in die Welt der Dampfeisenbahnen entführen und erleben Sie echte Kleinbahnromantik. Schauen Sie dem Heizer über die Schulter und gönnen Sie sich einen Ausflug mit Eisenbahnerlebnis.

Wir freuen uns auf Sie als Fahrgast und/oder als Vereinsmitglied!

Zu Gast in der Klinik am Zuckerberg

Ärztlicher Direktor der Klinik am Zuckerberg, Dr. med. Michael J. Hutter (Phlebologe)

Von der schönsten Gründerzeit-Villa Braunschweigs zur international renommierten Privatklinik

Von Sigrid Pinke-Tille

Repräsentativ inmitten einer herrlichen Parkanlage nach italienischem Vorbild liegt die exklusive Klinik am Zuckerberg, eine der modernsten Privatkliniken Europas. Im Verbund mit dem Schloss Richmond bereichert die aufwändig restaurierte Villa der Gründerzeit nicht nur das noble Stadtviertel Am Zuckerberg, sondern leistet auch ihren gesellschaftlichen Beitrag für die Bürger und die Authentizität der geschichtsträchtigen Stadt Braunschweig.

Eine Prachtvilla der Gründerzeit – die Klinik am Zuckerberg

Stilvolles Ambiente im lichtdurchfluteten Foyer der Gründerzeit-Villa

Die großzügigen Treppenaufgänge in edlem Mahagoni-Holz blieben im Original erhalten.

Ein großer Glücksfall für Historie und Attraktivität der Stadt: Allein durch die Privatinitiative des Arztes Dr. med. Michael J. Hutter wurde das zu Beginn des 20. Jahrhunderts erbaute ehemalige Gästehaus Braunschweigs vor dem langsamen Zerfall gerettet. War doch die Villa seit der Übernahme durch die Stadt Braunschweig im Jahre 1929 zur bevorzugten Gesellschaftsadresse für offizielle und vornehme Zusammenkünfte und Feierlichkeiten avanciert. 1983/1984 allerdings gab die Stadt das Haus auf und Historiker, Heimatpfleger und Bürger sahen das Gebäude in den nun folgenden Jahren zusehends verfallen. Dr. Michael J. Hutter, ärztlicher Leiter des Venenzentrums Braunschweig, erkannte und schätzte Bestand, Originalität und Schönheit der Architektur dieser alten Gründerzeit-Villa. Trotz nahezu unzumutbarer Festlegungen und Forderungen des Denkmalschutzes entschied sich der private Investor, mit unermüdlichem Einsatz den Bürgern das Gästehaus als bedeutenden Zeugen ihrer Vergangenheit zu erhalten. In Form einer exklusiven Privatklinik sollte das Haus als ein kulturhistorischer, medizinischer und gesellschaftlicher Mittelpunkt der Stadt Braunschweig neu belebt werden und das Gästehaus für die Menschen als kommunikativer Ort geöffnet bleiben.

So wurde die Fassade der Villa gemäß den offiziellen Regeln des Denkmalschutzes aufwändig restauriert. Allein die Eingangstür zerlegte der Restaurator in mehr als 200 Einzelteile, um das Meisterstück deutscher Handwerkskunst sorgfältig und fachgerecht wiederherzustellen. Das in dunklem edlem Mahagoni-Holz gehaltene Treppenhaus mit den großzügigen Treppenaufgängen blieb im Original erhalten. Die stilvolle Innenarchitektur des Gästehauses am Zuckerberg, ausgestattet mit hochwertigem Parkettboden und wertvollem italienischem Marmor in ruhigen erdhaften Farbtönen, orientiert sich mit einer weitläufigen Raumaufteilung ebenfalls am historischen Original. Nach einigen Jahren der Restaurierung erstrahlte 1997 die Gründerzeit-Villa der Stadt Braunschweig wieder in neuem Glanz. Somit erhielt Dr. Michael J. Hutter der Stadt Braunschweig und ihren Bürgern mit viel persönlichem Engagement diesen kostbaren

Alljährlicher Treff auf der Gesundheitsmesse – ein Medizin-Event mit Musik, Spiel und Sport

Gepflegte Parkanlage und Terrasse des Gästehauses der Klinik am Zuckerberg

kulturhistorischen Zeugen des 20. Jahrhunderts und gab dem Haus eine neue Perspektive für die Zukunft: Es entstand eine Privatklinik mit international anerkannten Fachärzten auf dem neuesten Stand medizinischer Technik und Therapieverfahren. Dabei bleibt das ehemalige Gästehaus in seiner originalen Funktion weiterhin ein exklusives Haus für den Gast. Die modernen, eingeschossigen und zurückversetzten Anbauten, ausgestattet mit neuester Medizin-Technik, befinden sich optisch dezent im Hintergrund des grün bewaldeten Anwesens.

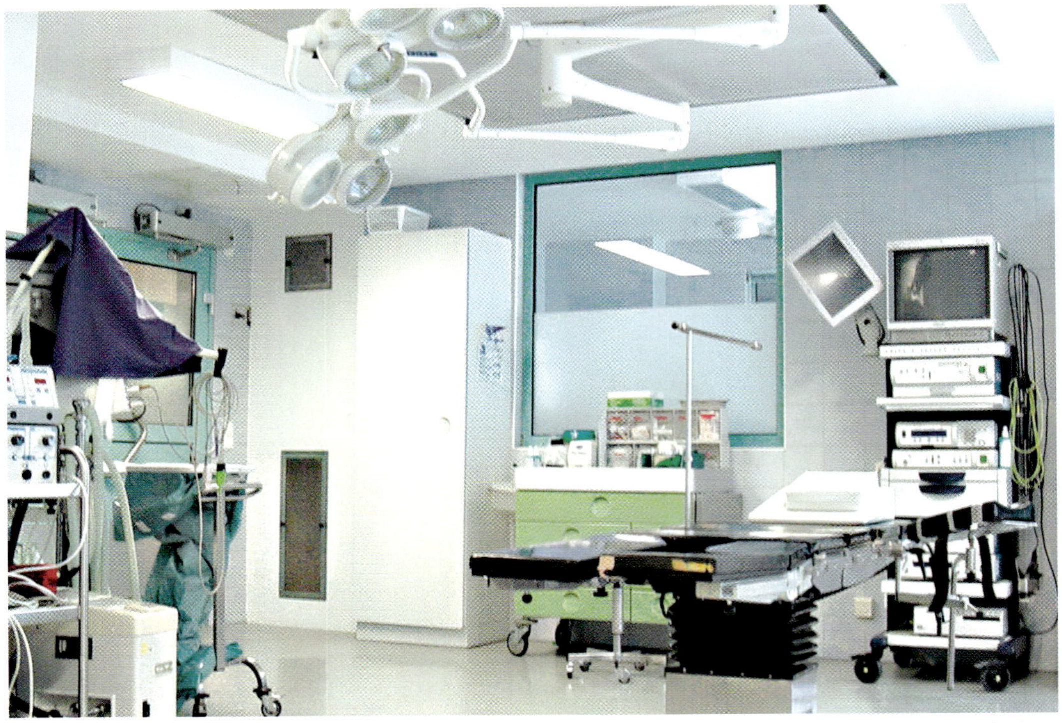

Medizin auf höchstem Niveau – bestausgestatteter OP-Bereich im Kompetenzzentrum der Klinik am Zuckerberg

Ein Ort der Begegnung – die Philosophie des Hauses

Bereits am Empfang wird der Besucher als willkommener Gast und Freund in der eleganten Villa persönlich und familiär begrüßt und begleitet. Geschmackvolles Interieur schmückt den fein restaurierten und original erhaltenen Treppen- und Innenbereich. Von hier aus erstreckt sich die gehobene Restauration mit Café hell und offen hinaus auf die großzügige Terrassenanlage – ein Ort der Kommunikation und zugleich ein Hort der Ruhe mit Blick auf den gepflegten Park mit seinem frischen Springbrunnen, den bunten Blumen, den mit weißen, knirschenden Kieselsteinen bedeckten Spazierwegen bis hin zur saftig-grünen Rasenfläche des beliebten Putting-Greens für Golfspieler.

Regelmäßig bietet die Klinik am Zuckerberg Informationsveranstaltungen über aktuelle medizinische Themen an. Vor allem die alljährlich Ende August stattfindende Gesundheitsmesse erfreut sich großer Beliebtheit – ein unterhaltsamer Medizin-Event mit Musik, Spaß und Sport, auf dem international erfahrene Fachärzte die Besucher in interessanten Vorträgen über den aktuellen Fortschritt der Medizin, über schonende Therapieverfahren und ärztliche Erfahrungen informieren. So ist es Philosophie des Hauses, die Tore des Anwesens für Menschen von nah und fern und für die Bürger der Stadt zu öffnen und sie nach alter Tradition des Gästehauses herzlich willkommen zu heißen, diesen kulturhistorischen Ort Braunschweigs wahrzunehmen und zu genießen. Heute hat sich das stilvolle Ambiente des Gästehauses am Zuckerberg zu besonderen Anlässen und stimmungsvollen Feierlichkeiten wie Hochzeiten, Jubiläen und Familienfesten erneut als ein gesellschaftlicher Mittelpunkt der Stadt für all diejenigen etabliert, die Tradition, Kultur, Kommunikation und das Besondere lieben.

Die weitläufige Terrassen- und Parkanlage lädt zum Verweilen und Flanieren ein.

Medizin auf höchstem Niveau

Als Gast empfangen und individuell betreut wird selbstverständlich jeder Patient, der in der Klinik am Zuckerberg ambulant oder stationär medizinische Beratung, Diagnose und Therapie auf höchstem Niveau sucht. Ausschließlich Fachärzte mit langjähriger Erfahrung in ihren Spezialgebieten und den jeweilig entsprechenden nationalen und internationalen Fachverbänden angehörend, arbeiten kooperativ im Kompetenz-Zentrum der Klinik am Zuckerberg unter der ärztlichen Leitung von Dr. med. Michael J. Hutter. Zahlreiche Ärzte und Professoren der Klinik sind Autoren bedeutender Fachbücher und Fachveröffentlichungen mit weltweit hervorragender Reputation und stehen als Gründer oder Präsidenten ärztlichen Fachverbänden vor. Regelmäßiger internationaler Austausch, Fortbildungen und Kongresse gewähr-

leisten den hohen und aktuellen medizinischen Standard der Klinik. Neueste Diagnose- und Therapieverfahren ermöglichen eine optimale Behandlung des Patienten. Modernste Hygiene-Technik und ein spezielles EEG-Monitoring zur präzisen Überwachung und individuellen Steuerung der Narkose sorgen für ein Höchstmaß an Sicherheit für den Patienten in den bestausgestatteten Operations- und Überwachungsräumen. In der medizinischen Fachwelt genießt die Klinik am Zuckerberg heute europaweit und auch international einen außerordentlich guten Ruf. Partnerkliniken unter anderem in Abu Dhabi, Dubai, Kairo, Russland und den USA arbeiten mit der Klinik eng zusammen und überweisen ständig Patienten für spezielle Eingriffe nach Deutschland in die Klinik am Zuckerberg. Ärzte und Schwestern der Klinik verfügen bereits seit vielen Jahren über umfassende Erfahrungen in der Behandlung und Versorgung von Menschen verschiedenster Kulturen aus aller Welt. Schließlich ist die Klinik am Zuckerberg via den internationalen Fughafen Hannover verkehrsgünstig und gut zu erreichen.
Und last not least unterstützen und erleichtern Ruhe, Komfort und Exklusivität des schönen kulturhistorischen Anwesens der Klinik am Zuckerberg eine rasche Genesung der Patienten.

Die restaurierte, schöne Villa der Gründerzeit – ein Ort der Kommunikation

Spezialisierung und Perfektion – Medizinische Fachbereiche

Erfolg und Perfektion werden nur durch eine konsequente Spezialisierung erreicht. Die Klinik am Zuckerberg steht für einen medizinischen Standard auf höchstem Niveau. Ausschließlich hochqualifizierte erfahrene Fachärzte betreuen persönlich ihre Patienten und führen Diagnosen, Therapien und operative Eingriffe nach dem neuesten Stand wissenschaftlicher Erkenntnisse durch. Ein Teil der Klinik am Zuckerberg steht dem Venenzentrum Braunschweig zu Verfügung, so dass alle gesetzlichen Krankenkassen sämtliche Kosten für operative Eingriffe auch bei den Volksleiden Venen- und Hämorrhoidenerkrankungen komplett übernehmen und somit Kassenpatienten die Vorteile einer Privatklinik genießen können. Ärzte und Pflegepersonal sind dabei bestrebt, den Aufenthalt für ihre Patienten so angenehm wie möglich zu gestalten und individuelle Wünsche zu erfüllen. Ambiente und Zimmer der Klinik gleichen eher einem Komforthotel als einer Klinik.
In der Klinik am Zuckerberg wurde die Vision eines höchstmöglichen Standards für die Patienten realisiert.

Die Klinik am Zuckerberg bietet ihren Patienten folgende medizinische Fachbereiche mit hochqualifizierten Spezialisten an:

- Venenheilkunde
- Orthopädie und Sporttraumatologie
- Gynäkologie
- Urologie
- Chirurgie
- HNO
- Anästhesie
- Schmerztherapie
- Plastisch-Ästhetische Chirurgie
- Lasertherapie »aesthetic management«
- Gesundheits Check Up, Manager Check Up

Spiel und Spaß auf dem beliebten Golf-Putting-Green

KLINIK AM ZUCKERBERG
BRAUNSCHWEIG

Klinik Am Zuckerberg GmbH
Zuckerbergweg 2 · 38124 Braunschweig
Tel. (05 31) 2 63 30 · Fax (05 31) 2 63 31 00
info@klinikamzuckerberg.de
www.klinikamzuckerberg.de

Dieter Werner hatte vor fast zehn Jahren die richtige Idee – »Braunschweig vom Wasser aus«

Dunkle Flut, Mordgeschichten, Gänsehaut: Mit »OkerTour« die Stadt neu erleben

Von Klaus Langhardt

Es hat so ein wenig von Columbus und dem Ei: Man muss nur drauf kommen. Die Erfolgsgeschichte von Dieter Werners OkerTour begann just an dem Tag, an dem der Reisekaufmann sich entschloss, die schon lange keimende Idee, Floßfahrten auf der Oker zu organisieren, auch in die Tat umzusetzen. »Ich habe auf vielen Reisen in der ganzen Welt die unterschiedlichsten Angebote von Floß- und Kahnfahrten auf Flüssen kennen gelernt. Aber kaum einmal habe ich so eine Idylle wie in Braunschweig zu sehen bekommen. Da stand dann irgendwann für mich fest. Es wird Zeit, dass auch auf der Oker etwas Derartiges angeboten wird«, erzählt der 58jährige Unternehmer.

Gedacht getan, im Jahre 1999 hatte Werner alle Vorbereitungsarbeiten abgeschlossen und alle Genehmigungen in der Hand, es konnte losgehen. »Die Okerstadt vom Wasser aus«, ist heute der Titel der über allen Aktivitäten steht. Gekürt hat ihn Werners Tochter Chiara (32), die wie ihr Bruder Mischa (27) längst Vollzeit im väterlichen Betrieb

Hochbetrieb auf der Oker und voll besetzte Kähne von OkerTour

Die Vier vom Anleger: Tochter Chiara, Sohn Mischa und Vater Dieter Werner mit Vierbeiner Eloy

mitarbeitet und durchaus gewillt ist, irgendwann gemeinsam mit dem Bruder das Unternehmen in der nächsten Generation weiterzuführen. Doch zunächst ist Vater Dieter noch voll im Rennen und auch willens, das noch eine geraume Weile zu bleiben.

Heute ist die Zentrale des Unternehmens das Bootshaus mit Anleger an der Kurt-Schumacher-Straße/Kenndy-Platz, direkt an der Brücke. Als 1999 alles begann, legte man noch an der Leonhardstraße ab, von wo aus heute noch zwei Flöße und zwei Kähne fahren. Alle anderen Gattungen an Wassergefährten wie Tret-, Ruder-und Padelboote, die drei stolzen, großen, weißen Schwäne

Idylle pur: Fast geräuschlos gleitet das Floß über die spiegelglatte Oker.

Herrliche Villen am Okerufer …

… entzücken die Betrachter

und die Kähne haben am Kennedy-Platz ihren »Heimathafen«, drei weitere Kähne und ein weiteres Floß ebenfalls. Der Anleger befindet sich seit 2007 im Besitz der Familie, nachdem der Vorgänger sich zur Ruhe setzen wollte und die seit mehr als 30 Jahren florierende Station abgeben wollte.

Die Saison beginnt im Regelfalle Mitte April und endet Anfang Oktober. Von 10 Uhr bis 20 Uhr hat der Bootsverleih geöffnet, die mittlerweile stark nachgefragten Thementouren gehen gar bis 22.30 Uhr. Kultstatus hat dabei längst »Mord auf der Oker« erlangt, das gar grauselige Vergnügen, in dem während der Passage auf dem Fluss Lesungen über die größten Blut- und Missetaten den Gästen die viel zitierte Gänsehaut garantieren. Allein 67 offiziell ausgeschriebene »Mörder-Cruises« hat es in dieser Saison gegeben, 25 zusätzlich angebotene und ausverkaufte Touren bestätigen ihren Stellenwert. Stolz ist Dieter Werner, dass viele Touristen aus dem Freistaat Bayern beim Vergleich von Floßfahrten auf der Isar und solchen auf der Oker den Braunschweigern klar den Klassensieg zubilligen. Übrigens: Auf den Flößen kann vom Sektfrühstück bis zum kompletten Drei-Gang-Menü wirklich alles serviert werden.

Sehr gut angenommen werden längst die täglichen Stadtführungen vom Wasser aus, die den Einheimischen wie den Touristen einen völlig neuen Fokus auf die Okerstadt bieten. »Was immer unterschätzt wird ist die Tatsache, dass es bundesweit keine vergleichbare Situation wie in Braunschweig

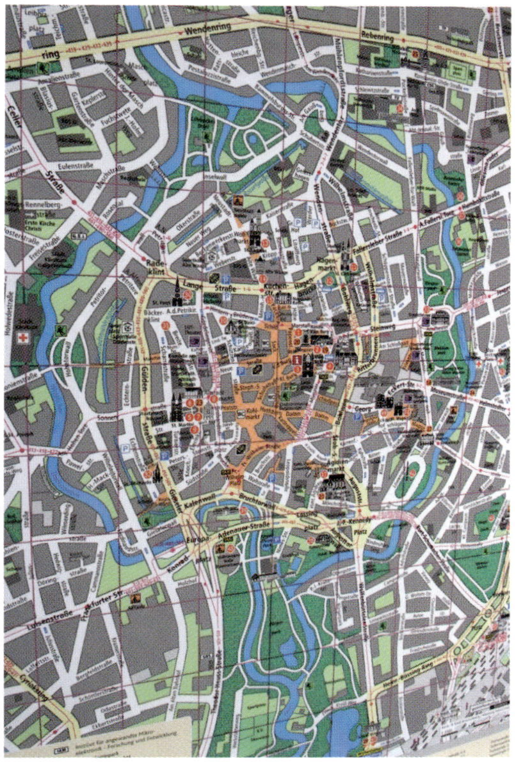

Die Karte beweist: Wie ein Ring umschließt die Oker Braunschweigs Innenstadt. Einmalig in deutschen Landen

Hier lässt es sich leben …

… und hier auch.

gibt. Der Fluss umarmt die gesamte Innenstadt in einem geschlossenen Kreis, diese totale Nähe zur Stadt macht die Stadtführungen so interessant«, gerät Dieter Werner fast ins Schwärmen. Genau so beeindruckt erzählt er von den wunderbaren Bildern, welche die unterschiedlichen Laubfärbungen zu den Jahreszeiten auf die Oker und ihre Gestade malen. »Das ist oftmals Idylle pur.« Damit diese nicht gestört wird, gleiten die OkerTour-Schiffe fast lautlos mit ihren zwei bis drei Stundenkilometer durch die Fluten, allesamt getrieben von umweltfreundlichen Elektromotoren.

Für Freunde der Architektur bieten die Fahrten auf der Oker zudem Einblicke in architektonische und gartenbauliche Besonderheiten der Stadt, die man von »Landseite« aus erstens so nie wahrnehmen kann und zweitens nicht einmal vermutet. Diese Art der Promotion für die Löwenstadt findet auch bei den offiziellen Stellen höchste Anerkennung. Die Stadtmarketing GmbH arbeitet eng und erfolgreich mit OkerTour zusammen. Eine für beide Seiten nutzbringende Verbindung.

Mit den Aufnahmekapazitäten ihrer Flöße und Kähne zeigen sich die Werners gerüstet für alle Formen von Feiern: Hochzeiten, Geburtstage, Jubiläen, verstärkt auch Klassentreffen, eigentlich gibt es nichts, was OkerTour nicht bewältigen kann. 50 Menschen finden auf einem Floß Platz, 30 auf den Kähnen. Die sind endgültig keine Spreewald-Kähne mehr, sondern Neubauten mit dem unverwechselbaren Design der Werner-Flotte. »Wir haben drei echte Okerkähne nach Originalzeichnungen bauen lassen«, erläutert Werner.

Hoffentlich bald wieder beleuchtet: Eine der vielen Okerbrücken

Geschnitzte Statue am Ufer

Kleine Ruhepause im roten Kanu von OkerTour

Dass es Überlegungen gibt, die im Expo-Jahr 2000 illuminierten geschichtsträchtigen Okerbrücken wieder mit Licht und Glanz zu bestücken, stößt bei OkerTour auf allergrößte Gegenliebe. »Die damaligen Eindrücke waren großartig, das Publikum war begeistert«, erinnert sich Dieter Werner. »Als neu installierte Ganzjahreskonstruktionen würden sie bestimmt Sinn machen und die Stadt noch weiter aufwerten. Braunschweig vom Wasser aus ist an sich schon herrlich, dann wäre es fast unschlagbar.«

OkerTour · Inh. Dieter Werner e.K.
Halberstadtstraße 25 · 38124 Braunschweig
Tel. (05 31) 2 70 27 24
Anleger: Kurt-Schumacher-Straße/Kennedyplatz
okertour@t-online.de · www.okertour.de

Die Zukunft des ATP-Turniers im Bürgerpark

Braunschweig auf dem Weg in den Grand-Prix-Zirkus

Von Klaus Langhardt

15 Jahre Geschichte des Tennis-ATP-Turniers in Braunschweig sind auch 15 Jahre einer wechselvollen Geschichte mit unterschiedlichen Veranstaltern und zum Teil erheblichen Berg- und Talfahrten, was die Finanzen und damit die gesamte Zukunft des Turniers angeht. Seit 2007 liegen die Geschicke in den Händen der Brunswiek Marketing GmbH mit dem Kaufmann Harald Tenzer und dem Turnierdirektor Carl-Uwe Steeb an der Spitze. Das große Ziel der neuen Führungscrew ist die Stabilisierung und stetige Weiterentwicklung des Turniers, um eine realistische Chance für den Rang eines Grand-Prix-Turniers zu erreichen.

Trotz schwieriger finanzieller Situation in den Jahren bis 2006 war das Turnier in den 13 Jahren seines Bestehens zu einem wirtschaftlichen und sportlichen Faktor in der Region gewachsen und zog rund 30 000 Besucher pro Jahr in seinen Bann. Diesen Wert wollte die Brunswiek Marketing GmbH der Region bei der Übernahme der Geschäfte unbedingt erhalten. Allerdings ahnte beim Start nach Aussagen Tenzers noch niemand, welch enormen Lernprozess alle Beteiligten durchleben mussten.

Zweifelsohne sei das erste Jahr auch das schwerste Jahr gewesen, weshalb man am Ende zufrieden registriert habe, dass man die Veranstaltung reibungslos und wirtschaftlich solide über die Bühne gebracht und gleichzeitig die Weichen für die Zukunft gestellt habe. Für diese stehen so seriöse Partner wie Titelsponsor Nord/LB sowie die Volkswagen AG, Öffentliche, BS Energy und DBIT-Systems als Premiumsponsoren ein. Zahlreiche weitere Sponsoren seien zudem ein Beleg für die hohe Attraktivität und gesellschaftliche Qualität des Events.

Man habe zwar das Rad nicht neu erfinden müssen, aber sei jetzt auf neuen Pfaden unterwegs, das Turnier kontinuierlich zu entwickeln. Die Ansprüche der Kunden wüchsen stetig und zwar an die Qualität des sportlichen Feldes und genau so wie an die Qualität des Showprogramms, das ja dem Turnier zu seiner einzigartigen Stellung im Challenger-Zirkus ganz wesentlich verholfen habe. Mit der Verpflichtung des ehemaligen Weltklassespielers Carl-Uwe Steeb als Turnierdirektor habe man dem Rechnung getragen. Steeb erfülle den Anspruch der Sponsoren an höchste Professionalität absolut. Eine hohe Medienpräsenz inklusive Funk und Fernsehen habe sich in den vergangenen zwei Jahren zudem entwickelt.

Ob aber Steeb auch den Einstieg in die Grand-Prix-Tour garantieren könne, müsse die Zeit zeigen, ein wichtiger Eckpfeiler auf dem Weg in die neue Kategorie sei er allemal. Als Challenger-Turnier habe Braunschweig längst die höchsten Weihen der ATP, daher seien Überlegungen in Richtung Grand-Prix logisch. Finanziell überdies auch darstellbar. Braunschweig arbeite schon mit einem Etat von etwa einer Million Euro, das Turnier in München brauche 1,5 Millionen. Der Step sei zu schaffen, aber geknüpft an einen anderen Termin für das Turnier. Braunschweig will mit aller Macht in die zweite Wimbledonwoche, um die Stars, die in Wimbledon gescheitert sind noch in den Bürgerpark zu locken. Die Ernsthaftigkeit des Vorhabens sei bei der ATP bekannt, man warte jetzt ab.

Das interne Zeitfenster sehe das Jahr 2010 als Einstiegsjahr in den Grand-Prix-Zirkus vor. Die Entscheidung habe man jedoch nicht allein in der Hand. Die Hausaufgaben seien mit Akribie gemacht worden und man sei zuversichtlich. Die Entscheidung fälle jedoch die ATP in Monaco.

Carl-Uwe Steeb (links) als Turnierdirektor und Harald Tenzer als Geschäftsführer der Brunswiek Marketing GmbH wollen Braunschweig in den Grand-Prix-Kalender der ATP führen.

Immer wieder ein stimmungsvolles Bild. Die ATP-Zeltstadt mit dem riesigen Schirm bei einer der großen Bühnenshows am Abend.

Weltstars öffentlich auf Abwegen – Spät am Abend wird gerockt

»Tennistainment« setzte neue Maßstäbe im Turniersport – Noah und Wilander als Gitarrenvirtuosen

Von Klaus Langhardt

Als im Jahre 1994 Sjut Mattner erstmals ein Tennis-ATP-Turnier auf der herrlichen Rondell-Anlage des Braunschweiger THC im Bürgerpark veranstaltete, da beäugte die Fachwelt ebenso wie der Normalbürger dieses Vorhaben zwar mit unverkennbarer Neugier, gleichwohl aber auch mit einer gehörigen Portion Skepsis. Tauchte da mal wieder ein Stern am Sporthimmel auf, der doch nur geboren war, um nach kurzer Leuchtzeit im Kosmos des sportlichen Überangebotes zu verglühen? Im Jahre 2008, nach nunmehr 15 Ausspielungen gibt es derartige Fragen längst nicht mehr. Das ATP-Turnier in Braunschweig firmiert als bestes Challenger-Turnier der Welt und verfolgt längst größere Ziele: Es will mit aller Macht Grand-Prix-Turnier werden.

Den Status, das Top-Challenger der Welt zu sein, hat sich die Veranstaltung sicherlich hart erarbeitet, es hat ihn aber auch dank eines genialen Einfalls der Macher erreicht. »Sport ist nicht alles, die Leute wollen Spitzensport und erstklassige Unterhaltung. Diese beiden Komponenten werden wir liefern«, so die völlig richtige Einschätzung der Veranstalter. Es wurde der Begriff »Tennistainment« geboren. Einer, der bis heute Zugkraft hat, der längst auch wegweisend für andere Turniere geworden ist, einer, der die ein wenig vermottete und verkrustete Tenniswelt richtiggehend aufmischte und vor allem eins mit sich brachte: Die Spieler wollten abends bei den Freiluftveranstaltungen dabei sein, statt wie üblich gelangweilt im Spielerhotel herumzulungern. Das sprach sich rasch herum, die »Cracks«

Younes El Anaoui ist einer Lieblinge des Publikums in Braunschweig. Der Ballvirtuose trägt den Nickname »El Entertainer«.

entdeckten Braunschweig, lernten die einmalige Atmosphäre wirklich zu schätzen, kamen immer begeistert wieder und hatten jedes Jahr neue Filzballartisten im Schlepptau.

Das führte dazu, dass im Bürgerpark die Zuschauerzahlen schier explodierten. Wobei eigentlich immer nie ganz geklärt wurde, ob die Besucher nun eher wegen des Tennissports oder wegen der Shows und der Chance kamen, abends im Zeltdorf mal eine »Caipi« direkt neben Carlos Moya, Alberto Berasategui, Franco Squillari oder ande-

Der Triumphator des Jahres 2008 im Bürgerpark: Nicolas Devilder aus Frankreich ging ohne Satzverlust durchs Turnier.

Große Begeisterung herrscht bei jedem Turnier in Braunschweig am Kid's Day, wenn die Topstars des Sandplatztennis mit 100 Kindern aus der Region trainieren. Ein unvergessliches Erlebnis.

ren Weltklassespielern schlürfen zu können. Die mischten sich nämlich ohne Bodyguards mit Vorliebe unter das Publikum und genossen ihrerseits ein ganz anderes Tennisleben. Daran hat sich bis heute nichts geändert. Dass Superstars wie Yannic Noah oder Mats Wilander auf der Showbühne auch mal selbst zur Klampfe griffen und gehörig abrockten, setzte allem nur die Krone auf. Emilio Benfele-Alvarez zauberte jedes Jahr als Musiker auf der Bühne, was irgendwann die Frage aufwarf, ob er denn nun zum Tennisspielen oder als Popstar angerückt sei. Die Antwort gab Alvarez im Jahre 2004 sehr deutlich, als er mit dem Deutschen Thomas Behrend das Doppel im Bürgerpark gewann.

Seit 2007 führt die Brunswiek Marketing GmbH die Geschicke des Turniers, und setzte damit zwischenzeitlichen Turbulenzen ein Ende. Mit Harald Tenzer und Carl-Uwe Steeb steht kaufmännische und sportliche Kompetenz an der Spitze der GmbH, die mit neuer Mannschaft angeknackstes Vertrauen zurückgewann, sich aber hütete, die gewachsenen Strukturen des Turniers zu zerstören. Das »Tennistainment« bleibt ein wichtiges Element der Veranstaltung, das mittlerweile noch durch die Komponente »Sport meets Classic« verfeinert wurde. Diese Schiene soll explizit weiter ausgebaut werden.

Mit der Nord/LB als Titelsponsor und dem Weltkonzern Volkswagen AG haben zwei ganz bedeutende Wirtschaftsunternehmen die feste Bereitschaft zu langfristiger Zusammenarbeit signalisiert, für die schon lange auch regionale Größen wie Öffentliche, BS Energy und DBIT-Systems stehen. Namen, die Sogwirkung haben, neue Sponsoren stehen bereit. Es sieht gut aus für die Zukunft des Turniers.

Der letzte Schritt, endgültig auch noch die Weltklassespieler nach Braunschweig zu holen, die nicht nur auf Sand das Maß aller Dinge sind, soll vollzogen werden durch einen neuen Turniertermin. »Die zweite Wimbledonwoche wäre ideal«, sagen Harld Tenzer und Carl-Uwe Steeb im Chor. »Dann können wir auch die Hartplatz- und Rasenspezialisten nach Braunschweig locken, die in Wimbledon aus dem Rennen sind.«

Großer Sport und zufriedene Gesichter bei den Zuschauern auf dem Centre Court im Bürgerpark.

Einer von vielen Weltstars, die sich in Braunschweig schon ein Stelldichein gaben: Goran Ivanisevic, der »Herr der Asse«.

Hochschule für Bildende Künste

Ausgezeichnete Studienbedingungen an Niedersachsens Kunsthochschule

Jesco Heyl

Mit etwa 1200 Studierenden ist die Hochschule für Bildende Künste Braunschweig (HBK) die zweitgrößte Kunsthochschule in Deutschland. 1963 – nach einer Reihe bis ins 19. Jahrhundert zurückreichender Vorgängerinstitutionen – neugegründet, versteht sie sich als regionales Zentrum für einen lebendigen Dialog mit den Wissenschaften anderer Forschungseinrichtungen. Auch unterhält sie enge Kontakte zu Kunst- und Designinstitutionen sowie – insbesondere im Designbereich – zu Unternehmen in der Region und in der ganzen Welt. Die HBK ist Ausbildungs-, Forschungs-, Ausstellungs- und Begegnungsstätte für Künstler, Gestalter und Wissenschaftler und bildet somit das kreative Kompetenzzentrum des Landes Niedersachsen.

Der Standort Braunschweig bietet mit seiner zentralen und verkehrsgünstigen Lage, vor allem aber als traditionsreiche Kunst-, Kultur- und Forschungslandschaft, ausgezeichnete Arbeits- und Lebensbedingungen für Studierende. Vor diesem Hintergrund erfahren die Studierenden an der HBK eine exzellente Ausbildung. Entsprechend dem Leitbild der Hochschule wird dabei besonders viel Wert auf die enge Verzahnung von Theorie und Praxis gelegt. Mit Blick auf die spätere berufliche Ausrichtung der Absolventen erhalten die Studierenden durch Kooperationen der HBK mit führenden Unternehmen sowie kulturellen und wissenschaftlichen Einrichtungen die Möglichkeit, sich ihren Neigungen entsprechend zu orientieren und auszuprobieren.

Nach dem »Braunschweiger Modell« kann in allen Studiengängen an der HBK fächerübergreifend studiert werden. Dadurch werden die drei Kernbereiche Freie Kunst, Gestaltung und Wissenschaften miteinander verbunden. Folgende Studiengänge bietet die HBK Braunschweig an: Freie Kunst, Kunstvermittlung, Darstellendes Spiel/Kunst in Aktion, Kommunikationsdesign, Industrial Design, Kunstwissenschaft und Medienwissenschaften. Im Studiengang Medienwissenschaften kooperiert die HBK mit der TU Braunschweig. Auf diese Weise wird eine bundesweit einmalige Kombination geisteswissenschaftlicher und technischer Inhalte erreicht. Viele der angebotenen Lehrveranstaltungen stehen auch Gasthörern und Seniorenstudenten offen.

Im westlichen Stadtgebiet Braunschweigs verfügt die Hochschule über drei Standorte: den Campus am Johannes-Selenka-Platz, ein Ateliergebäude in der Blumenstraße sowie weitere Ateliers auf dem

Arbeitsraum in der hochschuleigenen Bibliothek (Foto: Michael Weissköppel)

Die Hochschule für Bildende Künste am Johannes-Selenka-Platz (Foto: Matthias Langer)

ARTmax-Gelände an der Frankfurter Straße, wo sich auch das Institut für Medienforschung (IMF) und das Institut für Transportation Design (ITD) befinden. Zentrale Einrichtungen wie die Bibliothek, die Galerie, Werkstätten, Mensa, Cafeteria, Aula, Film- und Fotostudio sowie Verwaltung sind am Campus untergebracht. Bundesweit ist die HBK für ihre personell und räumlich ausgezeichneten Studienbedingungen und Serviceangebote bekannt. Die großen Ateliers und Klassenräume sind rund um die Uhr zugänglich. Hervorragend ausgestattete Werkstätten für innovative und traditionelle Arbeitstechniken stehen für Neue Medien, Fotografie und Film, Maltechnik, Bildhauerei, Druckgrafik, Papier-, Holz-, Metall- und Kunststoffverarbeitung zur Verfügung. Besonders interessant ist die hochschuleigene Galerie: Hier sind wechselnde Ausstellungen von Studierenden und Lehrenden sowie von externen Künstlerinnen und Künstlern zu besichtigen. Zu den jeweiligen Veranstaltungen steht die Galerie allen Besuchern offen.

Geschichte

Im Jahr 1963 gegründet, gehört die HBK Braunschweig zu den jungen Kunsthochschulen in Deutschland. Ihre Geschichte jedoch geht bis in das 19. Jahrhundert zurück: 1841 gründete der Braunschweiger Gewerbeverein das »Zeichnen-Instithut«. Mitbegründer war der Hofbuchbindermeister Johannes Jakob Selenka, an den seit 1985 der Vorplatz der HBK erinnert. Aus dem Zeicheninstitut des 19. Jahrhunderts entwickelte sich die staatlich anerkannte städtische Handwerker-Kunstgewerbeschule. Daraus folgten weitere Vorläuferinstitutionen, bis 1952 die städtische Werkkunstschule Braunschweig gegründet wurde, aus der 1963 die Staatliche Hochschule für Bildende Künste (SHfBK) hervorging, und anschließend, im Jahr 1978, die Hochschule für Bildende Künste. Schon die SHfBK war seit 1972 den wissenschaftlichen Hochschulen des Landes gleichgestellt und wurde wenige Jahre später als künstlerisch-wissenschaftliche Hochschule in das Niedersächsische Hochschulgesetz einbezogen. Sie hat seitdem das Promotions- und Habilitationsrecht. Mit dieser Anerkennung ging eine personelle und räumliche Erweiterung der Hochschule einher. 1984 wurde der preisgekrönte Neubau der Braunschweiger Architekten Krämer, Sieverts & Partner eingeweiht. Wenig später kam ein mehrstöckiges ehemaliges Fabrikgebäude in der Blumenstraße hinzu, in dem viele der künstlerischen Klassen großzügig untergebracht sind.

»Eye on Infinity«, Ausstellung von Michael Ruetz in der Hochschulgalerie (Foto: Matthias Langer)

Volkswagen Visio Concept, Diplomarbeit von Marc Kirsch (Foto: Katharina Gattermann)

Rahel Bruns o.T.; Nora Lena Meyer »The whole is a hole« (Foto: Nadine Decker)

»Frühe Fotos, Späte Schäden«, Ausstellung von Johannes Brus in der Hochschulgalerie (Foto: Nadine Decker)

Am Campus wurde 2002 die Bibliothek erweitert. Der Erweiterungsbau besteht aus Teilen des mexikanischen Pavillons von der EXPO 2000 und beruht auf einem Entwurf des namhaften Architekten Ricardo Legorreta. Heute ist der Pavillon so etwas wie das Wahrzeichen der HBK, das Gäste aus Stadt und Umland am Johannes-Selenka-Platz empfängt und ihnen den Weg ins Innere der Hochschule weist. Schon ab Mitte der 1990er Jahre kamen die Gebäude am ARTmax hinzu: Heute sind an diesem dritten Standort das Institut für Transportation Design, das Institut für Medienforschung und zwei weitere künstlerische Klassen untergebracht.

Forschung und Lehre

Die Pflege und Entwicklung der Wissenschaft und Künste durch Lehre und Forschung gehört zur Selbstverpflichtung der HBK als künstlerisch-wissenschaftliche Hochschule. Die Lehrleistungen an der Hochschule werden auf Basis umfassender Forschungsleistungen erbracht. Diese stellen sich in wissenschaftlichen, gestalterischen und künstlerischen Disziplinen, in der Grundlagenforschung, in interdisziplinären Forschungsprojekten, in wissenschaftlichen Veröffentlichungen und in künstlerischen Entwicklungsvorhaben dar. Mit innovativen Forschungsschwerpunkten wie zum Beispiel »Transportation Design«, »Wissenskommunikation« und »Game Studies« widmet sich die HBK wirtschaftlichen, wissenschaftlichen und gesellschaftlichen Fragestellungen und trägt zur Erarbeitung von Lösungen bei. Die HBK Braunschweig beteiligt sich an dem Landeskonzept zum Technologie- und Wissenstransfer. Die damit verbundenen Aktivitäten umfassen Präsentationen auf der Hannover Messe und der CeBIT sowie überregionale Einzelpräsentationen, insbesondere von Designentwicklungen. Auch über die Grenzen der Bundesrepublik hinaus ist die HBK im Bereich der Forschung mit dem internationalen Kunst- und Wissenschaftsbetrieb verbunden.

Internationale Beziehungen

Internationale Beziehungen sind heutzutage auch für eine Kunsthochschule ein bedeutender Standortfaktor. Darum, und weil es zum Selbstverständnis der HBK gehört, pflegt die Hochschule internationale Kontakte unter anderem zu Partnerhochschulen in Frankreich, England,

»Heimathase – scharf«, Festmahl zur Eröffnung des Rundgangs 2008, eine Aktion von Sonja Alhäuser und Studierenden (Foto: Susann Dietrich)

»videotriadischesklangfigurinenexperiment«, ein Projekt aus dem Bereich Darstellendes Spiel unter der Leitung von Dorothea Hilliger (Foto: Nadine Decker)

»Schönheit Ordnung Quartett«, Arbeit von Su Jung Kim (Foto: Susann Dietrich)

»Traumwasserwelt«, Arbeit und Foto von Sabrina Wolter

Italien und anderen westeuropäischen Ländern. Beständig wird zudem das Netzwerk erweitert. So kommen insbesondere Kontakte zu Hochschulen in den neuen EU-Beitrittsländern hinzu. Vor allem die Länder Polen, Ungarn, das Baltikum, Tschechien und die Slowakei stehen dabei im Fokus. Mit der Kunstakademie Wrocław (ehemals Breslau) zum Beispiel verbindet die HBK inzwischen eine enge Partnerschaft. Sie umfasst Ausstellungen, Workshops sowie den Austausch von Studierenden. Intensiviert wurde in den letzten Jahren unter anderem auch die Kooperation mit der Akademie voor beeldende kunst en vormgeving (AKI) in Enschede/Niederlande. Zahlreiche gemeinsame Workshops und Projekte wurden durchgeführt. Im Rahmen des ERASMUS-Programms führen weitere Hochschulpartnerschaften der HBK Braunschweig nach Japan, Mexiko, Indonesien und in die USA.

Die HBK kennen lernen

Zum Ende des Sommersemesters findet alljährlich der »Rundgang« statt: Tage der offenen Tür, an denen sich die ganze Hochschule mit Ausstellungen, Symposien, Vorträgen und Atelierrundgängen der Öffentlichkeit präsentiert. Der Rundgang gibt Einblick in die Arbeit an der HBK und zeigt Ergebnisse aus Studium, Forschung und Lehre. Angehende Studierende, Eltern und Lehrer können sich während des Rundgangs in der Studienberatung über Zulassungsvoraussetzungen und Studienbedingungen informieren.

Auch der jährliche »Studieninformationstag« gegen Ende Januar bietet Studieninteressenten Einblick in alle Studienbereiche, -angebote und Hochschuleinrichtungen. Kontakte zu Lehrenden und Studierenden können geknüpft und wichtige Studieninformationen eingeholt werden.

Weiterführende Informationen und Links zu allen Themen des Lehrangebotes und zu aktuellen Programmangeboten der Hochschule sind auf der Website www.hbk-bs.de zu finden.

Otto IV.

Der Traum vom welfischen Königtum

Christian Tunica, Portrait von Kaiser Otto IV. Entwurf zum Gemälde im Rittersaal des Leineschlosses Hannover. Braunschweig 1835

Von Prof. Dr. h.c. Gerd Biegel

Mit ihm erfüllte sich der Traum seines Urgroßvaters, Kaiser Lothars III., vom welfischen Königtum: Otto IV., deutscher König und Kaiser, Sohn Heinrichs des Löwen. Mehr als alle anderen Welfen im Mittelalter war Otto von Braunschweig eine Persönlichkeit der europäischen Geschichte.

Otto wurde 1175/1776 als dritter Sohn von Heinrich dem Löwen und Mathilde in Braunschweig geboren. Nach dem Sturz des Löwen 1180 wuchs er am englischen Königshof, überwiegend an dessen Festlandbesitzungen in der Normandie und in Poitou auf. Seine Großmutter, Eleonore von Aquitanien, befand sich zu dieser Zeit überwiegend in Gefangenschaft ihres Mannes, des englischen Königs Heinrich II., so dass sein Onkel Richard Löwenherz entscheidend Einfluss auf die ritterliche Erziehung Ottos ausgeübt haben dürfte. Als Richard Löwenherz nach seinem Kreuzzug 1192 von Kaiser Heinrich VI. gefangen gehalten wurde, gehörte bei seiner Freilassung Otto zu den geforderten Geiseln und wurde erst 1194 aus der Geiselhaft in Deutschland entlassen. Otto besaß die besondere Zuneigung seines Onkels und spätestens nach seiner Rückkehr aus der Geiselhaft muss der kinderlose Richard Löwenherz überlegt haben, Otto als Erben seiner englischen Herrschaft einzusetzen. Darauf deutet jedenfalls die Tatsache hin, dass ihm Richard die Grafschaft York übertrug. Es war jedoch ein po-

Grabkrone der Kaiserin Richenza, 1141

Gedächtnistafel Heinrichs des Löwen, Ottos IV. und ihrer Gemahlinnen, erstes Viertel 15. Jahrhundert

litisches Erbe, bei dem sich Otto in Braunschweig nicht durchsetzen konnte, so dass sich diese Zielsetzung nicht erfüllen sollte. Im September 1196 belehnte nun Richard Löwenherz seinen Neffen »aus Liebe« mit der Grafschaft Poitou und der Herzogswürde von Aquitanien. In der Folgezeit unterstützte Otto seinen Onkel in den Auseinandersetzungen mit dem König von Frankreich.

Als Kaiser Heinrich VI. 1197 überraschend starb, war eine antistaufische Gruppe unter Führung des Erzbischofs Adolf von Köln bemüht, eine staufische Thronfolge zu verhindern, unterstützt von Richard Löwenherz. Angesehene Kölner Kaufleute dienten mit ihrem Geld als *»Königsmacher«* für Otto von Poitou. Er dankte mit Privilegien und Stiftungen den Kölner Bürgern und der Kirche. Der Dreikönigsschrein am Kölner Dom wurde mit Ottos Hilfe fertiggestellt, wozu er die neu anzufertigende Stirnseite bezahlte. Auf dieser ist er in kniender Haltung bartlos und barhäuptig vor den drei Heiligen dargestellt. Bereits am 8. März 1198 war Philipp von Staufen von führenden Reichsfürsten zum König gewählt worden. Für etwa zehn Jahre bestimmten die Auseinandersetzungen des Doppelkönigtums die Reichspolitik.

»Der Burgplatz«, Ansicht von Nordosten, Federlithographie, Braunschweig, um 1860

Das einzige Mal in ihrer Geschichte war Braunschweig nun kaiserliche Residenzstadt. Philipp von Staufen rückte im Juli 1200 gegen die welfische Metropole vor, die jedoch nach der Legende durch den Heiligen Auctor, den Schutzheiligen der Stadt, vor der Einnahme bewahrt blieb. Zwar galt Otto IV. als gefürchteter Kriegsherr, die Wende im Machtkampf mit dem Staufer brachte jedoch erst dessen Ermordung am 21. Juni 1208. Kaiser Otto IV. entwickelte in der Folgezeit eine äußerst erfolgreiche Politik in Europa, in deren Mittelpunkt auch die Festigung der alten welfischen Herrschaft stand. Sein Traum eines Friedensreiches sollte sich aber nicht erfüllen, zu stark waren die innerdeutsche Opposition sowie der französische König Philipp II. in der Abwehr der kaiserlichen Oberhoheit. In der Schlacht von Bouvines am 27. Juli 1214 siegte der Franzose über den Kaiser und dessen Allianz, was unter anderem den Verlust der englischen Festlandbesitzungen nach sich zog. Der mit Otto verbündete englische König, Johann Ohneland, wurde dadurch innenpolitisch so geschwächt, dass er den Bestimmungen der Magna Charta zustimmen musste, die den Handlungsspielraum des englischen Königtums erheblich einschränkte. Die politischen Gewichte in Europa hatten sich durch die Politik Ottos IV. erheblich verschoben.

Am 19. Mai 1218 starb der einzige Kaiser aus dem Welfenhaus auf der Harzburg und wurde in der Stiftskirche St. Blasius in Braunschweig beigesetzt. Nach wie vor steht Kaiser Otto IV. in der Braunschweiger Erinnerungskultur im Schatten seines Vaters, Heinrichs des Löwen, jedoch wird er zunehmend *»wiederentdeckt«* und in seiner Bedeutung für die westeuropäische Kultur sowie Entwicklung Europas gewürdigt.

Mantel Kaiser Ottos IV. Byzanz, um 1200

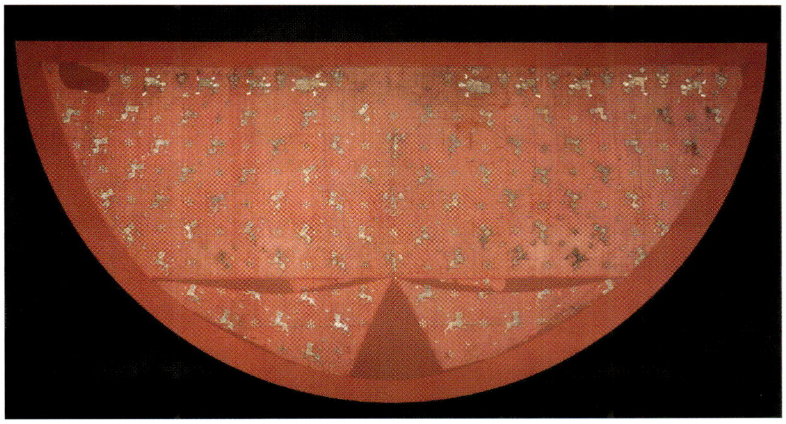

»Die Harzburg im Jahre 1574«, Holzstich von A. Probst, Braunschweig, um 1880

INSIDE GINGCO.NET

How to grow communication among grain

Backwaren sind Heimat. Wenn es in Deutschland etwas verdient hat, 365 Tage im Jahr schwarz-rot-gold beflaggt zu werden, dann sind es ganz sicher unsere Bäckereien – noch weit vor Fußballplätzen. Bäckereifachverkäuferinnen strahlen schon morgens um sieben Uhr mit roten Bäckchen. Bäckereien schenken Kaffee aus und machen wach. Überhaupt sind Bäcker die Friseure des 21. Jahrhunderts – wer geht schon noch alle zwei Wochen zum Faconschnitt? Und Bäckereien sind auch das wunderbarste Fremdenverkehrsamt, das man sich vorstellen kann: Knackfrische Brötchen jeden Morgen und dazu alle Informationen die man für den Tag braucht.

Der schlanke Hamburger Junge ist neu in der Stadt. Instinktiv hat er sich schon am ersten Braunschweig-Tag seine Bäckerei ausgesucht. Hier bestellt er auch sein »Einstandsgebäck«: Rosinenschnecken und Plunderschleifen für 100 neue Kollegen. Freitag um Neun: Arbeitsbeginn bei Gingco.Net in der Gartenstraße. Und Gingco.Net gehört zu den Top zwölf der inhabergeführten Werbeagenturen Deutschlands. Da werden Alt-Hamburger gerne mal zu Neu-Braunschweigern. Und da geht man schon mal den umgekehrten Weg und lässt die Elbbrücken hinter sich. Provinz wächst in provinziellen Köpfen. Urbane Köpfe sind angesagter. Die lassen es erst gar nicht dazu kommen.

»Ginkgo biloba« – seit 1730 in Europa, seit 1990 in der Gartenstraße

International prämierte Arbeiten als Ergebnis kompromisslosen Denkens

Hamburg-Braunschweig ohne Rückfahrticket. Der eiserne Schwur lautet: Zurück nur im Porsche. Der Neu-Gingcorianer liest brand eins und das Porsche-Magazin. Dazu eine Tüte deutscher Backwaren und ein Foto von Eva Padberg auf dem MacBook Air – das aber nur aus virtueller Treue, könnt ja seine Mutter sein.

Die Backwaren landen pünktlich in der alten weißgetünchten ehemaligen Schuhfabrik in der Braunschweiger Gartenstraße. Die U-förmigen Gebäudeteile der Werbeagentur Gingco.Net rahmen einen meditativen Innenhof. Hier kann man bei gutem Wetter um einen 1990 gepflanzten Ginkgobaum sitzen: zum Meeting, zum Briefing, aber auch zu Rosinenschnecken und Dänischen Schleifchen. Kreativitätserneuerung, Konferenz oder Einsatzbesprechung – die Köpfe der Strategen, Konzeptioner, Producer, Grafiker, Texter, Werbekaufleute, Lithografen usw. dampfen hier täglich. Und Volldampf macht schnell die Kuchenbleche leer. Herzlich willkommen in Braunschweig. In der kälteren Jahreszeit kuschelt man sich dann im »Gym« zusammen. Ein puristisch gestalteter Raum mit Konferenztisch, Beamer, Flip-Chart und einer stattlichen Sammlung Edelmetall (Preisauszeichnungen der vergangenen Jahre). Hier sprüht es nur so vor Ideen und Konzepten. Hier steht die Schmiede, das Herz der Agentur. Hammer auf Amboss. Kreation ist Hochleistungssport.

Die Wände der verschachtelten Büros sind größtenteils verglast; Türen eine Seltenheit. Das sollte man bei Gingco.Net allerdings keinesfalls als innenarchitektonischen Symbolismus missverstehen, vielmehr werden so maximale Bewegungsspielräume möglich, die notwenige Voraussetzungen für kreative Projektarbeit schaffen.
Ein kurzer Blick zwischen Konzeption und Gestaltung, eine zeitnahe Annährung an die Arbeit des Gegenübers – Effektivität hat hier wenig mit Geschwindigkeit, aber sehr viel mit Klarheit zu tun. Nur so gelingt es, ein gemeinsames heterogenes Leistungsangebot zur Verfügung zu stellen, das permanent in ein homogenes Network eingespeist wird. Das Ergebnis: eine energiegeladene Full-Service-Agentur. Kreativprozesse sind bei

Marken- und Gestaltungskultur aus Braunschweig – seit 1985

Kunst, Kultur, Design, Architektur, Mode – Disziplinübergreifendes Denken erwünscht

Gingco.Net immer erst dann beendet, wenn mindestens ein Kommunikationsvorschlag zustande gekommen ist, der genügend Potenzial hat, Neues zu bewirken und der vor allem radikal genug ist, gesehen und als glaubwürdig erkannt zu werden. Vorher nicht – das ist unumstößlicher Kodex.

»Guten Morgen Herr Hamburger!« sagt lächelnd die hübsche Bäckerin und dann trägt Herr Hamburger als Reisezehrung eine dicke Tüte Gebäck ins Auto. Es ist Wochenende. Da kann man ja auch mal nach Hamburg fahren. Mit so einem schnellen Auto.

Gingco.Net Werbeagentur
Gartenstraße 13 · 38114 Braunschweig
Tel. (05 31) 5 81 00 17 · Fax (05 31) 5 81 00 59
j.argo@gingco.net

DTZ – Das Therapie Zentrum in Braunschweig-Gartenstadt

Ein Zentrum mit tierischen Therapeuten

Während Lena nach ihrer Therapie bei Jenny Swyer noch mit den Kaninchen spielen darf und dabei fleißig Krabbeln übt, bekommt ihre Mutter bei einer anderen Therapeutin eine Massage, damit sich ihre Rückenprobleme bessern können. Am Nachmittag wird ihr Bruder auf dem Therapiepferd Sprachübungen machen und gleichzeitig wird durch die Stimulationen auf dem Pferd seine Muskelspannung gefördert. Sein Vater geht in dieser Zeit zu unserer Manualtherapeutin, er hat seit einiger Zeit Blockaden in der Halswirbelsäule. Das älteste Mitglied der Familie, die Oma von Lena, bekommt regelmäßig Besuch von mehreren Therapeuten des DTZ. Nach einem Schlaganfall benötigt sie Krankengymnastik und Ergotherapie, kann aber nicht in eine Praxis fahren. Manchmal bringt die Ergotherapeutin ihren Therapiehund Charly mit. Charly gelingt es besser als jedem anderen, die alte Frau zu erfreuen und ihr wieder ein Lächeln auf das Gesicht zu zaubern.

Bewegungsspiele gemeinsam mit Hund

Das Hippodrom

Antje-Catrin Loose mit Falco

Wer in das DTZ kommt, den erwartet nicht nur ein großes Team kompetenter Therapeutinnen und Therapeuten, sondern auch eine Vielzahl von tierischen Therapeuten. Meerschweinchen und Kaninchen haben ein wunderbares Gehege im Garten des DTZ und können so jederzeit hinzugezogen werden, wenn sie für die Therapie wichtig sind.

Astrid Balke, die Sprachtherapeutin und Antje-Catrin Loose, die Leiterin des DTZ (Physio- und Psychotherapie) haben ihre Katzen so ausgebildet, dass sie für verschiedene Therapien eingesetzt werden können. Zudem hat Antje Loose ein spezielles Therapiepferd angeschafft und ausgebildet. Falco ist ein englisches Fellpony und auch für Allergiker geeignet.

Die Ergotherapeutin, Heidrun Möller, bildet neben Charly auch ihren Araber-Wallach Imaks aus. Ilona Kuhn, das jüngste Mitglied des Physiotherapeutenteams, hat sich einen kleinen Hund angeschafft. Monthy bereitet es große Freude, gemeinsam mit den Kindern zu lernen, zum Beispiel um Hindernisse zu rennen.

»Im DTZ fühlen wir uns wie Zuhause«, sagt Petra Meyer, die seit einiger Zeit mit ihrem Kind zur

Säuglingstherapie kommt. »Alle sind freundlich, jeder hat Zeit für uns und geht auf unsere Fragen ein. Aber besonders schön ist es, dass ich hier andere Mütter kennen lerne, die ähnliche Sorgen haben. Wir geben uns gute Tipps, tauschen unsere Erfahrungen aus und nach der Therapie wollen einige Mütter gemeinsam zum Mutter-Kind-Kurs des DTZ gehen. Hier haben wir zum ersten Mal erlebt, dass sich Therapeuten wirklich Zeit nehmen für unsere Sorgen. Und zusätzlich können wir regelmäßig an Fortbildungen für Eltern teilnehmen. Sogar mein Mann ist mitgekommen und hat sich wohl gefühlt.

Förderung des Gleichgewichtes auf Falco

Therapiehund Monthy spielt gern mit Kindern

Therapiekater Don Vito und Jan-Eric

Körpererfahrungen im Federbad

Außerdem haben wir viel für unseren Alltag lernen können, auch in Erziehungsfragen.«

Neben dem großen Angebot an Therapien bietet das DTZ auch Kurse für Kinder außerhalb von Therapien und besondere Förderprogramme an, die nicht zu den Leistungen gehören, die vom Arzt verordnet werden können. Außerdem werden vielfältige Weiterbildungen angeboten, unter der Leitung von Antje Loose als Lehrtherapeutin, aber auch mit Hilfe von Referenten, die teilweise aus ganz Deutschland kommen, um im DTZ Vorträge zu halten. Denn das besondere Kennzeichnen des DTZ ist, dass es gemeinsam mit anderen Institutionen und Therapeuten ein überregionales Netzwerk aufgebaut hat. Zu diesem Netzwerk gehören unter anderem das Hippodrom, das nicht nur den Rahmen für eine gezielte Therapie mit Pferden ermöglicht, sondern auch einige Ponys für die Therapie zur Verfügung stellt.

Zudem arbeiten Physiotherapeuten wie Christian Vogelsang auch in anderen Einrichtungen mit den dortigen Pferden, zum Beispiel in Hondelage oder Hornburg.

Die Standorte der Netzwerkpartner reichen vom Magniviertel über Wolfenbüttel bis Salzgitter. In allen Standorten gibt es besondere Angebote, z.B. bei Erika Harrenberg in Thiede Kinesiologie oder bei Mia-Irene Kupfer Craniosacraltherapie. Auch Gesprächstherapien, Neurolinguistische Psychotherapie, Konzentrative Bewegungstherapie (KBT) oder Reiki gehören zum Angebot.

In Klein Schwülper baut man gemeinsam mit Swantje Meyer in ihrem Reitstall ein Zentrum für Reittherapie und tiergeschützte Therapie auf. Dort können Kinder ihren Geburtstag feiern, Menschen mit Handicaps Berührungserfahrungen mit Tieren machen (Schweinen, Hasen, Pferden, Schafen) und zum ersten Mal auf einem Pferd reiten.

Jeder der Therapeuten macht auch Hausbesuche oder bietet seine Therapiekonzepte im DTZ an, so dass Patienten schnell und gezielt die richtigen Ansprechpartner in ihrem Umfeld vermittelt bekommen können.

Nach getaner Arbeit kommen viele Therapeuten zusammen, um als DTZ Band »Catchy Tunes« gemeinsam Musik zu machen und auch regelmäßig mit den kleinen und großen Patienten zu musizieren. Zu den besonderen Ereignissen gehört es, wenn Ergotherapeut und Musiker Mario Franke, der mit seinem kompetenten Team (Praxis Ernst-Amme-Straße) ebenfalls zum Netzwerk gehört, das Life-Programm ergänzt. Denn zu den Besonderheiten dieses Teams zählen neben hoher fachlicher Kompetenz auch musikalische Fähigkeiten.

Das DTZ Team

Traditionsinseln

Inseln des alten Braunschweigs in der Innenstadt

Von Manfred Gruner

Die Innenstadt Braunschweigs mit über 800 Fachwerkhäusern und über 30 Innenstadtkirchen wurde vor der Zerstörung als »Nürnberg des Nordens« bezeichnet. Im Zweiten Weltkrieg gingen 90 Prozent der Bausubstanz dieses Kernbereiches verloren. Da viele Brandbomben abgeworfen wurden, brannten die Häuser der Innenstadt noch drei Tage nach dem schwersten Luftangriff am 15. Oktober 1944.

80 Fachwerkhäuser und viele Steinruinen hatte der Krieg übrig gelassen. Politiker, Stadtverwaltung und der damalige Landeskonservator, Kurt Seeleke, rangen um ein Wiederaufbaukonzept, das zum Schluss den »Neuaufbau nach modernen Gesichtspunkten«, den Ausbau für eine autogerechte Innenstadt und den Ausbau von »Traditionsinseln« vorsah. Hier sollte alte Bausubstanz repariert, ergänzt beziehungsweise im alten Stil wieder aufgebaut werden. Dazu hatte man anfänglich vier Bereiche ausgesucht, später kam ein fünfter hinzu: Burgplatz, Aegidienviertel, Magniviertel, Altstadtmarkt, Michaelisviertel. Sie stehen seit 1963 unter Denkmalschutz. Diese »Vorzeigebereiche« alter Braunschweiger Baukunst sollen im Nachfolgenden dargestellt werden.

Dom St. Blasii und Burglöwe

Traditionsinsel Burgplatz

Eine **Burg** entstand auf einer Halbinsel am westlichen Okerufer vor über 1000 Jahren (9. Jahrhundert) und war von dem Grafengeschlecht der Brunonen zur Sicherung der Fernhandelswege über die Oker gebaut worden. Der Welfenherzog Heinrich der Löwe gestaltete diesen Bereich völlig neu: Er ließ sich den romanischen **Dom St. Blasii** von 1173 bis 1195 als Grabeskirche bauen.

Im rechten Winkel dazu entstand um 1160/1175 eine Pfalz, die auch ein Kaiser hätte bewohnen können. Ab dem 13. Jahrhundert lebten die Welfenherzöge überwiegend in Wolfenbüttel, so dass die **Burg Dankwarderode** für viele andere Zwecke genutzt wurde. So hat dieser Gebäudekomplex eine sehr wechselvolle Geschichte hinter sich. Nach dem Umbau 1808 zur Kaserne, brannte sie 1873 ab und sollte zugunsten eines Straßendurchbruchs nicht wieder aufgebaut werden. Stadtbaurat Ludwig Winter konnte den hier regierenden Prinzen Albrecht von Preußen von dem Wiederaufbau (1887 bis 1906) überzeugen. Die neue Burg hat zwar die alten Ausmaße (15 mal 42 Meter), jedoch etliche freie Ergänzungen von Winter erfahren. Die

Dom, »Christus im Elend« und Martersäule von Hans Witten um 1500

Burgplatz, Handwerkskammer, Tor zum Innenhof

Burg brannte im Zweiten Weltkrieg aus. Zuerst wurde der untere Saal (Knappensaal) wieder aufgebaut. Dieser beherbergt ab 1963 die Abteilung für mittelalterliche Kunst des Herzog Anton Ulrich-Museums – seit 1989 den **Burglöwen**.

In der Mitte des Burgplatzes thront auf einem **Steinsockel** der **Löwe**, das Wappentier der Welfen und aufrecht stehend auch das der Stadt. Er steht für die Macht- und Gerichtshoheit von Herzog Heinrich dem Löwen in der Hauptstadt von Sachsen. Unbekannte Meister schufen um 1164 bis 1168 diese Bronzefigur, die vermutlich auf dem Burgplatz mit Erzen aus Goslar gegossen wurde. Mit 880 Kilogramm Gewicht und einer Länge von 2,79 Metern und einer maximalen Höhe von 1,78 Metern ist er die erste freistehende Großplastik des Mittelalters.

Die ehemaligen Wirtschaftsgebäude der Burg an der Nordseite des Platzes wurden im 16. Jahrhundert durch adelige Stadthöfe ersetzt. Davon zeugt das 1573 erbaute **von Veltheimsche Haus**. Es ist ein dreigeschossiges Fachwerkhaus mit mehrgeschossiger Auslucht (Erker) und hat auf den Schwellen ein Flechtbandfreis in Form eines Diamantbandes. Dieses Gebäude, wie auch das danebenstehende Hunborstelsche Haus, wird heute von der Handwerkskammer Braunschweig genutzt.

Das **Huneborstelsche Haus** entstand zwischen 1524 und 1528 in der Straße Sack Nummer 5. Im Jahr 1900 riss man das Haus ab, rettete aber die Fassade, die 1902 vor die Ziegelsteinmauer der Handwerkskammer – dem Gildehaus – gestellt wurde. Die Schnitzereien schreibt man Simon Stappen zu, der sich auch in Goslar und Celle verewigt hat.

Das **Vieweghaus**, Burgplatz 1, bot seit 1804 der Familie Vieweg und dem Verlag genügend Platz, um für den Druck vieler, meist wissenschaftlicher, Bücher zu sorgen. Der Architekt war David Gilly, den Friedrich Vieweg aus Berlin beauftragte, dieses trapezförmige Wohn- und Geschäftshaus mit Innenhof, damals das größte Privathaus Norddeutschlands, zu bauen. Nachdem der Verlag ausgezogen war, konnte das Braunschweigische Landesmuseum 1985 hier einziehen. Es ist damit eines der größten Geschichtsmuseen Deutschlands und zeigt Exponate der braunschweigischen Landesgeschichte seit 772.

Traditionsinsel Aegidienviertel

Kirche St. Aegidien

Im Mittelpunkt steht die ehemalige Benediktiner-Klosterkirche (bis 1528) St. Aegidien. Sie ist heute die Hauptpfarrkirche der katholischen Gemeinde (seit 1945). Das Kloster gründete die letzte Brunonin, die Markgräfin Gertrud, Großmutter von Herzog Heinrich dem Löwen, im Jahr 1115. Sie initiierte den Raub der Gebeine des Heiligen Auctor aus Trier und sorgte für eine würdige Reliquienverehrung. Seit 1200 ist er der Schutzheilige der Stadt Braunschweig. Vier erhaltene Klosterräume – heute im Bereich des Braunschweigischen Landesmuseums Hinter Aegidien – sind noch erhalten. Nach einem großen Stadtbrand 1278 erfolgte ein Neubau. Nach 200 Jahren Bauzeit fand 1478 die Schlussweihe statt. Bei den meisten Kirchen Braunschweigs war der Dom Vorbild – eine dreischiffige Basilika. Bei St. Aegidien trat nach dem Stadtbrand eine Planänderung ein, eine gotische

Burgplatz, Braunschweigisches Landemuseum

St.-Aegidien-Kirche, Westseite mit Turmresten

St.-Aegidien-Kirche, Joch im nördlichen Seitenschiff

Aegidienviertel, Aegidienstraße

Hallenkirche nach französischem Vorbild entstand, jedoch ohne Türme. Die Kirche mit Kloster erlebte eine wechselvolle Geschichte: Nach Schließung des Klosters (seit 1542) eine evangelische Pfarrei – ab 1605/1615 ein evangelisches Frauenkonvent – ab 1718 eine Garnisonkirche und zur französischen Besatzungszeit unter Napoleon Militärdepot, Magazin und Pferdestall. Von 1832 bis 1885 dienten die Konventsgebäude als Gefängnis. In der Kirche wurden ab 1836 Feste und Konzerte durchgeführt, ab 1886 auch Ausstellungen zur braunschweigischen Landesgeschichte. Ab 1902 war die Kirche Teil des heutigen Braunschweigischen Landesmuseums, ab 1945 wieder katholische Kirche.

Straßen und Plätze um St. Aegidien

Das Areal der ehemaligen Klosterfreiheit gehörte früher nicht zu den fünf selbstständigen Stadtbereichen (bis 1671). Hier entstanden über Jahrhunderte kleinbürgerliche Wohnhäuser, von denen etliche den Krieg überstanden haben. Sehenswert sind: **Lessingplatz 1**, ehemalige Garnisonschule von 1843/1844, **Lessingplatz 3 und 4** (gebaut um 1700), **Hinter Aegidien 4** (gebaut um 1500), **Hinter Aegidien 5**, ein Bau aus der Mitte des 16. Jahrhunderts mit einem stilisierten Laubstab auf den Schwellbalken. Auf der Ostseite der Kirche **Spohrplatz 7 und Mönchstraße 3**, gebaut 1725, aber mit älteren Bauteilen, befindet sich das Geburtshaus des Komponisten und Geigenvirtuosen Louis Spohr, der hier 1784 geboren wurde. Das Sterbehaus Lessings befand sich auf der Nordseite der Kirche am Aegidienmarkt 12, es wurde im Zweiten Weltkrieg zerstört. Jedoch das 1853 errichtete **Denkmal für Gotthold Ephraim Lessing**, am Rande des Lessingplatzes, ist gerettet worden. Weitere Häuser älteren Datums stehen in der Aegidienstraße.

Aegidienviertel, Aegidienstraße

Hinter Aegidien 5

Auf der Südseite der Kirche ist seit 1906 in den ehemaligen Klausurräumen und im ehemaligen Chor des Paulinerklosters das heutige **Braunschweigische Landesmuseum** untergebracht.

Traditionsinsel Altstadtmarkt

Die Traditionsinsel Altstadtmarkt wird beherrscht von der St.-Martini-Kirche, dem Altstadtrathaus und dem Gewandhaus. Die Marktanlage ist dadurch entstanden, dass der Straßenmarkt (heute Poststraße) und darauf folgend der Kohlmarkt im 12. Jahrhundert zu klein geworden waren. Ende des 12. Jahrhunderts wurde mit dem Bau der Martinikirche begonnen, im 13. Jahrhundert folgten Altstadtrathaus und Gewandhaus.

Lessing Denkmal von 1853

St. Martini

Sie ist die erste und wichtigste Bürgerkirche der reichen Altstadt und in der gesamten Stadt. Sie wurde, wie der Dom, als dreischiffige romanische Basilika begonnen. Bereits ab 1250 baute man sie zu einer gotischen Hallenkirche um. Architektonische Besonderheiten sind: die St.-Annen-Kapelle von 1434/1438, das Taufbecken von 1441, das schmiedeeiserne Gitter von 1671 und der Taufdeckel aus dem Jahr 1618. Die Kanzel ist in den Jahren 1617 bis 1621 gebaut worden. Den Hochaltar schuf der Bildhauer Jenner 1722/1725, die bunten Glasfenster stammen aus dem Jahr 1842, die Orgel auf der Westempore von 1630. Die Steinmetzarbeiten an den Giebeln erzählen viele biblische Geschichten, eine Kanonenkugel zeugt vom Beschuss im Jahr 1615.

St.-Martini-Kirche

Altstadtmarkt mit Altstadtrathaus

Altstadtrathaus

Von den fünf alten Rathäusern, die Braunschweig bis 1671 hatte, ist neben dem Neustadtrathaus auch das Altstadtrathaus erhalten geblieben. Der gotische, rechtwinklige Bau entstand von der Mitte des 13. Jahrhunderts bis zur Mitte des 15. Jahrhunderts. Den Laubengang in der ersten Etage schmücken Steinfiguren. Mit diesen Königen und Kaisern aus sächsischem Geschlecht nebst Ehefrauen und den welfischen Herzögen wollten sich Braunschweigs Bürger schmücken. Im Obergeschoss befinden sich zwei Säle, die von der Stadt heute für Empfänge genutzt werden. Im Erdgeschoss und in den Kellerräumen können Objekte zur Stadtgeschichte bewundert werden unter anderem auch das Stadtmodell von 1671.

Autorshof

Direkt neben dem Altstadtrathaus entstand Ende des 14. Jahrhunderts in der Breiten Straße die Autorskapelle, eine Sühnekapelle, die ab 1681 für Messezwecke und 1855 in den jetzigen Stand umgebaut wurde.

Gewandhaus

Das Gewandhaus wurde erstmalig als Kauf-, Lager- und Gildehaus der Gewandschneider – der Tuchhändler – der reichsten und vornehmsten Gilde der Altstadt – 1303 genannt. Seit 1329 ist auch ein Weinkeller erwähnt. 1590 wurde die östliche Giebelseite im Renaissancestil ergänzt. Der Engel der Gerechtigkeit krönt mit erhobenem Schwert die schöne Fassade. Heute wird das Gebäude von der Industrie- und Handelskammer (IHK) genutzt. Der Eingang zum Kongresssaal geht durch das hierher versetzte Renaissanceportal der ehemaligen Hagenmarkt-Apotheke. Im Gewandhauskeller nebst Stechinelli können Sie sich kulinarisch verwöhnen lassen.

Altes Zoll- und Landwehrhaus

Dieses Haus von 1643 stand bis 1948 in einem Vorort von Braunschweig. Weil die Südseite des Altstadtmarktes mit sieben Fachwerkhäusern im Zweiten Weltkrieg verbrannten, versetzte man diesen ehemaligen Rüninger Turm zwischen Gewandhaus und St.-Martini-Kirche.

Stechinellihaus

An der Ecke Breite Straße – dem Altstadtrathaus gegenüber – kann man in der zweiten Etage einen Betteljungen entdecken, der aus Italien stammt. Er kam in der Mitte des 17. Jahrhunderts in den Pagendienst am Celleschen Hof, weil er dem Herzog Georg Wilhelm das Leben rettete. Dort arbeitete er sich bis zum Generalpostmeister empor. Da er gern in Braunschweig ins Theater ging, kaufte er sich 1690 dieses Eckgrundstücke und ließ es im ausgehenden Renaissancestil umbauen.

Haus zu den Sieben Türmen

Im Giebelfeld des Hauses Altstadtmarkt 11 erinnern sieben Türme mit Halbmonden an eine Legende. Danach soll ein Vasall von Herzog Heinrich dem Löwen bei dessen Pilgerreise ins Heilige Land auf der Rückreise durch Konstantinopel (Istanbul) in ein Gefängnis gekommen sein. Aus einem Fenster sah er sieben Türme und schwor, wenn er wieder nach Braunschweig zurückkomme, wolle er ein Haus mit sieben Türmen errichten. Aus Dankbarkeit baute er dieses Haus mit steinernen Türmen, wovon einer heute im Städtischen Museum steht. 1708 bekam dieses Haus eine völlig andere Gestalt.

Marienbrunnen

Der Bleibrunnen steht seit 1408 mitten auf dem Altstadtmarkt und hat über Jahrhunderte zur Wasserversorgung beigetragen. Der spätgotische Dreischalenbrunnen besteht aus drei Schalen und einem krönenden Baldachin, unter dem Maria mit dem Jesusknaben zwischen den vier Evangelisten sitzt. Das Unterbecken trägt die Bildreliefs von biblischen Gestalten, darunter die Heilige Katharina, der der Brunnen geweiht ist. Unter den Wappen der mittleren Schale sind die der guten Helden, des Römischen Reiches, der Kurfürstentümer, der Welfen und der Stadt Braunschweig.

In der Umgebung des Altstadtmarktes

An der Südseite der Martinikirche stehen weitere zum Teil rekonstruierte Baudenkmäler: das heutige **Amtsgericht Braunschweig** in dem ehemaligen **Landschaftlichen Haus** (Landtag des Her-

Ehem. Landschaftliches Haus, heute Amtsgericht

Ehem. Herzogliche Kammer, heute Staatliches Baumanagement

Jakob-Kemenate

Jakob-Kapelle

zogtums Braunschweig) von 1796; das heutige **Staatliche Baumanagement** in der ehemaligen **Herzoglichen Kammer** von 1764; in der Straße Eiermarkt die ehemalige **Jakobskapelle** mit den ältesten Gebäudeteilen Braunschweigs (zweite Hälfte des 9. Jahrhunderts). Dahinter die **Jakob Kemenate**, die ehemals steinerne Kammer eines Hinterhauses aus dem 12. Jahrhundert mit einem modernen Anbau. Beides wird als Wohnhaus und Ausstellungsraum der Joachim-Prüsse-Stiftung genutzt.

Traditionsinsel Michaelisviertel

St.-Michaelis-Kirche

Zentrum dieses wenig zerstörten Viertels ist die St.-Michaelis-Kirche, die 1157 geweiht wurde. Sie lag in unmittelbarer Nähe der alten Handelsstraße Hamburg – Frankfurt, sehr nah an der alten Stadtmauer. Da es bereits die dritte Kirche des Weichbildes Altstadt war, ist sie schlichter ausgefallen. Ursprünglich eine Saalkirche, baute man um 1200 den Turm und fügte im 14. Jahrhundert zwei Seitenschiffe hinzu. An der Nordostecke befinden sich in den Giebeln die Figuren des Heiligen Lorenz mit dem Rost und die des Erzengels Michael mit Speer und Drachen.

Michaelishof

An der Nordseite der Kirche erstreckt sich mit 12 Häusern seit 1983 das Studentenwohnheim Michaelishof. Hier können 165 Studentinnen und Studenten wohnen. Das Hauptgebäude mit dem großen Torbogen führt in den Innenhof. An dieser Hausfront kann man geschnitzte Studentenköpfe erkennen. Der gesamte Gebäudekomplex wurde von polnischen Handwerkern errichtet, deshalb findet man unter den Schnitzereien auch polnisches und deutsches Geld. Nur das rechte Nachbargebäude aus der Zeit um 1500 (Güldenstraße 8a) hat noch viel alte Bausubstanz.

Gleich rechts daneben steht Braunschweigs **schmalstes Fachwerkhaus** mit 3,30 Meter Breite.

Eingangsportal zum Michaelishof (Studentenwohnheim)

St.-Michaelis-Kirche mit dem Haus zur Hanse (links)

Braunschweigs schmalstes Fachwerkhaus Güldenstraße 10

Restaurant Haus zur Hanse

Haus zur Hanse
Das Haus Güldenstraße 7 (südlich der Michaeliskirche) stammt aus dem Jahr 1567. Der Knochenhauer (Fleischer) Haberland ließ es sich als Wohn- und Geschäftshaus bauen. Später wurde hier Bier gebraut. Es ist die Keimzelle der heutigen Wolters Brauerei, die neben Feldschlösschen an der Wolfenbütteler Straße den wichtigsten Exportartikel des Mittelalters herstellt.

Stadtmauer am Prinzenweg
Die Ummauerung der Altstadt stammt aus dem 12. Jahrhundert, der Zeit Heinrich des Löwen. Die Mauern wurden im 15. und 16. Jahrhundert wesentlich erhöht und verstärkt. Die im 18. Jahrhundert mit Bastionen stark ausgebaute Stadt wurde zu Beginn des 19. Jahrhundert geschleift und umgebaut. Davon zeugen noch die vorbildlich angelegten Wallanlagen von Peter Joseph Krahe.

Echternstraße
Hinter der Michaeliskirche, in der Echternstraße (achtern der Stadtmauer), haben viele Fachwerkhäuser den Krieg überstanden. Das **Predigerwitwenhaus** aus dem Jahr 1559 hat die Hausnummer 14. Das Haus Echternstraße 16 baute sich Johann Heinrich **Stobwasser** für seine Lackwarenfabrik. Er produzierte in einer Manufaktur Holzgegenstände, die kunstvoll bemalt wurden und mit einem durchsichten Lack geschützt waren. Es waren Exportartikel, die in ganz Europa Absatz fanden.

Wehrgang
Hinter dem Stobwasserhaus kommt man zu einem mittelalterlichen Wehrgang, der die Stadtverteidiger unter der Mauer hindurch führte. Durch den Wehrgang erreicht man den Okergraben, dem erste Verteidigungsgraben, der im 14. Jahrhundert von einem zweiten, größeren ergänzt wurde.

Petersilienstraße – Alte Knochenhauerstraße
Auch hier hat der Krieg einige Baudenkmäler übrig gelassen. Die **Fachwerkhäuser** stammen aus der Zeit vor 1500. Das Haus Nr. 11, 1470 erbaut, zeigt die älteste noch im alten Aufbau erhaltene Hausfront, Figurenknaggen und Balkenköpfe sowie den typischen Treppenfries. Daneben das Haus Nr. 12, gegen 1490 erbaut, erhielt 1740 die barocke Haustür. Das größte Fachwerkhaus – Alte Knochenhauerstraße 11 – wurde 1489 errichtet. Das heutige **Restaurant Ritter St. Georg** zeigt ebenfalls Figurenknaggen und Balkenköpfe sowie den Treppenfries an den Schwellbalken.

Diesen Häusern gegenüber erhebt sich ein Klinkerbau, der 1875 für die Jüdische Gemeinde eingeweiht wurde. Rechts daneben stand bis 1940 die Synagoge, die bereits 1938 in der »Reichskristallnacht« zerstört und dann für einen Bunkerbau abgerissen wurde. Ein Synagogenneubau befindet sich seit 2006 im Innenhof dieses Gebäudekomplexes.

Stadtmauerreste am Prinzenweg – Beginekenworth

Wehrgang bei der Echternstraße

Gemeindehaus der Jüdischen Gemeinde

Figurenknaggen am Restaurant Ritter St. Georg

Literatur:
Gruner, Manfred; **Braunschweig – Stadtrundgänge: Touristischer Stadtführer** (ISBN 978-3980324342)

Die Innenstadt

Mehr als nur der Burglöwe

Von Angela M. von Schreiber-Stroppe

Kreisrund umflossen von der Oker, wirkt die Braunschweiger Innenstadt auf dem Stadtplan wie die Keimzelle der größten Stadt Südostniedersachsens. Tatsächlich besteht diese »Insel« aus den fünf früheren Städten »Altstadt«, »Neustadt«, »Hagen«, »Altewiek« und »Sack«.

Diese autarken Ansiedlungen besaßen eigene Stadttore, Kirchen und Märkte. Noch heute künden die fünf romanischen und hochgotischen Gotteshäuser in der Innenstadt von dieser Vergangenheit. Einst spülte die Oker Reichtum in die Stadt. Der Fluss machte sie zu einem bedeutenden Handelsplatz und begründete so die Mitgliedschaft im mittelalterlichen Städtebund der Hanse.

Der Handel, das heißt der Einzelhandel, ist noch immer einer der bestimmenden Faktoren in der Innenstadt. Discounter, Kaufhäuser und Boutiquen mit einem individuellen Waren- und Dienstleistungsangebot geben in allen Konsumbereichen den Takt vor.

Das Herz der Innenstädter schlägt aber nicht nur für den Kommerz. Kultur findet in ganz unterschiedlichen Ausprägungen statt: im Staatstheater mit seinen diversen Spielstätten, im Herzog Anton

Ulrich-Museum mit Gemälden von Rembrandt und dem weltberühmten Kupferstich-Kabinett. Die Präsentationen der Museen der Stadt und des Landes Braunschweig ergänzen zeitgenössische Galerien. Darüber hinaus steuern freie Kulturveranstalter Literarisches, Musikalisches und Cineastisches zum geistigen Leben bei.

Und wer den Rückzug aus der Hektik sucht, der findet ein stilles Plätzchen in den Parks und einladend gestalteten ehemaligen Wallanlagen. Zum Genießen ganz anderer Art heißen die Restaurants ihre Gäste mit Gerichten aus aller Welt willkommen.

Aber die Innenstadt ist auch eines der beliebtesten Wohnquartiere. Kurze Wege, spannende Wohnlagen und unvergleichliche Aus- und Einblicke prägen die Stadthäuser und Wohnungen im Herzen Braunschweigs.

Mit Grund- und Realschulen, Gymnasien, Fachober- und Berufsbilden Schulen hält der zentrale Stadtteil das komplette Bildungsangebot in fußläufiger Entfernung bereit. Zur Technischen Universität Carolo-Wilhelmina ist es nur ein Katzensprung, und auch für den Nachwuchs gibt es eine bunte Palette von Horten, Kindergärten und -tagesstätten.

Die jüngeren Generationen zieht es am Abend in die Discotheken und Cocktail-Bars. Die reifere Jugend vielleicht eher zum gepflegten Tango, dessen Rhythmen man im Sommer sogar unter freiem Himmel genießen kann.

Der Pulsschlag der Innenstadt ist die Lebensfreude. Der Spaß an einem schier unübersehbaren Angebot an Möglichkeiten und Gelegenheiten. Dazu gehört Boule auf dem Kirchplatz, ebenso wie Richard Wagners »Fliegender Holländer« auf dem Burgplatz, das Relaxen ebenso wie das Joggen.

Aus den fünf Städten des Mittelalters ist die Innenstadt als ein moderner, pulsierender, städtischer Organismus hervorgegangen. Verwurzelt in einer fast tausendjährigen Geschichte, werden hier immer wieder neue Kapitel in den unterschiedlichen Bereichen der wirtschaftlichen und kulturellen Entwicklung geschrieben.

Wo außen »Schloss« dran steht, ist Kultur drin und das Einkaufstreiben bewacht der Herzog hoch zu Ross.

STADTREGALE – urbane Verstauräume

Braunschweiger Designer erstellt Stadtplan als Möbelstück

In diesem Regal kann man die Löwenstadt aus einer neuen Perspektive sehen. Der Braunschweiger Designer Markus Fischer entwarf das Regal, dessen Vorbild für die Anordnung der Regalböden die Straßenverläufe der Hauptverkehrsadern der Stadt sind. Die charakteristischen Merkmale des Braunschweiger Stadtbildes wie Innenstadtring, äußerer Ring, radiale Einfallstraßen, Plätze und Parks wurden aufgenommen und finden sich hier gestalterisch übersetzt wieder. Gut zu erkennen sind beispielsweise der Hagenring, Rebenring, Jasperallee und Steinweg oder auch Hamburger- und Celler Strasse.

So fließen in diesem Entwurf zwei Gedanken zusammen – einerseits das bestehende Bedürfnis des Menschen nach Identifikation sowie andererseits das Umsetzen in einer modernen Ausdrucksform, ohne dabei kitschig oder angestaubt zu wirken. Die Stadtregale sind Möbel, welche trotz ihrer schlichten Sachlichkeit emotional sind und dem Betrachter, trotz ihrer Universalität individuelle Geschichten erzählen können.

Ein (Spannungs-) Bogen, der urbanes Wohngefühl mit modernem und unaufdringlich schlichtem Design verbindet. Durch individuelle Herstellung dieses 1,80 Meter mal 1,80 Meter messenden und aus speziellen Holzböden gefertigten Möbels, lassen sich fast alle Orte und Städte realisieren. Aufgrund moderner Fertigungsverfahren kann maximale Flexibilität gewährleistet werden. Sowohl für Unikate als auch für Serien.

Das »Braunschweig-Regal« wurde erstmals im Januar 2008 auf der internationalen Möbelmesse, der imm cologne, in Köln der Öffentlichkeit vorgestellt. Die Idee, einem Möbel, neben seiner eigentlichen Aufgabe des Verstauens, einen weiteren Aspekt hinzuzufügen, sorgte immer wieder für Überraschung und Staunen. Zumal auf plakative Erklärungen verzichtet wird und sich der Grund für die ungewöhnliche Gestaltung meist erst auf den zweiten Blick im Gespräch herauskristallisiert.

So bleibt dem schnellen Betrachter beim Vorübergehen das Geheimnis zwar verborgen, einem Besucher oder Gast, in privatem oder geschlossenen öffentlichem Umfeld, bietet es jedoch eine Fülle von Gesprächsstoff.
Und so verwundert es nicht, das im Laufe des Jahres eine Vielzahl an Artikeln und Berichten in der teilweise sogar internationalen Presse über das Regal erschienen sind und so auch unsere schöne Stadt Braunschweig über die Landesgrenzen Niedersachsens hinaus immer wieder Erwähnung findet.

Für all diejenigen, die jetzt neugierig geworden sind und das Regal einmal in Natura sehen möchten, sei der Weg in die Jakob Kemenate in Braunschweig zu empfehlen, einem historischen Gebäude, das mit viel Liebe zum Detail um Formen moderner Architektur ergänzt wurde und so Geschichte und Zeitgeist, Tradition und Moderne miteinander vereint. Eine in Braunschweig einmalige Galerie mit einer Kulisse, in der das »Braunschweig-Regal« zu Recht sein vorläufiges Zuhause gefunden hat.

Niedersächsische Landesmuseen Braunschweig

Kunst, Naturkunde und Landesgeschichte auf höchstem Niveau

Braunschweig ist der Standort von drei der insgesamt sechs niedersächsischen Landesmuseen, hier befinden sich das Herzog Anton Ulrich-Museum, das Staatliche Naturhistorische Museum und das Braunschweigische Landesmuseum. Das Herzog Anton Ulrich-Museum und das Staatliche Naturhistorische Museum gehören zu den ältesten Museen der Welt, sie gehen beide zurück auf das im Jahr 1754 eröffnete »Kunst- und Naturalienkabinett« Herzog Carls I. von Braunschweig-Lüneburg.

Herzog Anton Ulrich-Museum

Internationale Kunstwerke von der Antike bis zur Moderne repräsentieren eine Zeitspanne von über 3000 Jahren, so dass mit Recht von einem Universalmuseum gesprochen werden kann. Das Kunstmuseum des Landes Niedersachsen trägt den Namen seines Sammlungsgründers, des Welfenherzogs Anton Ulrich von Braunschweig-Lüneburg (1633 bis 1714). Dieser erwarb den bedeutendsten Teil der vielfältigen hochrangigen Bestände: die wertvollsten Gemälde – darunter Bilder von Giorgione, Rubens, Rembrandt und Vermeer – die größte Sammlung italienischer Majolika-Geschirre nördlich der Alpen, die über 200 Exemplare französischer Emailmalerei und die beachtliche Kollektion ostasiatischer Kunstwerke. Diese Schätze befinden sich seit 300 Jahren in Braunschweig. Anton Ulrich bewahrte sie in seinem zu Zeiten Napoleons zerstörten Lustschloss Salzdahlum auf. Sein Urenkel Herzog Carl I. eröffnete 1754 das »Kunst- und Naturalienkabinett«, das erste öffentlich zugängliche Museum des Kontinents, zeitgleich mit dem British Museum in London. Ausgestellt waren hier die Bronzestatuetten, die Kunstkammerobjekte, die Kunstmöbel, die Elfenbeinschnitzereien, die Antiken, die Majoliken, Emails und Ostasiatika. Carl bereicherte die Galerie – damals noch in Salzdahlum – vor allem um niederländische Landschaften und Stillleben und gründete das Kupferstichkabinett. Mit dem Beginn des 19. Jahrhunderts nahm man die Sicherstellung mittelalterlicher Kunst aus Kirchen des Braunschweiger Landes auf. So entstand die kostbare Mittelaltersammlung, verwahrt in der Burg Dankwarderode. Zudem wurden Fürstenberger Porzellane aus der landeseigenen Manufaktur wie auch im 20. Jahrhundert eine reiche Spitzensammlung angekauft. In den letzten zehn Jahren konnten unter anderem bedeutende Gemälde aus dem 15. Jahrhundert, ein Selbstbildnis von Ludger tom Ring der Jüngere und herausragende grafische Künstlerselbstbildnisse der Moderne erworben werden. Gerade im Bereich der Grafik wurden dem Museum bedeutende Privatsammlungen überlassen, unter anderem seit 1996 die Sammlung Hausmann (Aquarelle und Zeichnungen des 19. Jahrhunderts). Am Herzog Anton Ulrich-Museum finden seit 2008 umfangreiche Umbaumaßnahmen statt. Voraussichtlich im Jahr 2010 wird

Jan Vermeer van Delft, Das Mädchen mit dem Weinglas, um 1658 bis 1660 (Foto: HAUM, Claus Cordes)

Rembrandt Harmensz van Rijn, Familienbild, um 1668 (Foto: HAUM, Claus Cordes)

Herzog Anton Ulrich-Museum (Foto: HAUM, Claus Cordes)

der neue Funktionsbau mit Depots, Bibliothek, Werkstätten, Verwaltung, Cafeteria usw. zur Verfügung stehen. Das Altgebäude, errichtet 1884 bis 1887, wird dann auf den Ursprungszustand zurückgebaut und nach Renovierung den modernsten Austellungstechniken Genüge leisten. Die Eröffnung der völlig neu eingerichteten Ausstellungsräume wird voraussichtlich 2012 stattfinden. Die Highlights der Sammlung bleiben weiter öffentlich zugänglich, und zwar im Herzen der Stadt, in der Burg Dankwarderode, dem historistischen Nachbau der Burg Heinrichs des Löwen, die als Ausstellungszentrum des Herzog Anton Ulrich-Museums genutzt wird.

Staatliches Naturhistorisches Museum Braunschweig

Das Staatliche Naturhistorische Museum ist das älteste Naturkundemuseum Deutschlands und eins der ältesten der Welt. In den ersten 100 Jahren seines Bestehens wurde es gemeinsam mit dem Herzog Anton Ulrich-Museum als »Kunst- und Naturalienkabinett« geführt, nach mehreren Umzügen und der zwischenzeitlichen Unterbringung im Schloß ist es seit 1937 in einem eigenen Gebäude am Rebenring in Braunschweig untergebracht. Mit einer interaktiv gestalteten Dauerausstellung und vertiefenden Wechselausstellungen, zum Beispiel zu Themen wie Mumien, Wölfe, Dinosaurier, ist es eins der beliebtesten Ausflugsziele für Familien in Braunschweig.

Peter Paul Rubens, Judith mit dem Haupt des Holofernes, um 1616 bis 1618 (Foto: HAUM, Bernd Peter Keiser)

Ein Highlight des Naturhistorischen Museums: die ausgestorbene Steller'sche Seehkuh (Foto: SNHM)

Die Dauerausstellung bietet dem Besucher eine Vielzahl verschiedener Anziehungspunkte. Qualitativ herausragend sind die 29 Dioramen, in denen Säugetiere und Vögel in ihrem natürlichen Lebensraum zu sehen sind. Tiere vergangener Erdzeitalter werden im Fossiliensaal zum einen in einer Lebensraum-Inszenierung und zum anderen als fossile Überreste gezeigt. Besondere Schätze der wissenschaftlichen Sammlung sind im großen Lichtsaal zu sehen: Ausgestellt sind ausgerottete Tiere wie die Stellersche Seekuh und der Riesenalk.

In den Becken des naturnah gestalteten Aquariums lassen sich nicht nur Tiere aus dem Bereich des tropischen Süßwassers wie Buntbarsche, Gabelbart und Stechrochen beobachten, sondern

Das Skelett eines Höhlenbärs, präsentiert im Naturhistorischen Museum (Foto: SNHM)

Staatliches Naturhistorisches Museum (Foto: SNHM)

auch verschiedene Meeresbewohner. Darüber hinaus bietet das Aquarium auch Einblicke in das Leben von Schlangen, Schildkröten, Echsen und tropischen Fröschen.
Für die Wissenschaft ist vor allem die große Vogelsammlung mit 45 000 Exemplaren von Bedeutung. Einige der Präparate sind so genannte Typus-Exemplare, das heißt anhand dieser Exemplare wurde eine Art oder Unterart neu beschrieben. Das Museum verfügt auch über bedeutende Sammlungen an Säugetier-Bälgen, Schädeln und Fossilien. Die Schwerpunkte der Fossiliensammlung liegen in der systematischen Sammlung von Seeigeln und von eiszeitlichen Säugetieren aus den Rübeländer Höhlen. Weiter ist die 200 000 Exemplare umfassende Insektensammlung von wissenschaftlicher Bedeutung.
Wissenschaftler aus dem In- und Ausland interessieren sich für die Braunschweiger Sammlungen und stehen mit dem Museum, das eine eigene Schriftenreihe herausgibt, im Austausch.

Braunschweigisches Landesmuseum

Das Braunschweigische Landesmuseum ist ein historisches Museum. Es wurde 1891 gegründet, es ist das einzige Geschichtsmuseum in der Trägerschaft des Landes Niedersachsen. Es dokumentiert mit einem umfangreichen Sammlungsbestand die faszinierende Geschichte des ehemaligen Herzogtums und des Landes Braunschweig. Das Braunschweigische Landesmuseum besteht aus vier Häusern: dem Vieweghaus am Burgplatz in Braunschweig, dem Ausstellungszentrum Hinter Aegidien mit dem Jüdischen Museum, der Abteilung Ur- und Frühgeschichte in Wolfenbüttel sowie dem Bauernhausmuseum Bortfeld.

Die Dauerausstellung im Vieweghaus am Burgplatz wird unter thematisch-chronologischen Gesichtspunkten präsentiert. Sie vermittelt die Geschichte der grundlegenden Epochen vom 8. Jahrhundert bis zur Gegenwart. In der großen Anzahl der Objekte aus Geschichte, Kultur, Wirtschaft, Technik, Kunst, Volkskunde und Sozialgeschichte begegnet den Besuchern eine Fülle von Ereignissen, Entwicklungen und Persönlichkeiten, wie sie in ähnlicher Dichte in vergleichbaren Regionen kaum anzutreffen sind.
Das Jüdische Museum befindet sich im Ausstellungszentrum Hinter Aegidien, seine Judaica-Sammlung gehört zu den bedeutendsten Sammlungen Deutschlands. Beeindruckender Mittelpunkt der Dauerausstellung ist die komplett erhaltene Inneneinrichtung der Synagoge aus der Stadt Hornburg, die mit Objekten aus dem reli-

Die Dioramen des Naturhistorischen Museums, hier ein Jungseehund, sind berühmt für ihre Detailgenauigkeit.

Das Jüdische Museum des Braunschweigischen Landesmuseums (Foto: BLM, Hans-Jürgen Derda)

giös-kultischen Bereich ergänzt wird. Weiterhin werden historische Themen aus der jüdischen Kulturgeschichte dokumentiert, wie etwa die Entwicklung des Reformjudentums im 19. Jahrhundert. In der vorerst letzten Abteilung der Ausstellung wird mit dem Hinweis auf das Konzentrationslager Bergen-Belsen der Massenmord an den Juden durch die nationalsozialistischen Gewaltherrscher thematisiert.

Das Wissenschaftsreferat Ur- und Frühgeschichte befindet sich seit 1959 mit Fundmagazin und archäologischer Restaurierungswerkstatt in der ehemaligen Herzoglichen Kanzlei im Zentrum der Altstadt von Wolfenbüttel. Hier befindet sich im ersten Obergeschoß auch die archäologische Ausstellung des Braunschweigischen Landesmuseums. Auf einer Fläche von 1000 Quadratmetern wird ein Rundgang durch die gesamte Ur- und Frühgeschichte des Braunschweiger Landes von den Anfängen vor 500 000 Jahren bis zur fränkischen Eroberung des sächsischen Stammesgebietes geboten.

Das Bauernhausmuseum in Bortfeld besteht seit 1968. Es ist ein 1726 errichtetes reetgedecktes Hallenhaus und als Zweiständerbau für die Region typisch. Die vorhandene Ausstattung stammt vor allem aus dem 19. Jahrhundert. Bauernstube und Schlafraum sind eingerichtet, die Küche zeigt die Utensilien, die damals zum Waschen, Mangeln, Bügeln und Nähen gebraucht wurden. Zudem verweisen viele Geräte auf den zeitgenössischen ländlichen Arbeitsalltag: Grützmühle, Spinnrad und Haspel, Geräte zur Butterbearbeitung und Ölgewinnung sind beispielsweise in verschiedenen Kammern abgestellt.

Das Braunschweigische Landesmuseum zählt mit seinen vielfältigen Sammlungsbeständen und der Gesamtausstellungsfläche in vier Häusern zu den größten historischen Museen Deutschlands.

Geschichte wird anschaulich vermittelt im Braunschweigischen Landesmuseum (Foto: BLM, Ingeborg Simon)

Das Braunschweigische Landesmuseum (Foto: BLM)

Volles Haus: Bis zu 8000 Besucher können in der größten Veranstaltungshalle der Region feiern, jubeln, zuhören, sich unterhalten lassen oder Spaß haben.

»Arena für Champions«

Volkswagen Halle Braunschweig

Weltstars aus Show und Entertainment, Prominenz aus Politik und Medien, Maestros der Klassik und Heroen des Sports, Comedians und Champions, Magier und Meister – allen bietet die Volkswagen Halle Braunschweig die richtige Bühne für ihre Auftritte.

Als größte Veranstaltungshalle der Region hat die Arena Platz für bis zu 8000 Besucher. Ob internationale sportliche Highlights oder kulturelle Höhepunkte mit hochkarätiger Besetzung aus dem internationalen Show-Geschäft, die Arena schafft den richtigen Rahmen für Events der größeren Dimension. Ein knappes Jahrzehnt nach der Eröffnung ist die Volkswagen Halle als Standort für Sport und Show nicht mehr wegzudenken.

Unterhaltung: Für Empfänge bestens geeignet: das gläserne Business Foyer.

Privatwirtschaftliches Engagement sichert den Bau der Arena

Das Novum beim Bau der Halle war das privatwirtschaftliche Engagement von vier großen Unternehmen der Region. 1998 haben die Norddeutsche Landesbank, die Volkswagen AG, die Firma Borek GmbH und Co. KG, die Öffentliche Versicherung Braunschweig und die Stadt Braunschweig die Stiftung »Sport und Kultur für Braunschweig« gegründet. Ziel war und ist die Förderung von Aktivitäten in den Bereichen Sport, Kultur sowie Bildung und Erziehung im Raum Braunschweig. Mit entscheidender Unterstützung der vier Unternehmen stellte die Stiftung die Finanzierung des 14-Millionen-Euro-Projektes am Braunschweiger Bürgerpark sicher und engagierte sich sechs Jahre später nochmals mit sieben Millionen Euro für einen zweiten Bauabschnitt. Der ovale, silberglänzende Bau – in Rekordzeit von einem Jahr erbaut – wurde im September 2000 eingeweiht. Seitdem kamen rund zwei Millionen

Anziehungspunkt: Rund zwei Millionen Menschen sind seit Eröffnung im Jahr 2000 in die Arena am Bürgerpark gekommen.

Fans, Zuschauer und Gäste aus der Region und weit darüber hinaus in die Arena am Bürgerpark.

Eventflächen im Jahr 2006 optimiert

Mit dem Anbau des gläsernen Eingangsfoyers wurden Ende 2006 die Eventflächen noch weiter optimiert. Die Volkswagen Halle verfügt nun auf zwei Ebenen über insgesamt mehr als 4000 Quadratmeter Ausstellungs-, Foyer- und Präsentationsfläche sowie zusätzlich Räume für eventbegleitende Aktivitäten. Eine variable Hospitalityarea für bis zu 500 Gäste, eine Presse-Lounge mit modernster Technik für bis zu 130 Personen oder der Logen-Bereich schaffen interessante Rahmenbedingungen für Sponsoren und Veranstalter.

Sportveranstaltungen, Show und Entertainment oder Partys, Firmenpräsentationen, Messen oder Kundgebungen – die Volkswagen Halle, citynah gelegen, ist gerüstet für alle Kundenwünsche. Hohe Flexibilität, moderne Technik und ein engagiertes Team von Mitarbeitern garantieren schnelle Umrüstzeiten und die Umsetzung auch der anspruchsvollsten Kundenanforderungen.

Sportlich: Ob Tennis, Reiten, Tanzen, Basketball, Boxen oder Eislaufen – die Volkswagen Halle ist für fast jede Sportart bestens gerüstet.

Hautnah: Ganz dicht dran ist das Publikum beispielsweise beim hochkarätigen, internationalen 4-Sterne-Reitturnier, das jedes Jahr rund 25 000 Pferdefans anzieht.

Gastronomisch: Im lichtdurchfluteten Restaurant können Besucher vor, während und nach Veranstaltungen Platz nehmen.

Das Internationale Weltranglistenturnier in Springen und Dressur

Reitsportevent Löwen Classics

Blick in die Arena

Das internationale Reitturnier Löwen Classics in Braunschweig, welches im Jahr 2002 als solides und nationales Hallen-Reitturnier begann, hat sich in den letzten Jahren immer mehr gesteigert. Eine Erfolgsgeschichte, die der umsichtigen und klugen Arbeit der Turniermacher Axel Milkau (Braunschweig) und Hans Günter Winkler (Warendorf) zu verdanken ist.

Alexandra Korelova (RUS): Erfolgreiche Olympia- und WM-Teilnehmerin in der Dressur

Heike Kemmer (GER): Mehrfache Olympia-, WM- und EM-Siegerin Mannschaft - Dressur

Die Geschichte der Braunschweiger Löwen Classics begann bereits vor 18 Jahren. Bäckermeister Axel Milkau saß 1990 an der Theke seines Freundes Clemens Backhaus im Hotel Heyer in Braunschweig-Lehndorf und kam auf die Idee, ein großes Reitturnier ins Leben zu rufen. Von dieser Idee begeistert, stieg Backhaus mit 50 DM als erster Sponsor ein. Noch heute erinnert der Schein eingerahmt an diesen ersten Schritt in Richtung Löwen Classics. Es wurde die Interessengemeinschaft »Braunschweiger Stadtmeisterschaften« geschaffen, welche als Marketinginstrument für den Reitsport fungiert und die Region und Wirtschaft indirekt auf die späteren Löwen Classics vorbereitet hat.

1992 als logische Konsequenz gegründet, trat der Verein »Team BS e.V.« als Ausrichter der BS-Stadtmeisterschaften ein. Es wurde ein Wirtschaftspool mit über 20 Firmen gegründet, der medienwirksam viele Förderprojekte rund um die BS-Stadtmeisterschaften finanzierte. In den nachfolgenden acht Jahren wurden Medienpartnerschaften im bisherigen Niemandsland der Reiterei für den BS-Reitsport abgeschlossen, um damit Aufmerksamkeit gegenüber späteren Sponsoren in der Presse zu erzeugen. Der Marketingbaustein »BS-Stadtmeisterschaften« wurde im Jahr 2000 an den Verein Braunschweiger Turnierreiter übertragen, mit der Maßgabe, dass die BS-Stadtmeisterschaften weiter Bestand haben sollten. Noch heute laufen die BS-Stadtmeisterschaften erfolgreich über die gesamte Saison und

Traditioneller Zapfenstreich

sind weiterhin ein wichtiges Bindeglied aller Reitvereine dieser Stadt.

Im Jahr 2000 wurde die T.-BS Sportmarketing GmbH gegründet, die sich mit ihrem Geschäftsführer Axel Milkau erfolgreich für die Durchführung der Löwen Classics verantwortlich zeichnet. Zeitgleich wurde von Axel Milkau die HGW-Marketing mit Hans Günter Winkler als Vermarkter und Sportlicher Leiter gewonnen. Bereits ein Jahr später im Jahr 2001 kam der Startschuss für das erste Nationale Braunschweiger Hallenreitturnier mit einem Gesamtetat von 700 000 DM in der Volkswagen Halle.

Im Jahr 2003 entstand der heutige, für die Stadt werbeträchtige, Name »Löwen Classics« und 2005 wurden die Löwen Classics das erste Mal international im Springen und national in der Dressur durchgeführt.

Ludger Beerbaum (GER): Mehrfacher Olympia-, WM- und EM-Sieger Mannschaft und Einzel; Mehrfach Deutscher Meister – Springen

Hubertus Schmidt (GER): Mehrfacher Olympia-, WM- und EM-Sieger Mannschaft - Dressur

Otto Becker (GER): Olympia- und EM-Sieger - Mannschaft; Mehrfacher Deutscher Meister - Springen

Aus einer Thekenidee ist ein erfolgreiches Unternehmen beziehungsweise internationales Weltranglistenturnier entstanden, dass schon im fünften Jahr die Etatgrenze von einer Million Euro überschritten hat und 2008 einen Etat von circa 1,3 Millionen Euro aufweisen konnte. Elf Jahre Vorbereitungszeit bis zum ersten Startschuss waren eine lange Zeit, aber der Grundstein dafür, dass heute dieses erfolgreiche Unternehmen Löwen Classics, mit der Führungsspitze Milkau/Winkler, den vielen ehrenamtlichen Helfern und potentiellen Sponsoren gesund aufgestellt ist und als seriöser Partner am Markt einen sehr guten Namen hat. Ein Projekt, das nicht nur den Ursprung in der Gemeinschaftlichkeit dieser Region fand, sondern das es in beeindruckender Art und Weise trotz dieser enormen Entwicklung, immer wieder versteht und vorlebt, die Region auf dieser internationalen Bühne zu präsentieren. Aus dem »Niemandsland-Reiterei« ist eine viel beachtete Reiter-Region mit geballter Wirtschaftskraft und innovativen Ideen entstanden.

Die Löwen Classics haben schon frühzeitig begriffen, was es heißt, einen Hochkaräter, mit dem man sich identifizieren möchte, am Markt zu platzieren. Dabei wurde immer darauf geachtet, Wirtschaftlichkeit, menschliches Miteinander und seriöses Arbeiten zu verbinden. Bei allen Partnerschaften, die sich um die Löwen Classics gebildet haben, steht der objektive Gedanke, die gemeinsamen Ziele zu erreichen im Vordergrund. Der Spagat zwischen ergebnisorientierter Professionalität und liebevoller Ehrenamtlichkeit verleiht dieser außergewöhnlichen Veranstaltung einen Charme, bei der sich eine ganze Region integriert hat und sich ausländische Gäste Zuhause fühlen. Das Erfolgsrezept, eine exquisite Mischung aus erstklassigem Sport und einem überraschenden

Bei der Siegerehrung 2008 Axel Milkau, Francisco Javier Garcia Sanz, VW Vorstand, Hans Günter Winkler und Oberbürgermeister Dr. Gert Hoffmann

Rahmenprogramm, behalten die Turniermacher bei und immer spielt Musik, Witz und Ideenreichtum dabei eine wesentliche Rolle.

Im Zuge der nunmehr achtjährigen Tätigkeit hat sich ein Grundwissen rund um Markt und Leute bei der T.-BS Sportmarketing GmbH entwickelt, welches vielschichtig genutzt und innovativ transportiert wird. Die T.-BS GmbH betreut mittlerweile hintergründig externe Veranstaltungen und tritt vielschichtig in der Beratung auf. Die operativen Kernbereiche liegen bei Konzeptionserstellungen zur zielorientierten Eventausrichtung, vermarktungsorientierten Programmgestaltungen und die daran gekoppelte Akquise beziehungsweise Vermittlung von Kontakten.

Siegerehrung 2008 (v.l.: A. Milkau, MdL C. Wulff, H. G. Winkler, Sieger O. Becker, F.J. Garcia Sanz, Dr. G. Hoffmann, Dr. U. Lehmann-Grube)

Piet Raymakers (NED): Olympiasieger Mannschaft; WM- und EM-Sieger – Springen

Industrie- und Handelskammer (IHK)

Basisarbeit im Dienst der Wirtschaft

Von Jochen Hotop

Wer in den letzten Monaten die lebhafte Diskussion um eine engere regionale Zusammenarbeit der Kommunen verfolgt hat, konnte feststellen, dass die Industrie- und Handelskammer Braunschweig diesen Prozess intensiv begleitet. »Eine Verwaltung, die sparsam und wirtschaftlich arbeitet, serviceorientiert und reformfreudig agiert, ist für die Wirtschaft ein wichtiger Standortvorteil«, sagen IHK-Präsident Dr. Wolf-Michael Schmid und Hauptgeschäftsführer Dr. Bernd Meier. Fragen der Standortpolitik gehörten zum umfangreichen Aufgabenspektrum der IHK.

Bei der Diskussion um die Bildung einer Region Braunschweig sei es wichtig, Chancen und Risiken sorgfältig abzuwägen. Denn letztendlich gehe es darum, eine Lösung zu finden, von der alle profitieren und die für mehr Dynamik in der Region sorgt.

Dr. Wolf-Michael Schmid, Präsident der IHK (Foto: Heinz Gramann)

Dr. Bernd Meier, Hauptgeschäftsführer der IHK (Foto: IHK)

Der Renaissance-Giebel des IHK-Gebäudes in Braunschweig (Foto: Günter Bleyl)

Die von der IHK in Auftrag gegebenen Fachgutachten tragen dazu bei, die Vor- und Nachteile der Regions-Initiative vor dem Hintergrund der demografischen Entwicklung und der kommunalen Finanzen gründlich zu erörtern. Einige Bürgermeister bezeichneten die Präsentation der Gutachten als »fulminanten Aufschlag«.

Mit ähnlich komplexen Fragestellungen beschäftigten sich die Gremien der IHK bei der Diskussion um das ECE-Projekt Schlossarkaden. Hier ging es ebenfalls um eine schwierige standortpolitische Weichenstellung. Das positive Votum der IHK-Vollversammlung war für die Entscheidung des Braunschweiger Oberbürgermeisters von ausschlaggebender Bedeutung. Die Stimme der Industrie- und Handelskammer hat Gewicht.

Die Arbeit der IHK wird in der Region Braunschweig heute durch weit über 2500 Unternehmer, Fach- und Führungskräfte geprägt, die in den Gremien und Ausschüssen mitarbeiten. Die Industrie- und Handelskammer vertritt die gewerbliche Wirtschaft der Region, die alle Gewerbetreibenden in Industrie- und Handel, im Verkehrsbereich sowie in Banken und Versicherungen einschließt, das sind über 40 000 Firmen und Kleingewerbetreibende.

»Die IHK betreut 8600 Ausbildungsverhältnisse«
Kontakt zur IHK haben die meisten Menschen während ihrer Berufsausbildung. Derzeit sind es etwa 8600 Ausbildungsverhältnisse, die bei der IHK geführt werden. Damit die Berufsausbildung auch wirklich qualifiziert erfolgt, kontrollieren sechs Ausbildungsberater laufend

1. die persönliche und fachliche Eignung der Ausbildung und
2. die Eignung der Ausbildungsstätte.

Kommt der Betrieb seinen Verpflichtungen nicht nach, kann die Ausbildung untersagt werden.

Die enge und vertrauensvolle Zusammenarbeit zwischen den Ausbildungsbetrieben und den Ausbildungsberatern geht aber über den gesetzlichen Auftrag zur Überwachung der Ausbildung weit hinaus, zum Beispiel wenn es um die Organisation von überbetrieblichen Maßnahmen geht,

IHK: Fachkundige Hilfe und vielfältiger Service

die entweder fehlende betriebliche Ausbildungsmöglichkeiten ersetzen oder betriebliche Unterweisung vertiefen sollen.

Bei der IHK liegt auch die Führung der Zwischen- und Abschlussprüfungen. Die Zahlen sprechen eine deutliche Sprache: 250 Prüfungsausschüsse mit über 2000 ehrenamtlichen Prüfern sorgen für eine unabhängige und objektive Leistungsbeurteilung.

»Handel und Dienstleistungen prägen die Attraktivität einer Stadt«
Die Attraktivität einer Stadt und ihre überregionale Ausstrahlung ist in hohem Maße abhängig von einem leistungsfähigen Handel. Allerdings: Jede Stadt hat ihre eigene Standortqualität. Die IHK ist erste Anlaufstelle für betriebswirtschaftliche und rechtliche Fragen, die mit der Eröffnung, Führung, Erweiterung, Verkleinerung und Aufgabe von Unternehmen des Handels- und Dienstleistungsbereichs zusammenhängen. Die Problemstellungen sind dabei stark abhängig von der Branche und der Unternehmensgröße.

»Jeder dritte Arbeitsplatz hängt am Export«
Die Wirtschaft im Bezirk der IHK Braunschweig exportiert wie ein Weltmeister. An jedem dritten Arbeitsplatz wird für den Export gearbeitet. Im Ausland gelten andere Gesetze. Die IHK informiert über Auslandsmärkte und die dort geltenden Bestimmungen. Sie stellt Ursprungszeugnisse aus und beglaubigt Handelsrechnungen. Im vergangenen Jahr siebentausendmal. Abertausende von Zollbestimmungen behindern den freien Warenverkehr. Die IHK bringt Licht in den Tarifdschungel.

»Von der Gründung zum Erfolg«
Eine gute Vorbereitung ist bei der Unternehmensgründung der Schlüssel zum Erfolg. Im Jahre 2008 wurden über 500 Gründungswillige beraten und über öffentliche Finanzierungshilfen, Markt- und Konkurrenzchancen sowie über Standorte informiert. Die wichtigsten Unterlagen und Hinweise, die bei einer Existenzgründung zu beachten sind, werden in einem Konzept zusammengestellt und mit dem Existenzgründer besprochen. Im Zusammenhang mit der Beantragung öffentlicher Finanzierungshilfen werden Stellungnahmen zum Vorhaben gegenüber den öffentlichen Institutionen abgegeben.

»Die RegioStadtBahn kommt«
Verkehrspolitik und Verkehrswirtschaft gehören zu den klassischen Aufgaben der IHK. Sie umfassen den Straßengüterverkehr, den Straßenpersonenverkehr, das Speditionswesen und die Lagerei, den Eisenbahnverkehr, den Binnenschiffverkehr, den Luftverkehr und das Post- und Fernmeldewesen.

Die Grundaussagen der IHK zur Verkehrspolitik: Die Infrastruktur muss nachfragegerecht ausgebaut werden und die Einnahmen aus der Infrastrukturnutzung, wie zum Beispiel der aus der Lkw-Maut, sollten ihr unmittelbar zufließen und nicht per Zuweisung aus dem Bundeshaushalt. Die IHK nimmt Fachkundeprüfungen nach dem Personenbeförderungs- beziehungsweise dem Güterkraftverkehrsgesetz ab und stellt ADR-Bescheinigungen als »Zusatzführerschein« für den Transport gefährlicher Güter aus.

»Innovation – der Schlüssel zum Erfolg«
Den Fortschritt in der Industrie bestimmen zunehmend neue Verfahren und neue Produkte. Die IHK wird heute von zahlreichen Unternehmen als Anlaufstelle für die Lösung technologischer Probleme genutzt. Nach einer ersten Analyse werden geeignete Kontakte zu Experten und wissenschaftlichen Einrichtungen hergestellt. Die IHK-Technologiebörse und der Technologietransferpreis sind nur einige Instrumente eines umfangreichen Dienstleistungsangebotes der IHK-Innovationsberatung.

Der Fachwerkerker des über die Grenzen Deutschlands hinaus bekannten Bäckergildeshauses, Sitz der Geschäftsstelle der IHK in Goslar. (Foto: Günter Bleyl)

Braunschweig hat eines der schönsten IHK-Gebäude in Deutschland. (Foto: okerland-archiv)

Die Internetseite www.braunschweig.ihk.de informiert über das gesamte Spektrum der Aufgaben der IHK Braunschweig.

Die IHK ist Ansprechpartner

... bei der Aus- und Weiterbildung
- Ausbildungsberatung in kaufmännischen und gewerblich/technischen Berufen
- Zwischen- und Abschlussprüfungen, 2008 rund 5000
- Betreuung der Ausbildung in 1850 Ausbildungsstätten

... bei der Unternehmensgründung
- Beratung für Existenzgründungen
- Stellungnahmen für Kreditbürgschaften
- Stellungnahmen zu Anträgen für erlaubnispflichtige Gewerbe

... bei der Standortwahl und Firmierung
- Standortfragen für die Bereiche: Industrie, Handel und Dienstleistungen
- Firmenrechtliche Beratungen

... wenn Auslandsgeschäfte anstehen
- Ausstellung von Ursprungszeugnissen und Carnets sowie die Beglaubigungen von Handelsrechnungen
- Einzelberatung zu Außenwirtschaftsfragen
- Anbahnung von Geschäftsverbindungen ins Ausland

Heimbs Kaffee – Kaffeegenuss für Kenner

Alle lieben Kaffee des Braunschweiger Unternehmens

146 Liter – so viel Kaffee trinkt jeder Deutsche im Durchschnitt pro Jahr. Das ist deutlich mehr als bei Mineralwasser oder Bier. Es sind vor allem die Lifestyle-Getränke rund um den Espresso, die zurzeit einen wahren Boom erleben, denn anders kann man ein Plus von 20 Prozent pro Jahr kaum nennen. Ob Espresso, Latte Macchiato, Cappuccino oder eine der vielen anderen leckeren Spezialitäten auf Kolbenkaffeebasis – die Lust am Ausprobieren und Genießen ist groß. Da ist es auch kein Wunder, dass sich vor allem Coffee-Shops steigender Beliebtheit erfreuen. Derzeit gibt es in Deutschland bereits rund 1400 Betriebe, Tendenz steigend.

Schwerkraft oder Druck?

Die Frage, ob Filter- oder Kolbenkaffee, spaltet die Gemeinde der Kaffee-Kenner in zwei Lager. Im Haushaltssegment hat der Filterkaffee zwar nach wie vor einen Marktanteil von rund 80 Prozent, in der Gastronomie hingegen sind vor allem Espresso & Co. der Renner. Der Unterschied zwischen beiden besteht in der unterschiedlichen Röstung und Zubereitung. Die Kaffeebohnen für Espresso werden meist dunkler geröstet als die für Filterkaffee. Bei Zubereitung von Filterkaffee gießt man kochendes Wasser langsam auf das Kaffeepulver und die Schwerkraft sorgt für den Rest. Beim Espresso hingegen wird das Wasser mit 9 bis 15 bar schnell durch den fein gemahlenen Kaffee gedrückt. Dabei entsteht ein Schaum aus Kaffeeölen, die Crema, die von Kennern besonders geschätzt wird. Espresso ist durch die geringe Kontaktzeit von Wasser und Kaffeepulver geschmacklich besonders aromatisch und zugleich auch bekömmlicher als Filterkaffee, denn so wird weitgehend verhindert, dass sich Koffein, Bitterstoffe und Gerbsäuren lösen. Man kann Espresso deshalb selbst spät abends noch genießen, ohne um den Schlaf fürchten zu müssen. Das ist sicher einer der Gründe, warum Espresso gerade in der jungen Generation so viele Freunde hat.

Marken mit Charakter

Der Name Heimbs steht seit vielen Jahrzehnten für Kaffee der Spitzenklasse. Weniger bekannt ist hingegen, dass um das traditionelle Kerngeschäft mit dem schwarzen Genuss gerade in den letzten Jahren weitere eigene Marken mit demselben hohen Anspruch entstanden sind. Neben den klassischen Filterkaffees hat das Unternehmen mit »Allegretto« einen neuen Qualitätsmaßstab für Kolbenkaffees gesetzt. »Allegretto« ist Espressogenuss im Stil der Zeit, weltoffen, vielseitig, anspruchsvoll und lebendig. Es gibt ihn in unglaublich vielen Sorten. Unter mehr als zehn Produkten plus Fairtrade- und Bio-Espressi kann der anspruchsvolle Gastronom auswählen und damit für sein Café ein ganz individuelles Sortiment zusammenstellen.

Aber auch außerhalb der Kaffeewelt setzt Heimbs mittlerweile anspruchsvolle Akzente in der Genusswelt. Mit »no.30« hat man ein modernes Tee-Label geschaffen, das selbst eingefleischte Teefreunde überzeugt. Und die Trinkschokoladen-Marke »choxo« hat das Zeug, aus dem klassischen Kakao ein Ganzjahresgetränk mit Kultstatus zu machen.

Die Single Malts unter den Kaffees

Was dem Whiskey-Liebhaber sein Single Malt, das ist dem Kaffee-Kenner ein Pure Origin. Dabei werden ausschließlich Kaffeebohnen aus einem einzigen Anbaugebiet verwendet, statt wie sonst üblich unterschiedliche Kaffees zu mischen. Für die Mischung spricht, dass die Kaffees eines Anbaugebiets ganz natürlichen Geschmacksschwankungen unterliegen. Indem man mehrere kombiniert, kann man einen dauerhaft gleich hohen und geschmacklich stabilen Genuss bieten, während die Pure Origins in jedem Jahr anders schmecken. Aber gerade das macht für viele Kenner den besonderen Reiz aus. Heimbs Kaffee hat

Unterschiedlichste Kaffeesorten sind die Grundlage für einen perfekten Geschmack.

Regelmäßige Kontrollen während des Röstvorgangs garantieren ein konstant hohes Qualitätsniveau.

deshalb immer eine besonders feine Auswahl von Pure Origins im Sortiment.

Über 125 Jahre Spitzenkaffees aus Braunschweig

Heimbs hat im Jahre 2005 seinen 125sten Geburtstag gefeiert. Gegründet 1880 in Braunschweig als Kaffee-Spezialgeschäft, hieß das Unternehmen nach seinem Gründer zunächst Eichhorn. 1920 trat Carl Heimbs als Teilhaber in das Unternehmen ein und baute es zu einer Kaffeerösterei aus. Nach dem Tod des Gründers wird Heimbs zum Markennamen des Kaffees. 1954 entwickelte das Unternehmen das patentierte aerotherm®-Röstverfahren, das bis heute entscheidenden Anteil an der hohen Qualität der Heimbs-Kaffees hat.

Bei Kennern beliebt: Die Heimbs Tasse

Erlesene Rohkaffees aus den besten Anbaugebieten der Welt lagern im klimageschützten Gewölbekeller.

Heiße Luft macht lecker

Das aerotherm®-Röstverfahren hat entscheidenden Anteil am Erfolg von Heimbs Kaffee. Dabei werden die Kaffeebohnen in einem Heißluftstrom schwebend bei 250 Grad für wenige Minuten geröstet. Kurz vor Ende des Röstvorgangs wird die Temperatur gesenkt, so dass die Kerntemperatur dann höher als die des Luftstroms ist. Dadurch rösten die Bohnen auch von innen nach außen durch. Während des Röstprozesses haben die Bohnen keinen Kontakt zu heißen Metallteilen und können deshalb auch nicht anbrennen. Das Ergebnis ist ein besonders schonender, ergiebiger und standfester Kaffee der Spitzenklasse. Die Röstung erfolgt bei diesem Verfahren stets in relativ kleinen Mengen. Massenproduktion gibt es bei Heimbs nicht, dafür aber den hohen Qualitätsanspruch einer Manufaktur.

Im Handel erhältlich ist Heimbs Kaffee – mit wenigen Ausnahmen – übrigens schon seit 1965 nicht mehr. Seit dieser Zeit konzentriert die Rösterei ihr Geschäft auf die gehobene Gastronomie, ausgewählte Hotels und namhafte Konditoreien. Und natürlich im hauseigenen Heimbs-Café, das seit der Errichtung der Schloss-Arkaden dort betrieben wird.

Heimbs Kaffee GmbH & Co.KG
Rebenring 30 · 38106 Braunschweig
Tel. (05 31) 38 00 28 01
Fax (05 31) 38 00 29 08 01
info@heimbs.de

Sonja hinter dem Relief ALTSTADTMARKT in Braunschweig für Blinde und Sehende (Foto: Marcel Schmidt)

Salon an der Gördelinger Straße genießt seit Jahrzehnten national und international einen besonderen Ruf

Das Synonym für Frisurenmode hat vier Buchstaben – »Mili« spielt in eigener Liga

Melitta Grelle-Wieduwilt – Mili (Foto: Heidrun Gramm)

Von Klaus Langhardt

Man muss ganz bestimmt etwas Besonderes können oder irgendetwas herausragend gut können, wenn das Synonym für eine ganze Berufssparte in exakt vier Buchstaben zusammengefasst wird, welche die Koseform eines Vornamens ergeben. In Braunschweig ist das seit Jahren einvernehmlich geregelt. Eigentlich ganz einfach: Geht es um Themen, die mit Frisuren, Hairstyling und den neuesten Trends auf dem umkämpften Markt der Friseure zu tun haben, dann fällt unweigerlich der Name »Mili«. Dabei heißt die Namensträgerin überhaupt nicht Mili sondern Melitta, genauer gesagt Melitta Grelle-Wieduwilt. Doch so lange halten sich die Kundinnen und Kunden nicht mit der Vorrede auf. Einfach Mili und jeder weiß, wer gemeint ist und ebenso weiß ein jeder auch, was diese Mili und ihr Team machen: Sie schneiden Haare ab, stylen, strähnen und colorieren.

Das können andere zweifelsohne auch, doch die Frage bleibt, wie? Mili augenscheinlich sehr, sehr gut und zwar schon über Jahrzehnte. Ihr profundes Wissen hat sie über drei Dekaden an ihre Angestellten weitergegeben. Jahr für Jahr pilgert sie mit ihren Mitarbeiterinnen und Mitarbeitern zu den Seminaren und Schulungen an den renom-

Modemesse in Düsseldorf 2008 (Foto: Heidrun Gramm)

miertesten Akademien, seien diese in New York, London, Paris oder Düsseldorf. Und während ihre Nachwuchskräfte dort lernen und ihren Horizont erweitern, sind ihre besten Kräfte nicht selten schon die Protagonisten auf der Showbühne, die den anderen demonstrieren, was angesagt ist und wie man das Angesagte tunlichst umsetzt. »Diesen Status haben wir uns über lange Jahre hart erarbeitet«, sagt die Chefin, die mit dem manchmal neidvollen Vorwurf, sie glaube wohl, mit ihrem Salon in einer anderen Liga zu spielen, sehr locker umgeht. »Schön, dass dies so gesehen wird. Es stimmt nämlich.« Man sagt ihr auch nach, sie habe wohl eine ganz eigene, besondere Kundschaft. Da hat sie absolut nichts dagegen, denn: »Jeder hat genau die Kunden, die er verdient und sich erarbeitet hat. Ich bin mit unseren äußerst zufrieden.«

Auf irgendwelche Grabenkriege, auf Preisdumping im Ringen um die Kundschaft lässt sich Mili nicht ein. »Wir haben Topfriseure, die liefern Topleistungen, und diese haben einfach ihren Preis«, rechnet sie völlig emotionslos vor. Dass die Gleichung aufgeht, belegt sie mit der nachprüfbaren und über Jahrzehnte gehenden Treue ihrer Kundschaft. »Es muss doch Gründe haben, dass uns Familien schon in der dritten Generation die Ehre geben. Wir sind mit unseren Leistungen immer auf der Höhe der Zeit und die Kunden gehen einfach mit.«

Nicht nur die. Auch Veranstalter unterschiedlichster Events möchten auf die Virtuosität von Mili's Garde nicht verzichten. Ob große Modeschauen national und international, Milis Event-Creativ-Team ist mit von der Partie. Was eindeutig damit zu tun hat, dass sich die Stylisten auf ganz besonders schwierige Dinge verstehen. Beispielsweise auf die so genannte Haarkunst. Diese ist nichts anderes als die bis zur Perfektion entwickelte Fähigkeit, Haare hochstecken zu können. Diese Kunst gilt als der »Ritterschlag« im Friseurhandwerk. Dass ihr Creativ-Team beim Grand-Prix in Paris den Wettbewerb »Elegante Abend-Hochsteck-Frisur« überlegen gewann, zählt deshalb zu den Highlights auf der Hitliste gewonnener Wettbewerbe und Trophäen. Doch auch bei »kleineren« Events, wie den Aktionen rund um »Stepke«, im Märchenpark und bei Kindermodenschauen legt das Creativ-Tam gekonnt Hand an.

Das schon lange Dazugehören zur deutschen Friseurelite hat mit dazu geführt, dass der Name »Mili's Haarstudio« auch in den bundesdeutschen Metropolen mit großem Respekt genannt wird. In Düsseldorf, Frankfurt, München oder Berlin haben die magischen vier Buchstaben einen glockenreinen Klang.

»Märchenpark« 2005 (Foto: Heidrun Gramm)

Das kommt nicht von Ungefähr. Die Chefin ist sich nicht zu schade, an fünf von sechs Wochentagen im Geschäft vor Ort zu sein. Nicht, dass die Friseurmeisterin und Visagistin noch groß selbst Hand anlegt, die Zeiten sind vorbei. Aber alles im Auge und im Griff zu haben, das ist ihr schon ein Anliegen. Dazu gehört, dass im Salon ein ausgesprochen freundlicher und zuvorkommender Umgangston gepflegt wird. König Kunde darf ohne Einschränkung das Gefühl genießen, dass man sich über ihn freut. Für Mili eine Selbstverständlichkeit.

Beauty-Seminar (Foto: Heidrun Gramm)

SARAH mit historischer Frisur (Foto: Mili's Haarstudio)

Eine glasklare Angelegenheit ist auch, dass bei Mili mehr als nur Frisuren gezaubert werden. Von den bekanntesten Herstellern lässt sie exklusiven Modeschmuck für ihre Kundschaft entwerfen, oft Unikate, auf jeden Fall eng limitierte Editionen. Vielfach entstammen die Entwürfe Milis eigenen Ideen. So entstehen Gesamtwerke, die unter dem Strich das Besondere ausmachen. Die Chefin lebt ihre Passion für das Haar, ihr klares Verständnis für ihre Kunden und ihr Gespür für die Schönheit grundsätzlich in ihrem Beruf begeistert aus.

Eröffnung von »ANN CHRISTINE« 2007 (Foto: Heidrun Gramm)

Bleibt eigentlich nur noch die Frage: Warum hat diese Powerfrau nicht in den ganz großen Städten der Republik ihr Glück gesucht? Weil Mili ein Familienmensch ist und den Kreis der Lieben, in dem sie groß geworden ist, nie missen möchte. »Selbst im Urlaub zieht es mich nach wenigen Tagen wie magisch nach Hause. Ich kann nicht ohne Braunschweig, hier bin ich glücklich.«

Modemesse in Düsseldorf 2008 (Foto: IGEDO COMPANY-Tillmann)

Dies ist kein bloßes Lippenbekenntnis, dem Satz folgen Jahr für Jahr entsprechende Taten. Mili's soziales Engagement ist der Beleg für ihre Liebe zur Heimatstadt. Regelmäßige Spenden für den Kinderschutzbund, UNICEF und für die Braunschweigtafel, 150 liebevoll gepackte Päckchen für hiesige Altersheime und ihr Engagement für das Multiple-Sklerose-Haus.

Sponsoring für UNICEF im Citypoint (Foto: Heidrun Gramm)

mili's haarstudio

Mili's Haarstudio
Gördelinger Straße/Neue Straße
38100 Braunschweig
Tel. (05 31) 4 13 13 · Free Call: (08 00) 6 45 41 11
www.milis.de

Mutter Habenicht Die urige Speisekneipe

Hier ist die Gemütlichkeit zu Hause

Eingeklemmt zwischen zwei hohen Gebäuden, einem aufragendem Backsteinbau und der feudalen Gründerzeitfassade des Wäschehauses Carl Langerfeldt hockt, man glaubt es kaum, »Mutter Habenicht« inmitten der Braunschweiger Innenstadt. Gastronomie hat hier Tradition. Seit 1870 werden in dem kleinen Fachwerkhaus schon Gäste bewirtet. Heute hat die urige Speisekneipe in der Braunschweiger Innenstadt nahe des Burgplatzes einen Kultstatus.

Über dem Ausgang zum kleinen Biergarten findet sich zum Beispiel ein Keilerkopf mit Polizeimütze, unter der Decke hängen kleine Spielzeugautos aus den letzten 30 Jahren und in einer Ecke steht noch Oma's alter Fernseher aus den Fuffzigern der ab und zu sogar noch läuft.
»Mutter Habenicht« bietet nicht nur Solides und Preiswertes, wie zum Beispiel den ausgezeichneten Mittagstisch, sondern verströmt auch noch – früher gab es ja viele solcher Lokale – so etwas wie Alt- Braunschweiger-Atmosphäre.
Dann gibt es noch das Wesentliche; frisch gezapfte Blondinen und eine gutbürgerliche, deutsche Küche. Die Speisekarte lässt keine Wünsche offen. Von saisonalen Spezialitäten wie Spargel, Matjes, Pfifferlingen und Mutter's Braunkohl bis hin zu Schnitzelvarianten mit von Wilhelm Busch inspirierten Bezeichnungen, wie zum Beispiel »Max«, »Moritz«, »Bauer Mecke« oder »Lehrer Lämpel« – ein zartes argentinisches

Hier kennt jeder jeden. Berührungsängste gibt es nicht, denn Standesdünkel werden an der Türe abgegeben. An der Theke sind alle gleich. Vom Müllwerker bis zum Menschen mit ihren Problemen und zum Oberstaatsanwalt.

Rumpsteak mit Pfeffersauce und einer Ofenkartoffel mit Sourcreme.

Zum täglich wechselndem Mittagstisch geben sich hier viele Stammgäste und Laufkundschaft ein Stelldichein. Über Jahrzehnte blieb dieses Lokal in der Hand der Familie Habenicht und ist im Laufe der Jahre zu einer Braunschweiger Institution geworden. Seit 1993 bewirtet Reinhard Schreiber mit seinem Team seine Gäste.

Es wird auf jeden Fall empfohlen einen Tisch zu reservieren, weil das kleine Lokal oft ausgebucht ist.

Unter www.mutter-habenicht.de erhält der Besucher umfangreiche Informationen über einer der wahrscheinlich urigsten Speisekneipen in Braunschweig.

Eine Außenansicht mit dem Wahrzeichen »Der Mutter«

Pächter Reinhard Schreiber (rechts) mit Stammgästen aus Milwaukee (USA), welche bei jedem Besuch in Braunschweig gemütliche Stunden im »Habenicht« verbringen.

Mutter Habenicht
Papenstieg 3 · 38100 Braunschweig
Tel. (05 31) 4 59 56
www.mutter-habenicht.de

Mutter Habenicht (links) anno 1932

Geselliges Miteinander im Gastraum von Mutter Habenicht.

Bachlauf in der Farnschlucht

Forschung, Lehre, Artenschutz und Erholung, eine Insel der Pflanzendiversität

Botanischer Garten der Technischen Universität Braunschweig

Von Michael Kraft
Leiter des Botanischen Gartens

Der Botanische Garten Braunschweig, eine der ältesten Einrichtungen der Technischen Universität, kann auf eine fast 170-jährige Geschichte zurückblicken. Er wurde 1828 als Einrichtung einer Anatomieschule gegründet. Da dieser kleine Garten den vielfältigen Ansprüchen bald nicht mehr genügte, verteidigte Johann Heinrich Blasius, damaliger Naturwissenschaftler und Leiter des Anatomiegartens, hartnäckig das Projekt zur Gründung eines botanischen Gartens. 1840 gelang ihm die Verwirklichung dieses Plans.

Kinder auf Exkursion durch das neue Tropenhaus

Das Jahr 1840 ist also das Gründungsjahr des Botanischen Gartens des Collegium Carolinum, der heutigen Technischen Universität Braunschweig. Noch heute erinnert die Schlucht am Wasserfall und das am Wirtschaftshof gelegene ehemalige Kanalwärterhaus aus dem 17. Jahrhundert an die Gründungsjahre.
1994 bot sich die einmalige Gelegenheit zur Erweiterung des Botanischen Gartens auf dem südlich angrenzenden Gelände. Die Technische Universität (TU) erwarb dort die dringend für Forschung und Lehre benötigten Flächen aus Bundeseigentum. Damit hat sich die Gesamtfläche des Gartens auf 3,5 Hektar vergrößert.

In den Gewächshäusern und im Freigelände sind circa 40 000 Pflanzen in 4000 Arten aus unterschiedlichen Gebieten, wie dem tropischen Amazonasgebiet, den Wüstengebieten der Welt, den gemäßigten Zonen Europas und Asiens sowie den Bergregionen unserer Alpen, beherbergt.
Das im Jahr 2006 neu eröffnete Tropenhaus ist das Highlight des Botanischen Gartens. Hier sind etwa 300 Pflanzenarten der tropischen Regenwälder, subtropische Gewächse sowie ein Großteil an tropischen Nutzpflanzen zu sehen.

Dreischwänzige Pfeifenwinde (Aristolochia tricaudata) im Tropenhaus

Die Schaugewächshäuser, darunter natürlich auch das Tropenhaus, sind ein zentrales Kernstück des Botanischen Gartens.
Das Sammlungskonzept für tropische Pflanzen richtet sich an den Bedürfnissen und Möglichkeiten des jeweiligen Standortes aus. Neben dem aktuellen Bedarf zum Beispiel in Forschung und Lehre sind aber auch langfristige Gesichtspunkte von Bedeutung. Solche Gesichtspunkte sind regionale, nationale und internationale Aufgaben des Natur- und Artenschutzes, aber auch die Notwendigkeit, auf veränderte Nutzungsbedürfnisse des Instituts für Pflanzenbiologie soweit als möglich vorbereitet zu sein.

Die wohl eindrucksvollste Pflanze des Gartens ist die

Tibet-Scheinmohn (Meconopsis betonicifolia)

Dreischwänzige Pfeifenwinde (Aristolochia tricaudata) im Tropenhaus

Wildorchidee aus Panama (Epidendrum pseudepidendrum) im Orchideenhaus

Afrikanische Fackellilie (Kniphofia triangularis)

tropische Riesenseerose (Victoria cruziana). Mit ihren schwimmenden Riesenblättern lockt sie in den Sommermonaten tausende von Besuchern in das benachbarte Victoriahaus.

Der im Jahr 1989 angelegte Wasserfall mit Bachlauf ist zum Lebensraum zahlreicher bedrohter Pflanzenarten geworden.

Nach Verwandtschaftsgruppen geordnet, bietet die systematische Abteilung eine Auswahl aus der Formenfülle der krautartigen Blütenpflanzen, soweit sie im Braunschweiger Klima kultivierbar sind. Neben typischen Vertretern der einzelnen Pflanzenfamilien sind auch solche Gewächse berücksichtigt, die für physiologische Untersuchungen benötigt werden.

Klebriger Nachtschatten (Solanum sisymbriifolium) in der systematischen Abteilung

Asiatische Krötenlilie (Tricyrtis pubescens)

Für die Wissenschaftler in Braunschweig bietet der Botanische Garten eine reiche Quelle an Pflanzenmaterial. Lehre und Forschung sind daher auch seine wichtigsten Funktionen. Hier werden unter anderem grundlegende Forschungsaufgaben im Bereich der organismischen Pflanzenwissenschaften durchgeführt. Er stellt damit ein wichtiges Freilandlaboratorium für die experimentelle Pflanzenforschung dar. Die Pflanzensammlung des Gartens dient in erster Linie der Demonstration der Formenvielfalt beziehungsweise Phytodiversität. Darüber hinaus wird Pflanzenmaterial für Vorlesungen, Kurse und Blockpraktika in der Botanik zur Verfügung gestellt.

Der Botanische Garten ist ein idealer Ort für Natur- und Umwelterziehung. Im Jahr 2005 wurde die »Grüne Schule« eröffnet, hier gibt es ein pädagogisches Programm für Schulklassen unterschiedlicher Altersstufen. Der Unterricht findet je nach Angebot im Grünen Klassenzimmer, den Gewächshäusern und im Freigelände statt. Vieles kann hier am lebenden Objekt beobachtet und nachvollzogen werden.

Immer mal wieder dient der Botanische Garten den Medien als unabhängige Informationsquelle zu verschiedensten Aspekten der Pflanzen. Er wird auch in Zukunft ein Ort sein, wo man sich fundiert und kompetent informieren kann. Auf die Bevölkerung übt er eine hohe Attraktivität aus und stellt somit ein wichtiges Bindeglied zwischen Universität und Bevölkerung dar. So wird der Botanische Garten in vieler Munde auch als das »Grüne Juwel« der Technischen Universität Braunschweig bezeichnet.

Öffnungszeiten:

Freiland

(Sommermonate)
Montag bis Sonntag; 8.00 – 18.00 Uhr
(Wintermonate)
Montag bis Freitag; 8.00 – 16.00 Uhr
Samstag bis Sonntag; 9.00 – 16.00 Uhr

Schaugewächshäuser

(Sommermonate)
Dienstag – Donnerstag; 11.00 – 17.00 Uhr
Samstag – Sonntag sowie an Feiertagen; 13.00 – 17.00 Uhr
(Wintermonate)
Dienstag – Donnerstag; 11.00 – 15.30 Uhr
Sonntag sowie an Feiertagen; 13.00 – 15.30 Uhr

Technische Universität Braunschweig
Botanischer Garten
Humboldtstraße 1 · 38106 Braunschweig
www.ifp.tu-bs.de/botgart

Blüte des Granatapfels (Punica granatum)

Staatstheater Braunschweig

Anspruchsvolles Programm in allen Sparten: Musiktheater, Schauspiel, Tanztheater und Junges Staatstheater

Von Susanne Springer

Das Staatstheater Braunschweig kann auf eine über 300jährige Geschichte zurückblicken. Bereits 1690 eröffnete Herzog Anton Ulrich von Braunschweig-Lüneburg mit dem Theater am Hagenmarkt eines der ersten öffentlich zugänglichen Theaterhäuser im deutschsprachigen Raum. Zunächst ein reiner Opernbetrieb, fanden hier ab Mitte des 18. Jahrhunderts regelmäßig auch Schauspielaufführungen statt. Zu den bedeutendsten gehören die beiden Uraufführungen »Emilia Galotti« von Gotthold Ephraim Lessing 1772 sowie FAUST – »Der Tragödie Erster Teil« von Johann Wolfgang von Goethe 1829.

Der Zuschauerraum des Großen Haus während einer Vorstellung (Foto: Christian Bort)

Das Große Haus des Staatstheaters vom Steinweg aus gesehen (Foto: Christian Bort)

Wolfgang Groppers Inszenierung von »Faust. Der Tragödie erster Teil« von Johann Wolfgang von Goethe ist nach wie vor ein Publikumsmagnet. Auf dem Foto Clemens Giebel als Mephisto (rechts) und Götz van Ooyen als Faust (Foto: Franz Schlechter)

William Shakespeares »Romeo und Julia« ist in der aktuellen von Constanze Kreusch im Großen Haus zu sehen. Auf dem Foto Isabell Fischer, Clemens Giebel, Christina Athenstädt und Stefan Szász (v. l.) (Foto: Christian Bort)

Im Unterschied zur Herzoglichen Hofkapelle, deren Ursprünge sogar bis 1587 zurückreichen und aus der später das Staatsorchester Braunschweig als eines der ältesten Kulturorchester der Welt hervorgehen sollte, gab es bis Anfang des 19. Jahrhunderts kein festes Schauspielensemble. Wandertruppen spielten auf der Bühne des Hagenmarkt-Theaters, darunter auch jene der Prinzipalin Friederike Caroline Neuber, eine der berühmtesten Truppen ihrer Zeit. Mit der Gründung des Nationaltheaters 1818 erhielt Braunschweig schließlich eine stehende Bühne mit fest engagiertem Ensemble.

1826 wurde das Theater am Hagenmarkt wieder in ein Herzogliches Hoftheater umgewandelt. Den Anforderungen eines modernen Theaterbetriebes genügte das damals bereits mehrfach umgebaute und erweiterte Haus allerdings schon bald nicht mehr, so dass Mitte des 19. Jahrhunderts ein Theaterneubau beschlossen wurde. Am 1. Oktober 1861 wurde das neue Haus am Steinweg, das heutige Große Haus des Staatstheaters Braunschweig, feierlich eingeweiht. Seitdem ist es mit kurzen Unterbrechungen fast durchgängig bespielt worden. Weder der Erste Weltkrieg und die Abdankung des Herzogs im November 1918, noch die zum Teil schwere Zerstörung des Thea-

Eva-Maria Lerchenberg-Thönys Tanztheaterabend »Jagdszenen« im Großen Haus – Szene mit dem Tanztheater-Ensemble (Foto: Thomas Ammerpohl)

»Carmen« – Tanztheater von Eva-Maria Lerchenberg-Thöny, hier eine Szene mit Jana Ritzen und Ferdinand Holeva (Foto: Thomas Ammerpohl)

tergebäudes im Zweiten Weltkrieg führten dazu, dass das Haus für längere Zeit geschlossen werden musste. So konnte es auch nach nur dreijähriger Wiederaufbauphase bereits im Dezember 1948 wieder eröffnet werden und war damit eines der ersten Theater der Nachkriegszeit in Norddeutschland. Heute gehören Musiktheater, Tanztheater, Schauspiel und Konzerte sowie Theater für Kinder und Jugendliche zum anspruchsvollen Bühnenprogramm des Hauses. Spielstätten sind das Große Haus, das Kleine Haus und das Studio-Theater U 22 sowie Haus III, in denen jährlich 30 Premieren und zahlreiche Repertoirevorstellungen gezeigt werden. Zweimal im Monat ist das Staatsorchester Braunschweig mit Sinfoniekonzerten in der Stadthalle Braunschweig zu Gast.
Neben Klassikern in neuer Lesart mit Inszenierungen wie Shakespeares »Romeo und Julia«,

Mit der Uraufführung von »Lilly unter den Linden« begeistert das Junge Schauspiel in Haus III sein Publikum. Auf dem Foto Susanne Maierhöfer und Alissa Snagowski (v. L.). (Foto: Christian Bort)

Puccinis »La Bohème« oder Wagners »Lohengrin«, sind es die Auseinandersetzungen mit zahlreichen zeitgenössischen Autoren und Theaterstoffen und Stücke der »Braunschweigischen Dramaturgie«, die den Spielplan des Staatstheaters prägen.
Das Junge Staatstheater, das in allen Sparten fest integriert ist, wendet sich direkt an Kinder und Jugendliche, stellt sich ihren Fragen und beschäftigt sich mit ihren Themen. Ein umfangreiches theaterpädagogisches Angebot ergänzt das Programm. Für Besucher jeden Alters werden regelmäßig Publikumsgespräche, Probenbesuche und Einführungen zu einzelnen Stücken angeboten.
Eine schöne Gelegenheit das Staatstheater Braunschweig in seiner ganzen Vielfalt kennen zu lernen, bieten das Theaterfest im September jeden Jahres und der Theaterball in der Stadthalle Braunschweig im Februar.
Seit 2003 zeigt das Staatstheater Opernaufführungen unter freiem Himmel auf dem Braunschweiger Burgplatz. Jedes Jahr im Sommer werden hochkarätige Inszenierungen in einer eigens für diese Aufführungen gebauten Arena produziert – ein fester und beliebter Programmpunkt des Staatstheaters, der das kulturelle Leben in der Stadt eindrucksvoll bereichert.

Die Wagner-Oper »Lohengrin« steht im Großen Haus auf dem Spielplan. Hier ein Foto mit Jan Zinkler, Dagmar Pecková, Rossella Ragatzu und Kor-Jan Dusseljee. (Foto: Franz Schlechter)

»King A« erzählt im Kleinen Haus für alle ab zehn Jahren die Geschichte um König Artus. Auf dem Foto Florian Brandhorst, Sonja Wigger, Marko Werner, Björn Jacobsen (Foto: Christian Bort)

Darüber hinaus ist das Staatstheater Braunschweig unter seinem derzeitigen Generalintendanten Wolfgang Gropper regelmäßig Veranstalter von Festivals, Themenreihen und Festwochen: Beim Festival »TanzWelten« kommen Tanztheaterfans auf ihre Kosten. Neben dem Tanztheater-Ensemble des Staatstheaters Braunschweig sind internationale Tanzkompagnien auf den Bühnen des Staatstheaters zu Gast.

In der »Klassikerwoche« unter dem Motto »Von wegen Klassik!« werden einzelne Dichter oder Epochen näher beleuchtet. Neben Eigenproduktionen sind innerhalb dieser Klassikerwoche Gastspiele ebenso zu sehen, wie Vorträge, Podiumsdiskussionen, Filme und vieles mehr.

Alle zwei Jahre findet das internationale Festival »Theaterformen« in Braunschweig statt, bei dem Theatergruppen aus der ganzen Welt die Formenvielfalt des internationalen zeitgenössischen Theaters präsentieren.

Die »Festlichentagenneuermusik« widmen sich in verschiedensten Ausformungen der neuen Musik, nicht nur in den Räumen des Staatstheaters sondern auch an ungewöhnlichen Orten in der Stadt.

Mehr Information unter
www.staatstheater-braunschweig.de

Puccinis »La Bohème« wurde von Publikum und Presse gleichermaßen gefeiert. Auf dem Foto Jan Zinkler, Liana Aleksanyan, Andrej Dunaev, Henryk Böhm, Selcuk Hakan Tirasoglu (vorn v. l.), hinten: Chor des Staatstheaters (Foto: Jochen Quast)

eck*cellent IT verbindet Unternehmenserfolg mit sozialer Verantwortung

Software-Haus arbeitet erfolgreich mit Experten aus Wissenschaft und Industrie

Qualitätsvorsprung, Kundennähe, Fachwissen – das sind nahe liegende Antworten auf die Frage, was die eck*cellent IT GmbH auszeichnet. Doch diese Bausteine machen nur die eine Seite des Erfolges des Software-Unternehmens aus. Die andere Seite ist das Engagement für die Region. »Wir wollen Verantwortung übernehmen und die kulturelle und soziale Entwicklung stärken«, sagt Hildegard Eckhardt, Geschäftsführerin von eck*cellent IT.

*Hauptsitz der eck*cellent IT GmbH, Valentin-Klein-Haus in Braunschweig (Foto: Holger Haase)*

Die eck*cellent IT GmbH, seit mehr als zehn Jahren am Markt und eine der Branchengrößen in der Region, hat sich durch die Verknüpfung von unternehmerischem Erfolg und sozialer Verpflichtung einen hervorragenden Namen gemacht. Über 50 Mitarbeiter, eine Fülle gestandener Software-Architekten, Projektmanager und Software-Entwickler, arbeiten für das im Valentin-Klein-Haus beheimatete Unternehmen. Die Stärken des Teams von eck*cellent IT sind die Entwicklung von maßgeschneiderten Software-Lösungen sowie die Planung und Umsetzung von professionellen IT-Projekten. »Dabei arbeiten wir Hand in Hand mit Großkonzernen ebenso wie mit dem Mittelstand und der Forschung«, sagt Hildegard Eckhardt.

Dass dieses Zusammenspiel äußerst fruchtbar ist, beweist ein aktuelles Forschungsprojekt. Sowohl Software-Fachleute als auch Experten aus Wissenschaft und Industrie bilden ein schlagkräftiges Team, das neue Informations- und Kommunikationsmöglichkeiten für Landwirte entwickeln will. Zu den Protagonisten zählen neben eck*cellent IT das Institut für Landmaschinen und Fluidtechnik der Technischen Universität Braunschweig sowie die Landmaschinenhersteller Claas und Grimme. Das Projekt wird vom Bundesministerium für Bildung und Forschung (Forschungsträger) unterstützt.

Bereits heute übermitteln große Erntemaschinen Ertragsdaten, Fehlermeldungen und Wartungsinformationen online. »Die Übertragung zu verbessern, die Informationen zu jedem Zeitpunkt an jedem Ort nutzen zu können und damit die

*Geschäftsführerin der eck*cellent IT GmbH, Hildegard Eckhardt (Foto: Rudolf Flentje)*

Erträge in der Landwirtschaft zu erhöhen – das sind unsere wichtigsten Ziele«, betont Thomas Rustemeyer, Standortleiter Dortmund. Zu den Kunden von eck*cellent IT gehören neben Claas und Grimme auch der Volkswagenkonzern, Bosch, T-Systems sowie viele regionale Mittelständler. Die Region als Marke zu präsentieren und die Zusammenarbeit zu fördern, nimmt einen hohen Stellenwert ein: So zählt eck*cellent IT zu den Gründern des TELIAISON e.V. sowie des ITS Niedersachsen e.V. und ist Mitglied im Verein Zentrum für Mikroproduktion e.V. Mit Beteiligungen an den Wolfsburger Unternehmen EXTESSY AG und OJO GmbH sowie der Gifhorner CARLECTRA GmbH beschreitet eck*cellent IT neue und fortschrittliche Wege.

Das Sponsoring von Kunst und Kreativität, von Sport und Spaß steht bei eck*cellent IT ganz oben auf der Agenda. Das Unternehmen fördert sowohl Studenten bei der Entwicklung von autonomen Modellfahrzeugen im Rahmen eines Hochschulwettbewerbes als auch das Braunschweiger ATP-Turnier Nord/LB-Open und die Eintracht-Fußballer. Das Software-Haus unterstützt durch eine Patenschaft den Abenteuerspielplatz Melverode. Und es beteiligt sich am Haus der Wissenschaft

*Mitarbeiter der eck*cellent IT GmbH*

– einer Begegnungsstätte für Forschung und Technologietransfer, für Wissenschaftler und Unternehmer.

Weil Schülerinnen und Schüler die Unternehmer von morgen sind, investieren die Mitarbeiter viel Zeit in das Unternehmensspiel MIG des Bildungswerkes der Niedersächsischen Wirtschaft. Hildegard Eckhardt: »Wir laden Mädchen und Jungen in unser Unternehmen ein und wollen spielerisch ihr Interesse an der Wirtschaft wecken.« Dass manch einer das Software-Unternehmen gut in Erinnerung behält, seine Bewerbungsmappe auf die Reise schickt und wenig später als Auszubildender anfängt, »nehmen wir natürlich gern in Kauf«, sagt die technische Projektleiterin Rebecca Labes, die für die Ausbildung bei eck*cellent IT verantwortlich ist und im Prüfungsausschuss der Industrie- und Handelskammer Braunschweig sitzt.

Forschungsprojekte in der Landwirtschaft (Foto: CLAAS KGaA mbH)

Die Familienfreundlichkeit ist ein wichtiger Erfolgsfaktor geworden. Sie nützt nicht nur den berufstätigen Eltern, sondern auch dem Unternehmen. »Viele Mitarbeiter entscheiden sich auch deswegen für eck*cellent IT, weil sie bei uns ihren Beruf und ihre Familie vereinbaren können«, sagt Imo Hermes, Prokurist bei eck*cellent IT. Auch der Standort Dortmund, vor zwei Jahren als Tor zum Westen im dortigen Technologiezentrum gegründet, weist Familienfreundlichkeit als festen Bestandteil der Unternehmenskultur aus. Die Familienfreundlichkeit ist sogar preisgekrönt: eck*cellent IT ist einer der Gewinner des Wettbewerbes »Erfolgsfaktor Familie 2005« des Bundesministeriums für Familie, Senioren, Frauen und Jugend. In diesem Jahr hat man sich erneut erfolgreich als »Familienfreundliches Unternehmen« zertifizieren lassen.

Selbstredend, dass eck*cellent IT zu den Impulsgebern des überbetrieblichen Kindergartens für 0 bis 6-jährige mit Ganztagsbetreuung gehört, den es bald in Braunschweig geben wird. Wie kinderreich die Belegschaft von eck*cellent IT ist, zeigte sich bei einem Seifenkistenprojekt mit anschließendem Rennen und Familienfest. Im Vorfeld dieser großen Veranstaltung hatte die Geschäftsführung ihren Mitarbeitern den Auftrag erteilt, kleine Flitzer zu bauen und sich dabei an ein festgelegtes Finanz- und Stundenbudget zu halten. Das Seifenkistenrennen war ein Riesenerfolg. »Das war mal eine Weiterbildung der anderen Art«, sagt Hildegard Eckhardt lachend, »jedes Team musste aus der Situation und den Ressourcen das Beste machen – und nicht anders arbeiten wir in unseren Projekten.«

*Individuelle Softwareentwicklung bei eck*cellent IT*

*eck*cellent IT, eine der Branchengrößen in der Region*

eck*cellent IT
* software projekte prozesse

eck*cellent IT GmbH
Theodor-Heuss-Straße 2 · 38122 Braunschweig
Tel. (05 31) 70 22 20 00 · Fax (05 31) 70 22 22 99
info@eckcellent-it.de · www.eckcellent-it.de

Der Erfolgsfaktor Familie zahlt sich doppelt aus

Hohe Identifikation, geringe Fehlzeit: eck*cellent IT steht als Arbeitgeber hoch im Kurs

Zeitungen zitieren immer wieder Studien, dass Berufstätige aus Sorge um ihren guten Job keine Kinder bekommen wollen. Bei der eck*cellent IT GmbH ist es genau anders herum: Hier entscheiden sich Mitarbeiter für den Nachwuchs, weil sie einen guten Job haben.

Das Braunschweiger Software-Haus hat mit Brief und Siegel bestätigt bekommen, dass es sich durch ein hohes Maß an Familienfreundlichkeit auszeichnet und deswegen als Arbeitgeber hoch im Kurs steht. Im Juni 2008 ist das Unternehmen ein weiteres Mal für seine familienbewusste Personalpolitik gewürdigt worden: Bundesfamilienministerin Dr. Ursula von der Leyen überreichte Geschäftsführerin Hildegard Eckhardt im Rahmen des »audit berufundfamilie« ein Zertifikat, das als Nachweis für das besondere Engagement des Unternehmens gilt.

Bereits drei Jahre zuvor hatte eck*cellent IT sich erfolgreich zertifizieren lassen – und als Preisträger des Wettbewerbs »Erfolgsfaktor Familie« von Bundeskanzler Gerhard Schröder eine Einladung ins Bundeskanzleramt erhalten. Das Zertifikat ist Auszeichnung und Verpflichtung zugleich. »Es ist uns wichtig, dass wir in unserem Unternehmen die Vereinbarkeit von Beruf und Familie auf Dauer weiter stärken«, sagt Hildegard Eckhardt. Die Einführung einer betrieblichen Kinderbetreuung

*Vereinbarkeit von Beruf und Familie bei der eck*cellent IT GmbH*

in Zusammenarbeit mit Partnern – das ist nur eine von vielen Maßnahmen, um die familiengerechte Personalpolitik auszubauen.

Schon jetzt besitzt die Balance von Beruf und Familie bei eck*cellent IT Vorbildfunktion für andere Unternehmen. »Mit den Mitarbeitern im Gespräch bleiben und gemeinsam die passenden Arbeitszeitmodelle für sie finden – das ist das Wichtigste«, betont Hildegard Eckhardt. Flexible Arbeitszeiten, individuelle Pausenregelungen, Zeitkonten auf Vertrauensbasis – das Software-Haus gibt Müttern und Vätern oder Mitarbeitern, die pflegebedürftige Familienangehörige betreuen, genügend Bewegungsfreiheit, damit sie nicht nur in ihrem Büro, sondern auch zu Hause im Kreise der Familie ihren Pflichten nachgehen können.

*Besuch Frau Ministerin Schmidt bei eck*cellent IT 2005*

Zertifikatsübergabe an Frau Eckhardt von Clement Sommer 2005

Eltern werden nach Kräften unterstützt. Wenn das Projekt es zulässt, können sie ihre Aufgaben in Heimarbeit erledigen. Wer nach der Elternzeit ins Berufsleben zurückkehren möchte, kann die Zahl seiner Arbeitsstunden – je nachdem, wie alt das Kind ist – Schritt für Schritt erhöhen. Die eck*cellent IT GmbH hat ihre Familienfreundlichkeit zum Markenzeichen entwickelt, die Signalwirkung ist groß. »Als familienfreundliches Unternehmen wahrgenommen zu werden, ist ein deutlicher Wettbewerbsvorteil«, sagt Hildegard Eckhardt, »einige, die heute zu unseren Mitarbeitern zählen, sind dadurch auf uns aufmerksam geworden.«

Neben der erfolgreichen Rekrutierung qualifizierter Mitarbeiter gibt es weitere positive Begleiterscheinungen. »Die Identifikation meiner Mitarbeiter mit dem Unternehmen und die Arbeitsqualität sind gestiegen, die Fehlzeiten und die Fluktuation dagegen sind gesunken«, so die Feststellung von Hildegard Eckhardt. Längst hat sich die familienfreundliche Unternehmenskultur doppelt ausgezahlt – zum einen für das Mitarbeiterteam, zum anderen für eck*cellent IT.

Das Hospiz Am Hohen Tore: Ein »Haus im Park« mitten in der Stadt

Wer das moderne, lichtdurchflutete Gebäude an der Broitzemer Straße betritt, kommt zunächst nicht auf den Gedanken, dass hier Menschen ihre letzte Lebensphase verbringen: Farbige Bilder schmücken die Wände, die Galerie ist jahreszeitlich dekoriert und die haupt- und ehrenamtlich Mitarbeitenden begegnen einem mit einem offenen Lächeln. Man sieht Menschen im Gespräch. Es wird viel gelacht.

Genau so war es auch geplant: Das im März 2007 eröffnete Hospiz Am Hohen Tore soll ein offenes Haus sein, das seine Besucher und Gäste freundlich empfängt und in dem eine geborgene Atmosphäre herrscht. Es steht »mitten im Leben« und ist doch besonders: Ein Haus im Park, umgeben von viel Grün. Mit warmen Farben und wohnlichen Möbeln vermitteln die zwölf Einzelzimmer für Gäste ein Gefühl von Zu-Hause-Sein. Wenn feststeht, dass keine Heilungschancen mehr für ihre Krankheit bestehen und die Lebenserwartung begrenzt ist, finden Menschen im Hospiz Aufnahme. Diese Diagnose mündet in eine ärztliche Verordnung für den Hospizaufenthalt. Entstehende Kosten tragen dabei zum größten Teil die Kranken- und Pflegekassen. Für den Gast bleibt, je nach Pflegestufe, ein Eigenanteil übrig, den bei Bedarf der Sozialhilfeträger übernimmt. Geschlecht, Konfession, Alter spielen bei der Aufnahme im Hospiz keine Rolle. Auch Angehörige und Freunde sind im Haus willkommen und können bei Bedarf direkt im Zimmer oder in einem

Park St. Ulrici-Brüdern

Raum der Stille

Gästezimmer übernachten, um der Ehefrau, dem Sohn, der Freundin in den letzten Tagen nahe zu sein.

Alte Freunde noch einmal sehen, sich mit einem Familienmitglied aussöhnen, noch einmal das Lieblingsessen zu sich nehmen: Wünsche und Bedürfnisse am Lebensende treten bei den Gästen in unterschiedlicher Form auf und stehen für das Team aus haupt- und ehrenamtlich Mitarbeitenden im Mittelpunkt. Soweit möglich, werden diese Wünsche erfüllt.

Die Pflege und medizinische Versorgung orientiert sich an neuesten palliativen Gesichtspunkten, wobei das Haus von Ärzten unterstützt und begleitet wird. Für die sich insbesondere am Lebensende stellenden Fragen nach Spiritualität und Glauben wird das Hospiz von Pastorinnen und Pastoren seelsorgerlich begleitet, denen für Meditationen, Andachten und Gottesdienste ein besonders gestalteter Raum der Stille zur Verfügung steht.

Das Hospiz Am Hohen Tore hätte ohne die Unterstützung von Bürgerinnen und Bürgern sowie der Richard Borek Stiftung, der Stiftung Deutsches Hilfswerk (ARD Fernsehlotterie »Ein Platz an der Sonne«) und vielen weiteren Spendern nicht realisiert werden können. Es muss nach wie vor von diesem Engagement getragen werden, weil pro Tag und Gast 24,90 Euro über Spenden und Drittmittel benötigt werden, um das Haus wirtschaftlich betreiben zu können. Hintergrund ist, dass die Kranken- und Pflegekassen nur 90 Prozent der Betriebskosten übernehmen.

Die Hospiz Stiftung für Braunschweig unterstützt aus ihren Erträgen das Hospiz. Spenden und Zustiftungen sind willkommen:
Hospiz Stiftung für Braunschweig,
Kto. 199 944 877,
Braunschweigische Landesssparkasse
(BLZ 250 500 00),
www.hospiz-stiftung-fuer-braunschweig.de

Informationen über das Hospiz Am Hohen Tore unter: www.hospiz-braunschweig.de

Hospiz Am Hohen Tore, Broitzemer Straße 244

Wohnzimmer

1987: Jack Palance

1998: Maria Schrader

1992: Barbara Auer

Otto Sander und Peter Wentzler (Filmfest)

1994: Jürgen Vogel

1995: Edgar Merkel (Filmfest) und Katharina Thalbach

Ein Hauch von Cannes – Internationales Filmfest Braunschweig

Internationales Filmfest Braunschweig

Von Frank Terhorst

Immer Anfang November tauchen sie überall im Stadtbild Braunschweigs auf, strahlend auf gelbem Grund. Sie blicken mal streng oder entrückt, mal verschmitzt oder verführerisch herab von Litfasssäulen, Plakatwänden, Straßenbahnen und Bussen. Die markanten Augenpaare bekannter Filmgrößen sind das Markenzeichen des »Internationalen Filmfests Braunschweig«. Filminteressierte und Kinofans wissen, jetzt kommt die beste Zeit des Jahres.

An sechs Tagen zeigt das Filmfest bis zu 140 Filmvorstellungen. Weitere Veranstaltungen wie Workshops, Filmkonzerte, Mitternachtsgespräche und Music Master Class kommen hinzu. Das Braunschweiger Publikum und Besucher aus der gesamten Region wissen das umfassende Angebot zu schätzen. Mit 22 000 Besuchern ist das älteste Filmfestival Niedersachsens auch das größte des Landes.

Dass es soweit kommen würde, war im November 1987 nicht absehbar. »Hochverehrtes Publikum, liebe Gäste, Freundinnen und Freunde des Films aus nah und fern! Es ist vollbracht, wir können es selbst kaum fassen, wir haben es geschafft! Here it comes: Das erste Braunschweiger Filmfest!«, so überschwänglich begrüßten die Gründerinnen und Gründer das Publikum zur ersten Ausgabe. Ohne es zu ahnen, hatten sie den Grundstein zu einer Institution gelegt, die aus dem Kulturleben der Stadt nicht mehr wegzudenken ist.

Zwanzig Hochschulstudenten, Absolventen der Filmklasse der Hochschule der Bildenden Künste und Mitglieder der »Filmkoop« hatten sich zusammen getan, um endlich die Filme zu zeigen, die sie selbst gerne gesehen hätten. Basisdemokratisch konnte jeder seine Vorlieben einbringen, ob Hollywood- oder deutsches Autorenkino. Ein Liebhaberfestival von Cineasten für Cineasten, getragen vom Enthusiasmus der Vereinsmitglieder und vollständig organisiert auf ehrenamtlicher Basis. Eine Liebhaberei, die viele teilten, denn die Zuschauerzahlen stiegen kontinuierlich.

Erfolg macht Veränderungen notwendig: Die Organisation muss mit den Zuschauerzahlen wachsen, die Sparrunden der öffentlichen Haushalte und größere Konkurrenz durch bundesweit immer mehr Festivals zwingt zur Professionalisierung und zur Schärfung des Programms. Das Filmfest nimmt die Herausforderung an. 1999 wird der erste Preis eingeführt. Der Publikumspreis für europäische Debüt- und Zweitfilme: »Der Heinrich«. Zehn Filme konkurrieren um den mit 10 000 Euro dotierten Preis, das Publikum wählt mit seinen Stimmen den Sieger. Im Jahr 2000 richtet das Filmfest erstmals eine feste Intendanz ein und ernennt Volker

Die Gründer des Filmfests 1987

7: ...inna Harfouch

1998: Maria Schrader

2001: Edgar Merkel und Dagmar Schumacher (Filmfest) mit Gottfried John

2002: Axel Prahl

2003: Florian Likas

2004: Emma Suarez

2005: Filmkonzert Madame Dubarry

2007: Komponist Andrew Dickson, Peter Twiehaus

2007: Volker Kufahl (Filmfest-Leiter), Dr. Hans-Georg Ahrens (Volkswagen Financial Services AG), Ministerpräsident Christian Wulff, Oberbürgermeister Gerd Hoffmann

2007: Haute-Normandie: Florence Houdin (Filmfest), Lothar Hagebölling (Staatskanzlei), Stadtrat Carsten Lehmann, Richard Turco (Pôle Image Haute Normandie), Volker Kufahl (Filmfest-Leiter), Alex Plau (MdL)

Kufahl zum künstlerischen Leiter: das Profil wird klarer, ein Sprung nach vorn.

In der nationalen und internationalen Szene, sowohl Filmschaffenden als auch dem Publikum, ist das Filmfest für seine Ausrichtung auf das junge europäische Kino und seit 2001 auch für den Schwerpunkt »Musik und Film« bekannt. Durch ihn unterscheidet es sich von fast allen anderen deutschen Festivals: Kaum ein Veranstalter legt den Fokus so stark auf die Musik. Obwohl gerade sie, neben den Bildern, heute immer stärker und ganz bewusst für den emotionalen Effekt eingesetzt wird, werden Komponisten überwiegend gar nicht wahrgenommen. Das Filmfest hingegen stellt Musikschaffende in den Mittelpunkt. Zum einen durch den Kurzfilm-Musikpreis Leo, mit dem seit 2003 die besondere Verbindung von Filmbild und Musik und Ton ausgezeichnet wird. Zum anderen durch die Reihe »Musik & Film«, in der das Filmfest renommierte Filmkomponisten präsentiert. International bekannte Namen wie Antoine Duhamel, Zbigniew Preisner, Carl Davis und Michael Nyman zeigen in Filmkonzerten im Staatstheater ihr Können und berichten in der »Music Master Class« von ihrer Arbeit. In Kooperation mit dem Staatsorchester Braunschweig präsentiert das Filmfest außerdem Stummfilmkonzerte, bei denen frühe Klassiker der Filmgeschichte in neuem Klanggewand erstrahlen.

2007 folgt ein weiterer Sprung: Mit dem deutsch-französischen Jugendpreis KINEMA krönt das Filmfest seinen langjährigen filmkulturellen Austausch mit der niedersächsischen Partnerregion Haute-Normandie.

Und damit nicht genug: Mit »Der Europa« präsentiert das Filmfest einen neuen Hauptpreis, der auch bundesweit wahrgenommen wird. Die Auszeichnung für »herausragende schauspielerische Leitungen und Verdienste um die europäische Filmkultur« erlaubt es, die ganz großen Stars nach Braunschweig zu locken. Hanna Schygulla ist die erste Preisträgerin, die die von der Braunschweiger Künstlerin Susanne Hoppe geschaffene Statue überreicht bekommt. Die großzügige Unterstützung des langjährigen Hauptsponsors Volkswagen Financial Services macht diese Auszeichnung möglich.

Bei allen Veränderungen, bei allem Glamour, den die vier Preise dem Filmfest verleihen, ist es sich doch treu geblieben. Noch immer sind es die rund 35 Vereinsmitglieder, die hunderte von Filme sichten, um das Programm zusammenzustellen. Noch immer sind es die Ehrenamtlichen, die von der Dekoration bis über den Katalog bis zur Betreuung der Größen aus der Filmbranche den entscheidenden Beitrag leisten, der den Charme des Festivals ausmacht.

Mit geschärftem Profil und professionalisierter Organisation geht das Filmfest in die Zukunft – die Begeisterung und Leidenschaft der Macher zum Medium Film ist noch immer so stark wie im ersten Jahr.

22. INTERNATIONALES filmfest BRAUNSCHWEIG

Internationales Filmfest Braunschweig e.V.
Hochstraße 21 · 38102 Braunschweig
Tel. (05 31) 7 55 97 · Fax (05 31) 7 55 23
info@filmfest-braunschweig.de
www.filmfest-braunschweig.de

2005: Das Filmfest-Team

2005: Benno Fürmann, Filmfest-Leiter Volker Kufahl

2005: Komponist Craig Armstrong

2006: Komponist Carl Davis probt mit dem Staatsorchester

2007: Dr. Hans-Georg Ahrens (Volkswagen Financial Services AG), Filmfest-Leiter Volker Kufahl, Hanna Schygulla

2006: Harry Rowohlt

2006: Chris Kraus, Hanna Herzsprung

2006: Katrin Saß, Matthieu Carriere

2006: Michael Verhoeven und Julian Benedikt

2006: Die Gründer beim 20. Filmfest

Lebensmöbel statt Zweckmöbel

Seit mehr als 150 Jahren ist das Einrichtungshaus SANDER in Braunschweig ein Begriff für Qualität

Wer das Einrichtungshaus SANDER in der Gördelingerstraße mitten in Braunschweig zum ersten Mal betritt, ist oft beeindruckt: sechs Etagen voller Wohnideen – das ahnt niemand, der das Geschäft nur von außen sieht.

Ständig geschulte Fachleute, darunter Innenarchitekten und Raumausstatter, widmen sich mit viel Engagement und Fingerspitzengefühl den Wünschen ihrer Besucher. Dabei ist es gleich, ob nur ein einzelnes Möbelstück gesucht wird oder ein komplettes Haus eingerichtet werden soll. Der Faktor »Zeit« spielt bei der Beratung keine Rolle. Wichtig ist, für jeden Wunsch die passende Lösung zu finden. Stilfragen, Ausstattungsdetails, Sondermaße oder -Anfertigungen – man spürt, hier sind die eigenen vier Wände in den besten Händen. Bei SANDER werden keine »Zweckmöbel«, sondern »Lebensmöbel« verkauft.

Viele Stammkunden kommen immer wieder gerne, manchmal auch nur, um sich neue Deko-Ideen für die eigenen vier Wände zu holen. Auch dann sind sie jederzeit willkommen, werden zu einer Tasse Kaffee und einem kleinen Plausch eingeladen – diese Zeit nimmt man sich einfach bei SANDER. Gern vereinbaren die Einrichtungsberater Hausbesuche direkt beim Kunden vor Ort.

Ob Beratung und Aufmaß in den Geschäftsräumen oder beim Kunden stattfinden, während oder außerhalb der Öffnungszeiten, ob Planungsleistungen, Farbentwürfe, Detailskizzen oder Computerplanung, es können fast alle Wünsche erfüllt werden.

Die Kollektionsauswahl in den sechs Etagen ist riesig, doch setzt man auf feines Understatement – mehr Design als Schein. Für Braunschweig und Umgebung gilt SANDER als die Institution für Schöner Wohnen. Dies bestätigte unter anderem auch die Wohnzeitschrift ARCADE, die SANDER kürzlich zu einer der 150 schönsten Einrichtungshäuser Deutschlands zählte.

Gegründet wurde das Unternehmen bereits 1857. Damit ist es das älteste Einrichtungshaus in Braunschweig. Seit nunmehr drei Generationen befindet es sich im Besitz der Familie Sander.

Sechs Etagen voller Wohnideen zeigt SANDER – Einrichtungen mitten in Braunschweig.

Neben der exzellenten Beratung schätzen die Kunden vor allem die ausgesuchten Kollektionen und System-Möbelprogramme sowie die Preisgarantie.
Hier findet man gemeinsam die Design-Marken Team 7, Interlübke, de Sede, WK-Wohnen, Treca und viele andere. Immer größerer Beliebtheit erfreuen sich auch weniger bekannte Firmen wie Brühl, Loom-Möbel von Accente, die Edelpolstermarke Jori aus Belgien, französische Stilmöbel von Grange oder die fränkischen Dielenhersteller Schönbuch. Und wer es weniger exklusiv haben möchte, findet in der Hausmarke Contur oft preiswerte Lösungen.
Bei allen angebotenen Möbeln kann man sich hohen Ansprüchen bei der Qualität der Verarbeitung, der Wertbeständigkeit und der Funktionalität sicher sein. Belastete Ware aus China ist bei SANDER definitiv nicht erhältlich.
In den letzten Jahren hat sich bei SANDER – Einrichtungen einiges verändert. Senior Hubert Sander hat die Geschäftsführung an seine Kinder Antje Sander-Heieck und Ralf Sander weitergereicht. Beide haben die Ausstellung spürbar verjüngt und auf verschiedenen Messen in den Großstädten Europas immer wieder völlig neue Möbelideen gesichtet und geordert.
Dabei ging es nie um Radikalveränderungen. Ziel war immer, die erfolgreiche und gewohnte Angebotspalette zu wahren, aber mit neuen, innovativen Ideen zu beleben.
Und der jüngste Neuzugang mag diejenigen »besänftigen«, denen das Traditionsmöbelhaus schon etwas zu modern geworden ist: Bielefelder Werkstätten (BW) – seit Herbst 2008 ganz neu bei SANDER vertreten. Diese Polstermarke steht für die gute, über jede Mode erhabene Form, für handwerkliche Perfektion, einen hohen ästhetischen Anspruch und höchsten Sitzkomfort – und das seit mehr als 50 Jahren. Die Einzelherstellung stellt hohe und höchste Anforderungen an die Polsterspezialisten, vom perfekten rapportgerechten Stoffzuschnitt bis zur Kederverarbeitung, und das alles komplett »made in Germany«. Somit rundet BW perfekt das SANDER-Sortiment ab.
Schon seit Jahren sieht sich SANDER als kompletten Inneneinrichter, der alles rund ums Wohnen aus einer Hand bietet: von einer breiten Auswahl an Teppichen, Wohntextilien, Gardinen und Plaids über Leuchten, Spiegel, Wohnaccessoires und Dekorationsartikel. Außerdem ist ein Handwerkernetzwerk vorhanden, so dass selbst Maler- oder Elektroarbeiten auf Wunsch unter der Federführung von SANDER auf einer einzigen Rechnung komplett abgerechnet werden können.
Trotz aller Veränderungen hat SANDER immer seine Geschäftsphilosophie und sein Einrichtungsprinzip gewahrt: Es gibt Zweckmöbel und es gibt Lebensmöbel. Die einen dienen dazu, Dinge zu verstauen, zu sitzen oder zu liegen – die anderen machen glücklich.
Seit mehr als 150 Jahren ist das Einrichtungshaus SANDER die erste Adresse in Braunschweig für Wohnkultur sowie für komplette, farblich und im Design abgestimmte Wohnbilder. Und die Geschäftsführer Antje Sander-Heieck und ihr Bruder Ralf Sander sagen unisono: »Wir stehen erst am Anfang.«

Dickstes Leder, handwerklich perfekt verarbeitet ist typisch für die Schweizer Edelpolstermarke de Sede. bei SANDER in einem eigenen Studio vertreten.

Schlafkomfort in Vollendung bietet Treca de Paris: Die Auswahl an Matratzen und Betten bei SANDER ist wesentlich größer als man denkt.

Seit drei Generationen im Familienbesitz, von links: Ralf Sander, Antje Sander-Heieck, Hubert Sander

MÖBEL SANDER GmbH
Gördelingerstraße 6 – 7 · 38100 Braunschweig
Tel. (05 31) 24 38 90 · Fax (05 31) 2 43 89 50
www.sander-einrichtungen.de
info@sander-einrichtungen.de

Das eigene Zuhause als Quelle der Inspiration

Wie Farbtöne unser seelisches Gleichgewicht beeinflussen können

Räume komplett in Erdtönen gehalten – wie hier mit einem Sofa von Bielefelder Werkstätten – schaffen Nähe und eine gemütliche und anheimelnde Atmosphäre.

Möchten Sie Ihren persönlichen Einrichtungstraum verwirklichen? Sollen Ihre eigenen vier Wände zum persönlichen Refugium werden, zum Ruhepol, um den Alltag völlig zu vergessen?
Für unser seelisches Gleichgewicht ist es sehr wichtig, dass unser Zuhause insgesamt stimmig wirkt. Möbel, Licht, Teppiche, Gardinen, Accessoires – es gibt unendlich viele Möglichkeiten, wohnliche Akzente zu setzen und schöner zu leben. SANDER-Einrichtungen hilft Ihnen dabei, den eigenen Stil zu finden.
Ganz wichtig dabei sind Farben, denn Farbtöne haben großen Einfluss auf unser Gemüt. Richtig eingesetzt wirken sie Wunder: Sie lassen Räume hell und frisch oder warm und behaglich erscheinen. Orange macht zum Beispiel fröhlich, Blau beruhigt und Rot regt an. Der Klassiker Weiß ist zurzeit Trendfarbe Nummer eins, weil es sich zu allem immer wieder neu präsentiert und nie aus der Mode kommt. Umso wichtiger dazu: farblich und harmonisch aufeinander abgestimmte Teppiche und moderne Fensterdekorationen. »Blumendruck auf Tapeten, Accessoires, Kissen, Decken, Vorhängen und Teppichen liegt voll im Trend«, meint Bernd Peinemann, Raumausstatter und Inneneinrichter bei SANDER-Einrichtungen. Die angesagten Blumendekors werden auf Deko- und Bezugsstoffen, aber insbesondere auf Teppichen eingesetzt. Neben klassischen Prints gibt es hier viele Modelle, die mit erhabenen, üppigen Blütenmustern arbeiten.

Spieglein, Spieglein an der Wand, wer hat die schönsten Stoffe im ganzen Land? JAB-Anstoetz. Aber tausendmal schöner werden sie durch die Dekoration von Bernd Peinemann bei SANDER-Einrichtungen.

»Gerade der Kontrast zwischen den aktuellen, schlichten Lackmöbeln, zum Beispiel von Interlübke und den farblichen Akzenten im Dekobereich schafft Spannung im Raum«, so Bernd Peinemann. Selbst für ausgefallene Fensterformen beim Kunden findet er eine Lösung, die überzeugt. Und wer kein Freund von klassischen Gardinen ist, für den sind Flächenvorhänge genau das Richtige. In mehreren Bahnen lassen sie sich über die Fenster verteilen oder auf einer Seite übereinander schieben.
Um dem Kunden »Rundum-Sorglos-Pakete« anbieten zu können, arbeitet SANDER-Einrichtungen mit einem Handwerker-Netzwerk: Polsterer, Elektrofachmann, Trockenbauer, Maler, Tapezierer, Heizungs- und Lüftungsfachmann – das Spektrum ist breit gefächert. Auf Wunsch kann sogar die Rechnungsstellung und Koordinierung komplett aus einer Hand erfolgen. »Auf diese Weise können wir – wenn nötig – gleich komplette Raumveränderungen beim Kunden vornehmen«, schwärmt Bernd Peinemann.
Überhaupt steht die Zusammenarbeit unter den zehn Einrichtern und Innenarchitekten zum Wohle des Kunden bei SANDER immer im Vordergrund. So werden nach vorausgegangenen Hausbesuchen professionelle, farbige Skizzen und Kollagen erstellt, damit der Kunde im Vorfeld eine genaue Vorstellung von seiner neuen Einrichtung bekommt – eben Wohn(t)räume aus einer Hand.

Wenn Design auf Natur trifft, wie hier bei Team 7, machen sogar Giraffen lange Hälse…

Wir bewegen Immobilien®

Immobilienmakler seit eh und je...

Jo. Wolter Immobilien GmbH – stets innovativ und visionär und doch der Tradition des alteingesessenen Familienunternehmens verpflichtet.
1952 als Einzelunternehmen gegründet, kann das Unternehmen nunmehr auf eine fast 60-jährige Firmenhistorie mit einem stetigen und gesunden Wachstum zurückblicken. Aus der Einzelunternehmung von Josefine Wolter wurde schon bald eine KG, als Heinz Wolter nur kurze Zeit später dem jungen Unternehmen beitrat.
Die ersten Jahre waren vorwiegend vom Wiederaufbau der Stadt Braunschweig geprägt, der Befriedigung der großen Nachfrage nach knappem Wohnraum galt das Hauptaugenmerk. Mit dem Eintritt von Uwe Wolter in das Unternehmen, Anfang der 1970er Jahre, konzentrierte sich Jo. Wolter Immobilien immer stärker auf die Vermittlung von Bestandsimmobilien.
»Stillstand ist Rückschritt« war in allen Zeiten das Motto von Heinz Wolter, weswegen immer wieder neue Technologien frühzeitig eingeführt und Visionen realisiert wurden. Bereits in den 1970er Jahren wurden Lochkartensysteme eingesetzt und schon in den frühen 1980er Jahren die erste EDV im heutigen Sinne. Bereits 1995 erkannte Uwe Wolter die Chancen des Internets und erwarb www.wolter.de, ein heute stark am Braunschweiger Immobilienmarkt etabliertes und sehr vielfältiges Immobilienportal. Als das Immonet an den Start ging, war Jo. Wolter Immobilien ebenfalls stark engagiert und prägte das heute deutschlandweit zweitstärkste Immobilienportal erheblich mit.
Aber nicht nur in technologischer Hinsicht war Jo. Wolter Immobilien immer bestrebt, Visionen umzusetzen. Anfang der 1990er Jahre wurde die im Magdeburger Regierungsviertel liegende historische Augenklinik erworben und aufwändig saniert. In diesem Gebäude findet sich heute nicht nur die Magdeburger Dependance des Braunschweiger Traditionsunternehmens, sondern auch eine Bank, der Sitz der Architektenkammer Sachsen-Anhalt und eine renommierte Rechtsanwaltskanzlei. In diesem »Haus der Immobilie« wird in bester Lage Magdeburgs Know-How gebündelt.
Trotz verschiedener überregionaler Bauprojekte und Hausverwaltungen sowie der Magdeburger Dependance ist Jo. Wolter dem Standort Braunschweig treu geblieben. »Das ist die Heimat, Braunschweig ist unser Markt.« Um die lokale Verbundenheit zu unterstreichen, wurde www.immobilien.bs als neues Immobilienportal im August 2008 realisiert.
Jo. Wolter Immobilien beschäftigt am Standort Braunschweig inzwischen knapp 20 Mitarbeiter und bildet hier regelmäßig Immobilienkaufleute und Bürokaufleute aus. Trotz dieser Größe ist das Unternehmen ein Familienbetrieb geblieben – mit Maic Wolter ist inzwischen die dritte Wolter-Generation am Unternehmen beteiligt.
Das stetige Wachstum bedingt natürlich auch eine erhebliche Vertiefung der Servicepalette: Neben Wohnimmobilien werden auch Gewerbeobjekte, speziell Einzelhandelsimmobilien vermittelt. Die Hausverwaltung betreut neben den klassischen Mehrfamilienhäusern außerdem Gewerbeparks und eine Vielzahl überregionaler Projekte von Großkunden. Ein weiteres Standbein ist heute die Bewertung von Immobilien jeglicher Art, vom Einfamilienhaus bis zu großen Bürokomplexen und Industrieparks.
Daneben engagieren sich die Geschäftsführer ehrenamtlich in zahlreichen Gremien der Stadt Braunschweig, den Gutachterausschüssen, als Handelsrichter sowie im Berufsverband IVD.
Wer soviel bewegt, kann zu Recht mit dem Motto werben »Wir bewegen Immobilien« – eine deutschlandweit geschützte Wortmarke.

Bleiverglastes Fenster für den Kongresssaal der IHK Braunschweig, gestiftet von Jo. Wolter Immobilien

Anzeige der Jo. Wolter & Co. vom 19.05.1962

Okergrundstück
besonders geeignet als Praxishaus oder Bürohaus mit Wohnung; mit Garten, Zentralheizung; verkehrsgünstige, gute Lage. Erforderl. ca. 40 000 DM.
Kaufpreis 150 000 DM.
JO. WOLTER & CO.
Grundst.- u. Hypothekenmakler
Baufinanzierung u. Baubetreuung
Schleinitzstraße 1 Ruf 31129 u. 31686

Jo. Wolter Immobilien GmbH
Petritorwall 22 · 38118 Braunschweig
Tel. (05 31) 24 47 70 · Fax (05 31) 2 44 77 99
jo@wolter.de · www.wolter.bs

Bürohaus am Petritorwall 22

Anzeige der Jo. Wolter Immobilien GmbH vom 15.01.1955

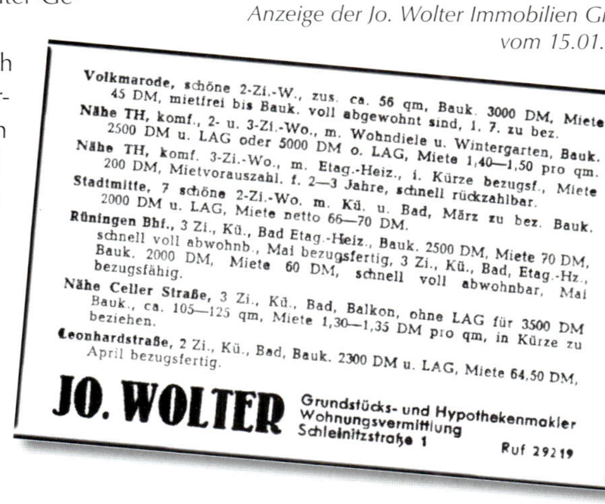

Volkmarode, schöne 2-Zi.-W., zus. ca. 56 qm, Bauk. 3000 DM, Miete 45 DM, mietfrei bis Bauk. voll abgewohnt sind, 1. 7. zu bez.
Nähe TH, komf., 2- u. 3-Zi.-Wo., m. Wohndiele u. Wintergarten, Bauk. 2500 DM u. LAG oder 5000 DM o. LAG, Miete 1,40—1,50 pro qm.
Nähe TH, komf. 3-Zi.-Wo., m. Etag.-Heiz., i. Kürze bezugsf., Miete 200 DM, Mietvorauszahl. f. 2—3 Jahre, schnell rückzahlbar.
Stadtmitte, 7 schöne 2-Zi.-Wo. m. Kü. u. Bad, März zu bez. Bauk. 2000 DM u. LAG, Miete netto 66—70 DM.
Rüningen Bhf., 3 Zi., Kü., Bad Etag.-Heiz., Bauk. 2500 DM, Miete 70 DM, schnell voll abwohnb., Mai bezugsfertig, 3 Zi., Kü., Bad, Etag.-Hz., Bauk. 2000 DM, Miete 60 DM, schnell voll abwohnbar, Mai bezugsfähig.
Nähe Celler Straße, 3 Zi., Kü., Bad, Balkon, ohne LAG für 3500 DM Bauk., ca. 105—125 qm, Miete 1,30—1,35 DM pro qm, in Kürze zu beziehen.
Leonhardstraße, 2 Zi., Kü., Bad, Bauk. 2300 DM u. LAG, Miete 64,50 DM, April bezugsfertig.
JO. WOLTER Grundstücks- und Hypothekenmakler
Wohnungsvermittlung
Schleinitzstraße 1
Ruf 29219

Ein Symbol der Braunschweiger Geschichte und Gegenwart

Der Dom

Von Armin Kraft, Propst und Domprediger a.D.

Laut Duden heißt Dom »Hauptkirche«. Das Wort wurde im 16. Jahrhundert aus dem französischen »dôme« entlehnt, das über das italienische »duomo« auf das kirchenlateinische »domus« (*ecclesiae*), das auf das »Haus der Christengemeinde« zurückgeht. Lateinisch domus heißt: »Bau, Haus«. In Braunschweig ist diese Hauptkirche zugleich »Haus« des Landesbischofs der evangelisch-lutherischen Landeskirche, nämlich dessen regelmäßige Predigtstätte.

Der Braunschweiger Dom ist seit Jahrzehnten die zentrale Kirche der Stadt mit sehr vielfältigen Angeboten.

Seit dem 1. Advent 1968 finden dort zum Beispiel tägliche Gottesdienste statt, was für eine evangelische Kirche ungewöhnlich ist. Noch keiner ist seitdem ausgefallen. Das »Wort zum Alltag« wird in schriftlicher Form an jedem Tag verteilt, auch nach dem »Mittagsgebet« mit Orgelmusik am Sonnabend. Sehr populär ist die Domsingschule, in ihrer Größe und Art einmalig in Deutschland.

Bekannt sind die Domnächte, die Veranstaltungen mit der Stadt zu bestimmten Jubiläen, die Freisprechungsfeier der Handwerkskammer, Kooperationen mit dem Staatstheater und dem Landesmuseum und anderes mehr.

Der Dom ist mit seiner Geschichte nicht nur für Braunschweig und Niedersachsen wichtig. Mit dem Jahr 1166 besitzen wir ein Datum, das uns einen festen Ausgangspunkt sichert. In diesem Jahr wurde der Burglöwe, das Wappentier von Herzog Heinrich, auf dem Burgplatz aufgestellt, die erste große gegossene Freiplastik nördlich der Alpen – auch ein Hinweis auf die Weite und Ansprüche dieses Herrschers.

Tafelsonnenuhr am südlichen Turm von 1761

Die Anfangsarbeiten am heutigen Dom begannen 1173. Vorher stand hier eine Kirche, die 1030 von Godehard dem 14. Bischof von Hildesheim zur Ehre von Petrus und Paulus geweiht worden war. Sie wich dem neuen Dom zur Ehre von St. Blasius und Johannes dem Täufer.

Die alte brunonische Stiftskirche ist in einigen Teilen noch erkennbar, es gibt Steine, die »Kratzspuren« zeigen, die innerhalb des neuen Mauerwerkes im Chorbereich verwendet wurden. Einige Säulenschäfte an einer kleinen Nordtür weisen ebenfalls auf den Bestand der Brunonenkirche hin. Daran knüpfen sich auch viele Legenden, zum Beispiel die vom treuen Löwen, der »seinem« Heinrich nahe sein will und an der Tür des Domes kratzt.

Künstlersignatur am nordwestlichen Langhauspfeiler

Dieses Haus Gottes steht, wie es der türlose Turmriegel im Westen und der mit dem Hauptschiff gleiche Jochdurchmesser in den Querarmen ausweisen, in der sächsischen Bautradition. Die Wölbungstechnik dagegen scheint in die Lombardei zu weisen, deren architektonische Merkmale auch am Dom zu Königslutter abzulesen sind. Ein Bezug zum Salomonischen Tempel ist oft vermutet worden. Eine nicht ausgeführte Herrscherempore könnte auch darauf hinweisen. Ein solcher Plan hat dem Selbstbewusstsein Heinrichs des Löwen entsprechen können. Blutsmäßig war er den Kaiserwürden nicht weniger weit entfernt als sein Vetter Friedrich Barbarossa, dessen Mitstreiter er war und dessen leidenschaftlicher Gegner er wurde.

Kurz vor dem Tode seines Stifters am 6. August 1195 war der Dom weitgehend fertig gestellt.

Am 29. Dezember 1226, dem Todestag des Märtyrers Thomas Becket von Canterbury erfuhr der Dom zusammen mit der Hereinnahme dieses Heiligen in das Patrozinium des Hochaltars durch Bischof Konrad von Hildesheim seine Gesamtweihe. Ein Dokument darüber befindet sich im Niedersächsischen Staatsarchiv in Wolfenbüttel. 1275 wurde das gotische Glockenhaus fertig gestellt.

Im Laufe der Zeit kam es zu vielen Altarstiftungen. Eine Erweiterung des Baukörpers wurde notwendig. 1322 erfolgte eine Erweiterung nach Süden unter Herzog Otto dem Milden und seiner Gemahlin Agnes von Brandenburg, deren Holzplastiken im südlichen Seitenschiff zu sehen sind.

Blick auf Marienaltar (1188) und Siebenarmigen Leuchter (1190)

In der zweiten Hälfte des 15. Jahrhunderts wurde das nördliche Seitenschiff abgebrochen und durch eine zweischiffige spätgotische Halle ersetzt. Der Dom erhielt zwischen 1469 und 1474 hiermit ein Beispiel des englischen Perpendicular Styles, der erstmalig im Kreuzgang der Cathedrale von Gloucester erbaut worden war (1377).

Die Reformationszeit ließ insgesamt 31 Nebenaltäre verschwinden. Die evangelische Auffassung vom Gottesdienst machte auch vor Heiligenfigu-

Grabmal Heinrichs des Löwen und Mathildes (circa 1240)

ren und Holzplastiken nicht halt. Die Auseinandersetzungen zwischen Fürstenhaus und Stadt, die 1671 beendet wurden, bezeugen diese Entwicklung. Selbst der Siebenarmige Leuchter wechselte mehrfach seinen Standort! Der sogenannte Welfenschatz wurde gleichfalls abtransportiert, später vom Haus Hannover wegen akuter Geldnot in die Vereinigten Staaten von Amerika verkauft. Inzwischen gehören viele wieder erworbene Stücke zur Stiftung Preußischer Kulturbesitz.

Ein dunkles Kapitel ist das sogenannte Dritte Reich. Der Dom wurde zu einer »Nationalen Weihestätte« umgestaltet.

Ausschachtungsarbeiten fanden statt, um eine neue Gruft für Heinrich den Löwen zu schaffen. Die Malereien von Essenwein im Langhaus wurden beseitigt und durch Sgrafittos im Obergaden ersetzt. Lediglich das Domgeläut blieb bis in die letzten Kriegstage erhalten und konnte danach von einer »Glockensammelstelle« wieder zurückgeführt und sogar ergänzt werden. Das Grabmal Heinrichs des Löwen und seiner zweiten Gemahlin Mathilde von England gehört zu den verbliebenen wesentlichen Kunstwerken. Es ist aus Schaumkalkstein. Ihr Schöpfer ist dem Namen nach nicht bekannt. Die Tradition weist auf die Schulen von Chartres und Reims. Die beiden sind als Idealfiguren dargestellt. Untersuchungen am Skelett Heinrichs haben ergeben, dass der Herzog in der Länge nur 1,62 Meter, seine Gemahlin aber mindestens 1,85 Meter maß! Der höfische Stil, den Mathildes Mutter Eleonore von Aquitanien gepflegt hat, schlägt im Dom in der Gestaltung vieler Figuren durch.

Blick nach Westen auf die Orgel (1962) und Hindorf-Rosettenfenster (1982)

Der Marienaltar mit seinen fünf Bronzesäulen, auf denen die Mensa ruht, gehört zu den kunsthistorischen Besonderheiten. Sein Weihedatum: 8. September 1188, Tag der Geburt Mariens. Das Kapitell der Mittelsäule zeigt eine aufblühende Lilie, die Blume der Reinheit (auch die der Maria). Die vier tragenden Säulen zeigen prachtvoll gestaltete stilisierte Adler (Christussymbole). Übrigens, die mittlere Säule war ein »Reliquiengrab«.

Das Imervardkreuz hat seinen Namen von einem offensichtlich irischen Künstler, der in den Gürtel-enden verzeichnet ist. Das Kreuz gehört zum sogenannten Volto-Santo-Typ, zu einer Gruppe von Großkreuzen, wie eins zum Beispiel in Lucca in Italien zu sehen ist. Eine Datierung um 1170 ist wahrscheinlich. Das Kreuz ist ein großes Pluszeichen, es streicht die Schuld durch. Es symbolisiert den Satz »Gott kennt auch Dich und hat Dich lieb«.

Der Siebenarmige Leuchter (1188) symbolisiert als »Lebensbaum« die Hoffnung der Christen, sogar über das Sterben hinaus. Deshalb steht er heute wieder über den Gräbern und dem Altar.

Die Malereien im Dom gehören zu der Gruppe der Secco-Malereien. Eine Senkrechtzeile an einer Eingangssäule lautet in Übersetzung aus dem Lateinischen: »Wenn ich beleben könnte, was ich zu gestalten weiß, müssten die Figuren zu Recht unter den Göttern wohnen!« Besonders auf dem Hohen Chor sind viele biblische Szenen und Figuren aus der Kirchengeschichte (z.B. die Heilige Helena) in der alten Farbigkeit zu erkennen.

Hoher Chor mit Wandmalereien in Secco – Technik (zweites Viertel 13. Jahrhundert)

Die Restaurationen in der Nachkriegszeit sind als geglückt zu bezeichnen!

Eine Figur wird in den nächsten Jahren in besonderer Weise mit dem Braunschweiger Dom in Verbindung gebracht werden – es ist die Kaiser Ottos IV. Der einzige Welfenkaiser ist im Dom bestattet ist. Seine Grabplatte liegt vor dem Marienaltar.

Der Dom gehört zu den meistbesuchten Gebäuden in Braunschweig. Es ist eine den Menschen zugewandte Kirche. Kirche in dieser Form stellt eine GmbH dar – eine »Gemeinschaft mit besonderer Hoffnung«.

Glasfenster im Hohen Chor, Mitte: St. Georg (ca. 1880)

Gartenpartie

Grüne Stadträume aus drei Jahrhunderten

Von Ralf Günther

Gärten – und Parkanlagen aus mehreren Jahrhunderten prägen in vielfältiger Weise das Bild der Stadt.

Rund um die dicht bebaute Braunschweiger Innenstadt konzentriert sich im Bereich der Okerumflut eine Vielzahl unterschiedlicher Grünflächen. Die ehemaligen Wallanlagen und Fortifikationen, die Anfang des 19. Jahrhunderts zu öffentlichen und privaten Freiräumen gestaltet wurden, umschließen mit Alleen, Brücken, Denkmalen, Gärten, Parks, Plätzen, Promenaden, Statuen, Torhäusern, Villen und dem sie verbindenden Fluss die Innenstadt und bilden dabei den Kern der historischen Garten- und Parkanlagen der Stadt.

Dazu gehören der Museums- und Theaterpark, entstanden aus den ehemaligen herzoglichen Gärten, der Inselwallpark auf dem Gelände einer ehemaligen großbürgerlichen Villen und Parkanlage oder der Löwenwall, 1819 bis 1823 im Gedenken an die Befreiungskriege in Form eines von einer dreireihigen Allee gefassten Hippodroms gebaute Anlage.

Die älteste Braunschweiger Parkanlage ist der Richmondpark, 1768 von der englischen Prinzessin und späteren Braunschweiger Herzogin Augusta Friederike Louise (1737 bis 1813), einer Schwester des englischen Königs Georg III., nach Plänen von Lancelot (Capability) Brown, dem damals und auch heute noch bekanntesten Gartenarchitekten Englands angelegt. Mit dem zeitgleich entstandenen Wörlitzer Park bei Dessau zählt der Richmondpark zu den frühesten Landschaftsgärten in Norddeutschland.

Im Prinz Albrecht-Park

Löwenwall mit Monument

Blick vom Schloss Richmond über den Spielmannsteich

Drachenfest auf dem Nußberg

Schul- und Bürgergarten

Der beliebteste Park der Braunschweiger ist der Prinz Albrecht-Park, zwischen 1895 und 1905 auf den Flächen des ehemaligen Exerzierplatzes nach Plänen des Gartendirektors Fintelmann (Kassel-Wilhelmshöhe/Potsdam) angelegt, die der Braunschweigerische Herzogliche Promenadeninspektor F. Kreiß im Auftrag des Regenten des Herzogtums Braunschweig, Prinz Albrecht von Preußen, umsetzte.

Vom Rand der Innenstadt weit nach Süden erstreckt sich der Bürgerpark. Im Wesentlichen zwischen 1896 und 1891 ebenfalls von Kreiß angelegt, bildet der Park mit seinen Wiesenflächen und waldartigen Partien, den romantischen Teichen, Hügeln sowie dem Fluss, der die Anlage durchzieht, einen Freiraum von hohem ästhetischen Reiz.

Der Schul- und Bürgergarten Dowesee ist, wie der Botanische Garten Studienobjekt und attraktive Gartenanlage in einem. Der Schul- und Bürgergarten entstand 1919 am Dowesee im Norden der Stadt Braunschweig als zentraler Liefer- und Lehrgarten für alle staatlichen Schulen der Stadt. Diese deshalb ursprünglich Hauptschulgarten genannte Anlage war von Anfang an auch für die Öffentlichkeit zur Bildung und Naherholung konzipiert und entsprechend attraktiv und abwechslungsreich gestaltet.

Ein wesentlicher Bestandteil der braunschweigerischen Grünanlagen sind die historischen Friedhöfe, die von der Mitte des 17. Jahrhunderts bis Ende des 19. Jahrhunderts als solche genutzt wurden und die stadtgeschichtlich und kulturell ein Zeugnis ersten Ranges darstellen.
Mit dem Petrifriedhof, dem Ulricifriedhof oder dem ehemaligen Friedhof der Reformierten Gemeinde seien nur einige genannt, die mit dem Ziel saniert wurden, den Anlagen unter Einbeziehung der verbliebenen historisch wertvollen Grabdenkmale ihren ursprünglichen Charakter weitestgehend zurückzugeben und sie gleichzeitig als qualitätvolle Grünanlage zu gestalten.

Allen genannten historischen Garten-, Park- und Friedhofsanlagen gemeinsam ist, dass die Stadt Braunschweig in engem Zusammenwirken mit verschiedenen Partnern, unter anderem seit 1993 mit der Richard Borek Stiftung, dieses gartenkulturelle Erbe in besonderem Maße sichert, wo notwendig und möglich rekonstruiert und erhält.

Klinikum Braunschweig: Weiterentwicklung und Konzentration

Krankenhaus-Umbau kostet 120 Millionen Euro

Von Ulrike Schelling

Das Klinikum Braunschweig, das mit über 3700 Mitarbeitern einer der größten Arbeitgeber der Stadt Braunschweig ist, hat sich trotz der schwierigen Rahmenbedingungen im Gesundheitswesen viel vorgenommen. Mit einem ehrgeizigen und innovativen Gesamtkonzept ordnet das Klinikum seine vier Krankenhaus-Standorte neu und errichtet zwei große medizinische Zentren. Bis zum Abschluss der Baumaßnahme im Jahr 2015 werden rund 120 Millionen Euro investiert. Damit ist das Klinikum Bauherr eines der größten Bauvorhaben, das in den nächsten Jahren in Braunschweig realisiert wird.

Ziel ist es, dass das Klinikum Braunschweig trotz seiner beachtlichen Größe mit zurzeit 1440 Betten ein Krankenhaus der kurzen Wege wird. Davon profitieren sowohl die Patienten als auch die Mitarbeiter, weil alle Fachdisziplinen, die miteinander zu tun haben, in unmittelbarer räumlicher Nähe liegen werden. Ein Beispiel hierfür ist das chirurgische Zentrum, das am Standort Salzdahlumer Straße entstehen wird. Dort werden alle

Besuch ist immer willkommen.

Der Standort Salzdahlumer Straße ist der größte Betriebsteil des Klinikums.

Chefarztvisite

Die Betriebsleitung: Pflegedirektor Ulrich Heller, Geschäftsführer Helmut Schüttig und Ärztlicher Direktor Prof. Dr. Horst Peter Kierdorf

chirurgischen Disziplinen einschließlich der Unfallchirurgie und der zentralen Anlaufstelle für Notfallpatienten zusammengefasst. Ein neuer Hubschrauberlandeplatz auf dem Dach mit einer direkten Verbindung zur zentralen OP-Abteilung gehört selbstverständlich auch dazu.

In der Celler Straße, dem zweiten Zukunftsstandort, wird unter anderem ein Frauen/Mutter/Kind-Zentrum mit enger Verbindung zwischen Frauenklinik und der Klinik für Kinder- und Jugendmedizin realisiert. Die »Wand-an-Wand«-Lösung zwischen Kreißsaal und der Neugeborenenintensivstation existiert bereits seit Anfang 2007. Schwangere Frauen haben seitdem die Gewissheit, dass ihr Neugeborenes im Falle einer Erkrankung oder bei Problemen nach der Geburt im gleichen Haus verbleibt.

Auch aus ökonomischer Sicht bringt das so genannte »Zwei-Standorte-Konzept« Vorteile. Denn durch die Nähe fallen zum einen Transporte weg und können zum anderen auch Geräte und Infrastruktur besser gemeinsam genutzt werden. Das Land Niedersachsen fördert den ersten Bauabschnitt des Großprojekts mit 43 Millionen Euro; die restlichen 25,3 Millionen Euro bringt das Klinikum aus eigener Kraft auf. Wie hoch die Fördersumme des Landes im zweiten Bauabschnitt sein wird, steht derzeit noch nicht fest. Eines ist jedoch klar: Das Klinikum wird einen erheblichen Betrag selbst finanzieren müssen. Das Geld dafür muss erst einmal erwirtschaftet werden, und dies ist im Gesundheitswesen nicht gerade einfach. Nicht umsonst schreiben bereits 20 bis 30 Prozent aller Krankenhäuser derzeit rote Zahlen. Nicht jedoch das Klinikum, das seit Jahren Überschüsse erwirtschaftet. Geld, das wieder in die Patientenversorgung zurückfließt: Sei es unmittelbar durch neue Geräte, mehr Personal oder weniger direkt durch das Zwei-Standorte-Konzept. In jüngster Zeit sind zwei Computertomographen, ein Kernspintomograph und ein Linearbeschleuniger angeschafft worden. Die Gesamtkosten nur für diese Geräte liegen bei 3,7 Millionen Euro. Diese Summe zeigt, dass das Klinikum mit seinem Budget von 203 Millionen Euro pro Jahr auch als Wirtschaftsfaktor eine Rolle spielt. Das Klinikum ist bedeutender Auftraggeber für Bau- und Instandhaltungs-Maßnahmen, Investitionen bei Geräten und IT und sonstigen Dienstleistungen und vergibt Aufträge im Umfang von über 80 Millionen Euro jährlich, die auch der Region Braunschweig zugute kommen.

Die positive Entwicklung verdankt das Klinikum natürlich in erster Linie seinen Mitarbeitern und Mitarbeiterinnen, die eine ständig wachsende Zahl an Patienten versorgen. Aber auch einer Betriebsleitung, die es immer wieder versteht, die Mitarbeiter einzubinden. Denn das Klinikum Braunschweig ist kein streng hierarchisches Unternehmen, sondern hat sich in seinen Strukturen dem modernen Krankenhausmanagement angepasst. Dazu gehört es zum Beispiel auch, die Mitarbeiter in Veränderungsprozesse einzubinden und sie umfassend und offen über die Entwicklungen »ihres« Klinikums zu informieren.

Im Notfall zählt jede Sekunde.

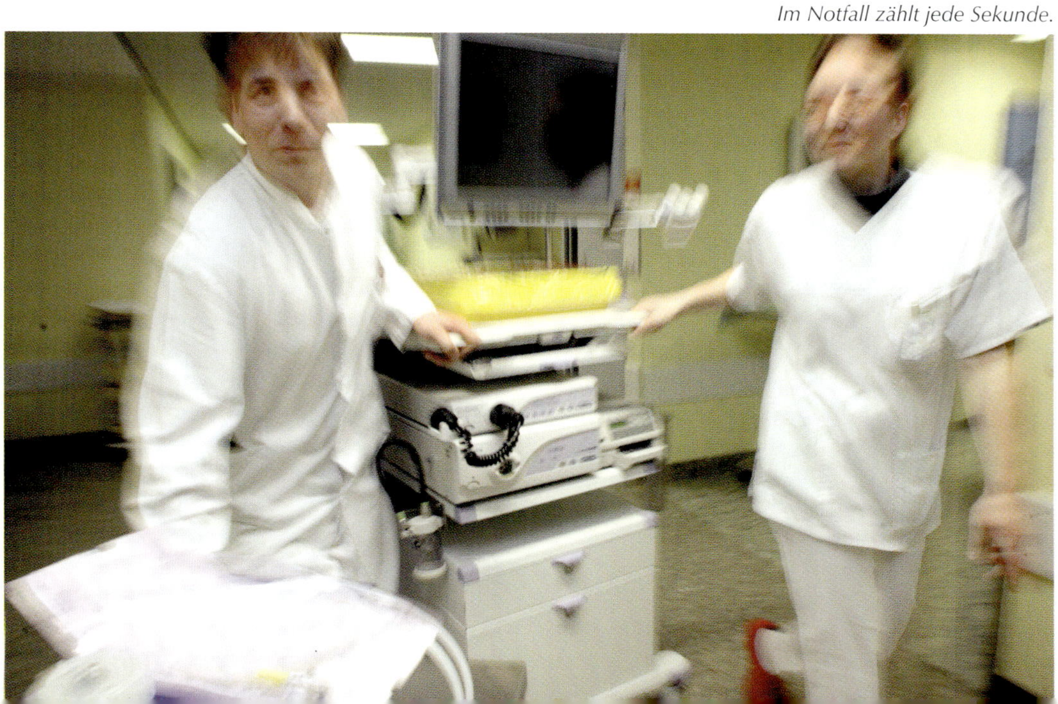

Klinikum Braunschweig gGmbH
Freisestraße 9/10 · 38118 Braunschweig
Tel. (05 31) 59 50 · Fax (05 31) 13 22
info@klinikum-braunschweig.de

Von Ulrike Schelling

Was wäre Braunschweig ohne sein Klinikum?

17 Kliniken, elf klinische Abteilungen und sechs Institute gewährleisten eine optimale medizinische Versorgung

Im Stadtgebiet Braunschweig dauert es normalerweise maximal zehn Minuten, bis ein Rettungsfahrzeug beim Patienten ist, um ihn nach der Erstversorgung ins Krankenhaus zu bringen. Dann ist es (lebens)wichtig, dass alle medizinischen Fachrichtungen direkt vor Ort und schnell zu erreichen sind. So wie im Städtischen Klinikum Braunschweig.

Als Maximalversorger für Braunschweig und die Region mit rund einer Million Einwohnern deckt das Klinikum Braunschweig in 17 Kliniken, elf selbständigen klinischen Abteilungen und sechs Instituten nahezu alle wichtigen medizinischen Bereiche ab. Dies geschieht zurzeit auf fünf Standorte verteilt: den Krankenhäusern in der Holwede-, Celler-, Salzdahlumer- und Gliesmaroder Straße sowie dem ambulanten Rehabilitationszentrum in der Nîmes-Straße.

Das Klinikum Braunschweig hat die größte Klinik für Kinder- und Jugendmedizin in der Region.

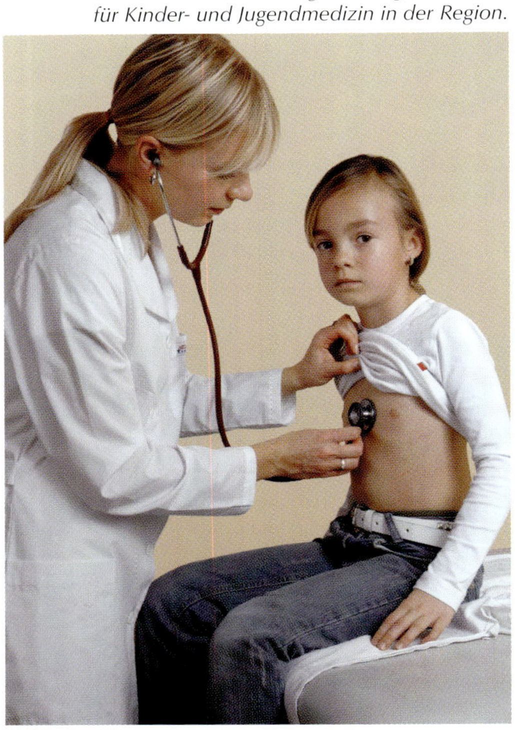

In der Unfallchirurgischen Klinik am Standort Holwede Straße werden pro Jahr 4600 Patienten versorgt.

Dafür sind rund um die Uhr 3700 Mitarbeiter im Einsatz, die pro Jahr über 55 000 Patienten stationär und 80 000 ambulant behandeln.

Das Klinikum hat 16 Operationssäle, in denen gleichzeitig operiert werden kann. Für schwerkranke Patienten stehen 70 Intensivpflegeplätze zur Verfügung, dazu kommen noch 15 Plätze für Kinder, die intensivmedizinisch betreut werden müssen, etwa nach einer Frühgeburt.

Einige Kliniken gehören zu den größten in Norddeutschland, wie z.B. die Frauenklinik, in der jedes Jahr ca. 1650 Kinder geboren werden. Oder die Neurologische Klinik, die außerdem die einzige neurologische Akutklinik in Braunschweig und Umgebung ist. Hier können Schlaganfallpatienten Tag und Nacht in einer »stroke unit« behandelt werden, wo sie in den entscheidenden ersten Stunden nach dem Schlaganfall die optimale Versorgung bekommen.

Klinik für Radioonkologie: Vor jeder Bestrahlung sind genaue Berechnungen notwendig.

Laboruntersuchungen gehören zu den Standards im Krankenhaus.

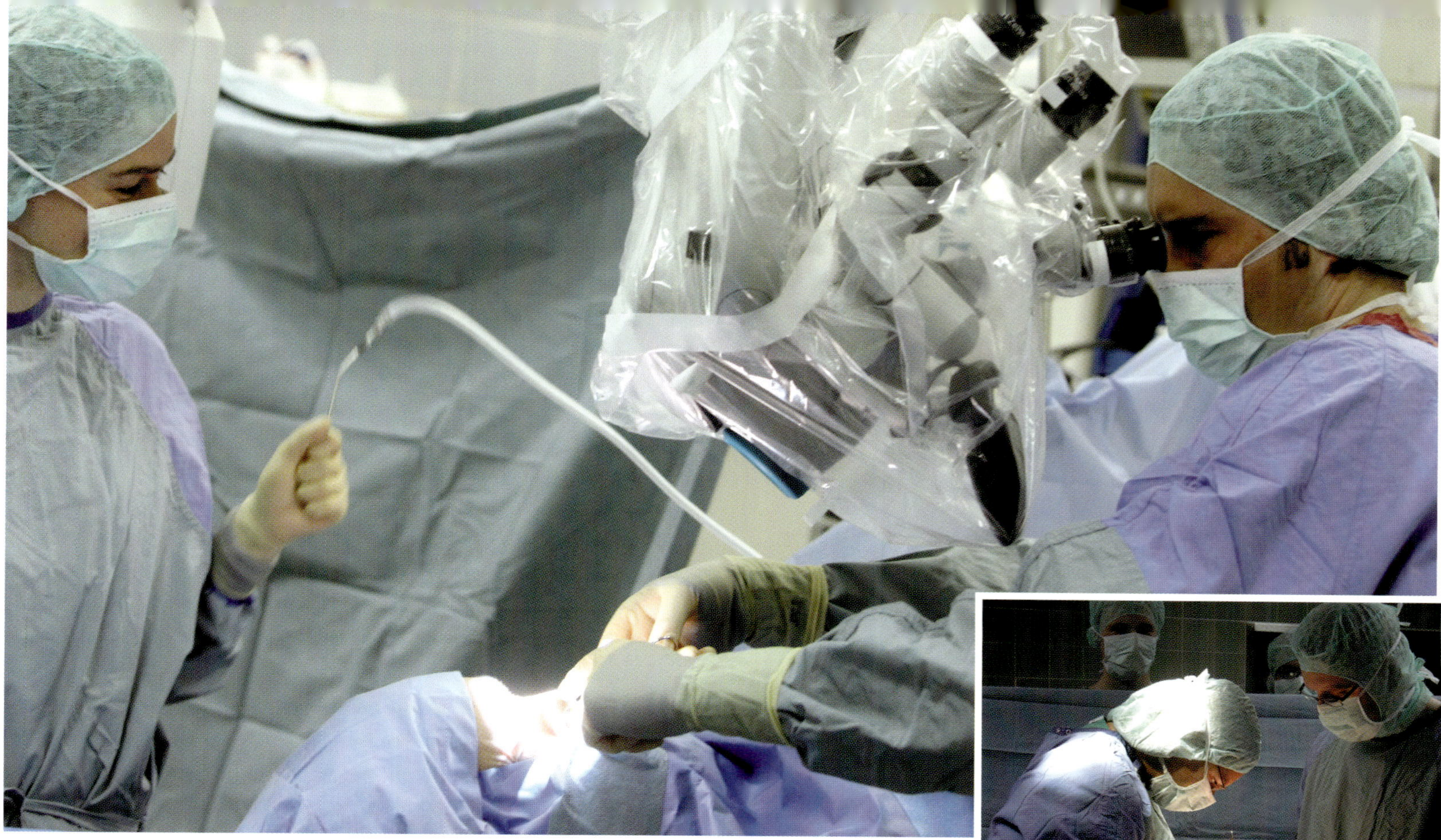

In 16 Operationssälen kann gleichzeitig operiert werden, wie hier z.B. bei einem Eingriff in der HNO-Klinik.

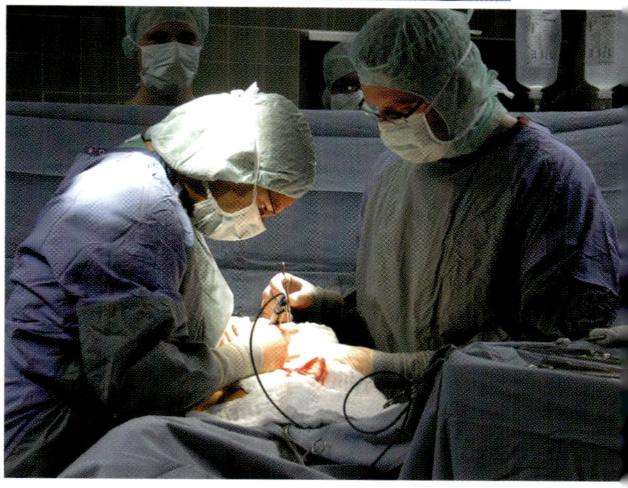

Darüber hinaus verfügt das Klinikum über besondere Einrichtungen wie z.B. das zertifizierte Brustzentrum, in dem Experten aus drei Kliniken und zwei Instituten brustkrebskranke Frauen interdisziplinär behandeln. Viele Leistungen werden auch in speziellen Ambulanzen angeboten, wie etwa der Schmerzambulanz. Für Patienten mit psychischen Problemen gibt es eine Tag- und Nachtklinik, in der sie nach der stationären Behandlung mit einem flexiblen Konzept Schritt für Schritt wieder in den Alltag zurückkehren können. Auch für krebskranke Kinder gibt es eine neue Tagesklinik, in der die Kinder tagsüber behandelt werden, nachts jedoch zu Hause schlafen können.

Neben der Patientenversorgung spielt das Klinikum auch als Arbeitgeber und als Ausbildungsbetrieb eine große Rolle. Denn während die Verantwortlichen in Politik und Wirtschaft jedes Jahr erneut den Mangel an Lehrstellen und Ausbildungsplätzen anprangern, bildet das Klinikum nach wie vor über den eigenen Bedarf hinaus aus. Im hauseigenen Bildungszentrum werden Hebammen und Gesundheits- und Krankenpflegekräfte sowie Gesundheits- und Kinderkrankenpflegekräfte ausgebildet. In der Verwaltung gibt es Ausbildungsplätze zur Kauffrau im Gesundheitswesen und zum Fachinformatiker. Unter dem Strich sind das insgesamt 260 Ausbildungsplätze. Auch für seine Mitarbeiter ist das Klinikum attraktiv, denn sowohl Ärzte als auch Pflegekräfte zählen zu begehrten Fachkräften, die sich ihre Arbeitsplätze aussuchen können. Hier kann das Klinikum mit familienfreundlichen Arbeitszeiten punkten. Denn im Gegensatz zu vielen anderen Krankenhäusern arbeiten die Mitarbeiter nicht mehr in Bereitschaftsdiensten, sondern in zwei Tagesschichten. Überlange Dienste gehören damit der Vergangenheit an. Für diese Abschaffung der Bereitschaftsdienste hat das Klinikum sogar vor kurzem bei dem bundesweiten Wettbewerb »Beschäftigung gestalten – Unternehmen zeigen Verantwortung« einen ersten Platz errungen. Damit setzt das Klinikum vieles um, was sich Ärzte seit langem in bundesweiten Umfragen wünschen: nämlich planbare Arbeitszeiten, die es ermöglichen, Familie und Beruf unter einen Hut zu bringen. Denn nicht nur die Patienten, auch die Mitarbeiter sollen sich gut aufgehoben fühlen.

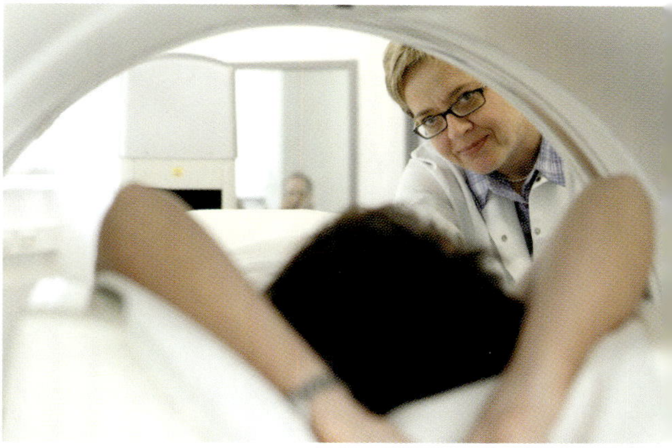

Ein freundliches Wort nimmt die Angst vor der Untersuchung.

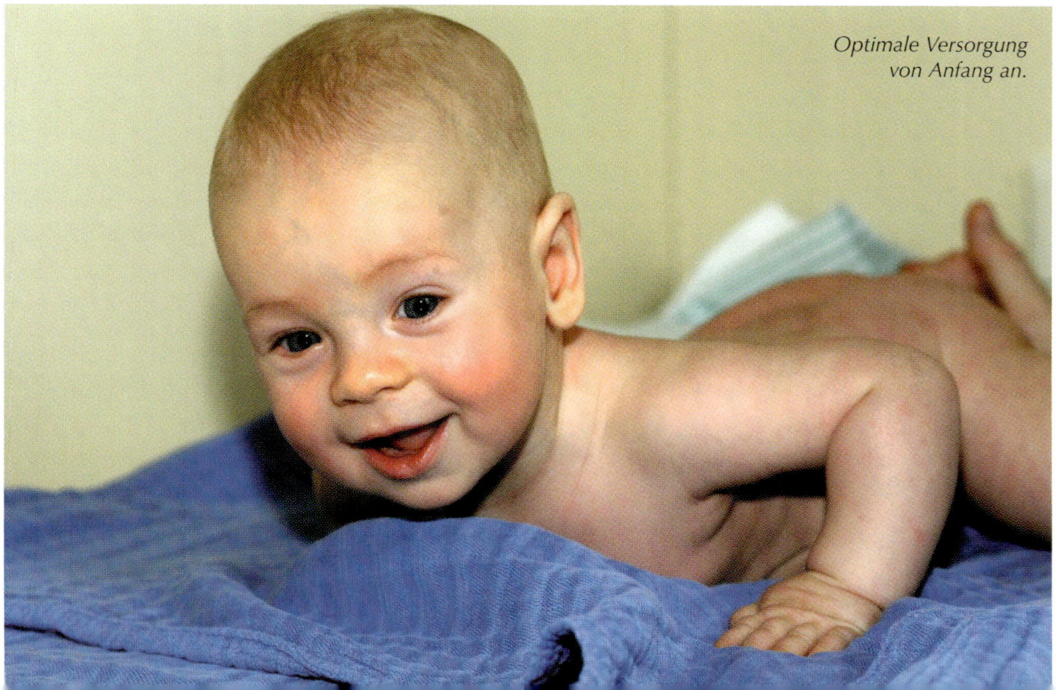

Optimale Versorgung von Anfang an.

Volksbank eG Braunschweig Wolfsburg

Engagement für die Region

Als regional verwurzelte und agierende Bank sieht es die Volksbank als ihre Pflicht, die Menschen in der Region zu unterstützen. Besonders denen, die auf Hilfe angewiesen sind, gilt ihr Augenmerk. »Wir verdienen unser Geld in der Region und wir wollen Flagge zeigen. Für uns ist es selbstverständlich, dass wir ambitionierte Vereine und Institutionen über unsere Sponsoringaktivitäten an unseren Gewinnen teilhaben lassen«, erklärt Claudia Kayser, Pressesprecherin der Volksbank BraWo. Kinder sind leider häufig die Schwächsten und können für ihre Bedürfnisse nicht selber kämpfen. Sie gilt es besonders zu schützen. Aus diesem Grund hat die Bank 2006 die United Kids Foundations in die Region geholt, die sich speziell um hilfsbedürftige Kinder kümmert.

»Wenn wir auf die vergangenen zwei Jahre zurückblicken, sind wir stolz auf das, was wir mit unseren Aktivitäten erreicht haben«, freut sich die Pressesprecherin. »An dieser Stelle bedanken wir uns noch einmal herzlich bei allen, die uns unterstützt haben. Unser Engagement werden wir fortsetzen und hoffen weiterhin auch auf aktive Unterstützung«.

Stiftungsarbeit: eine Investition in die Zukunft

»Wir unterstützen Menschen, die helfen«
Im Mittelpunkt der Stiftungsarbeit stehen Kinder. Durch die United Kids Foundations (UKF), unter der verschiedene Non-Profit-Organisationen gebündelt werden, profitieren Kinder zusätzlich von den Erfahrungen namhafter Stiftungen wie der Cleven-Becker-Stiftung von Boris Becker, der Peter Maffay-Stiftung oder Power-Child, dem Verein von Veronica Ferres. Ziel ist es, Organisationen, Initiativen und Stiftungen miteinander zu vernetzen, um durch die Zusammenarbeit wertvolle Synergien für die Region zu generieren. So können zum Beispiel umfangreichere Projekte umgesetzt werden, die sonst für eine einzelne Stiftung den finanziellen und personellen Aufwand übersteigen würden.

Durch United Kids Foundations geförderte Projekte in der Region

Mit Unterstützung regionaler und überregionaler Partner wurden unterschiedliche Projekte zugunsten von Kindern unserer Region umgesetzt:

- Über 7000 Kinder, deren Eltern, Kindergarten- bzw. Schulleiter besuchten 2007 und 2008 die Präventions-Theaterstücke gegen sexuellen Missbrauch.
- Pro Jahr verbringen rund 100 traumatisierte Kinder und Jugendliche über die Peter Maffay-Stiftung therapeutische Ferien auf Mallorca.
- Rund 370 Mädchen und Jungen der Braunschweiger Grundschulen gingen an den Start des Benefizlaufs gegen Kinderarmut. Der Erlös ging an Parkbank e.V. und ermöglichte 60 Kindern aus sozialschwachen Familien einen Urlaub im Harz.
- Unter der Schirmherrschaft des Schauspielers Fritz Wepper erlebten im Phaeno rund 100 Senioren und Kinder das »Treffen der Generationen«.
- In Gifhorn haben 850 Kinder für Kinder sozialschwacher Familien gebacken.
- 50 Schulen beteiligten sich an dem Projekt »Fit-4-Future-Bewegte Pause« und engagierten sich gegen Bewegungsarmut und Übergewicht bei Schülern.
- Nachhaltig finanziell unterstützt wurden acht weitere Projekte, u. a. »Alternative Sport e.V.« in Braunschweig, Deutscher Kinderschutzbund Braunschweig, Junior-Universität Salzgitter, Gifhorner Integrationsprojekt.
- Unterstützung der Schülerläufe beim Großen CMT-Seifenkistenkistenrennen in Wolfsburg und des Bambini-Laufs beim 3. Wolfsburger Marathon.
- United Kids Foundations und die Stiftung der Volksbank Braunschweig Wolfsburg holen den RTL-Spendenmarathon in die Region. Rund 500 Akteure spielen 24 Stunden für Kinderarmutsprojekte in der Region.

Volksbank eG Braunschweig Wolfsburg

Die Bank in der Region für die Region

Die Volksbank eG Braunschweig Wolfsburg ist ein bodenständiges Unternehmen und seit rund 100 Jahren in der Region für ihre Kunden da. Gewinnmaximierung steht nicht im Vordergrund, vielmehr bestimmen Werte wie Ehrlichkeit, Fairness, Gerechtigkeit, Verlässlichkeit, Verantwortung und Pflichtbewusstsein ihre Geschäftspolitik. Diese aus dem Genossenschaftsprinzip abgeleiteten und bereits seit langer Zeit gelebten Leitlinien machen sie für ihre Mitglieder und Kunden einzigartig und glaubwürdig. Auch unter den erschwerten Bedingungen der Finanzmarktkrise konnte die Richtigkeit dieser Geschäftspolitik unter Beweis gestellt werden. Nachhaltigkeit trotz Größe ist möglich,

deswegen setzt die zweitgrößte Volksbank Niedersachsens weiterhin auf dezentrale und kundennahe Strukturen. Entscheidungen werden in der Regel kurzfristig vor Ort getroffen, sie müssen nicht durch zentralisierte kundenferne Zentren genehmigt werden. Gelebt werden die zitierten Werte durch die Berater und Führungskräfte im täglichen Geschäft; kompetente und menschliche Beratung vor Ort ist durch nichts zu ersetzen.

Höchste Qualität bei den Finanzlösungen und Dienstleistungen sind die Basis für die vertrauensvolle Zusammenarbeit. Kontinuität bildet einen entscheidenden Erfolgsfaktor für den stetigen Wachstumskurs der Bank. Sie spiegelt sich deutlich in der Berater-Kunden-Beziehung wider – die Mitarbeiter betreuen ihre Kunden meistens über Jahre.

Mit 39 Geschäftsstellen, rund 250 Beratern und ihren Führungskräften, vier Direktionsleitern und zwei Vorstandsmitgliedern ist sie in der Region vor Ort präsent. Zusätzlich steht werktags zwischen

©iStockphoto.com/Dmitriy Shironosov

v.l.: Jürgen Brinkmann (Vorstandssprecher), Michael F. Müller (Vorstand)

8 Uhr und 20 Uhr das KundenServiceCenter zur Verfügung. Es beantwortet die telefonischen Finanzanfragen zu 80 Prozent sofort – ohne lästiges Verbinden, ohne Wartezeiten. Alle wichtigen Informationen zum Thema Finanzen und zur Bank können darüber hinaus im Internet unter www.volksbank-brawo.de abgerufen werden. Als Vorreiter im Bereich Multimedia hält die Bank für ihre Kunden viele weitere Services bereit, wie die elektronische Verwahrung von wichtigen Dokumenten auf dem sicheren Bankserver.

Starke Verbundpartner ergänzen das Allfinanzangebot, zum Beispiel mit Versicherungs-, Bauspar-, und Leasingangeboten. Gut zu wissen: Trotz ihres regionalen Fokus kann die Volksbank auch international agieren und ihren Firmenkunden in der globalen Welt internationale Finanzlösungen anbieten.

Die Volksbank zählt zu den erfolgreichen mittelständischen Unternehmen der Region. Einerseits versorgt sie die Privatkunden und die mittelständischen Firmenkunden mit innovativen Finanzlösungen. Andererseits investiert sie große Teile der erwirtschafteten Erlöse in soziale Projekte in der Region. Unter dem Motto »In der Region für die Region« engagiert sie sich mit der 2005 gegründeten Stiftung (eine der größten Einzelstiftungen einer Volksbank in Deutschland) und dem 2006 gegründeten Stiftungsnetzwerk United Kids Foundations für die Menschen im Geschäftsgebiet, insbesondere schutzbedürftige Kinder.

Volksbank eG Braunschweig Wolfsburg – eine Erfolgsgeschichte.

Volksbank eG Braunschweig Wolfsburg
38434 Wolfsburg
Tel. (01 80) 26 99 10 66 (6 Cent pro Anruf aus dem dt. Festnetz, ggf. andere Tarife im Mobilfunk)
Fax (0 53 61) 20 18 88 88
info@vbbrawo.de · www.volksbank-brawo.de

Von der Muse erst spät geküsst, aber dann rasant durchgestartet

Barbara Koukal hat sich in den vergangenen Jahren zu einem Stern am Malerhimmel entwickelt

Barbara Koukal

Von Klaus Langhardt

Das Interesse an der Malerei hat Barbara Koukal nach eigenem Bekunden vom Herrn Papa geerbt, das Talent ebenso. Gleichwohl hat das in den ganz jungen Jahren ihres Lebens zu weiter nichts geführt als dazu, dass sie als Kind die altersüblichen Bildchen malte und sich gute Bilder halt gerne ansah. Die Liebe zur Malerei war zwar latent vorhanden, aber sie schlummerte noch lange tief und innig.

Das änderte sich erst, als sie im Dezember 2000 – damals 37 Lenze alt – eine Staffelei als Weihnachtsgeschenk bekam, was im Grunde nichts anderes als der auslösende Akt zu einer dann rasant startenden Karriere war. Von Stund an änderte sich Barbara Koukals Leben und zwar gründlich. Ihre Freizeit gehörte fortan nahezu uneingeschränkt der Malerei. Leinwände, Acryl- und Ölfarben kaufen und ihre Emotionen und Erlebnisse in Bildern umsetzen, war Schritt eins im neuen Leben der Barbara Koukal.

Als Freunde interessiert nachfragten, wo sie denn die Bilder gekauft hätte, die als »echte Koukals« an den Wänden hingen, dämmerte ihr, dass sie augenscheinlich umzugehen verstand mit Farben und Pinseln. Die Intensität ihrer Bemühungen wuchs. »Ich bin eine klassische Autodidaktin«, sagt die Malerin von sich selber, die anfangs mit der Malerei nur ihre Gefühlswelt transparent machen wollte und an den Verkauf ihrer Bilder überhaupt nicht gedacht hatte.
2003 fand ihre erste große Ausstellung statt und quasi aus dem Stand verkaufte sie sieben Bilder zu sehr ordentlichen Preisen, darunter auch die Originale der »7 Todsünden«.

DER LÖWE

Was dazu führte, dass es in ihrem im Leben noch einmal eine neue Wendung gab. Sie kündigte ihren Vollzeitjob und arbeitete nur noch halbtags, um mehr Zeit für die Malerei zu haben. Mittlerweile hat sie es auf 18 Ausstellungen gebracht, die sie meist selbst organisiert hat, und die ihren Ruf als ein Stern am Malerhimmel untermauerten. Ihre Bilder schmücken mittlerweile nicht nur Braunschweiger Wände. Sie verkauft

DIE 7 TODSÜNDEN

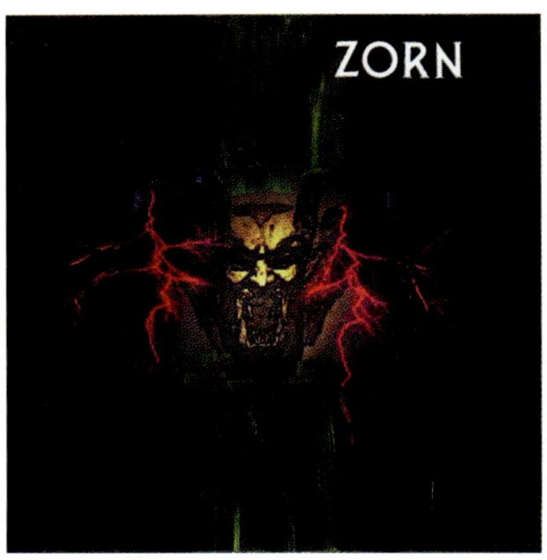

FARBWELTEN

längst deutschlandweit, nach Spanien, USA und Österreich. Ausstellungen im Ausland sollen jetzt vermehrt folgen, denn ihr Auftritt im Golf-Hotel Mallorca war äußerst erfolgreich.

Ihr bekanntestes Werk ist der Zyklus der »7 Todsünden«, (der als einziges ihrer Werke als Kunstdruck zu erwerben ist) zu dem sie durch die Geschehnisse des Mittelalters inspiriert wurde.
Überhaupt haben gerade die düsteren Epochen der Menschheitsgeschichte wesentlichen Einfluss auf ihre Themenauswahl. So hat sie sich die »7 Siegel der Apokalypse« als neues Thema auf die Fahnen geschrieben. Das Bild unter dem Titel »Friede auf Erden«, in dem sie einen Auszug aller großen Kriege von der Antike bis zur Jetztzeit darstellt, ist gerade fertiggestellt. Das hier abgebildetet Werk Bild »Der Löwe« war ein Muss für die gebürtige Braunschweigerin, ist er doch das Wahrzeichen ihrer Stadt und der Aszendent Ihrer Geburtsstunde.

Der Schönheit ihrer Bilder durchaus zugewandt, hat Barbara Koukal es sich zur Regel gemacht, dass die Kunst auch Themen reflektieren darf, die mit den sonst dekorativen Werken nichts zu tun haben »In etwa jedes zehnte meiner Bilder ist nur was für starke Nerven«, sagt sie.

Doch bei allem, was sie tut, vergisst die Malerin heute auch jene nicht, die vom Leben gegeißelt wurden. So hat sie eine große Ausstellung für die Initiative »Heinz der Stier« organisiert und den Reinerlös gespendet. Auch wurden mit zwei anderen Künstlern Bilder für die Braunschweiger Kinderchirurgie für das Klinikum Braunschweig erfolgreich versteigert. Ebenso hat sie eine Serie der »7 Todsünden« nach Anfrage der Veranstalter nach Wien an die Aktion »Tunnel der Marter« gespendet, die sich für sexuell missbrauchte Kinder einsetzt. Warum dies alles? »Wenn mich Dinge berühren und ich helfen kann, dann mache ich das einfach.« Na denn, weiter so!

Kunstwelt · Barbara Koukal
Spohrplatz 7 · 38100 Braunschweig
Tel. (01 71) 1 76 89 44
barbara@kunstwelt.net · www.kunstwelt.net

Verwaltungsgebäude für die Robert Bosch GmbH, Theodor Heuss-Straße, Braunschweig

Jochen Staake hat in zehn Jahren ein bedeutendes Unternehmen aufgebaut

STAAKE – Ein Name für Qualität und Innovation

Montagehalle für die Volkswagen AG, Christian Pommer-Straße, Braunschweig

Die STAAKE Investment & Consulting GmbH & Co. KG betätigt sich als Investor für Industrie- und Verwaltungsgebäude sowie für andere gewerbliche Immobilien – individuell und in jedem Einzelfall unter Berücksichtigung des Bedarfs der unterschiedlichen Branchen und unabhängig von der Größe des Projekts.
In dieser Branche hat sich das Unternehmen seit 1998 weit über die Grenzen Braunschweigs hinaus einen hervorragenden Ruf erworben. Zuverlässigkeit, Erfahrung, Seriösität und Kompetenz sind die wesentlichen Faktoren, die von den Geschäftspartnern geschätzt werden.
Unternehmen vieler Branchen investieren seit Jahren nicht mehr in eigene Gebäude, um sich auf ihre Kernkompetenz zu konzentrieren. Stattdessen bedienen sie sich eines Investors, der das Grundstück erwirbt, die Baurei-

Verwaltungsgebäude für die Baugenossenschaft Wiederaufbau eG, Güldenstraße, Braunschweig

fe herstellt und die Immobilie schlüsselfertig zur Verfügung stellt. Durch langfristige Mietverträge, zum Teil über mehrere Jahrzehnte, werden die Anforderungen des Nutzers und die Interessen des Investors gleichermaßen manifestiert.
Handelsimmobilien bilden dabei ein bedeutendes Standbein des Unternehmens. Bei der Ansiedlung von Einzelhandels- oder ganzen Stadtteilzentren ist die STAAKE Investment & Consulting GmbH & CO. KG erster Ansprechpartner in der Region.
Und die Arbeit der Firma beginnt beim ersten und endet beim letzten Schritt. Von der Grundstückssicherung über die Projektierung und Implementierung eines Bauvorhabens bis zur schlüsselfertigen Übergabe und Verwaltung der Immobilie durch kompetente Mitarbeiter.
Planung, Projektierung, Architekturleistung, Bau, Vermietung und Verwaltung werden aus einer Hand geboten. So ist jederzeit der vollkommene Überblick über die gesamte Kostenkalkulation gewährleistet. Das bedeutet in der Praxis die Zugrundelegung einer Basismiete für eine vom Kunden exakt definierte Ausstattung der Immobilie.
Auf Grundlage dieser Basismiete wird bei Ausstattungswünschen, die zu höheren bzw. geringeren Baukosten führen, eine für den Auftraggeber nachvollziehbar neue Miete errechnet: Kalkulation nach dem open-book-Verfahren.
Dabei wird zu jeder Zeit bei der Verwirklichung von Bauvorhaben auf eine enge Zusammenarbeit mit allen Beteiligten gesetzt.
Der Erfolg des Unternehmens hat einen Namen: Das Fachwissen jedes einzelnen Mitarbeiters. Denn man weiß, dass der langfristige Erfolg eines Standortes durch den Branchenmix und die Qualität der Mieter bestimmt wird. Attraktivität, Exklusivität oder Preiswürdigkeit des Warenangebotes müssen genau auf das Umfeld abgestimmt werden. Die Auswertung soziodemografischer Daten, die Beurteilung von Einzugsgebieten einerseits, aber auch das berühmte Fingerspitzengefühl bei der Grundstückssuche und der Prognose des Käuferverhaltens auf der anderen Seite gehören zu den täglichen Aufgaben der Mitarbeiter.
Dabei ist es ein großer Vorteil, dass viele Mitarbeiter selbst Erfahrungen durch langjährige Tätigkeit im selbstständigen Lebensmitteleinzelhandel sammeln konnten. Firmengründer Jochen Staake oblag dreißig Jahre die Geschäftsführung eines mittelständischen Unternehmens der Lebensmitteleinzelhandelsbranche mit ca. 2000 Mitarbeitern und einem Umsatz von circa 500 Millionen Euro.
Diese geballte Erfahrung und Kompetenz nicht nur von Jochen Staake, sondern seinem gesamten Mitarbeiterstab wird in der Branche geschätzt. Für viele ist sie die Garantie zum Erfolg, für andere die Voraussetzung dazu.

»Getränke drive 24« – bisher einzigartig auf der Welt

Jochen Staake wäre sich selbst nicht treu, wenn er mit dem Erreichten zufrieden wäre. Er lebt von »seiner Spürnase«, Ideen und Innovation.
So hat seine Firma das Konzept »Getränke drive 24« entwickelt, das eine grundsätzliche Neuerung des Getränkeeinkaufs und eine Weltneuheit darstellt.
Den im Februar 2007 eröffneten Pilotmarkt in Braunschweig betreibt die Firma Staake derzeit noch selbst.
Der Geschäftsmann Staake hat sich dieses Konzept selbstredend patentieren lassen und die Dimension möglicher Perspektiven ist zurzeit noch gar nicht abzusehen.
Automatisch wählt der Kunde seinen Getränkewunsch an einem Bedienfeld und zahlt bargeldlos mit seiner ec-Karte. Abgegebenes Leergut wird dabei verrechnet.
Im Inneren des Gebäudes stellt ein Regalbediengerät die Bestellung zusammen und liefert sie über ein Shuttle in bequemer Höhe an den Pkw-Kofferraum des Kunden aus. Ein zweites Regalbediengerät sorgt für die Einlagerung der neuen Ware.
Getränkeeinkauf – schnell, bequem und rund um die Uhr an jedem Tag.
So erleben Kunden mitten in Braunschweig ein Stück Zukunft.
Und man darf gespannt sein, mit welcher Idee Jochen Staake demnächst überrascht.

STAAKE Investment & Consulting GmbH & CO. KG
Wilhelmitorwall 28 · 38118 Braunschweig
Tel. (05 31) 24 48 50 · Fax (05 31) 2 44 85 22
info@staake.de · www.staake.de

Automatischer Getränkemarkt »Getränke Drive 24«, Fabrikstraße, Braunschweig

Die Geburtsstätte dieser Sportart in Deutschland

Basketball in Braunschweig

Die 1. Braunschweiger Herrenmannschaft (SV Blau-Gelb) 1951/1952

Von Ulrich Everling

Nur wenige wissen, dass die deutsche Wiege der Sportart Basketball in Braunschweig stand.
Schon 1896 wurde zum ersten Mal in Deutschland Basketball in der Löwenstadt gespielt. August Hermann, ein Gymnasiallehrer am Martino-Katharineum war auf der Suche nach einer Alternative zum ebenfalls in Braunschweig aus der Taufe gehobenen Fußball und wurde inspiriert von seinem in den USA lebenden Sohn. Dort hatte der Basketball schon Einzug gehalten. Hermann verfasste und veröffentlichte die ersten Regeln der neuen Sportart, die er wegen der seinerzeit vorherrschenden Deutschtümelei »Korbball« nannte und ließ seine Schüler zwischen eiligst errichteten primitiven Körben das Spiel ausprobieren. Es dauerte allerdings mehr als ein halbes Jahrhundert, bis der Basketball in Braunschweig richtig Fuß gefasst hatte, nachdem die amerikanischen Besatzungssoldaten »ihren« Sport hier bekannt machten.
Begonnen hat alles Ende der 40er Jahre, als einige Studenten der Technischen Hochschule (heute TU) in der damaligen Kant-Hochschule in der Freizeit intensiv Basketball spielten. Sie gingen später als »Missionare« in die Schulen und versuchten die Sportart jungen Leuten schmackhaft zu machen. So waren es Schüler der Raabe-Schule, die sich in ihrer Turnhalle am Franzschen Feld, einer ehemaligen Kfz-Halle vom Reiz der Sportart infizieren ließen. Sie und einige Studenten waren es auch, die im SV Blau-Gelb, dem späteren Post-SV eine Abteilung gründeten, mit Schülern zusammen eine Mannschaft bildeten und zu ersten Punktspielen mit der gleichzeitig aus der Taufe gehobenen Mannschaft des MTV Wolfenbüttel und einem Team der TH antraten. Bei den Frauen nahm der BSC in der Gründerzeit als erster den Basketball in sein Programm. Ausländer in den Mannschaften waren die Ausnahme. Die Konkurrenzsituation mit Wolfenbüttel hielt über Jahre und war ein wesentlicher Antriebsfaktor für die schnelle Weiterentwicklung. In Braunschweig entstanden bald weitere Mannschaften und auch hier sorgte der Wettbewerb untereinander für eine sprunghafte Verbesserung des Leistungsniveaus. Unvergessen die Lokalbegegnungen zwischen Blau-Gelb und Eintracht in der kleinen Halle der Neuen Oberschule, in der die Zuschauer in mehreren Reihen direkt am Spielfeldrand die Begegnungen verfolgten. Heute kaum mehr vorstellbar sind die Bedingungen, unter denen damals angetreten wurde. Da gab es nur wenige ausgebildete Schiedsrichter, gespielt wurde mit einem schweren Lederball, die Bekleidung bestand oft aus abenteuerlichen Fantasietrikots. Die zu Beginn vorhandenen drei (!) Hallen mit Basketballkörben neben der Kant-Hochschule waren in zum Teil erbarmungswürdigem Zustand. Dennoch spielten schon bald Braunschweiger Teams in der Oberliga, der damals höchsten Spielklasse. Aus Braunschweig wurden Anfang der 1960er Jahre sogar einige wenige Akteure in Auswahlteams bis hinauf zur Nationalmannschaft der Erwachsenen und Jugend berufen und bildeten die Vorgänger für jene Spieler, die ein Vierteljahrhundert später bis heute regelmäßig insbesondere in Jugend-Nationalteams eingesetzt wurden.
Mit dem Bau größerer Sporthallen nahm auch der Basketball einen beachtlichen Aufschwung.

Eröffnungsspiel in der Tunicahalle (August 1965)

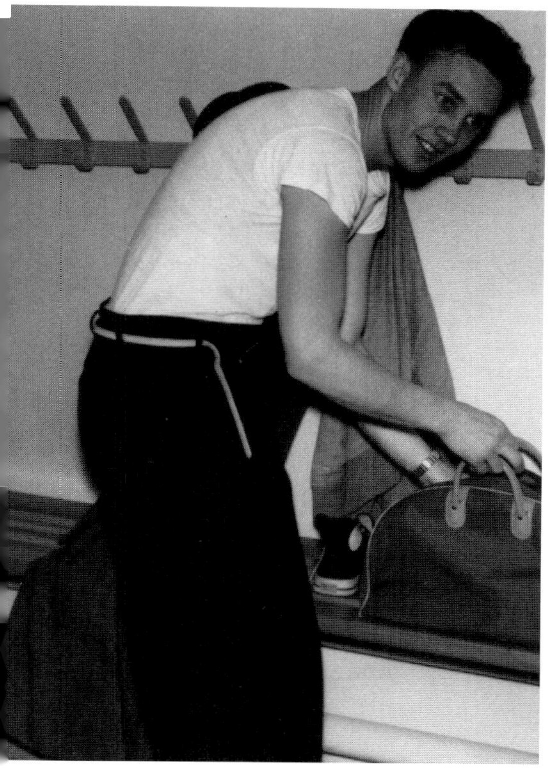

Der erste Amerikaner in Braunschweig, GI Jim Johnson, der 1955 für Eintracht spielte.

So traten zwei Auswahlteams der Stadt zum Eröffnungsspiel in der vor 40 Jahren errichteten Tunicahalle an und mit der Sporthalle Alte Waage gab es schließlich auch eine Austragungsstätte, die höheren Ansprüchen genügte und die Grundlage für den rasanten Aufstieg der gerade gebildeten Spielgemeinschaft Freie Turner/MTV (SG) bildete. Unter dem inzwischen verstorbenen Lehrer und Trainer Eckhardt Stein stieg das Team in sechs Jahren Klasse um Klasse auf und erreichte 1988 die Bundesliga. Das damalige und lobenswerte Konzept, nur mit deutschen Spielern zu arbeiten, ging jedoch schief gegen die mit Amerikanern gespickte Konkurrenz. Immerhin erreichte das SG-Team das deutsche Pokalfinale und trat dreimal im Europacup an. Nach dem Wiederaufstieg kam 1990 als erster Ausländer Srefan Svitek nach Braunschweig, ihm folgte 1991 Richard »Scooter« Barry als erster Amerikaner, dessen Wirkung und Beliebtheit wohl nur noch von dem Rekordkorbjäger Mike Jackel übertroffen wurde, der mit der Mannschaft 1996/1997 und ein Jahr später die Play-Offs erreichte. Vorausgegangen war ein Wechsel in der Führung, denn der Unternehmer Richard Hartwig, der vorher schon als finanzieller Helfer eingesprungen war, übernahm die Verantwortung für das Bundesligateam. Ihm gelang nach dem Abstieg 1994 ein einmaliger Coup: Nach dem sportlichen Scheitern des Wiederaufstiegs schaltete der Braunschweiger am schnellsten, als die Insolvenz des Bundesligisten TuS Bramsche bekannt geworden war und kaufte kurzerhand dessen Lizenz für 100 000 DM. Die neuere Geschichte des Bundesliga-Basketballs ist noch frisch, und kann so skizziert werden: Eingeläutet durch den Bau der Volkswagen-Halle wurde das Bundesligateam zu einem Wirtschaftsunternehmen, das allerdings zahlreiche Höhen und Tiefen durchmachen musste (unter anderem Trennung von Hauptsponsor Metabox, Gesellschaftsübernahme durch den Stadtsportbund), mit Abstiegsängsten (Klassenerhalt durch Aufstockung der Liga) und Meisterschaftshoffnungen (herausragend die Play-Off-Auseinandersetzungen mit dem Deutschen Meister Alba Berlin um den Einzug ins Finale vor einer bislang nicht wieder erreichten Rekord-Zuschauerzahl von 7000 Zuschauern) durchlaufen musste. In dieser Zeit entwickelte sich der Amerikaner Demond Mallet zum Publikumsliebling, der sogar zweimal Braunschweiger Sportler des Jahres wurde.

Heute sind in Braunschweig knapp 1000 Sportlerinnen und Sportler in elf Vereinen im Basketball aktiv. Während bei den Männern das Profiteam der New Yorker Phantoms in der ersten Bundesliga spielt und sein »Ableger«, die SG in der zweiten Bundesliga angesiedelt ist, hat der Frauen-Basketball in der Braunschweiger Basketball-Gemeinschaft (BBG Eintracht/USC) eine dominierende Stellung eingenommen und tritt mit seiner ersten Mannschaft in der Regionalliga, der dritthöchsten Spielklasse an.

Szene aus einem der ersten Spiele in der Kanthochschule (1954) zwischen Blau-Gelb und Eintracht

Auch unter freiem Himmel wurde gespielt – Szene aus einem Spiel auf dem Freiplatz Rote Wiese (1955).

Basketball mit Tradition und Zukunft

Der Bundesliga-Standort Braunschweig

Publikumsliebling Jonathan Levy (New Yorker Phantoms)

Von Norbert Rüscher

Als die Volkswagen-Halle am Europaplatz im September 2000 eröffnet und neue Spielstätte des Basketball-Bundesligisten »Met@box Braunschweig« (vormals SG Freie Turner/MTV Braunschweig) wurde, sollte nicht nur eine neue sportliche Ära eingeleitet, sondern mit der Gründung einer Betriebsgesellschaft mbH auch eine neue wirtschaftliche Basis für den Spitzensport Basketball geschaffen werden.

Doch es kam anders: Wie gewünscht stiegen zwar die Zuschauerzahlen in der bis zu 7000 Zuschauer fassenden Volkswagen-Halle im Vergleich zur bisherigen Spielstätte, der Sporthalle »Alte Waage«, kräftig an, doch der Namenssponsor »Met@box« zog sich bereits nach nur drei Monaten aus dem vertraglich zugesicherten finanziellen Engagement zurück, so dass die Betriebsgesellschaft Insolvenz anmelden musste und der Bundesliga-Basketball in Braunschweig dem Untergang geweiht schien.

Volkswagen Halle: eine moderne Basketball-Arena

Doch es wurde eine bis heute in Deutschland einmalige Rettungsaktion initiiert, um den Bundesliga-Basketball als Dauernutzer der Volkswagen-Halle zu erhalten und die langjährige erfolgreiche Entwicklung des Basketballsports in Braunschweig fortsetzen zu können. Mit Unterstützung der regionalen Wirtschaft gründete der Stadtsportbund Braunschweig e.V. (SSB) mit Zustimmung des Deutschen Sportbundes zum 1. Februar 2001 die StadtSport Braunschweig GmbH als alleiniger Gesellschafter. Die für den Ligabetrieb notwendigen Gelder wurden dem SSB treuhänderisch zur Verfügung gestellt. Mit Genehmigung der Ligaverantwortlichen und Hilfe des Deutschen Basketballbundes wurde die begonnene Saison erfolgreich zu Ende gespielt.

Dieses Konstrukt, das später in »Braunschweiger Basketball GmbH« umfirmiert wurde, hat über mehrere Jahre die Abwicklung des Spielbetriebs der Erstliga-Basketballer gewährleistet und somit den Bundesliga-Standort Braunschweig gesichert. Dies war allerdings nur mit großzügiger Unterstützung einiger regionaler Unternehmen wie Öffentliche Versicherung, Nord/LB, Volkswagen und BS|ENERGY möglich und dem persönlichen Engagement ihrer Verantwortlichen zu verdanken. In dieser Zeit spielte das Team unter den Namen »StadtSport Braunschweig«, TXU Braunschweig« und »BS|ENERGY Braunschweig«. Seit der Saison 2006/2007 ist das Modehaus »New Yorker« Namensgeber und das Basketballteam tritt unter »New Yorker Phantoms Braunschweig« an. Äußeres Zeichen dieser Namensgebung ist das Phantoms-Maskottchen.

Andrew Drevo (New Yorker Phantoms) beim Halbdistanzsprungwurf

Mit der am 1. Juli 2007 gegründeten »Phantoms Basketball Braunschweig GmbH« ist die Verantwortung für den Bundesliga-Spielbetrieb auf die neue Betriebsgesellschaft übergegangen und gleichzeitig die Gesellschafterstruktur verändert worden.

Flavio Stückemann (SG Freie Turner/MTV) in Aktion

Die Trainingscamps des LBB erfreuen sich großer Beliebtheit.

Neben dem SSB halten jetzt auch die Hauptsponsoren Öffentliche Versicherung, BS|ENERGY und »New Yorker« Gesellschaftsanteile. Der vierte Hauptsponsor Volkswagen ist mit den Gesellschaftern im Aufsichtsrat vertreten.
Mit dieser Maßnahme und weiteren Strukturveränderungen im operativen Bereich (u.a. Doppelspitze mit Sportdirektor und kaufmännischem Geschäftsführer) wurde eine wirtschaftliche Konsolidierung erreicht, die den Braunschweiger Basketball gegenüber anderen Bundesliga-Standorten wettbewerbsfähig erhält. Darüber hinaus tragen die Zusammenlegung der Phantoms-Geschäftsstelle mit der Geschäftsstelle des Kooperationspartners SG Freie Turner/MTV Braunschweig sowie eine enge sportliche wie organisatorische Anbindung der SG-Zweitligamannschaft und der U19-Nachwuchsbundesliga (NBBL) zur Optimierung der Basketballstruktur in Braunschweig bei.
Grundlage für die langjährig erfolgreiche Entwicklung des Basketballs in Braunschweig bildet das konsequent verfolgte Nachwuchskonzept. Bereits in den Schulen wird Talentsichtung betrieben. Hierbei steht als Partner die »Sportfreundliche Schule« IGS Franzsches Feld, die Basketballklassen ab dem fünften Schuljahr eingerichtet hat, zur Verfügung. Das in der Saison 2007/2008 begonnene Projekt »phantoms@school«, mit dem pro Jahr ca. 50 Schulen in der Region Braunschweig erreicht werden, trägt bereits Früchte. Der Förderverein Leistungszentrum Basketball Braunschweig e.V. (LBB) nimmt sich jungen Basketballtalenten mit Unterstützung der Christophorus-Schule (CJD) an. Die traditions- und erfolgreiche SG Freie Turner/MTV Braunschweig bietet allen Jahrgängen die Möglichkeit, am entsprechenden Spielbetrieb der Jugendmannschaften bis hin zur 2. Bundesliga (Pro B) teilzunehmen. Das Braunschweiger Nachwuchskonzept hat in den vergangenen Jahren viele Jugend-Nationalspieler hervorgebracht. Für die jahrelang erfolgreiche Arbeit wurde der Basketball-Standort Braunschweig im Sommer 2008 zum »Bundesstützpunkt Nachwuchs« des Deutschen Basketballbundes ernannt.
Ziel eines jeden Basketballtalentes ist es aber, irgendwann dem Kader der »New Yorker Phantoms Braunschweig« anzugehören und mit dem Team in die im Schnitt mit über 3000 Zuschauern gefüllte Volkswagen-Halle einzulaufen, um die besondere Atmosphäre eines Heimspieles vor dieser Kulisse hautnah zu erleben. Durch die seit dem Saisonbeginn 2008/2009 zur Verfügung stehende, wettbewerbsgerecht umgerüstete Trainingshalle, die vor über 40 Jahren vom Basketball eröffnete Tunica-Sporthalle, und ein weiteres Engagement der vielen regionalen Sponsoren besitzt der Basketball-Standort Braunschweig eine gute Perspektive und man kann eine erfolgversprechende sportliche Zukunft voraussagen.

Das Phantom: Maskottchen der New Yorker Phantoms

phantoms@school: man kann nicht früh genug anfangen.

Philip Noch (SG Freie Turner/MTV) in der U19-NBBL aktiv (alle Fotos: Werbeagentur PartnerDesign)

Hohes Gut: Brüderlichkeit, Toleranz und Humanität

Die Freimaurerloge »Carl zur gekrönten Säule«, Braunschweig blickt auf eine lange, ereignisreiche Geschichte zurück

Die Freimaurerei ist eine in fast allen nichttotalitären Staaten verbreitete Bewegung, die eine humanitäre Geisteshaltung vertritt und ihre gesellschaftliche Aufgabe darin sieht, den Menschen eine Lebenseinstellung zu vermitteln, die die Entfaltung ihrer ethischen und denkerischen Anlagen ermöglicht. Sie entstand aus der alten englischen Werkmaurerei der Baumeister. In ihrem Wachsen nahmen esoterische und philosophische Motive allmählich die Stelle der ursprünglichen Berufsthematik ein, wobei ihre aus dem Mittelalter stammende Symbolik heute noch in ritueller Weise gepflegt wird. Die erste Großloge wurde 1717 in London gegründet und schon 1737 entstand in Hamburg die erste deutsche Großloge.

Die Loge »Carl zur gekrönten Säule« wurde 1744 als eine der frühesten Logen in Deutschland gegründet. Ihr Name verweist auf den seinerzeit regierenden Herzog Carl I. von Braunschweig, der – obzwar nicht Freimaurer – sich der Gründung und dem Bestehen der Loge sehr angelegentlich widmete. Die im Bijou, dem Logenabzeichen, abgebildete ionische Säule mit der Fürstenkrone und dem ligierten doppelten ›C‹ auf dem Sockel drückt noch immer die Dankbarkeit gegenüber dem herzoglichen Protektor aus.

Zu jener Zeit war das gesellschaftliche Leben in der Residenz Braunschweig dominiert von dem welfischen Fürstenhaus. Wie sehr die Loge Spiegel und mittragendes Element dieser Oberschicht war, wird darin erkennbar, dass drei Fürsten des

Blick in den festlichen Saal des Logenhauses. Der Saal kann auch privat angemietet werden, Gastronomie vorhanden. (Foto: typusmedia)

Eingang Logenhaus

Braunschweiger Hofes als Mitglieder und leitende Persönlichkeiten die Geschichte der Loge »Carl« mitschrieben: Prinz Albrecht, Herzog Ferdinand und Herzog Leopold von Braunschweig, der die Ideale der Freimaurerei, Menschenliebe und Hilfsbereitschaft, auf bewegende Weise dokumentierte, indem er bei der Rettung von Bürgern in Wassersnot sein junges Leben opferte.
In der neuen Zeit des aufstrebenden Bürgertums gewann die Loge das Interesse der großbürgerlichen Gesellschaft, die besonders von der Weltoffenheit und der liberalen Weltanschauung der Freimaurer angezogen wurden. Bekannte Braunschweiger Persönlichkeiten aus Industrie und Finanzwesen wie Hugo Luther, Max Jüdel, Ernst Amme und Julius Konegen, aber auch Wissenschaftler wie Nehrkorn und Komponisten wie Franz Abt traten der Gemeinschaft bei.

Der Erste Weltkrieg und die folgenden Jahre der Depression gingen nicht spurlos an der Loge »Carl« vorbei. Ihre gesamten mildtätigen Stiftungen für bedürftige Menschen in Braunschweig wurden von der Inflation vernichtet. Der schwerste Schlag jedoch, der die Loge traf, war nach der Etablierung des NS-Unrechtsstaates das Verbot aller Freimaurerlogen in Deutschland. Eine Staatsdemagogie, die die politische und intellektuelle Gleichschaltung aller Bürger anstrebte, konnte sich keine Vereinigung leisten, die als höchstes Gut des Menschen seine Gewissensfreiheit pries.
Der zweite große Krieg war wohl das einschneidendste Ereignis, das die Loge während ihres Bestehens traf. Danach waren die Brüder zerstreut, in Gefangenschaft oder gefallen. Und doch bot wenigstens das Ende der NS-Herrschaft die Möglichkeit für einen Neubeginn der Loge. Auf etliche Gesuche und Eingaben folgend, war der Loge ab Mitte Oktober 1945 von der Militäradministration wenigstens die Erlaubnis erteilt worden zusammenzutreten. Die Erlaubnis zur Ritualarbeit erhielt sie erst 1947.

Im Bijou, dem Logenabzeichen, wird Herzog Carl der Dank ausgedrückt. (Fotomontage: H. Kilanowski)

Schwierig war auch die Raumfrage zu bewältigen, so dass man sich anfangs mit einer studentischen Verbindung einige Zimmer teilen musste. Die Lage normalisierte sich 1953, als der Loge »Carl« und den zwei ebenfalls in Braunschweig arbeitenden Logen ein von der NS ehemals konfisziertes Logenhaus als Wiedergutmachung übertragen wurde. So teilen sich nun drei Logen, freundschaftlich und brüderlich vereint in einem Hausverein, die Nutzung des Logenhauses »Haus der Bruderschaft« am Löwenwall 9.

Auf die über zehn Jahre andauernden Angriffe und Verleumdungen der NS-Machthaber, die in so genannten »aufklärenden Ausstellungen« der Freimaurerei unsägliche Verbrechen unterstellten, antwortete die Loge 1963 mit einer Ausstellung im Städtischen Museum, in der sie mit Schriften, Dokumenten und flankierender Öffentlichkeitsarbeit das wahre Gesicht der Freimaurerei vorstellte.
Am 12. Februar 1994, zum genauen Termin der Gründung, feierte die Loge ihr 250. Stiftungsfest unter großer Anteilnahme vieler Repräsentanten aus Logen und Großlogen des In- und Auslandes und Vertretern der Öffentlichkeit.
Die Loge ›Carl zur gekrönten Säule‹ hat sich seit jeher der Stadt und Gesellschaft Braunschweigs verbunden gefühlt; sie ist ja ein Teil davon. In ihrer langen Geschichte hat sie getreu der Devise auf ihrem Logensiegel ADHUC STAT (»Noch immer besteht sie« (die Säule)) ihre Identität und ihre Ideale bewahren können. Gerade in der heutigen Zeit, die von materiellem Streben, vom rücksichtslosen Kampf um Macht und Besitz geprägt ist, bietet die Freimaurerei einen Raum, in dem sich Gleichgesinnte finden, die die für die Menschheit unverzichtbaren Werte ***Toleranz – Brüderlichkeit – Humanität*** bewahren.
Interessierte Herren werden gern zu Informations- und Gästeabenden eingeladen.

FREIMAURERLOGE CARL ZUR GEKRÖNTEN SÄULE
Löwenwall 9 »Haus der Bruderschaft« · 38100 Braunschweig
Tel. (01 62) 8 86 19 56
carl-zur-gekroenten-saeule.braunschweig@freimaurerei.de · www.freimaurerei.de/czgs.braunschweig

Ein Schloss für alle Bürger

Braunschweigs neues Wahrzeichen in der Stadtmitte

Was in Berlin, Potsdam oder Hannover noch Zukunftsmusik ist – Braunschweig hat seit Frühjahr 2007 sein Stadtschloss zurück. In nur zwanzigeinhalb Monaten entstand unter Regie der Hamburger ECE mit dem rekonstruierten Schloss die neue Attraktion der Löwenstadt. Nach der Dresdner Frauenkirche ist diese Rekonstruktion die zweite große Wiederaufbauleistung im vereinten Deutschland. Weit mehr als zehn Millionen Besucher haben bisher das neue Braunschweiger Schloss bestaunt und die neu geschaffenen Stadträume am Bohlweg und am Ritterbrunnenplatz in Besitz genommen.

Das Braunschweiger Schloss, in den 1830er Jahren nach Plänen des Architekten Carl Theodor Ottmer im Stile des Klassizismus errichtet, war im Zweiten Weltkrieg größtenteils zerstört worden. Mit dem Abriss der Schlossruine im Jahre 1960 verschwanden – gegen großen Widerstand aus der Bevölkerung – schließlich auch die letzten Überreste des ehemaligen Domizils der Herzöge von Braunschweig aus dem Stadtbild.

Der Wiederaufbau des Schlosses mit seiner imposanten 116 Meter breiten und 21 Meter hohen Hauptfassade sowie den zwei Flügelfassaden erfolgte nach historischem Vorbild zwischen Juli 2005 und März 2007. Projektpartner für die Schlossrekonstruktion und die daran angeschlossene Einkaufsgalerie »Schloss-Arkaden« mit 150 Fachgeschäften waren die Credit Suisse Asset Management Immobilien KAG mbH und die ECE. Für die Fassadenrekonstruktion verwendeten die Bauleute mehr als 600 erhalten gebliebene Originalteile aus Naturstein. Diese hatte man nach dem Abriss der Schlossruine nicht zerstört, sondern zur späteren Wiederverwendung vergraben und zum Teil sogar akribisch gekennzeichnet.

Die Quadriga ist seit Oktober 2008 ein Wahrzeichen der Stadt.

Zu den Originalteilen kamen mehr als 8200 neu gefertigte Sandsteinquader, die in der Sächsischen Schweiz gebrochen und von Spezialisten in Polen bearbeitet wurden. Diese neuen Quader unterscheiden sich farblich leicht von den Originalteilen. Dadurch ist für den Betrachter erkennbar, welche Steine original und welche neu sind. Besonders aufwändig gestalteten sich die Restaurationsarbeiten am Figurenfries über dem Portikus mit ge-

Anziehungspunkt vieler Menschen mitten in der Stadt

Blick in die großzügig konzipierte Einkaufsgalerie

Aufwändige und liebevolle Gestaltung des Schlossplatzes

schichtlichen Darstellungen aus der Zeit Heinrichs des Löwen. Bei der gesamten Rekonstruktion halfen Steinmetze, die auch schon beim Wiederaufbau der Dresdner Frauenkirche mitgewirkt hatten.

Das wiedererrichtete Braunschweiger Schloss beherbergt auf 13 400 Quadratmetern öffentlich-kulturelle Einrichtungen wie das Schlossmuseum, die Stadtbibliothek, das Stadtarchiv und das Kulturinstitut. Ein weiterer Anziehungspunkt ist das Schlosscafé über dem rekonstruierten Portikus am Bohlweg. Von hier gelangen die Besucher auch in die neue Einkaufsgalerie, die mit dem Schloss verbunden ist. In der hell und freundlich gestalteten Ladenstraße dominieren elegante Materialien – heller Naturstein, kombiniert mit dunklem Holz und Edelstahl. In einem Lounge-Bereich können sich die Besucher auf Ledersofas entspannen.

In der Braunschweiger Innenstadt haben die Rekonstruktion des Schlosses und die Eröffnung der Schloss-Arkaden einen wahren Investitionsboom ausgelöst. Dadurch konnte die Löwenstadt ihre Position als Niedersachsens Einkaufsmetropole Nummer eins nachhaltig stärken. Auch die anfängliche Sorge vieler Geschäftsinhaber, die Menschen würden nur noch die Schloss-Arkaden aufsuchen, hat sich längst zerstreut: Neun von zehn Innenstadtbesuchern nutzen auch weiterhin die Geschäfte in der City. Braunschweig hat durch die Schlossrekonstruktion in der Stadtmitte nachhaltig an Attraktivität gewonnen. Die internationale Presse kürte das neue Schloss zu den zehn besten Bauten des Jahres 2007. Und anders als sein Vorgänger steht das neue Braunschweiger Stadtschloss jetzt allen Bürgern offen.

Auch illuminiert ein imposanter Anblick

Geschichte und Tradition in der Innenstadt

Braunschweigs schöne Fachwerkhäuser

Stiftsherrenhäuser

Von Brigitte Windt

Braunschweig war einst eine der schönsten, reichsten und eindrucksvollsten Fachwerkstädte Deutschlands. So nannte der Theaterkritiker Alfred Kerr Braunschweig in den 20er Jahren des 20. Jahrhunderts einen »Schatz«, »etwas Liebes, das man auf seinem Weg findet«, und er sah Straßenzüge, »darin wundersam eine alte krause Zeit gewahrt blieb«.

Hinter der Magnikirche 1

Dieses Braunschweig gibt es nicht mehr. Der Zweite Weltkrieg zerstörte die Innenstadt weitgehend.

Dennoch – 70 der etwa 2000 Fachwerkhäuser aus der Zeit von circa 1470 bis zum 18. Jahrhundert sind noch erhalten, darunter 15 aus den Jahren vor 1500. Das ist etwas ganz Besonderes, denn die wenigen heute noch vollständig erhaltenen Fachwerkstädte weisen nur noch selten Häuser aus spätgotischer Zeit auf.

Die Ansicht der Braunschweiger Fachwerkhäuser wird durch waagerechte und senkrechte Linien bestimmt. Das Holzwerk ist auf das eigentliche Fachwerkgerüst beschränkt, also das statisch notwendige Gerippe für Wand, Decke und Dach. Schmückende Zutaten wie im hessisch-fränkischen Fachwerk fehlen. Ein Dreiecksverband aus Streben, Ständer und Schwelle bzw. Deckenbalken machen den Holzbau winkelsteif und widerstandsfähig gegen die Horizontalkräfte des Windes. Die Zwischenräume zwischen den wandbildenden Hölzern heißen Gefache und werden erst nach Aufrichtung des Gerüstes entweder mit Lehmputz auf einem hölzernen Flechtwerk oder mit Bruch- oder Backsteinen ausgefüllt.

Hinter der Magnikirche 5

Als die konstruktive Entwicklung des Fachwerkbaus nicht weiter verbessert werden konnte, wandte sich gegen Ende des 15. Jahrhunderts das Interesse der Bürger dem Schmuck der Hausfronten zu. Die weiten Geschossvorkragungen, von Knaggen (Konsolen) gestützt, erhielten zunächst den stark plastischen »Treppenfries«, eine auf- und absteigende Treppe, die jeweils den Zwischenraum zwischen zwei Ständern ausfüllt. Zu diesem Treppenfries gehört zeitgleich immer die tief eingeschnittene, langgezogene Kerbknagge. Treppenfriese und Kerbknaggen sehen wir an den Stiftsherrenhäusern 8, an der Kleinen Burg, dem Ensemble in der Alten Knochenhauerstraße (mit dem bedeutendsten noch erhaltenen mittelalterlichem Fachwerkgebäude Ritter St. Georg), am Haus Ritterstr. 24 und Hinter der Magnikirche 1 und 5. Sie alle sind in der Zeit zwischen 1479 und 1500 entstanden. Braunschweig ist besonders stolz auf diese Häuser.

Der Treppenfries, als doppelte oder sogar dreifache Treppe ausgebildet, oft auch bereichert durch kleine figürliche Darstellungen in Flachschnitzerei, wie in der Alten Knochenhauer-Straße, wird durch

Stiftsherrenhäuser

Ritterstraße 24

den Bügelfries abgelöst, dem der Laubstab folgt. Denn die Verzierungen am Fachwerkbau sind Modeerscheinungen. An ihnen läßt sich das ungefähre Entstehungsdatum der Häuser mühelos ablesen. Diesen Laubstab sehen wir unter dem Dach am Haus Damm 4, erbaut 1535 (siehe unten). Dort hat man ihn belassen, nachdem alle anderen herrlichen Fachwerkverzierungen, bis auf die Knaggen

Alte Knochenhauerstraße

unter der ersten Vorkragung nach Mode des frühen 19. Jahrhunderts abgebeilt wurden.

Ohne wesentliche Veränderungen blieb das Haus des Krämers und Ratsherren Friedrich Huneborstel – das heutige Gildehaus, gebaut 1524 – über die Jahrhunderte bestehen. Und wir stehen heute noch genauso wie unsere Vorfahren vor knapp 500 Jahren voll Staunen vor einem Bilderbuch aus Holz. Schauen wir vom Beginn der ersten Vorkragung bis zur Traufe: da tummeln sich Nixen und Putten, Sol (die Sonne) mit Strahlenkranz präsentiert stolz sein Zepter, während sich ein Löwe an seine Beine schmiegt. Darüber bringt jemand unter dem Deckmantel des Narren sein Schäfchen ins Trockene, in der Knaggenreihe unter der Traufe begleitet ein Bauer seine Bäuerin zum Markt, Patrizier und Patrizierin sind einander zugetan, die fünf Sinne stellen sich recht drastisch dar. Auf den unteren Ständern sind Sol die anderen sechs Planetengötter rechts und links zugeordnet, so dass sich eine korrekte Reihenfolge der Planetengötter des damals noch herrschenden Ptolemäischen Weltbildes mit der Erde als Mittelpunkt ergab. Herr Huneborstel zeigte seine Bildung! Nun sind alle diese Figuren in Hoch- und Flachschnitzerei nicht unbedingt die Erfindung des Künstlers – das war wahrscheinlich ein Simon Stappen –, sondern es gab Vorlagenbücher und Kalenderblätter unter anderem von Burgkmair und Dürer.
Das Gildehaus stand ursprünglich im Stadtteil Sack. Dort sollte es abgerissen werden. Die Stadt kaufte 1902 Fassade und Dachstuhl und ließ beides einem Neubau am Burgplatz vorblenden bzw. aufsetzen. So wurde am Burgplatz eine lange bestehende Baulücke geschlossen: die erste »Traditionsinsel« war geschaffen worden.
Das Huneborstelsche Haus ist ein gutes Beispiel für die mittelalterlichen Bürgerhäuser: Im Erdgeschoss wurde gearbeitet und gewohnt. Hinter dem Portal lag die hohe Däle, in die an einer Seite niedrige Zwischengeschosse als Schlafräume eingehängt wurden, während die andere Seite die Durchfahrt der Wagen in den Hof ermöglichte.

Alte Knochenhauer-Straße

Damm 4, Hieronymus

Burgplatz, Gildehaus

Schmuck am Gildehaus, Burgplatz

Damm 4, Knaggen

Burgplatz, Veltheimsches Haus

Alle weiteren Geschosse einschließlich des hohen Daches dienten der Lagerung von Waren. Die Fenster waren vergittert, damit der Wind die Waren trocknen bzw. trocken halten konnte. Der Lastenaufzug in den Dachbereich erfolgte durch ein Winderad.

Ganz anders verhält es sich mit dem Nachbarhaus, dem ehemaligen von Veltheimschen Lehnhof, gebaut 1573. Das Stadthaus einer Adelsfamilie hat drei hohe Wohngeschosse, kein Zwischengeschoss und auch keinen Speicher. Ein besonderes Statussymbol ist der hohe Erker.
Die Konsolen der Überhänge sind mit Blattornament belegt, die Schwellen zeigen die Fortentwicklung des Laubstabes: den Kettenfries mit Diamantquader über den Balkenköpfen, Taubänder und auf den Ständern hufeisenförmige Perlreihen.
Diese Perlreihen sehen wir auch am Haus Ritterstraße 23; dazu Rollkonsolen und ornamentierte Schiffskehlen zwischen den Balkenköpfen. Über dem alten Eselsrückensturz findet sich die Datierungsinschrift »1608«. Im Vergleich zum 100 Jahre älteren Nachbarhaus haben die Raumhöhen deutlich zugenommen, der Überhang dagegen ist zurückgenommen worden. Die Gefache sind nicht mehr mit einem Staken-Flechtwerk für Strohlehm, sondern mit Ziegelzierverbänden ausgefüllt. Das 17. Jahrhundert und der Beginn des 18. Jahrhunderts präsentieren das Fachwerk in seiner Vollendung!
Neben all diesen prächtigen Häusern gibt es einige, die nur als »Buden« bezeichnet werden, entweder aufgrund ihrer geringen Größe, wie das Haus Ölschlägern 23 (erbaut um 1500) mit nur drei Gefachen, oder wegen ihrer dreieckigen Grundform, wie das Haus Schuhstraße 17 mit nadelspitzem Giebel und geschwungenem Dach. Diese »Bude« wurde Ende des 16. Jahrhunderts erbaut und zeigt auf seinen drei Saumschwellen das Facettband, ebenfalls eine Weiterentwicklung des Laubstabes, am ersten und zweiten Oberstock begleitet von einem Tauband. Ein kleiner Fenstererker erlaubt es den Bewohnern, den angrenzenden Kohlmarkt zu überblicken.

Ölschlägern 23

Ritterstraße 23

Das beherrschende Schmuckmotiv der Renaissance war die Halbrosette, aus der sich der scharfkantige Fächer entwickelte. Einen solchen Fächer zeigt das Haus Jakobstr. 2.
In unmittelbarer Nachbarschaft steht das mit 20 Spann Länge (ein Spann ist der Abstand von Ständer zu Ständer) größte von Kriegsschäden verschont gebliebene Holzgebäude der Stadt. 1561 errichtet, wird es heute als Studentenwohnheim genutzt.
Im Eckbau zur Jakobstraße, dem Nebengebäude, ist ein sogenanntes Chronogramm eingeschnitten (begleitet von Tauband und Perlen): »Da PaCeM IehoVa VrbI BrVnsVIga«. Gib Frieden Herr der Stadt Braunschweig. Stellt man die Großbuch-

Schuhstraße

staben zusammen, ergibt sich MDCVVVVIII, die Jahreszahl 1623. Und diese Friedensbitte hat geholfen! Braunschweig blieb im Dreißigjährigen Krieg von Brandschatzung und Überfällen verschont. Allerdings brach unmittelbar nach dem Krieg die Pest aus, die ein Drittel der Bevölkerung dahinraffte. Die Stadt verarmte. Und so hatten die versammelten Herzogsheere 1671 keine große Mühe, die Stadt einzunehmen. Der Hof, fast 400 Jahre in Wolfenbüttel ansässig, zog 1753 in Braunschweig ein – und mit ihm der Baustil des Barock. Ein völlig neues Schönheitsempfinden, vermittelt von der neuen Oberschicht der Höflinge, Offiziere und Beamten, teilte sich der Bürgerschaft mit. Die Vorkragungen, die zum Ende des

Chronogramm

17. Jahrhunderts immer weiter zurückgenommen worden waren, verschwanden nun völlig.
Ein edles und seltenes Beispiel für diese Übergangszeit ist das Pfarrhaus Hinter der Magnikirche 7 von 1705. Seine Fassade ist nahezu schmucklos. Die Fenster sind zu Gruppen zusammengefasst, die Mitte wird betont. Das Haus scheint in sich selbst zu ruhen.

Nach dem Verlust der Selbstständigkeit 1671 musste die Stadt auch noch eine große Garnison aufnehmen. Da es noch keine Kasernen gab, wurden die Soldaten in den Bürgerhäusern einquartiert. Das war eine schwere Belastung. Aber man wusste sich zu helfen: die Dachgeschosse wurden ausgebaut. So entstanden Mitte des 18. Jahrhunderts in Braunschweig die vielen Zwerchhäuser auf den Dächern.
Die vier Fachwerkhäuser, die den Übergang vom Kohlmarkt in den Ziegenmarkt bilden, zeigen die Abkehr vom traditionellen bürgerlichen Wohn-Speicherhaus in Braunschweig, die unter dem Einfluss des Barock einsetzte: die Ständer werden zwischen den Fenstern zu Paaren zusammengestellt, die Balkenköpfe hinter Brettprofilen versteckt, das Fachwerk sehr häufig mit Ölfarbe überstrichen, ein Massivbau imitiert.
Die Braunschweiger Bürgerhäuser wandten schon sehr früh, gegen Ende des 15. Jahrhunderts, ihre Traufenseiten den Straßen zu – wie an dem oben beschriebenen Ensemble auch zu sehen ist, – so dass sich eine kontinuierliche Zeilenbebauung ergab. Die Giebelseiten blieben stets ohne Tür oder Tor.

Erst am Ende des 19. Jahrhunderts lebte die Liebe zum Fachwerk wieder auf. Aus Trümmern auferstanden ist das Haus Mandelnstraße 2/3. Die Fassade wurde einem massiven Neubau von 1974 vorgeblendet. Auf Schwelle, Ständern und Fußbändern breitet sich reicher Renaissancedekor aus: Beschlagwerk, Perl- und Taustäbe, Volutenkonsolen und eine lange Hausinschrift. Auch Zimmermanns- und anderes Werkzeug sind dargestellt. Das Motto für diesen Wiederaufbau ist oberhalb der originalen Reste zu lesen:
»Was du ererbt von deinen Vätern, erwirb es, um es zu besitzen.«

Jakobstraße 2

Hinter der Magnikirche 7

Ziegenmarkt

Mandelstraße 23

Die Paul-Gerhardt-Gemeinde

Eine außergewöhnliche Gemeinschaft

Horst Seiler

Die Gemeinde ist im Heidberg in der Dresdenstraße zu Hause und zählt etwa 200 Gemeindeglieder. Die sonntäglichen Gottesdienste sind liturgisch geprägt. Gesungen werden sowohl traditionelle Kirchenlieder als auch moderne Lieder. Parallel zu jedem Gottesdienst findet ein Kindergottesdienst statt.
Sie ist eine Gemeinde der Selbstständigen Evangelisch-Lutherischen Kirche (SELK) und gebunden an die Bekenntnisse der lutherischen Kirche und an Gottes Wort, wie es die Bibel überliefert.
An der Gestaltung der Gottesdienste sowie von Gemeindefeiern, Missionsfesten usw. sind verschiedene Musikgruppen wie Sing- und Posaunenchor, Blockflötenkreis und Band beteiligt.

Kirchengebäude der Paul-Gerhardt-Gemeinde

Blick auf die Wohnanlage des Hilfswerkes

Ökumenisches Kirchenfest im Heidberg

Außerdem prägen verschiedene Gemeindekreise, z.B. Bibelkreis, Hauskreise, Seniorentreff, Frauenkreis, Junge-Erwachsene-Treff, ein vielfältiges Gemeindeleben.
Die Paul-Gerhardt-Gemeinde hält guten Kontakt zu den anderen christlichen Gemeinden im Heidberg und beteiligt sich aktiv an ökumenischen Veranstaltungen. Das 1998 fertig gestellte Gemeindehaus steht sowohl der eigenen Gemeindearbeit als auch anderen Gruppen und Veranstaltern zur Verfügung.
Auf dem Grundstück der Gemeinde wurde schon 1969 eine Wohnanlage mit zwölf Ein- und Zwei-Zimmer-Wohnungen errichtet. Betreiber dieser Wohnanlage ist das »Hilfswerk der Paul-Gerhardt-Gemeinde Braunschweig (SELK) e.V.«, das Mitglied des Diakonischen Werkes ist.
Die Paul-Gerhardt-Gemeinde unterstützt traditionell die Missionsarbeit im südlichen Afrika, hat aber in den letzten Jahren damit begonnen, auch lutherischen Gemeinden in Osteuropa, insbesondere in Weißrussland, zu helfen. Hierfür werden u.a. Sachspenden gesammelt und regelmäßig »Flohmärkte« veranstaltet, mit deren Einnahmen die Transporte dieser Spenden finanziert werden.
Und die Paul-Gerhardt-Gemeinde hat noch etwas Außergewöhnliches aufzuweisen: nur wenige Gemeindeglieder wohnen in unmittelbarer Nähe zum Gemeindezentrum, viele von ihnen wohnen in den Landkreisen Wolfenbüttel, Helmstedt, Goslar, Gifhorn und Peine. Diese Besonderheit ist in der Entstehungsgeschichte dieser Gemeinde begründet. Sie entstand überwiegend nach dem Zweiten Weltkrieg zur Sammlung von Flüchtlingen und Vertriebenen, die aus altlutherischen Gemeinden der ehemaligen deutschen Ostgebiete stammten. Die Gemeinde gehört nach Zusammenschluss verschiedener lutherischer Bekenntniskirchen seit 1972 zur SELK.
Die SELK erhebt keine »Kirchensteuer«, sondern erhält sich selbst aus freiwilligen Beiträgen, Spenden und Kollekten.

Der Kirchenchor der Paul-Gerhardt-Gemeinde

Die Christentum-Säule

Das Kunstwerk verewigt 2000 Jahre Christentum

Im Jahre 2006 hat die Richard Borek Stiftung der Stadt Braunschweig ein Kunstwerk übergeben, das an die Geburt Christi vor 2000 Jahren erinnert und Stationen des Christentums darstellt. Die rund neun Meter hohe Bronzesäule wurde vom renommiertesten Bildhauer der Stadt, Professor Jürgen Weber, geschaffen und hat sich seither am Ruhfäutchenplatz zu einem markanten, überregional beachteten Kulturzeichen der Stadt Braunschweig und zu einem Anziehungspunkt für Touristen entwickelt.

Die Christentum-Säule soll auch an die große Tradition der Bronzekunst im Braunschweiger Land anknüpfen, insbesondere an die Christussäule im Hildesheimer Dom.

Von der ersten Konzeption im Jahr 1999 bis zur endgültigen Fertigstellung im September 2006 hat der Künstler fast sieben Jahre benötigt, um das Kunstwerk zu erschaffen. Die Säule wuchs von 3,50 Meter über 6,50 Meter auf nunmehr neun Meter.

So entstand ein Werk mit plastischen Themenringen zur Geschichte des Christentums. Im unteren, ersten Säulenabschnitt werden die Geburt Jesu Christi, sein Leben, sein Sterben und seine Auferstehung dargestellt. Für das Weihnachtsfest zum Beispiel dienten die neutestamentlichen Geburtsgeschichten von Jesus bei den Evangelisten Matthäus und Lukas als Grundlage. Auf der Säule abgebildet ist das Bethlehemer Geschehen mit Maria, Joseph und dem Kind. Daneben finden sich weitere Besucher, dahinter angeordnet ist der den Hirten erschienene Chor der Engel. Die Geburt Jesu wurde später als Beginn der christlichen Zeitrechnung festgelegt.

Die Ausbreitung, Verfolgung und Anerkennung des Christentums nach drei Jahrhunderten bilden einen weiteren Säulenabschnitt. Es folgen sodann Darstellungen zur Festigung und weiteren Ausdehnung des Christentums über die kirchliche und weltliche Macht im frühen Mittelalter bis zum Zeitalter der Kreuzzüge. Die Reformation durch Luther, die Frömmigkeit im Mittelalter, der Dreißigjährige Krieg, das Lebenswerk von Johann Sebastian Bach und die bekennende Kirche im Nationalsozialismus sind weitere Themenbereiche der Christentum-Säule.

Besonders bemerkenswert ist aber der Säulenabschluss in neun Meter Höhe: Es ist die Liebe Gottes, um die sich Lessing in seiner Ringparabel die drei Religionen bemühen lässt, die immer wieder Angriffe auf den Glauben, sei es durch den Nationalsozialismus oder durch den heutigen Terror, erfolgreich abwehrt. So findet sich auch das New Yorker Hochhaus-Ensemble als Darstellung des fanatischen Angriffs am 11. September 2001 auf den Wettstreit der drei monotheistischen Religionen. Und so erhebt sich der Titel der 1. Enzyklika von Papst Benedikt XVI. vom Januar 2006 – DEUS CARITAS EST – GOTT IST LIEBE – umgeben von einem Strahlenkranz, über Gewalt und Zerstörung. Mit zwei fest installierten Fernrohren können Vor- und Rückseite der überaus detailreichen Plastik in Großaufnahme betrachtet werden.

Technische Universität Braunschweig

Spitzenforschung zwischen Tradition und Innovation

In der traditionsreichen »Stadt der Wissenschaft«, mitten in »Europas heißester Forschungsregion«, ist die Technische Universität Braunschweig zu Hause.

Ihren Namen »Carolo-Wilhelmina« hat die Hochschule von ihren Gründervätern, den Herzögen Carl und Wilhelm von Braunschweig-Lüneburg, erhalten. Der Grundstein wurde 1745 mit dem Collegium Carolinum gelegt. Damit ist sie die Technische Universität mit der ältesten Tradition in Deutschland. Der Mathematiker Carl Friedrich Gauß, ein Student des Collegiums, hat hier mit seiner Arbeit zur höheren Arithmetik einen frühen Meilenstein in der Braunschweiger Wissenschaftsgeschichte gesetzt.

Die Verbindung wissenschaftlicher Tradition mit Hightech-Forschung ist die besondere Stärke. Heute bietet die TU Braunschweig mit ihren 110 Instituten hervorragende Voraussetzungen für zukunftsorientierte Forschung und Lehre. Ingenieurwissenschaften und Naturwissenschaften bilden die akademischen Kerndisziplinen, eng vernetzt mit den Wirtschafts- und Sozial-, Geistes- und Erziehungswissenschaften. 12 500 Studierende haben die Wahl zwischen 53 Studiengängen mit zahlreichen Vertiefungsrichtungen.

Unter den deutschen Universitäten ist die TU Braunschweig im Spitzenfeld bei den Drittmittel-Einnahmen – ein Beleg für die ausgeprägte Forschungsstärke der Hochschule.

Die TU Braunschweig ist Mitglied im Verein der führenden technischen Universitäten Deutschlands »TU9 – German Institutes of Technology« und bildet gemeinsam mit den Universitäten Hannover und Clausthal den Verbund der Niedersächsischen Technischen Hochschule (NTH).

Forschen

Auf der Straße und Schiene, in der Luft und im Weltraum: An der TU Braunschweig werden die wichtigsten Themen rund um Mobilität und Verkehr erforscht und weiterentwickelt. Experten aus allen Fakultäten arbeiten dabei Hand in Hand. Zum Beispiel auf dem Campus an Deutschlands einzigem Forschungsflughafen.

Die Wiege des digitalen Fernsehens steht an der TU und hier lernte es auch »laufen«, zum Beispiel auf dem Handy oder im Auto. Hier entwickeln internationale Koryphäen aus Ingenieurwesen, Informatik und Sozial- und Geisteswissenschaften im Rahmen des Schwerpunkts »Informations- und Kommunikationstechnik« Lösungen für die vernetzte Welt von morgen.

Eine neue Philosophie des Bauens: Die enge Vernetzung von Baukunst, Ingenieurwesen und Umweltwissen in nur einer Fakultät macht sie möglich. Das Bauingenieurwesen gehört in Rankings regelmäßig zu den Top 3 – mit Schwerpunkten in der Risikoforschung, der Bauwerkserhaltung und im Brandschutz.

Biologische und biotechnologische Forschung hat in Braunschweig eine lange Tradition. Die Schwerpunkte sind Entwicklungsbiologie, Zellbio-

Vorlesung im Audimax (Foto: TU Braunschweig/Okerlandarchiv)

Altgebäude der TU Braunschweig (Foto: TU Braunschweig/Andreas Bormann)

Dipl.-Ing. Martin Dreyer bei der Montage eines Windkanalmodells zur Untersuchung des Kühlverhaltens von PKW-Scheibenbremsen im Windkanal des Instituts für Strömungsmechanik. (Foto: TU Braunschweig/Okerlandarchiv)

Forscher an der Technischen Universität Braunschweig haben eine Methode entwickelt, mit der sie Kohlenstoff-Kohlenstoff-Dreifachbindungen bei Raumtemperatur spalten und neu knüpfen können. Prof. Matthias Tamm und sein Team haben zu diesem Zweck einen speziellen Katalysator geschaffen. Prof. Matthias Tamm (rechts) und Stephan Beer betrachten den Katalysator, der unter Argon-Schutzgas in einer Glovebox (einem Handschuhkasten) gehandhabt wird. (Foto: TU Braunschweig)

logie, Bioinformatik und Infektionsforschung. Die Chemie fokussiert ihre Themenvielfalt auf komplexe Reaktionssysteme und Nachhaltigkeit. Die Pharmazie konzentriert sich auf die molekulare Wirkstoffforschung und Arzneimittelentwicklung.

In der Welt des Kleinsten gelten andere Gesetze: Mikroproduktionstechniken erfordern daher völlig neue Ansätze, um die winzigen Sensoren, Aktoren und Steuerungsinstrumente zu entwickeln, die die Hochtechnologien der Zukunft benötigen.

Studieren

Die besten Forscher für die beste Lehre: Im Zentrum des Profils steht die Forschung. Das heißt für die Lehre: Die Studierenden erfahren, was es bedeutet, eigene Gedanken und Ergebnisse in die Praxis umzusetzen, also selbst zu forschen und zu entwickeln. Mit der Umstellung auf die Bachelor- und Masterabschlüsse sind alle Studiengänge neu konzipiert worden. Ob interdisziplinäre Angebote wie »Mobilität und Verkehr«, Biotechnologie und Informations-Systemtechnik oder klassische ingenieur-, natur-, geistes- und sozialwissenschaftliche Fächer: Das Curriculum ist interdisziplinär angelegt.

Die Studierenden profitieren von der Nähe zu den international renommierten außeruniversitären Forschungseinrichtungen und von einer Vielzahl an Kooperationen mit der Wirtschaft. In Studien- und Examensarbeiten können sie dort an spannenden Forschungsprojekten mitarbeiten.

International: 1700 Studierende aus über 100 Ländern studieren zurzeit an der TU Braunschweig. Ein Drittel der Studierenden wiederum verbringt einen Teil ihres Studiums im Ausland: Doppel- oder Tripel-Abschlüsse mit US-amerikanischen, französischen, spanischen und brasilianischen Universitäten öffnen den Absolventen den internationalen Arbeitsmarkt. Austauschstudium, Forschungsarbeiten oder Praktika im Ausland bieten die Möglichkeit, internationale Erfahrungen zu sammeln.

TUDAY: Das jährliche Campusfest der TU Braunschweig mit 20 000 Besuchern. (Foto: TU Braunschweig/Andreas Bormann)

Campus-Leben

Den Kopf frei machen: Das Campus-Leben bietet jede Menge Möglichkeiten. Zum Beispiel beim Tüfteln an rekordverdächtigen Segelflugzeugen, um anschließend selbst durch die Lüfte gleiten zu können. Wer lieber auf dem Boden bleibt, kann beim Bau eines Rennwagens mitmischen. Auch das kulturelle Angebot der TU ist vielfältig: Orchester, Bigband, »akablas« und Theatergruppen laden zum Mitmachen ein.

Meister der Vermittlung: 20 000 Gäste besuchen jedes Jahr das Campus-Fest »TU-DAY«, um Wissenschaft zum Anfassen zu erleben. Über 1500 Kinder sind in der Kinder-Uni »eingeschrieben«. Mit jährlich über 1000 öffentlichen Veranstaltungen ist die TU Braunschweig wissenschaftlicher und kultureller Treffpunkt der Region.

Fakultäten

- Mathematik, Informatik, Wirtschafts- und Sozialwissenschaften
- Lebenswissenschaften
- Architektur, Bauingenieurwesen und Umweltwissenschaften
- Maschinenbau
- Elektrotechnik, Informationstechnik, Physik
- Geistes- und Erziehungswissenschaften

Komödie am Altstadtmarkt

Florian Battermann – Ein Leben für die Komödie

Von Axel Emmert

Vom Tellerwäscher zum Millionär – das gibt es wohl nur in Amerika. Doch vom Hobbyschauspieler im Schüleralter zum Theaterchef einer schmucken Komödie, das gibt es auch hier, hier in Braunschweig. Und die Geschichte, die dahinter steckt, die ist einmalig und wird auch einmalig bleiben. Die Leidenschaft, ein Schauspieler zu sein, die packte den jungen Schlacks schon im Teenageralter. Damals, am Georg-Büchner-Gymnasium in seiner Heimatstadt Seelze-Letter, stand Florian Battermann schon in der Schul-AG auf der Bühne. Schnell merkte er, dass die Bretter, die für viele die Welt bedeuten, auch die seinen waren. Doch bevor es soweit war, machte Florian Battermann zuerst 1994 sein Abitur, um anschließend bis 1999 ein Studium der Germanistik und Geschichte (Magister) zu absolvieren. Zwischendurch aber, da war der Seelzer immer wieder mit einem eigenen Tourneetheater unterwegs, nahm zudem Schauspielunterricht und wurde die rechte Hand von James von Berlepsch, dem kürzlich verstorbenen Chef des Neuen Theaters in Hannover. Sein Regiedebüt gab Florian Battermann 1999 an der Komödie Kassel und wurde 2000 bis 2003 stellvertretender Theaterleiter am Kleinen Theater Bad Godesberg.

Theatersaal

Florian Battermann ist ein Workaholic. 14-stündige Arbeitstage sind dem Komödienchef nicht fremd. Ständig sprühend vor neuen Ideen, von denen das Theater profitiert. Ob als Autor von bislang elf abendfüllenden Komödien und Kriminalstücken, ob als Schauspieler oder Regisseur.

Wie alles begann

»Schon als Schüler, als ich noch in der Theater AG in Seelze-Letter gespielt habe, habe ich davon geträumt, ein eigenes Theater zu eröffnen«, sagt Florian Battermann. Und kurz vor seinem 30. Geburtstag, da war es dann soweit: Die Komödie am Altstadtmarkt feierte am 2. Oktober 2003 mit dem Stück »Dinner für Spinner« ihre Ur-Premiere. Und seither hat sich das Theater im Herzen der Stadt kontinuierlich weiterentwickelt und ist nun, im fünften Jahr seines Bestehens, zu einer festen Größe in der Braunschweiger Kulturszene erwachsen. Doch die Finanzierung des Großprojektes erwies sich als schwierig. »Es gab halt Banken, die mir nicht zugetraut haben, dass ich ein Theater wirtschaftlich erfolgreich aufbauen und leiten kann«, erinnert sich der Theaterchef. Letztlich war es die Braunschweigische Landessparkasse, die ihr OK gab und Florian Battermann die Finanzierung sicherte. Und so begannen am 1. Juli 2003 die Umbauarbeiten des ehemaligen Kinos. Bereits mit diesem Tag begann auch der Vorverkauf für die Spielzeit 2003/2004.

Theater bei Nacht

Innerhalb von zwölf Wochen entstand die Komödie am Altstadtmarkt. »Ohne die Hilfe unserer Familien, aber auch vieler Freunde, wäre es niemals möglich gewesen, dieses Haus zu realisieren«, sagt Florian Battermann. Er sei allen Weggefährten noch heute »zu großer Dankbarkeit verpflichtet«.
Im Verlaufe der vergangenen Jahre wurde das Haus Zug um Zug modernisiert. Unter anderem wurde für die Schauspieler eine zweite Garderobe gebaut sowie eine Klimaanlage für die Zuschauer.

Die Komödie am Altstadtmarkt

Mit gut 300 Plätzen ist das Theater an der Gördelingerstraße das größte privat geführte Boulevard- und Unterhaltungstheater Niedersachsens. Es ist zudem das einzige professionelle Braunschweiger Theater, das ohne jegliche Förderung durch Stadt und Land existieren muss. »Wir finanzieren uns ausschließlich durch die Eintrittsgelder unserer Zuschauer«, sagt Florian Battermann.

Bei Anruf – Mord

Pippi Langstrumpf

Die Feuerzangenbowle

Der Hund von Baskerville

Dass Braunschweig als Kulturstadt aber auch auf auswärtige Besucher seinen Reiz hat, das zeigt sich darin, dass pro Saison etwa 1000 Besucher aus der Region Hannover per Bus die Vorstellungen besuchen. »Ich bin Partner der Heimatzeitungen der Verlagsgesellschaft Madsack aus Hannover und habe mit deren Chefredakteur Peter Taubald eine entsprechende Vereinbarung getroffen«, erzählt Florian Battermann. Pro Spielzeit werden in etwa acht Eigenproduktionen zur Premiere gebracht. Dafür engagiert der Komödienchef circa 45 Schauspieler sowie zahlreiche Regisseure. Unter anderem standen und stehen noch die durch Fernsehen und Film bekannten Größen wie Christiane Rücker, Horst Janson, Gernot Endemann, Grit Böttcher, Volker Brandt, Charles M. Huber, Hans von Borsody, Claus Wilcke, Wolfgang Spier, Martin Semmelrogge und Hans-Jürgen Bäumler auf der Bühne in Braunschweig. Besonders stolz ist Florian Battermann darauf, dass es ihm gelungen ist, einige Stücke zur Uraufführung an die Komödie am Altstadtmarkt zu bringen. Besonders zu erwähnen ist dabei das Stück »Ganze Kerle!« von der kanadischen Autorin Kerry Renard, das von Braunschweig aus einen »Siegeszug« an viele deutsche Boulevardtheater angetreten hat.

Ausblick

Auch in den nächsten Jahren sollen Komfort und Qualität des Theaters, seiner Stücke und des Umfeldes weiter gesteigert werden. Aber auch die Zahl der Besucher soll weiter steigen, so wie in der Vergangenheit von Jahr zu Jahr. Bald möchte man zudem den 1000. Abonnenten begrüßen, aber auch weitere prominente Schauspielerinnen und Schauspieler, die der Bühne in Braunschweig zusätzlich Glanz verleihen. »Ich möchte weiterhin Theater für die Menschen in der Region machen und muss dabei keinen offiziellen Bildungsauftrag erfüllen, sondern durch die Verbreitung von Humor für Herzensbildung sorgen. Meine Zuschauer sollen sich gut unterhalten fühlen und mit einem Lächeln auf den Lippen das Haus verlassen – und gerne wiederkommen«, blickt Florian Battermann auf die nächsten Jahre voraus.

Geber, Gönner und Freunde

Zu 97 Prozent lebt das Theater vom Verkauf der Eintrittskarten. Etwa drei Prozent kommen durch Sponsoren herein. Zu den dauerhaften Gönnern zählen dabei die PSD Bank, BS Energy, die Braunschweiger Baugenossenschaft, die Baugenossenschaft Wiederaufbau sowie Möbel Sander, Coca Cola und die Öffentliche Versicherung Braunschweig. Besonders stolz sind Florian Battermann und seine Frau Bettina über den Förderverein »Komödien-Freunde-Braunschweig«. Im Frühjahr 2005 wurde dieser auf Anregung von Robert Glogowski gegründet. Vorsitzender ist Ditmar Backhaus, der seither mit großem Engagement und Einsatz dafür sorgt, dass der 100 Personen starke Klub ständig neue Mitglieder wirbt und so dazu beiträgt, dass einige Anschaffungen getätigt werden konnten, die sonst im Etat des Theaterhaushaltes nicht finanzierbar gewesen wären. »Wir sind Ditmar Backhaus und seinen Mitstreitern sehr dankbar, dass sie sich so um das Wohl des Theaters kümmern, das ist eine wirklich tolle Sache«, freut sich das Ehepaar Battermann unisono. Einmal im Jahr organisiert der Vorstand auch eine zweitägige Fahrt mit den Theaterfreunden. In diesem Sommer wurde Würzburg besucht.

Männer sind auch Menschen.

Komödie am Altstadtmarkt GmbH
Gördelingerstraße 7 · 38100 Braunschweig
Tel. (05 31) 1 21 86 80 · Fax (05 31) 1 21 86 90
www.komoedie-am-altstadtmarkt.de

Der Witwenclub

Wochenend Komödie

Der »Ritter« bietet Innenhof-Idylle mitten im Herzen der Stadt

Gut essen und wohnen im ältesten Haus Braunschweigs – Klein, fein, gediegen und sehr beliebt

Von Klaus Langhardt

Einen Spitzenwert in Braunschweig behauptet das Hotel Ritter St. Georg, Alte Knochenhauer-Straße 13 im Herzen der Innenstadt, ohne jeden Zweifel: Das ihm angeschlossene Restaurant befindet sich im ältesten noch erhaltenen Fachwerkhaus der Stadt: Erstmals urkundlich erwähnt wurde es im zwölften Jahrhundert, dann wieder im Jahre 1489. Eine der schönsten Decken schlechthin hat das Restaurant ebenfalls. Die Fachliteratur rühmt das Gebäude als »ältestes und bedeutendstes noch erhaltenes Haus aus dem Mittelalter in Braunschweig.« Die erwähnte Decke wurde erst entdeckt, als die Besitzer Richard Hartwig und Paul Breitner das 1983 von Feldschlößchen gekaufte Haus mit dem Restaurant von Grund auf sanieren ließen. Die wunderschöne Decke wurde in Zusammenarbeit mit dem berühmten Braunschweiger Maler Günther Kaphammel komplett rekonstruiert und restauriert. »Das war eine Riesenüberraschung und eine ebenso große Freude, als wir dieses Kleinod freilegten«, erinnert sich Hartwig, der das Hotel und das Restaurant heute alleine besitzt. Im Dezember 1984, nach mehr als einjähriger Umbauzeit wurde das Haus in seiner neuen, heute noch existierenden Form eingeweiht.

Renate Ließ-Mosch, Nadine Böker und Nadine Peric sind die guten Geister im Ritter St. Georg.

Dass in dieser Rüstung tatsächlich einmal der Namensgeber St. Georg gesteckt haben soll, ist eher unwahrscheinlich. Sie macht sich trotzdem gut.

Ebenfalls im Jahre 1984 wurde dem Duo Hartwig/Breitner das direkt nebenan liegende Haus Nr. 12 angeboten und die beiden schlugen zu. In dem Komplex befindet sich heute das Hotel »Ritter St. Georg« mit 21 Zimmern. Der »Ritter« trägt stolz drei Sterne und ist mit diesen sehr zufrieden. »Der Aufstieg in die 4-Sterne-Kategorie ist für uns nicht wirklich interessant, weil sich einerseits räumlich die dazu notwendigen Dinge wie Wellnessbereich mit Schwimmbad etc. nicht gut realisieren lassen und dies letztlich auch eine Kostenfrage ist, die

Stilvoller Hinweis: Hier ist der »Ritter«.

sich bei 21 Zimmern schwer rechnet«, erläutert Hartwig. Im Jahre 2006 nahmen er und Paul Breitner eine Realteilung vor, das heißt Breitner wurde alleiniger Besitzer einer anderen Immobilie, die zuvor ebenfalls beiden gehörte. Hartwig behielt das Objekt in Braunschweig. Das Restaurant hat er verpachtet, lediglich zum feinen Frühstückbuffet, das Hotelchefin Renate Ließ-Mosch mit ihrem Mitarbeiterstab allmorgendlich liebevoll gestaltet, finden sich die Hotelgäste dort im Rahmen ihrer Hotelbuchung regelmäßig ein.

Der Besitz eines Hauses mit so viel Geschichte ist die eine Sache, Unterhalt eines derart alten Gemäuers eine ganz andere, sprich, es ist ein kostspieliges Hobby. Bei der dringend notwendigen Renovierung des Gesamtkomplexes Mitte der 80er Jahre, die ein Millionen-Abenteuer war, wurde vom Landeskonservator und der Denkmalbehörde noch ein Zuschuss in Höhe der so genannten »unrentierlichen Kosten« gewährt, jener Summe also, die den Unterschied zwischen Abriss und Neubau oder dem Erhalt und der grundlegenden Renovierung des wunderschönen Hauses unter Denkmalschutzgesichtspunkten ausmacht. »Heute wird jeder sich zeigende Schaden sofort behoben, weil das besser bezahlbar ist, als wenn sich die Dinge summieren«, so Hartwig.

Dass das Hotel im Herzen der Stadt in einer wirklichen Toplage liegt, ist für die Stammkundschaft, über die der »Ritter« seit vielen Jahren verfügt, immer wieder ein guter Grund, sich dort einzufinden. Vor allem aber ist es die freundliche und

Ein imposantes Bild. Der Gebäudekomplex Alte Knochenhauer-Straße 13 (vorne, mit dem Restaurant) und 12 links mit dem Hotel präsentiert sich wunderbar restauriert von seiner besten Seite.

Ein Treppenhaus mit unverwechselbarem Charakter. Hier geht es zum Bürgermeisterzimmer und zur St.Georg-Stube.

Blick ins Bürgermeisterzimmer

äußerst zuvorkommende Art des Teams um Renate Ließ-Mosch, die stichhaltige Argumente für das Haus liefert. Ebenso die sehr gute Ausstattung der Zimmer und dann noch ein Fakt, den man nie erahnt, wenn man vor dem Hotel steht.
Ein wirklich gediegener, lauschiger Innenhof offeriert den dort liegenden Zimmern eine Terrassensituation, die wohl zu einzig ist mitten in der Stadt. »Dort an einem lauen Sommerabend den Tag mit einem Glas guten Weines ausklingen zulassen, das hat wirklich was«, sagt Hartwig und beruft sich dabei auf die Aussagen vieler Gäste, die den Innenhof lieben gelernt haben.

Für die Zukunft ist das Hotel sehr gut aufgestellt. »Wir sind auf dem neusten Stand, unsere Belegungszahlen stimmen, die Stammkundschaft hält uns die Treue. Beste Voraussetzungen also für die nächsten Jahre«, sagt der Besitzer, der noch offen lässt, wie lange er selbst das Geschäft betreiben wird. »So lange ich gesund bleibe und es mir noch Spaß macht und die Kraft reicht, sicherlich noch einige Jahre. Und dann? »Dann werden wir sehen, ob Verpachtung oder Verkauf. Egal wie, der Ritter ist ein sehr gutes Objekt.«

Fein dekoriert. Stilleben aus dem Restaurant.
(Alle Bilder: Fotostudio Sascha Gramann)

Zimmer mit Flair, Fachwerk und Stilmöbel im harmonischen Einklang

Hotel Ritter St. Georg
Alte Knochenhauer Straße 12 · 38100 Braunschweig
Tel. (05 31) 39 04 50 · info@ritterstgeorg.de
Restaurant
Tel. (05 31) 1 21 86 76 · info@ritter-erleben.de

Das zukünftige Braunschweiger Schlossmuseum

Von Dr. Bernd Wedemeyer

Der Palisandersaal im Braunschweiger Schloss um 1900

Als 2003 in der Stadt Braunschweig sich die weitgehende Wiedererrichtung des ehemaligen herzoglichen Residenzschlosses durchgesetzt hatte, fiel auch bald die Entscheidung für eine dem Gebäude angemessene städtische Nutzung, zu der nach Meinung der »Schlossfreunde« auch ein Schlossmuseum gehören sollte. Schon im alten Residenzschloss hatte es ein solches Museum von 1910 bis 1935 gegeben. Zukünftig wird also im Erdgeschoss des Nordflügels die braunschweigische Residenzkultur des 19. Jahrhunderts gezeigt werden.

Die vier schlossartigen Räume spiegeln Gestaltungen und Größe der ehemaligen Schlossräume wider. Sie sind dreiachsig, original in Raumhöhe und -tiefe und miteinander durch eine Enfilade verbunden. Die Räume zeigen außerdem den im alten Schloss überwiegend verwendeten Typus eines Innenportals mit Pfeilern, Kapitellen und Gebälk, sowie ornamentierte Türflügel und als Raumabschluss kassettierte Decken. Zukünftig wird es auch eine textile Wandbespannung geben. Damit wird der am häufigsten zu Lebzeiten von Herzog Wilhelm dekorierte Schlossraum gezeigt. Einer der vier Räume bildet an ursprünglicher Stelle sogar die östliche Hälfte des einst im Nordflügelerdgeschoss befindlichen Gartensaals des Schlosses nach. Wie auch bei diesem schließen ein Halbrund und ein Säulenpaar den Raum antikisierend nach Osten ab, und drei Wandarkaden fassen seine Südwand elegant zusammen.

In diesen vier schlossartigen Räumen der Dauerausstellung wird vor allem die Geschichte der spätklassizistischen Braunschweiger Residenz unter Herzog Wilhelm (1806 bis 1884) und unter dem letzten Herzogspaar aus dem Welfenhaus Ernst August und Victoria Luise (1913 bis 1918) präsentiert. Die Ausstattung soll das exquisite »Schlossinnere« erleben lassen, einen Einblick in die höfische Repräsentation im Herzogtum zwischen Restauration und Reichsgründung und in die Privatsphäre von Regenten im 19. Jahrhundert geben. Stücke wie Möbel der Staats- und Wohnräume, Gemälde welfischer Ahnen und Verwandter und höfisches Tafelgerät vermitteln Sinnlichkeit in reichem Maße. Themen zur Baugeschichte des Schlosses zeugen von dem hohen Stand der damaligen Bautechnik, Ausblicke zu den anderen Schlössern im ehemaligen Herzogtum in Blankenburg, Bevern und Wolfenbüttel und zu den untergegangenen Lustschlössern Wilhelms sollen das Bild von der überragenden Braunschweiger Residenz abrunden. In einem gesonderten Raum werden Wechselausstellungen mit Themen zu anderen ehemaligen deutschen Residenzen im Vergleich zu Braunschweig vorgestellt.

Das neue Schlossmuseum füllt eine Lücke zwischen dem Braunschweigischen Landesmuseum mit seinem landesgeschichtlichen Schwerpunkt und dem Herzog Anton Ulrich-Museum mit seinem Schwerpunkt in den ehemaligen herzoglichen Sammlungen aus Barock und Renaissance. Fraglos stellt das neue Schlossmuseum in seiner besonderen Ausrichtung auf die Residenzkultur des 19. Jahrhunderts eine große Bereicherung der hiesigen Museumslandschaft dar.

Sessel aus dem großen Audienzzimmer des ehemaligen Braunschweiger Schlosses, um 1861

Das »Franzi's« bietet alles unter einem Dach, Bibliothek als Oase der Ruhe inklusive

Die sympathische »Bayrische Botschaft« hat sich durch Fleiß und eine klare Linie etabliert – Bekenntnis zur hiesigen Regionalküche

Von Klaus Langhardt

Wenn sich die gute Lage des Restaurants, das schlüssige Konzept der Gastronomie und die individuelle Klasse der handelnden Personen zu einem harmonischen Dreiklang zusammenfinden, dann ist die gute Perspektive eines solchen Betriebes schon gegeben. So gesehen dürfen Küchenmeister Uwe Vogt und Geschäftsführerin Tina Häußler als die beiden leitenden Angestellten im »Franzi« von einer guten Zukunft der Gaststätte an der Neuen Straße nicht nur träumen, sie ist gesichert.

Nach einer bewegten Geschichte ist das Lokal mit dem wirklich ganz besonderen Flair nun schon geraume Zeit auf bestem Wege, sich einen festen Platz in der Reihe angenommener Speise- und Veranstaltungslokale zu sichern. »Geht nicht, gibt es bei uns eigentlich nicht«, sagen Häußler und Vogt wie ein eingespieltes Duett. Und meinen damit die Ausrichtung der unterschiedlichsten Festivitäten genau so wie die Vielfalt des kulinarischen Angebotes, das sich zwar grundsätzlich an der »leichten« bayrischen Küche orientiert, aber sehr, sehr viel Luft lässt für jedwede andere Einflüsse.

Crêpes Suzette gibt es da genauso wie Hummer satt. Das tägliche Mittagsbüffet mit drei Warmspeisen, kalt-warmem Büffet, einer großen Auswahl feiner Desserts für 6,90 Euro zählt ebenso dazu wie das jeden Sonntag um 11.30 Uhr startende Bayerische Brunchbüffet, das den Gast bis 14.30 Uhr mit allem verwöhnt, was die Küche zu bieten hat. Getränke inklusive für 15 Euro. »Geht eigentlich nicht«, versucht jemand dem Küchenchef vorzurechnen. »Geht doch«, sagt der ohne jede Erregung und weiß augenscheinlich sehr genau, wovon er spricht. »Wir wollen unsere Gäste mittel- und langfristig an uns binden, möchten Menschen zusammenführen und sie als Mehrfach-Gäste außerhalb unserer Specials gewinnen. Unter dem Strich rechnet es sich.«

Gute Kneipen zu bauen ist Pflicht, der Rest ist Kür. Für die Braunschweiger ist die Adresse Neue Straße 10 bis 12 eine mit klangvollem Namen und langer Tradition. Ursprünglich war dort einmal das »Wolters im Zentrum«, eine florierende Biergaststätte zu Hause. Wurde später abgelöst vom »Pupasch«, das mit ganz neuer Kneipen-Philosophie einen Siegeszug in vielen Städten der Republik antrat und sich fast zwei Jahrzehnte erfolgreich behauptete. Danach gab es eine eineinhalbjährige Pause, ehe das Inhaber-Ehepaar Eleonore und Jürgen Koch den Startschuss für »Franzi's Wirtshaus« gaben. »Im Prinzip

Eine Oase der Ruhe, gute Lektüre und ein gepflegtes Getränk in der Bibliothek

Macht von außen wie von innen eine sehr gute Figur: »Franzi's Wirtshaus« an der Neuen Straße

war das Pupasch die Mutter von allem«, sagt Tina Häußler, die mit ihrem Team emsig daran arbeitet, mit dem »Franzi's« den Status eines Hauses mit Ganztages-Kompetenz zu erreichen. Was nichts anderes heißt, als dass mit dem gastronomischen Leistungsangebot beim Publikum volle Akzeptanz zu jeder Tageszeit erreicht wird.

Auf dem Weg dorthin wurde die Mannschaft qualitativ hochwertig aufgestellt. »Die Zeiten der hohen Fluktuation sind vorbei, wir haben ein Team, das sich wirklich mit dem Geschäft identifiziert«, freut sich Küchenmeister Vogt. Man hat sich als Ausbildungsbetrieb etabliert, und bildet derzeit vier Nachwuchskräfte zu Fachpersonal in der Gastronomie aus. »Mit Herzenswärme, notfalls aber auch Strenge«, wie Chefin Häußler betont. »Aber mehr mit Wärme, grundsätzlich geht Menschlichkeit vor Hierachie, bei uns wird viel gelacht.« Was Wunder »Gut essen, gut trinken, gut lachen«, ist schließlich einer der erfolgreichsten Slogans des Unternehmens. So ganz hat man die Epoche Pupasch übrigens nicht beendet. Im Geschoss über dem »Franzi's« gibt es noch heute einen – allerdings verkleinerten – Ableger des einstigen Marktführers mit florierender Disco. »Zwei Läden, ein Betreiber. Das bringt Synergieeffekte, die man gut nutzen kann«, erläutert Häußler. So sei man heute in der Lage unter Nutzung beider Konzepte beispielsweise Weihnachtsfeiern für große Besucherzahlen zu realisieren. »200 oder 300 schaffen wir ganz gut

Die Inneneinrichtung: geschmackvoll und gediegen

allein. Nutzen wir die obere Etage mit, sind mehr als 500 kein Problem.« Für Feiern aller Art ist man bestens ausstaffiert. »Weihnachten, Geburtstage, Jubiläen, Hochzeiten, bei uns geht alles und in nahezu allen Größenordnungen«, so Vogt.

Irgendwie hat das »Franzi's« schon das Ambiente einer bayerischen Botschaft im hohen Norden. Dafür steht schon der Münchner Löwe im weiß-blauen Karo als Symbolfigur. Dabei ist der ja nichts anderes als der kleine Bruder des Braunschweiger Löwen, denn niemand anderes als Heinrich der Löwe war für die Gründung Münchens überhaupt verantwortlich. Die Innenausstattung des Lokals darf getrost als gediegen im gehobenen Segment bewertet werden. Sie ist ein echtes Unikat – hat zwar schon viele Nachahmer gefunden, ohne dass auch nur einer an das Original heranlangte – und ist die meisterliche Arbeit von Helmut Martens, einem Einrichter und Künstler, dem der Ruf vorauseilt, »ein besonderes Gen für Geschmack und die natürliche Begabung für schöne Dinge zu haben«. Hier hat er sich ausgelebt, das Lokal in unterschiedliche Zonen aufgeteilt, dabei im hinteren, ruhigeren Bereich sogar eine Bibliothekenatmosphäre geschaffen, wo der Gast in schwerem Leder zum Verweilen animiert wird. Eine echte Oase nach einem vielleicht stressreichen Arbeitstag, um feine bayerische Atmosphäre und Speisen zu genießen.

Eine reichhaltige Auswahl internationaler Spirituosen im handgearbeiteten Barschrank

Sie führen gemeinsam das Franzi's: Tina Häußler, Küchenchef Konstantin Patzer (Mitte) und Kreativkoch und Küchenmeister Uwe Vogt.

Interessant ist das Publikum im »Franzi's«. Es ist ein perfekter Querschnitt durch alle Alters- und Sozialschichten. Irgendwie findet jeder und jede im schicken Lokal oder auf dem großzügigen Freisitz das, was sein Herz begehrt. Und sei's der Espresso für sensationelle 99 Cent pro Tasse. Der wird ihm vom Mitarbeiter mit derselben Herzlichkeit und Aufmerksamkeit serviert, wie die Flasche Champagner oder ein großes Menü. »Uns ist jeder Kunde lieb, und das lassen wir ihn auch spüren«, erklärt Tina Häußler die Kernphilosophie des Unternehmens, der sich die 32 Angestellten von der Küche über das Service bis hin zum Hausmeister verpflichtet fühlen. Verpflichtet fühlt man sich auch dieser Region, was durch die Aufnahme besonderer regionaler Spezialitäten wie »Braunschweiger Lümmel«, Landsknechtsuppe, »Löwenfleisch« oder Mummebraten dokumentiert wird. Dem Thema »wie schmackhaft kann ein richtiges Tartar sein« widmet man sich ebenfalls sehr intensiv und hat damit bereits einen Kreis eingefleischter Genießer gewonnen. Und an der Sache mit dem heimischen Bier arbeitet man beharrlich mit dem strategischen Ziel, dass doch irgendwann zusammenkommen müsse, was zusammengehöre. Zwei Brauereien, jede mit dem Löwen im Wappen, können gemeinsam wahrscheinlich mehr bewegen als im Solo. Die Frage ist, »Wolter's oder wollt er's nicht?«

Wer sagt, dass Bayern nur Haxen schmausen? Ein ganz charmanter Scampiteller.

»Franzi's Wirtshaus« · K & K Gastronomie GbR
Neue Straße 10 – 12 · 38100 Braunschweig
Tel. (05 31) 4 45 61 · Fax (05 31) 4 45 41
kontakt@franzis-braunschweig.de

Jo. Wolter – der zuverlässige Partner für Hausverwaltungen

Seit knapp 60 Jahren verwaltet Jo. Wolter Immobilien am Standort Braunschweig eigene Bauprojekte, aber auch Immobilien von Kunden. »Immobilienverwaltung ist Vertrauenssache. Für viele unserer Kunden ist die Immobilie das wichtigste Standbein der Altersvorsorge«, so Uwe Wolter, geschäftsführender Gesellschafter von Jo. Wolter Immobilien. Professionelle Hausverwaltung ist viel mehr, als nur Mieten einzuziehen und Nebenkosten zu verbuchen. Als Verwalter muss man ständig verfügbar und regelmäßig am Puls der Rechtsprechung und des Mietrechtes sein, um die Interessen der Auftraggeber zu wahren.
Viele Mitbewerber kommen selbst nicht aus der Branche, sondern betätigen sich zum Nebenerwerb als Buchhalter. Hilfskräfte sind häufig auch unzureichend ausgebildet, das Ergebnis ist leider häufig eine unzulängliche Lowbudget-Betreuung, die am Ende viel mehr kostet, als sie spart. Die Kunden von Jo. Wolter jedoch können sich auf absolut qualifizierte Betreuung verlassen. Um die eigenen hohen Qualitätsstandards zu sichern, bildet Jo. Wolter Immobilien regelmäßig selbst Immobilienkaufleute aus – Sachbearbeiter sowie Führungskräfte werden darüber hinaus regelmäßig geschult, Qualifizierung an der Deutschen Immobilienakademie in Freiburg wird besonders gefördert.

Wohn-/Geschäftshaus Sonnenstraße, Ecke Güldenstraße

Verwaltungssitz der Holsten-Brauerei

Geschäftsgebäude Damm (Fußgängerzone)

In Zeiten, in denen viele Eigentümer über Mietnomaden klagen und Leerstände die Altersvorsorge aufzehren, muss eine Immobilie engagiert und manchmal auch mit Entschlossenheit geführt werden. Bei Jo. Wolter kann man sich darauf verlassen, dass man sich für die Werte der Kunden mindestens so engagiert eingesetzt, wie für die eigenen. Mietnomaden gab es in den Immobilien von Jo. Wolter noch nicht. Und so soll es auch bleiben, deswegen besteht mit Schufa und Creditreform eine langjährige Partnerschaft.
Aber nicht nur der Eigentümer der jeweiligen Immobilie muss zufrieden sein, sondern auch die Mieter. Der gesunde Mietermix in den verwalteten Immobilien ist ebenfalls ein Schlüssel zum Erfolg, so Wolter. Wenn Mieter umziehen, weil die Ansprüche an das Wohnen sich verändern, dann bleiben sie oft erhalten, weil sie in andere von der Firma verwaltete Immobilien wechseln. Verlässlichkeit zahlt sich eben auf beiden Seiten aus.
In manchen Häusern hat Jo. Wolter gemeinsam mit den Mietern schon 50jähriges Jubiläum feiern können, ebenso wie mit einigen Kundenobjekten, die zum Teil auch schon für die dritte Generation verwaltet werden. Wenn Jo. Wolter eine Hausverwaltung verliert, dann eigentlich nur, weil das Haus von den Erben veräußert wird – und auch das ist sehr selten, weil die meisten Käufer die Objekte nach dem Eigentumsübergang lückenlos von Jo. Wolter weiter verwalten lässt. Darauf ist Jo. Wolter Immobilien besonders stolz.
Die Folge ist, dass die meisten der Kunden kein regelmäßiges »Reporting« mehr wünschen. Sie erhalten ihre regelmäßigen Zahlungen aus den Immobilien und am Ende des Jahres die verbliebenen Überschüsse nach der Abrechnung. Dieses Vertrauen ehrt und ist gleichzeitig ein regelmäßig neuer Ansporn. Kein Wunder, dass die Verwaltung genau wie das restliche Unternehmen stetig aber kontrolliert wächst.
Diese Tradition der Verlässlichkeit zu bewahren, ist der eigene Anspruch – die Erhaltung der Werte der Kunden bzw. deren Ausbau die tägliche Herausforderung, der sich das Team von Jo. Wolter Immobilien täglich auf's Neue stellt.

Jo. Wolter Immobilien GmbH
Petritorwall 22 · 38118 Braunschweig
Tel. (05 31) 24 47 70 · Fax (05 31) 2 44 77 99
jo@wolter.de · www.wolter.bs

Das Braunschweig Classix Festival

Treffpunkt internationaler Klassikstars

Von Martin Winrich Becker

Das »Braunschweig Classix Festival« ist ein Glanzlicht der Niedersächsischen Musiklandschaft und strahlt weit über die Landesgrenzen hinaus. Mit einem international anspruchsvollen Programm verbindet es unterschiedlichste Stile, Musiker, Klangkörper und Aufführungsorte in der Region rund um Braunschweig. 1988, damals als »Braunschweiger Kammermusikpodium« vom Intendanten Hans-Christian Wille im Herrenhaus in Sickte ins Leben gerufen, wuchs es schnell zu einem international beachteten Festival.

Seit 2001 nun als »Braunschweig Classix Festival«. Von nun an spiegelt der Name das Programmangebot adäquat wieder. Herausragende Konzertereignisse von der ernsten Musik bis zur anspruchsvollen Unterhaltung durch viele Epochen, Gattungen und Genres, namhafte wie entdeckenswerte Künstler machen ebenso wie thematische Programmschwerpunkte die musikalische und künstlerische Attraktivität des überregionalen Braunschweig Classix Festivals aus. Im Jahresprogramm werden zwischen 30 bis 40 Konzerte an circa 25 Spielstätten – Konzertsäle, Burgen, Schlösser, Bibliotheken, reizvolle Kirchen und Klöster, Schafställe, Fabrikationshallen – und unter freiem Himmel veranstaltet.

Die Künstler-, Ensemble- und Orchesterauswahl, von unter vielen anderen Cecilia Bartoli (Mezzosopran), Mstislav Rostropowitsch (Violoncello), dem Juilliard String Quartet, Alfred Brendel (Klavier), Barbara Hendricks (Sopran), Maurice André (Trompete), Arcadi Volodos (Klavier), Sabine Meyer (Klarinette), den Les Tambours Du Bronx, den Münchner Philharmonikern mit James Levine oder Christian Thielemann, dem Gewandhausorchester Leipzig mit Gewandhauskapellmeister

Starpianist Alfred Brendel in der Stadthalle am 25. Mai 2008 (Foto: Jörg Scheibe)

Till Brönner im Theaterpark, September 2006 (Foto: Klaus G. Kohn)

Herbert Blomstedt, dem London Philharmonic Orchestra unter Kurt Masurs Leitung bis zu den Wiener Philharmonikern unter Leitung von Zubin Mehta oder dem Philadelphia Orchestra unter Christoph Eschenbach, ist hochrangig und lässt keine Publikumswünsche offen.

Das Braunschweig Classix Festival-Jahresprogramm erstreckt sich dabei über vier thematische Festival-Teile, mit seinem »FESTIVAL« im Zeitraum von April bis Juni, dem »OPENAIR« Anfang September, den »HIGHLIGHTS« im Oktober und dem »PODIUM« im November. Auf der Festival-Homepage www.classixfestival.de wird das interessierte Publikum ständig aktuell und umfassend informiert, wie zum Beispiel mit dem auf alles aufmerksam machenden Newsletter- und Ticket-Service, der dem Konzertbesucher 24 Stunden auf der Homepage zur Buchung von Tickets zur Verfügung steht.

Themenschwerpunkte wie »NORD/LB artists & friends«, der »NORD/LB Artist Award«, »BKB opernwerkstatt« und »PwC openair« begleiten das Publikum durch das Festival-Jahr.

Zu den vielfältigen, attraktiven Konzertorten gehört als Festivalzentrum Braunschweig, unter anderem mit der Stadthalle, dem Altstadtrathaus, der Braunschweigischen Landessparkasse/Dankwardstraße, der Pianofortefabrik Schimmel, der Buchhandlung Graff, dem BVAG Straßenbahn-Depot, den Schloss-Arkaden und in Riddagshausen mit dem MMI Marketing Management Institut und der Klosterkirche. Weitere Festivalorte sind Clausthal-Zellerfeld, Fürstenberg/Weser, Groß Schwülper, Isernhagen, Salzgitter, Sickte, Vechelde, Warberg und Wolfenbüttel.

Webers »Freischütz« Open Air auf Burg Warberg, Juni 2008 (Foto: Susanne Hübner)

Das Publikum kommt aus dem ganzen Bundesgebiet und darüber hinaus, um einzigartige Programme beim Braunschweig Classix Festival zu erleben. Insgesamt besuchen jährlich über 30 000 Zuhörer die Konzerte, nicht mitgezählt die Zuhörer, die die Konzerte über den Rundfunk mit verfolgen. Im Zentrum des Fördervereins Braunschweig Classix Festival e.V. steht die Nachwuchsförderung. Für viele junge Musiker bietet das Festival damit eine Bühne für den Start in eine internationale Karriere.

Laut, brachial und wild: Les Tambours du Bronx, 19. Mai 2006 (Foto: Klaus G. Kohn)

Kurt Masur | Orchestre National de France; Stadthalle, 16. September 2007 (Foto: Felix Kuntoro)

Für das Braunschweig Classix Festival ist Sponsoring zu einem wichtigen Finanzierungsinstrument geworden. Seit seiner Gründung im Jahre 1988 wird dieses Konzept erfolgreich umgesetzt. Neben den Eintrittsgeldern und öffentlichen Zuwendungen sind es vor allem die Sponsorenbeiträge, die die künstlerische Attraktivität des Festivals sichern. Kontinuität ist ein wichtiger Faktor. Zu den Hauptsponsoren zählen die Norddeutsche Landesbank/Braunschweigische Landessparkasse, PricewaterhouseCoopers und E.ON Energy from Waste.

Guten Kaffee braucht der Mensch – im NI.COFFEE ist er da richtig

»CC« Claudio Celenza ist ein Business-Mehrkämpfer mit der Basis am Kohlmarkt 7

Von Klaus Langhardt

Wenn man schon das Glück hat, einen Namen zu besitzen, der mit Initialen CC beginnt, dann sollte man tunlichst etwas daraus machen. CC – da tanzt gleich wieder die bildschöne, junge Claudia Cardinale in »Spiel mir das Lied vom Tod« durch das Kornfeld. Nun mangelt es aber in Braunschweig an Claudia Cardinales grundsätzlich und an dieser halt besonders.

Aber Claudio Celenza, das hat doch auch einen melodischen-schönen Klang. Der Namensträger ist auch unwiderlegbar männlich, aber das Kürzel CC hat er dennoch aus gutem Grund für sich entdeckt und lässt es auch marketingtechnisch für sich arbeiten. Claudio Celenza ist Inhaber des NI.COFFEE am Kohlmarkt 7. Aber er ist noch viel mehr, wie sich zeigen wird.

In jungen Jahren war er ein sehr erfolgreicher Zehnkämpfer, dem man sogar eine echte Sportkarriere zutraute. Das scheint ihn geprägt zu haben,

denn heute, lange nach seiner aktiven Laufbahn, begnügt er sich im Berufsleben auch nicht nur mit einer Disziplin. Scheinbar unverwüstlich, wenn es darum geht im Geschäftsleben neue Wege zu gehen, packt »CC« die Dinge an. »Arbeit ist keine Schande«, hat er mal ganz treffend gesagt und

Das Ni.Coffee macht bei Tag und bei Nacht eine gute Figur.

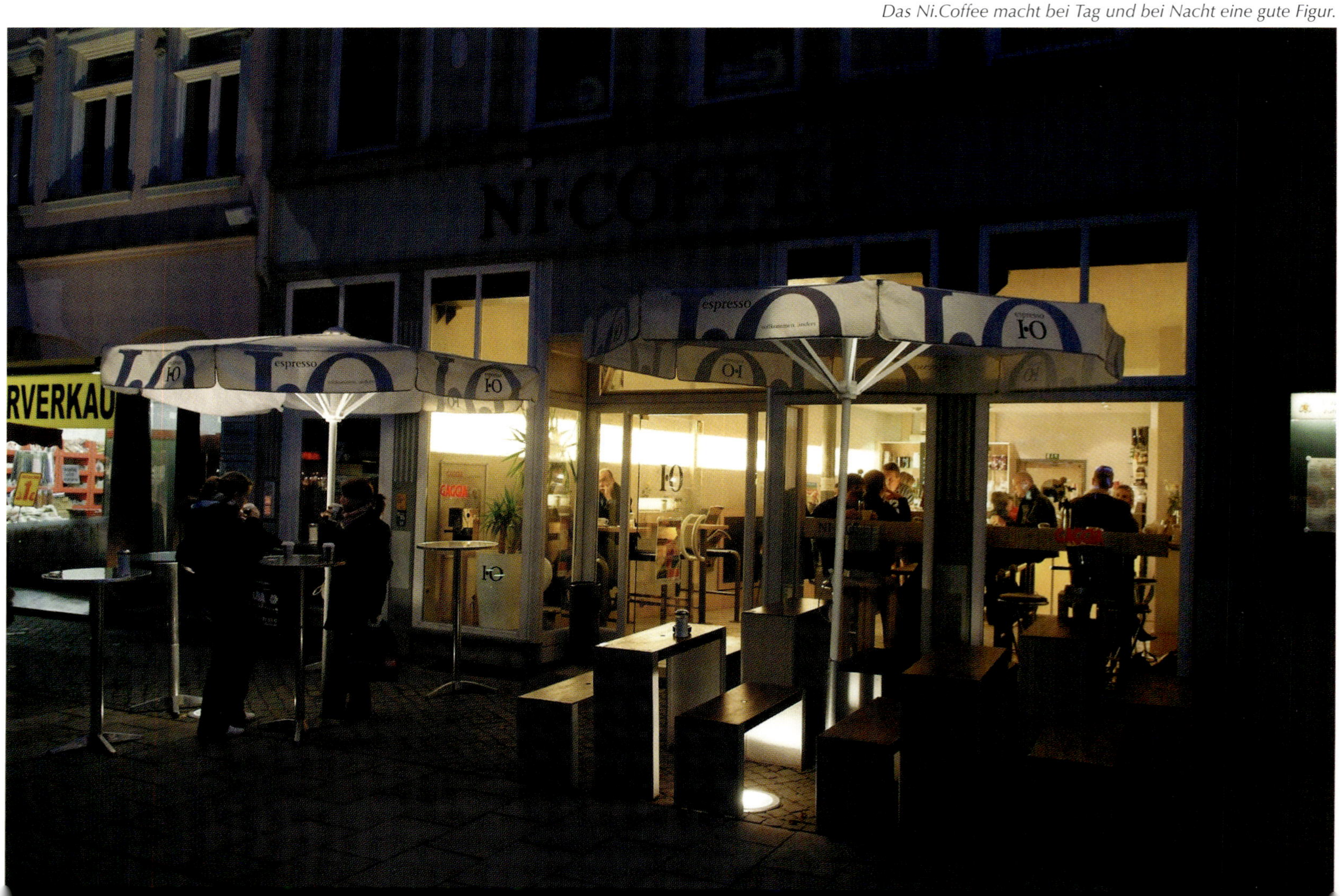

sich seine Freiheit als Selbstständiger zumindest den Lohn vieler Arbeitsstunden täglich kosten lassen. So führt er heute unter dem Signum »CC« sein Unternehmen »Clever Concept« und gleichfalls unter CC das Unternehmen »City-Catering«. CC – das Kürzel verpflichtet. Senor Celenza hat die Zeichen der Zeit erkannt. Dass Familienvater Claudio sein süßes Töchterchen Carlotta nannte, wird bei dem Faible für CC niemanden ernsthaft verwundern. Nur Ehefrau Kathleen behauptet – CC hin oder her – das K als Anfangsbuchstabe ihres Vornamens bis heute.

Mit dem NI.COFFEE hat alles begonnen. Nach Bundeswehrzeit und etlichen beruflichen Stationen in zwar renommierten, aber verschiedenen Branchen angehörenden Betrieben, bot sich Claudio Celenza die Chance, die recht gut eingeführte Kaffeebar im Herzen der Stadt zu übernehmen.

Hell und freundlich ist die Einrichtung, hier der Tresen.

Da bekommt man Lust auf einen Latte Macciato.

Die ließ sich der Vertriebsexperte, der eine abgeschlossene Ausbildung zum Betriebswirt vorweisen kann, nicht entgehen. Er griff zu und machte das kleine, aber feine Café zu einer der angesagtesten Adressen, wenn es in Braunschweig um die edel gerösteten Bohnen geht.

Was waren das noch für Zeiten, als man in ein Restaurant ging, einen Kaffee bestellte und ohne langes Lamentieren einen bekam. Im NI.COFFEE wählt der geneigte Kunden schon mal von Hause zwischen circa 20 verschiedenen Arten der Kaffeezubereitung. Den Klassiker ohne alles, alle italienischen Varianten vom Espresso bis zum Latte Macchiato, die Kaffees unterstützt durch verschiedene Flavours (die Renner sind White Chocolate und Nougato), und das alles in Handarbeit frisch gebrüht und nicht aus dem Vollautomaten. »In Sachen Kaffeekompetenz billigt man uns heute schon eine Führungsrolle zu«, sagt der Chef, der längst an der Realisierung der Idee arbeitet, eine eigene Marke auf den Markt zu bringen, mit eigener Verpackung (CC natürlich) und eigenem Geschirr. Dass sich der gesamte Kohlmarkt in den vergangenen Jahren zu einer echten Piazza italienischen Zuschnitts entwickelt hat, ist das Verdienst vieler, aber eben auch von Claudio Celenza, der daran ganz wesentlich mitgewirkt und seine Ideen hat einfließen lassen. »Die Entwicklung der Freisitze war wichtig, sollte aber noch ausgebaut werden, wenn wir uns mit der Stadt einigen können«, sagt er mit der dem Votum der Kohlmarktanrainer im Rücken, denn er ist auch Vorsitzender des Vereins Forum Kohlmarkt.

Vordenker war CC schon in vielen Dingen, nicht alle funktionierten immer ganz nach Wunsch. Aber dass er bereits im Jahre 2006 sein NI.COFFEE zur rauchfreien Zone erklärte, dafür seinen Gästen »draußen vor der Tür« Heimeligkeit mit Infrarot-Quarz-Heizstrahlern, weichen Sitzkissen und kuscheligen Wolldecken offerierte, beweist einen erstaunlichen Weitblick. Nebenbei lassen sich solche Heizstrahler, nachdem man sie einmal in Aktion erlebt hat dem darob begeisterten Kunden ja auch noch verkaufen. Ebenso wie Kaffeemaschinen der feinen Art und von Topherstellern, die der Stammkunde im Geschäft ja tagtäglich zuverlässig ihren Job verrichten sieht.

Ganz stolzer Vater hat sich der Unternehmer aber auch einer Sache verschrieben, die voll und ganz im Zeichen der Kinder steht. »Aus Holzkindern werden keine Betonköpfe« ist das Credo des Holzkind-Onlineshop-Versandhandels Braunschweig, der bundesweit Familien mit altersgerechtem, hochwertigem Kinderspielzeug versorgt. Mehr als 2000 Artikel sind im aktuellen Katalog gelistet. »Ich möchte meine Tochter so lang wie eben möglich von martialischen Spielsachen und überteuertem Tand fernhalten«, ist die Überlegung des Vaters. »Andere Eltern wollen das bestimmt auch, denen können wir ein sehr gutes Angebot machen.« Wo gibt es die Kataloge? Natürlich auch im NI.COFFEE.

Kaffee ist noch lange nicht Kaffee. Es gibt nahezu unzählige Variationen.

Da der Mensch vom Kaffeegenuss allein schwerlich überleben kann, betreibt das City Catering des Claudio C. die Beköstigung von Bürgern, die mittags nicht so weit von ihrem Arbeitsplatz wegwollen (oder können) direkt vor Ort. Im IHK-Kasino Braunschweig an der Brabandtstraße wirbeln Köche und Küchenpersonal der Firma City Catering für die dortigen Beschäftigten, in der Kantine des Amtsgerichtes können auch Externe ihr Mittagessen einnehmen. Aber auch für private Feiern, große Events und Kongresse von 30 bis 3000 Personen ist CC gerüstet. Entsprechende Räumlichkeiten werden notfalls organisiert, Catering, Buffet, das gesamte Equipment – alles kommt aus einer Hand.

Ideen muss man haben und den Mut, sie umzusetzen: Claudi Celenza hat beides.

Nimmt man die Summe seiner Aktivitäten (Platz für neue Ideen ist immer noch, wie er glaubhaft versichert), entpuppt sich Claudio Celenza als ein nimmermüder Unternehmer, der Ideen entwickelt, Entscheidungen zwar nach gutem Überlegungen, dann aber zügig trifft und diese entschlossen umsetzt. »Ich weiß ziemlich sicher, dass nicht alles auf Anhieb und manches vielleicht sogar nie so funktionieren wird, wie ich es mir erträume. Aber wer nicht versucht, seine Ideen zu leben, der findet es nie heraus.«

Die kleinen, feinen, süßen Begleiter um's Heißgetränk gibt es natürlich auch.

Und wenn ein paar Stricke reißen, dann gibt es immer noch das NI.Coffee. Es ist sein Nabel, die Heimat, der Ort, von dem alles ausgeht und wo alles ankommt. Und mal ganz ehrlich: Wo lässt es sich mit klarem Kopf besser denken, bereden und diskutieren als in einem feinen Ambiente bei einer frisch gebrühten Tasse Kaffe, oder Espresso, oder Latte Macchiato und zwar mit oder ohne Flavour.

NI.COFFEE
Kohlmarkt 7
38100 Braunschweig
Tel. (05 31) 2 09 64 47
Fax (05 31) 7 15 32
www.nicoffee.de

NI·COFFEE
Coffeeshop

Gebürtige Braunschweiger setzen sich als Anwälte für das Recht Braunschweiger Bürger ein

Andreas Boom

Stephan Bode

Sönke Vahle

Das hat man selten: Drei Braunschweiger Rechtsanwälte haben zwar in unterschiedlichen Jahrgängen, aber gemeinsam an der »Neuen Oberschule« in Braunschweig ihr Abitur gemacht und bilden Jahre später das »Anwaltbüro Boom und Kollegen«.

Doch Heimatverbundenheit oder Lokalpatriotismus zählt für die Klienten dieser Kanzlei nicht allein, sondern vorrangig die fachspezifischen Kenntnisse der Anwälte.

So hat Rechtsanwalt Boom nach vorheriger Tätigkeit als angestellter Anwalt bereits im Jahr 1999 ein Team von Fachleuten zusammengestellt, das auf besondere Kenntnisse in fast allen gängigen Rechtsgebieten verweisen kann.

Rechtsanwalt Boom hat sich spezialisiert auf die Schwerpunkte Verkehrs-, Bußgeld-, Unfallschadenrecht, Strafverteidigungen und Erbrecht.

Sein Kollege Rechtsanwalt Bode bearbeitet vorrangig Mandate aus den Fachbereichen Arbeitsrecht, Wohnungseigentums- und Vertragsrecht sowie auch aus dem Straf- und Bußgeldrecht.

Rechtsanwalt Vahle deckt u.a. die Bereiche Scheidungsrecht, Werkvertragsrecht und Ordnungswidrigkeitenrecht ab.

Allerdings ist nicht die reine Spezialisierung, sondern eine individuelle Rundum-Betreuung mit persönlichem Kontakt der Grundstein für eine langfristige, vertrauensvolle und erfolgreiche Beziehung zwischen Beratern und Mandanten. Das Kanzleikonzept ist daher auf die möglichst umfassende Betreuung bei juristischen Fragestellungen gerichtet, zu der auch auf externe Hilfe, wie zum Beispiel von Steuerberatern, zurückgegriffen werden kann, um eine für den Mandanten wirtschaftlich sinnvolle, rechtlich abgesicherte und maßgeschneiderte Lösung zu erzielen.

Nach schneller Etablierung der Kanzlei am Markt, wächst seit nunmehr fast zehn Jahren die Zahl der Klienten nicht nur stetig, weil darin Braunschweiger Anwälte das Recht von Braunschweiger Bürgern vertreten, sondern, weil die Juristen mit ihrer täglichen Arbeit bestätigen, dass sie fachmännisch und engagiert die Rechte ihrer Klienten verteidigen und durchsetzen können.

Anwaltbüro Boom und Kollegen
Waisenhausdamm 8-11 · 38100 Braunschweig
Tel. (05 31) 4 73 70 70 · Fax (05 31) 4 73 70 80
mail@anwaltbuero.de · www.anwaltbuero.de

Lindi am Schloss – die Kultgaststätte in Braunschweig

Beliebter Treffpunkt im Herzen der Stadt

Der Name Günter Lindhorst ist in Braunschweig ein Begriff. Als er 1973 parallel zum legendären Lokal »Strohhalm« das Lindi übernahm, war vorprogrammiert, dass auch diese Adresse schnell zu einem Insidertipp avancieren würde.

Doch alle Erwartungen wurden weit übertroffen. Heute hat das Lindi nach mehr als 35 Jahren einen Kultstatus erreicht. Der Oberbürgermeister hat hier schon genauso sein Bier getrunken wie Richter, Rechtanwälte oder der Arbeiter von nebenan.

Den sympathischen Mitarbeitern Susanne Schön und Rolf Drosse, seit vielen Jahren Herz und Seele der Gaststätte, ist es wichtig, jedem Gast das gleiche Engagement entgegen zu bringen. Ob jung, alt, arm, reich, traurig oder lustig – jeder Gast ist willkommen und soll sich wohl fühlen.

»Lindi ist unser Bier« sagen viele Gäste, obwohl aus den Zapfhähnen vier verschiedene Sorten den Gaumen verwöhnen können. Wolters, Krombacher, Königs Pilsener oder Erdinger – für jeden Geschmack ist etwas dabei.

An 365 Tagen im Jahr ist das Lindi von 9.30 Uhr bis 2 Uhr Treffpunkt für seine Gäste.

Zu jeder Zeit kann man sich durch aktuelle Musik inspirieren lassen, doch Highlights sind regelmäßig stattfindende Abende mit deutschen Schlagern, vor allem aber die Frühschoppen an Heiligabend oder Sylvester. Da hat man das Gefühl, alle netten Leute Braunschweigs treffen sich im Lindi.

Und manchmal kann man den Chef Günter Lindhorst als Entertainer live erleben: seit mehr als 25 Jahren ist er Bandleader der Jazzband »His Master's Voice«, mit der er bei unterschiedlichen Veranstaltungen (oder auch einmal in seinem Lokal) für Stimmung sorgt. Zur Hochform läuft die Band während der Karnevalszeit auf, denn das Lindi hat sich natürlich auch zu einer Karnevalshochburg entwickelt

Zu einem prägnanten Treffpunkt ist das Lindi bei allen Heimspielen der Braunschweiger Eintracht geworden. Vor und nach jedem Spiel verabredet man sich hier, um sich bei einem Bier auf das Spiel einzustellen oder hinterher das Spiel zu analysieren.

Sängerin Barbara Black und Günter Lindhorst

Partystimmung im Lindi

Hübsche Damen im Lindi

Lindi
Bohlweg 22/23 · 38100 Braunschweig
Tel. (05 31) 4 10 11 · Fax (05 31) 1 84 07
Lindi-bs@t-online.de

Fastnacht/Karneval in Braunschweig

Für viele auch hier die fünfte Jahreszeit

Von Jürgen Hodemacher

Fastnacht/Karneval wird im Braunschweiger Land seit dem frühen Mittelalter gefeiert. Im Braunschweiger Stadtbuch von 1293 finden wir die erste schriftliche Erwähnung, vermutlich die älteste in Deutschland. Der Fastnachtsbrauch, der aus jener Zeit stammt, war der »Schoduvel«, das Schaulaufen oder Vertreiben des Teufels, der Dämonen. Dieser »Schoduvel« wird noch heute im Karnevalsumzug mitgeführt. Es ist ein in schwarzes Tierfell Vermummter mit Teufelsmaske. Diese Figur symbolisiert den Winter, den es auszutreiben gilt.

Die Fastnachtsfeiern im Braunschweiger Land waren ursprünglich unanständige, lächerliche Um-

Großer Büttenabend in der Stadthalle

Prinz Clemens mit Prinzenehrengarde

Fünkchentanz – Thema »Dschungelbuch«

läufe unter allerlei Vermummungen. Erst später wurden die Feste, zu denen auch die Heischezüge gehörten, von Maskeraden ersetzt, bei denen aber weiterhin allerhand Unfug getrieben wurde, teilweise an heidnische Bräuche angelehnt. Als die derben Späße überhand nahmen, griff die Obrigkeit ein und verbot Fastnachtsfeiern während der Weihnachtstage. Ausführliche Maskenbeschreibungen finden wir schon in Urkunden und Schriften aus den Jahren 1408 und 1477, die im Stadtarchiv aufbewahrt werden.

Fastnachtsumzüge gab es im Mittelalter auch schon. Auf dem Lande waren es die Heischezüge, man erheischte Esswaren und Getränke, um damit die Fastnachtsfeier ausrichten zu können. In der Stadt Braunschweig hatten sich die Gildegesellen mit ihren Mädchen zu maskierten Umzügen zusammengefunden. Mehr als 300 Pferde mit ihren kostümierten Reitern zogen durch die Stadt, jedes Weichbild (Stadtteil) hatte eigens für den Umzug geschneiderte Kostüme. Aus den Jahren 1544 und 1573 sind uns genaue Schilderungen dieser Umzüge überliefert.

Aber auch der Adel hatte die Fastnacht für sich entdeckt. Eine Einladung in das Hoch-Fürstliche Residenzschloss zu Blankenburg von 1731 zum Carneval (carnevale= Fortnahme des Fleisches, also der Beginn der Fastenzeit) belegt das. Die Carnevalslustbarkeiten begannen dort am 6. Januar 1731 und gingen bis zum 6. Februar, kontinuierlich, wie es heißt, von acht Uhr abends bis zwei Uhr nachts. Vierzehn Veranstaltungen gab es während der närrischen Zeit 1731 im braunschweigischen Blankenburg.

Im 19. Jahrhundert gründeten sich erstmals Karnevalsgesellschaften. In Braunschweig war es die Braunschweiger Karneval-Gesellschaft, die 1872 von dem Industriellen Max Jüdel gegründet wurde. Die zweite Gesellschaft ist die Karneval-Vereinigung der Rheinländer, die 1922 gegründet wurde. Diese Vereinigung entwickelte sich aus der Landsmannschaft »Vereinigung der Rheinländer«, die aus dem von Franzosen und Belgiern besetzten Rheinland vertrieben waren. Die dritte Gesellschaft in Braunschweig ist die Maschero-der Karnevalgesellschaft Rot-Weiß, die sich 1965 gründete. Diese drei Gesellschaften schlossen sich 1977 zum »Komitee Braunschweiger Karneval« zusammen, ein Zusammenschluss der weiterhin eigenständigen Karnevalsvereine.

Das Komitee Braunschweiger Karneval ist Ausrichter der Veranstaltung am 11. im 11. Ein großes Biwak auf dem Kohlmarkt zieht alljährlich viele Besucher an. Auch der größte Karnevalsumzug Norddeutschlands, der an die 280 000 fröhliche Menschen an den Straßenrand lockt, wird vom Komitee verantwortet. Die Idee zu diesem Karnevalsumzug hatten die Karnevalisten schon 1978. Ein Jahr später sollte er starten – er fiel wegen der Schneemassen aus. Am 10. Februar 1980 zog dann der erste Zug durch die Straßen. Heute ist es der größte Karnevalsumzug in Norddeutschland, der viertgrößte in Deutschland, der drei Stunden live im Fernsehen übertragen wird.

Aber auch das soziale Engagement der Karnevalisten muss erwähnt werden. So wird beispielsweise die Jugendarbeit groß geschrieben. Mehr als 200 Kinder und Jugendliche werden in Gruppen betreut, lernen Garde- und Showtänze, Singen und Büttenreden schreiben und vortragen. Und in der Seniorenarbeit sind alle drei Gesellschaften aktiv. Sie bringen denen Freude und Frohsinn, die nicht mehr zu den Veranstaltungen kommen können. An die 50 Senioreneinrichtungen werden jährlich besucht.

Fastnacht und Karneval sind also ein bedeutendes Traditionsgut und Teil des gemeinsamen europäischen Kulturerbes. Nach wie vor fest im christlichen Jahresablauf verankert, haben sie als Schwellenfest vor der österlichen Fastenzeit eine klare zeitliche Begrenzung. Am Aschermittwoch ist definitiv Schluss. So steht es in der Ethik-Charta des Bundes Deutscher Karneval.

Mittelalterliche Fastnachtskostüme

Voller Einsatz für ein Lächeln

Neue Ideen für Braunschweigs Zähne – Artline Dentallabor

Transparenz und Patientennähe: ein Dentallabor mit neuen Perspektiven

Wer sorgt eigentlich für den Zahnersatz? Einerseits, klar, der Zahnarzt. Die andere Seite allerdings bleibt zumeist verborgen: Hinter den Kulissen stellen Dentallabore jene Kronen, Inlays und andere prothetische Versorgungen her, mit denen der Patient jahrelang leben, kauen und lächeln wird. Direkter Kontakt zum Patienten: in der Regel Fehlanzeige. artline, das Dentallabor im ARTmax, geht hier neue Wege: mehr Transparenz, mehr Patientennähe, Analyse und Beratung vor Ort. Eine Braunschweiger »Erfolgsstory«.

Das soll also ein Labor sein... Man stutzt für einen Moment, wenn man zum ersten Mal die großzügige Lobby betritt. In Mintblau und Bambus versprüht sie eher den nüchternen Charme eines modernen Hotels. Bequeme Sessel ducken sich neben eine Zimmerpflanze, in einer Nische scheint es Kaffee zu geben. Nicht weniger als 490 Quadratmeter fassen die hohen Wände: Beklemmungen? Ein Fremdwort. »Gehört alles zum Konzept«, erläutert Geschäftsführer Stefan Pietsch, »natürlich kann man ein Dentallabor auch in irgend einem Keller einrichten und Zahnarztpraxen beliefern. Aber wir wollten von Anfang an auch den direkten Draht zu den Patienten – und die sollen sich hier wohl fühlen.«

Arbeit und Arbeitsumfeld geprägt von Ästhetik

Wohl fühlt sich der kleine Junge auf dem Behandlungsstuhl nicht unbedingt. Aber das wäre auch zuviel verlangt: wegen dieses Fahrradunfalls neuerdings fehlt ihm ein Schneidezahn. Diagnose des behandelnden Zahnarztes: eine Krone. Bei artline wird nun die präzise Passform und die genaue Farbanpassung ermittelt. So entlastet der Spezialist den Allrounder. Das ist effizienter und im Ergebnis besser als die zahnärztliche Rundum-Versorgung. Denn nur wenn alle Parameter stimmen, ist der Aufbau so gut wie unsichtbar. Und der Kleine kann sein Malheur vergessen.

Zahnersatz – Investition ins eigene Lebensgefühl

Die Kreationen von Stefan Pietsch und seinem Team sieht jeder. Aber zufrieden ist er erst, wenn keiner sie bemerkt – ob Kasse oder privat, Pietsch ist Perfektionist. Zur Beratung zieht man sich in sein ruhiges Büro zurück. Hier steht der Taktstock des Termingeschäfts erst einmal still. Zeit für umfassende Erklärungen – und, ja, Kaffee gibt's auch! Welche Maßnahmen sind erforderlich? Wie lässt sich das optimale ästhetische Gesamtbild erreichen? Und: Was kostet das alles? Spätestens seit der Patient beim Zahnersatz tüchtig zur Kasse gebeten wird, sollte er auch auf sein Mitspracherecht pochen. Alternativen gibt es immer. Auch der Zahntechniker-Meister wünscht sich den viel beschworenen »mündigen Patienten«, doch ist er auch bereit, durch umfassende Aufklärung seinen Teil beizutragen. »Man muss sich Zeit nehmen, um zusammen mit dem Patienten den idealen Kompromiss zwischen Kosten und Kosmetik zu finden«, findet Pietsch, und man glaubt es ihm. Denn artline ist ein Handwerks- und Dienstleistungsbetrieb.

Die Hightech-Ausbildung ist eine echte Herausforderung für junge Leute.

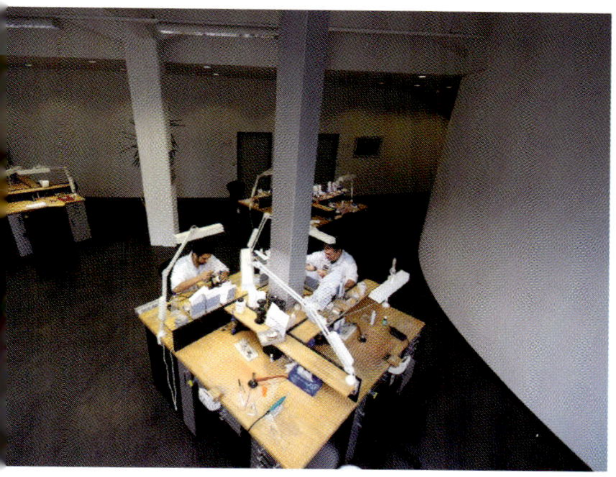

Terminarbeit, wenn's sein muss rund um die Uhr

Alternativen gibt es immer. Einmal wünschte sich ein Patient den Braunschweiger Löwen auf seinem Backenzahn – als Glücksbringer für die Heimspiele. »Von medizinischem Nutzen kann zwar keine Rede sein, und sehen wird es auch niemand. Aber wenn's der Eintracht hilft...«, lacht der bekennende Fußballfan. »Wir erfüllen gerne auch solche Wünsche.« Das ist das Schöne an Pietschs Beruf: »Es gibt immer etwas Neues. Natürlich geht es immer um Zähne, aber jeder Zahn ist unterschiedlich, jedes Gebiss eine neue Herausforderung.« Der persönliche Kontakt mit dem Menschen macht ihm Spaß.

Für den Patienten bedeutet das natürlich einen Zwischenstopp beim Zahntechniker. Klingt nach zusätzlicher Rennerei von der Praxis ins Labor, aber auch dafür ist gesorgt. Fahrer holen den Patienten direkt vom Zahnarzt ab – und befördern ihn bei Bedarf auch gleich nach Hause. Soviel Service ist man gar nicht gewohnt, im sterilen Gesundheitssektor. Doch auch hier muss ein Unternehmen mit der Zeit gehen, um am Markt zu bestehen.

Neue Ideen für Braunschweig

Das artline-Konzept hat sich inzwischen bewährt. Man könnte sogar von einer »Erfolgsstory« sprechen – ablesbar an den geschaffenen Arbeitsplätzen. Im Jahre 2003 ging es mit nur drei Angestellten los, heute sind es bereits 19 – und noch immer tritt man sich auf 490 Quadratmetern nicht gerade auf die Füße. Mittelständische Firmen gelten zu Recht als Jobmotor der Bundesrepublik. Hier finden sich Unternehmergeist, Mut zu neuen Ideen – und oft auch ein starker Partner, um sie zu verwirklichen. Der hieß in diesem Fall Heinz-Werner Twachtmann, Geschaftsführer eines bereits etablierten Dentallabors in Peine. Auf vier Schultern verteilt, wog das Investitionsvolumen nur noch halb so schwer. Einige der nagelneuen Hightech-Geräte konnte zudem gemeinsam genutzt werden. Damit war der Weg frei für den ambitionierten – und nicht gerade billigen – Start im ARTmax. »Das Wagnis war kalkuliert. Wir haben immer an unser Konzept geglaubt. Aber natürlich war das erste Jahr eine harte Zeit«, erinnert sich Stefan Pietsch. Terminarbeit rund um die Uhr.

Nach bestandener Feuerprobe werden die Kronen jahrelang halten.

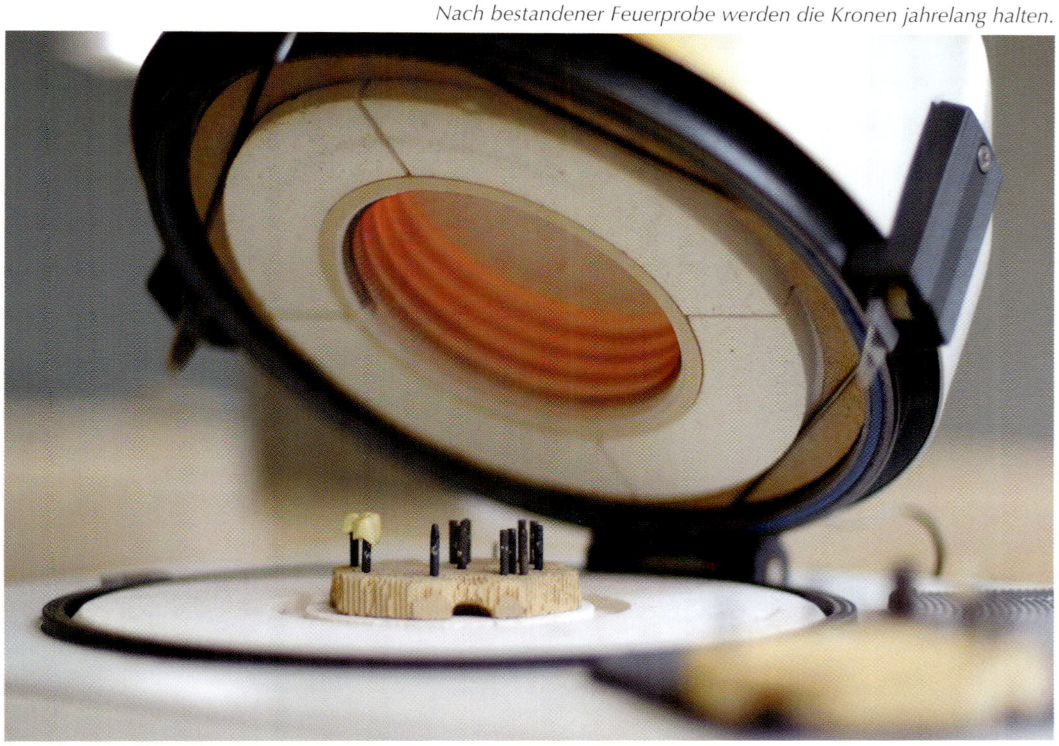

Hier muss jeder Schliff sitzen.

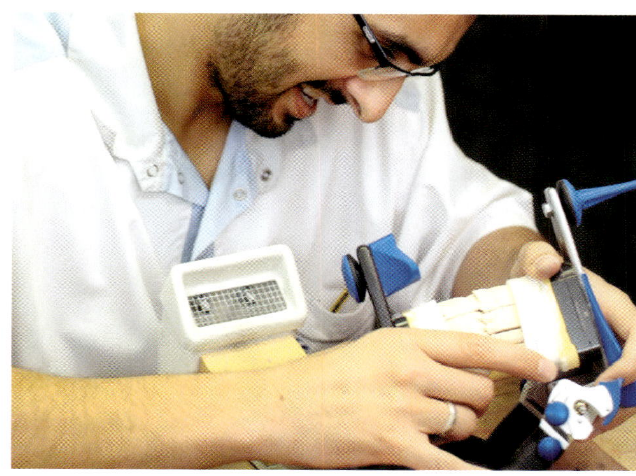

Michaela, seine Frau, entlastete ihn, wo immer es ging, stand vorne in der Küche, während ihr Mann hinten an den Modellen werkelte. »Wenn beide mitziehen, schweißt die gemeinsame Anstrengung sogar zusammen. Wir haben es nie bereut.«

Das artline Dentallabor – auch für Stefan Pietsch eine Investition ins eigene Lebensgefühl.

artline Dentallabor GmbH
Frankfurter Straße 4 · 38122 Braunschweig
Tel. (05 31) 8 86 19 69 · Fax (05 31) 8 86 19 68
www.artline-dentallabor.de

Soziale Verantwortung für (Berufs-)Anfänger

Soziale Verantwortung – großes Wort, nichts dahinter? Stefan Pietsch hält keine Sonntagsreden, sondern tut, was er kann.

Für Stefan Pietsch bedeutet soziale Verantwortung stets ein Geben und Nehmen. Sein Betrieb wächst, also schafft er Arbeitsplätze. Er bildet aus und erhält dadurch Fachkräfte, die perfekt auf seine Ansprüche zugeschnitten sind. Er engagiert sich für soziale Zwecke, und die Gesellschaft, in der er lebt, dankt es ihm.
Gerade auf die Jugend wird heutzutage viel geschimpft: Viele Schulabgänger sind unzureichend vorbereitet und oft noch nicht reif für die Ausbildung.

Deshalb ist auch Stefan Pietsch manchmal schon erschrocken über manche Bewerber. Da zählen scheinbar nur Handys, MP3s und Spielkonsolen. Viele sind noch gar nicht im richtigen Leben angekommen. Bei manchen ist es noch schlimmer: familiäre Probleme, Alkohol, Drogen, Depressionen. Aber auch solchen kann und muss man eine Chance, eine Perspektive bieten, so Pietsch.
Und er fühlt sich mit seinem Unternehmen heute verpflichtet, auf die Persönlichkeitsentwicklung seiner Auszubildenden einzuwirken. Aber das geschieht bei ihm ganz automatisch. Er erinnert sich: Wir hatten früher auch »kein Bock« auf Berufsschule und haben einfach nur gemacht, was von uns verlangt wurde. Da hilft nur persönliche Offenheit – eine Braunschweiger Tugend: Man muss den Jugendlichen den Blick für die Realität öffnen. Mit allen Konsequenzen. Zum Beispiel kriegen sie von mir nicht nur Übungsmaterial, sondern gelegentlich echte Terminarbeiten. Die müssen fertig werden, sonst sitzt der Patient auf einmal zur Mittagspause »ohne« Zähne da.
Und auf die Frage, wenn es einmal daneben geht, lacht er und sagt: Dann muss ich das wohl ausbaden. Das bedeutet zwar Aufwand, aber nur so lernen junge Menschen Verantwortung. Und nur so ziehe ich junge Erwachsene heran, die mir später wieder Arbeit abnehmen können. Diese Logik ist leider aus vielen Köpfen verschwunden. Aber es funktioniert: In fünf Jahren artline hatte ich vier Auszubildende – und bis jetzt konnte ich noch jeden übernehmen.
So engagiert sich Stefan Pietsch zudem für den Förderverein »Protect Our Children e.V.« und erläutert dazu seine Motivation:
»Leider gibt es Familien, die wirklich überfordert sind. Manche Probleme sind so groß – man kann sich das kaum vorstellen. Aber Kinder sind die Zukunft. Wo Familien, Schulen und Betriebe versagen, muss es noch jemanden geben, der sie auffängt. Deshalb ›Protect Our Children‹. Ich, als Unternehmer, kann nicht die ganze Welt verbessern, aber ich versuche auf diesem Weg meinen Teil beizutragen.«

Stefan Pietsch: »Kinder sind die Zukunft.«

Kein Wartezimmer, zwei Sessel genügen.

DAX-Bierbörse

Mit der täglichen Garantie für Partystimmung

Zahlen lügen nicht. Das Börsenbaromater zeigt den aktuellen Stand und Preis der Biersorten an.

Von Henning Brandt

Früher warb ein Bierlokal damit, in direkter Lage zum Nobelhotel der Stadt zu liegen. Heute ist es längst umgekehrt. Ein Wandel, mit dem zweifellos nur die DAX-Bierbörse im Herzen der Braunschweiger Innenstadt gemeint sein kann.

Seit nunmehr 14 Jahren steht die Bierbörse im historischen Gewand des Neustadtrathauses, das seinen Ursprung im 13. Jahrhundert hat, für beste, besser noch eine unvergleichliche Partystimmung. Und seit circa der Hälfte dieser Zeit ist sie nicht nur für die Kenner der Szene mindestens so namhaft wie die noble Adresse der Schweizer Hotelkette nebenan.

Das DAX ist aber nicht nur außergewöhnlich bekannt – auch weit über die Stadtgrenzen hinaus –, sondern es besitzt vor allem ein ganz außergewöhnliches Flair. Mit einer prunkvollen, meterlangen Kirschholztheke und reichlich Holzinterieur lädt es regelrecht zum Feiern ein. Jung und Alt fühlen sich in dieser fast schon familiären Atmosphäre überaus wohl. Man kennt sich unter den rund 1500 Besuchern pro Abend, die seit Jahren regelmäßig donnerstags bis samstags in der Bierbörse anzutreffen sind.

Der gute alte Discofox steht im DAX hoch im Kurs.

In der Regel lässt sich das Partyvolk nicht lange bitten, und bringt die Stimmung bereits deutlich vor Mitternacht auf den Siedepunkt. Kein Wunder, schließlich ist das DAX zu diesem Zeitpunkt mit an Sicherheit grenzender Wahrscheinlichkeit seit fast zwei Stunden rappelvoll und wird es bis in die späten Morgenstunden durchgehend auch bleiben. Überwiegend 80er, Oldies und Schlager heizen den Gästen dabei ein. Textsicher sind nahezu alle von ihnen.

Stimmung ist im DAX immer: Schon am relativ frühen Abend (oben) und noch spät in der Nacht (unten).

Zur guten Stimmung animiert jedoch in erster Linie das DAX-Prinzip. Es beruht darauf, dass in einer Bierbörse die Gäste durch ihre Bestellungen die Preise der Getränke selbst bestimmen. Bestellen Gäste Bier einer Sorte, wird diese nach einer bestimmten Zeit teuer, eine andere, nicht so oft bestellte Sorte, dafür günstiger. Dass sich dieses Preisgetummel, für jeden Besucher übersichtlich auf einer großen Börsentafel und auf weiteren kleinen Tafeln jederzeit einzusehen, nicht nur auf Bier bezieht, ist im DAX selbstverständlich. Schließlich wird hier an alle Gäste gedacht. So vereint die DAX Bierbörse gleich drei Bereiche unter dem Dach des Neustadtrathauses. Außer dem DAX gibt es das Funky und das Maxi, so dass letztlich jeder Musikgeschmack abgedeckt wird. Im Funky darf über dies hinaus sogar geraucht werden.

Gelegentlich kommt es im DAX zu einem Börsencrash. Dann fallen alle Preise und die Stimmung steigt weiter an. An den Theken und auf der Tanzfläche ist dann meist kein Durchkommen mehr. Stören tut das ganz und gar niemanden. Wer im DAX ist, der bleibt ohnehin meist bis zum Schluss. Das DAX bietet nämlich nicht nur Party, sondern auch immer ein bisschen Entspannung vom Alltag. Schließlich ist trotz aller Lautstärke auch Unterhaltung möglich, ohne sich anschreien zu müssen.

Nicht snobbish aber fein: Die Servicecrew liebt es stilecht in schwarz-weiß.

Was bleibt jetzt eigentlich für eine Erkenntnis? Ganz einfach: In Braunschweig kann man ganz hervorragend schlafen und essen. Aber noch viel, viel besser feiern. Und wenn man denn so will, sogar beides an einem Ort!

BMV GmbH
Küchenstraße 1 · 38100 Braunschweig
Tel. (05 31) 4 50 73 · Fax (05 31) 1 45 69
daxmartin@aol.com

DAX Bierbörse · Funky · MAXI Disco

Ein Teil des Geheimnisses heißt ganz einfach »gute Butter«

Stadtbäcker Milkau backt so gut wie nichts ohne – Ewig junger Seniorchef macht originelles Marketing

Von Klaus Langhardt

Es gibt eigentlich nur diese drei Möglichkeiten: Karl Milkau ist mit einem Ewige-Jugend-Gen gesegnet, wie nur ganz wenige Menschen auf der Welt. Oder er hat ganz heimlich still und leise einen der besten Schönheitschirurgen überhaupt besucht. Nee, der nicht. Oder aber in Milkaus Backstube werden Brote gebacken, die dem Alterungsprozess ganz geharnischt den Garaus machen. Das vielleicht eher. Fakt ist jedenfalls, dass kein Mensch auf die Idee käme, den Bäcker- und Konditormeister und Seniorpartner der Stadtbäckerei Milkau auf mehr als Mitte fünfzig zu schätzen. Dabei ist er stolze 76, hat längst mit Ehefrau Renate Goldene Hochzeit gefeiert und die Hauptverantwortung für das Familienunternehmen in dritter Generation an seinen Sohn Axel übergeben. Der tritt die Nachfolge als Bäckermeister und Konditor, der sich nach der Lehre in Berlin weitergebildet hat, ganz logisch an. Doch zurück zum Senior:

Bunt wie das pralle Leben: Feinste Backwaren, wunderschön dargeboten

Vorher: Blass gehen die Brotteige in die Gluthitze der Öfen.

Nachher: Schön knusprig gebräunt kommen sie wieder heraus.

Wie ein Ruheständler sieht Karl Milkau wahrlich nicht aus. Auf keinen Fall.

Genau genommen ist er auch kein klassischer Ruheständler. Zu vielfältig sind dazu seine Aktivitäten, die sich heute zwar weniger an der nächtlichen Arbeit an den Öfen orientieren, die ihn gleichwohl aber noch auf Trab halten. »Langeweile habe ich nicht, das stimmt«, schmunzelt Milkau zufrieden, »das operative Geschäft erledigt mein Sohn, die Geschäfte laufen, ich kann mich anderen Dingen widmen.« Und davon gibt es reichlich, denn Karl Milkau ist nicht nur ein anerkannter und erfolgreicher Unternehmer, er ist überdies auch ein Mensch, dem viele andere Menschen starke Sympathien und Achtung vor der Lebensleistung entgegenbringen. Die hohe Zahl von Einladungen zu großen und wichtigen Veranstaltungen ist dafür ein Beleg.

Man kennt Karl Milkau, in Braunschweig sowieso, denn dort ist er geboren, und Karl Milkau selber kennt Gott und die Welt. Was auch damit zu tun hat, dass er noch zu seinen aktiven Zeiten stets über den Tellerrand hinausschaute und sich in der Innung (jahrelang Innungsobermeister), in Verbänden und Vereinigungen ehrenamtlich betätigte. Noch heute ist Karl Milkau in Bereichen abseits der Backstuben aktiv, beispielsweise als stellvertretender Vorsitzender des Vereins der Freunde und Förderer des städtischen Klinikums. Dass er viele Jahre ehrenamtlich als Richter am Arbeitsgericht Braunschweig und beim Landesarbeitsgericht in Hannover wirkte, wundert einen schon nicht mehr richtig. Dass er all für diese Tätigkeiten die Goldene Ehrennadel des Deutschen Konditorenverbandes und das Bundesverdienstkreuz am Bande erhielt, auch nicht. Und gleich gar nicht, dass er an seinem 75. Geburtstag zum Ehrenobermeister der Braunschweiger Konditoreninnung ernannt wurde. Ehre wem Ehre gebührt? Im Falle Karl Milkau ganz bestimmt.

Keine Frage, die Milkaus und ihr Unternehmen sind innovativ und gut aufgestellt. Das ist hart erarbeitet und Ergebnis einer jahrzehntelang unverändert hohen Qualität ihrer Backwaren. In 20 Geschäften, die über die gesamte Stadt verteilt sind (Motto: »Immer in Ihrer Nähe, immer auf Ihrem Weg«) werden zwischen 56 000 und 59 000 Kunden wöchentlich allein 23 verschiedene Brotsorten offeriert, unter ihnen »Der Friese«, »Der Holsteiner« (hallo, klingelt da was, geht es mal wieder um Pferderassen?) natürlich das Heidebrot, das Riddagshäuser Klosterbrot und das unverwechselbare Bauernbrot der Milkaus. Insgesamt 300 verschiedene Erzeugnisse bieten Milkaus täglich an. Mehr als alles andere aber wird einem Produkt das Attribut der Einmaligkeit zugebilligt: dem Butterkuchen, genauer gesagt dem Butterzuckerkuchen und fünf weiteren Varianten mit jeweils »Butter« vornedran. Diese Milkau-Spezialität bezieht ihren besonderen Ruf zunächst einmal aus der Tatsache, dass wirklich mit der so genannten »guten Butter« gebacken wird. Zu welchen Anteilen, wie gesüßt und wie lange, darüber hüllen sich die Chefs in Schweigen. Fakt ist indes, dass der Butterkuchen einen Ruf wie Donnerhall genießt und weit über die Stadtgrenzen hinaus bekannt ist, geordert und natürlich auch ge-

Ein vertrautes Bild in Braunschweig. Hoch auf dem Kutschbock fährt Seniorchef Karl Milkau mit seinem Doppelspänner und den Apfelschimmeln Maxi und Moritz im Geschirr durch die Lande.

Einen Baumkuchen perfekt zu backen, gehört zur »hohen Schule« im Konditorenhandwerk.

Echte Braunschweiger Trilogie: Milkau, der Burglöwe, der Dom

Diese Boten trifft man gerne.

Backen ist echtes Handwerk und braucht Zeit …

… ehe die Produkte verkaufsbereit in der Theke liegen.

liefert wird. »Der Butterapfelkuchen«, schmunzelt Karl Milkau mit der Nonchalance des Wissenden, »der ist schon was ganz Besonderes.«

180 Menschen stehen bei den Milkaus in Lohn und Brot. Die dritte Familiengeneration setzt sich in der Firmenleitung aus dem geschäftsführenden Gesellschafter Axel, Tochter und Prokuristin Karen sowie Schwiegertochter und Prokuristin Nadine zusammen. Eine engagierte Mitarbeiterschaft, die dem Unternehmen in weiten Teilen schon seit vielen Jahren die Treue hält, hat ebenfalls viel zum Erfolg beigetragen. »Unsere hoch motivierten und qualifizierten Mitarbeiterinnen und Mitarbeiter sind ein ganz wichtiges Kapital«, sind sich Senior- und Juniorchef einig. Das mittelständische Unternehmen behauptet sich erfolgreich auf einem durchaus umkämpften Markt, der durch die Zweigstellen von Großketten und durch die immer größer werdende Zahl der Aufbackstationen nicht leichter geworden ist. Die Milkaus ficht das nicht wirklich an. Sie messen sich auch nicht an dieser Elle. »Rohlinge aufbacken ist eine Sache, eine handwerkliche Meisterarbeit eine ganz andere. Qualität hat ihren Preis, das ist auch ganz in Ordnung so. Jedem das, was er mag.«

Blech für Blech ein Hochgenuss: Milkaus Butterkuchen

Wenn in Betrieben über Marketing nachgedacht wird, dann wird das oft ein kostspieliges Verfahren. Das milkausche Marketing sieht dort zukünftig drei breitgefächerte Ansätze. Zum einen ist da die untadelige Ware, die wirbt und spricht für sich. Zum zweiten sind da viele Aktionen von Reitturnieren bis hin zu Kinderfesten, an denen »Der Stadtbäcker« aktiv und spendenfreudig beteiligt ist. Und dann ist da noch die sprichwörtliche Tierliebe aller Milkaus. Axel ist ein mittlerweile bekannter Springreiter und Sportmarketing-Experte, der die »Löwen Classics« aus der Taufe gehoben und zu einem Turnier mit Weltformat entwickelt hat.

Milkau-Senior Karl ist nach wie vor im Tierschutz aktiv und pflegt zudem ein Hobby, das Zeit und Liebe zum Tier gleichermaßen benötigt. Die Kutschen mit den Gespannpferden Maxi und Moritz sind längst fester Bestandteil des Braunschweiger Stadtlebens. Eine der Kutschen ist unübersehbar mit dem Milkau-Logo versehen und fährt ganz augenscheinlich Werbung für die Produkte aus der Stadtbäckerei. Alle anderen sind unterschiedlichster Bauart und ohne jede Werbebanner. Das Tolle an der Geschichte: Das macht überhaupt nichts. Wenn die Apfelschimmel im Stadtverkehr auftauchen, weiß ohnehin jeder: »Da ist Karl Milkau unterwegs. Und Milkau, das ist der Stadtbäcker. Und einen Butterkuchen haben die …«

Milkau – der Stadtbäcker
Backhaus: Büchnerstraße 2 · 38118 Braunschweig
Tel. (05 31) 88 54 30 · Fax (05 31) 8 85 43 50
www.milkau.de

Musikpub Movie

Seit 25 Jahren eine Gaststätte mit Kultstatus

Als der Junggastronom Horst Mildeweith im April 1984 den Musikpub Movie aus der Taufe hob, konnte er kaum ahnen, dass sein Lokal auch 25 Jahre später ein wesentlicher Bestandteil der Braunschweiger »Kneipenszene« sein würde.

Hotte, wie er von seinen Gästen und Freunden genannt wird, bekam das Gastronomie-Fieber in die Wiege gelegt. Im Südharz konnte er schon in jungen Jahren im großelterlichen Hotelbetrieb berufliche Erfahrungen sammeln.

Weit über die Grenzen der Stadt hinaus ist die Sportsbar als Musikpub ein beliebter Treffpunkt für Jung und Alt. Man genießt hier seine Freizeit, um Bekannte, Freunde oder eben die große Schar der Stammgäste zu treffen. Doch jeder ist willkommen – vom Arbeiter bis zum Direktor, Alter und Status spielen keine Rolle, und alle Gäste fühlen sich schnell wohl.

Trotz mehrerer Renovierungen und Umbauten hat sich an der rustikalen Einrichtung nichts geändert. In einem Gebäude, durchzogen von Fachwerkgebälk, lässt man es sich wie eh und je an gemütlichen Holztischen gutgehen.

Der Gast hat die Wahl aus mehreren Biersorten, einer reichhaltigen Getränkeauswahl, genießt ein Glas Wein oder entscheidet sich für eine der leckeren Kaffeesorten.

Für den kleinen Hunger ist ebenfalls gesorgt. Schon mit einem Frühstück kann man sich im Movie verwöhnen lassen. Leckere Baguettes oder immer wieder neue Ideen der Küche stehen im Angebot. Unschlagbar in Größe und Geschmack ist aber wohl die bei vielen bekannte originale Stadion-Bockwurst.

Und wer kennt sich da besser aus, als die Eintracht-Fans, die vor und nach allen Heimspielen für Stimmung in der Lokalität sorgen und das blau-gelbe Herz höher schlagen lassen.

Über zwei Großbild-Monitore kann das aktuelle Sportgeschehen verfolgt werden, wobei das reichhaltige Musikprogramm das urige Ambiente untermalt. Fußball und Eintracht sind im Movie immer ein Thema, vom fachkundigen Publikum gelebt und gefeiert.

Dass sich das Movie aber vor allem in der Musik-Szene einen hervorragenden Ruf erworben hat, zeigt eine illustre Gästeschar. Carlos Santana, Tremeloes, Suzi Quatro und noch viele andere internationale Musiker gaben sich hier vor und nach ihren Auftritten die Klinke in die Hand.

Zeitloses, gemütliches und originelles Ambiente, dazu freundlicher Service, gute Musik und ein liebevoll gezapftes Bier zeichnen das Movie aus.

Der Eingangsbereich des Movie

Die Betreiber Anke und Horst Mildeweith

Der gemütliche Biergarten mitten in der Fußgängerzone

Und die Eheleute Anke und Horst Mildeweith – Burgdorf sind an 365 Tagen im Jahr darum bemüht, den Erwartungen ihrer Gäste zu entsprechen.

MOVIE
Neue Straße 2 · 38100 Braunschweig
Tel. (05 31) 4 37 26 · Fax (05 31) 2 40 37 39

Bürgerstiftung Braunschweig

Engagement für die Stadt und ihre Menschen

Von Dr. Dr. Jens Simon

Wenn an einem Sonntag die Braunschweiger City voll ist, wenn die Länge der Bierzeltgarnituren unter freiem Himmel in Kilometern gemessen wird und wenn tausende von Bürgern sich eben hier zu einem gemeinsamen Frühstück treffen, dann ist es wieder soweit: Die Bürgerstiftung Braunschweig hat zu einem Bürger-Brunch aufgerufen, zu einem Picknick für einen guten Zweck, und viele – sehr viele – wollen dabei sein. Denn die Braunschweiger lieben das Besondere, die Veranstaltung im außergewöhnlichen Rahmen. Und so gelang der Bürgerstiftung Braunschweig das mehrfach Gute: Eine vergnügliche Sonntagsaktion für alle Bürger, eine Aufstockung der Stiftungskasse und eine exzellente Öffentlichkeitsarbeit für die Stiftung und ihre Idee.

Die Idee lautet: Der Stadt und ihren Menschen dort unter die Arme greifen, wo Hilfe benötigt wird. Denn scharfe Einschnitte haben die meisten Kommunen in den letzten Jahren in den Bereichen Sozialwesen, Bildung und Kultur hinnehmen müssen. Die finanziellen Mittel der öffentlichen Hand scheinen immer weniger auszureichen, bisher wahrgenommene Aufgaben zum Erhalt des gesellschaftlichen Gesamtgefüges zu erfüllen, geschweige denn, neue in Angriff zu nehmen. Das gilt auch für Braunschweig. Die ehrenamtlich arbeitende Bürgerstiftung will hier – mit den ihr möglichen Mitteln und mit der Unterstützung möglichst vieler Mitbürger – gegensteuern und Mitverantwortung für das Wohl des Gemeinwesens übernehmen.

Der Burgplatz als große Picknick-Runde beim zweiten Bürger-Brunch am 3. Juni 2007

Erster Bürger-Brunch am 29. Mai 2005 (Foto: Peter Sierigk)

Für die Bürgerstiftung ist dies ein konkreter Auftrag, der sich in einer Vielzahl gemeinnütziger und wohltätiger Projekte niederschlägt. Dazu gehören in der bisher jungen Stiftungsgeschichte unter anderem die Leseförderung an Braunschweiger Schulen, die Förderung von Gewaltprävention in Braunschweiger Grundschulen und Kindergärten mit begleitenden Elternkursen, die Förderung von pädagogischen und kulturellen Angeboten für Kinder im sozialen Brennpunkt westliches Ringgebiet, die Organisation einer Schülerpraktikumsbörse, die Unterstützung von präventiven

Mächtig in Schwung – Kinder beim Streetsoccer

Unterricht an einer interaktiven »Tafel«

Leseförderung in einer Grundschule

Sportangeboten (Streetsoccerliga), die Förderung der Integration von Migrantenkindern in Grundschulen, die Förderung der Einführung IT-gestützter Unterrichtsmethoden in einer Realschule, die Förderung von berufsbezogenen Informationen und Praktika für Schüler vor dem Übergang in den Beruf sowie die Förderung des Kontakts von Schülern mit Kulturbereichen.

Diese und viele weitere Projekte initiiert und fördert die Bürgerstiftung Braunschweig und erfüllt damit ihren eigenen Leitsatz mit Leben: »Frag nicht, was Deine Stadt für Dich tun kann, frag, was Du für Deine Stadt tun kannst.« Seit ihrer Gründung arbeitet die Bürgerstiftung mit Experten, mit engagierten Bürgern sowie mit öffentlichen Einrichtungen zusammen, um Problembereiche in der Stadt aufzuspüren – seien es Konflikte im sozialen Zusammenleben, mangelnde schulische und berufliche Chancengleichheit oder Defizite im kulturellen Miteinander – und um für all diese Fälle praktikable Verbesserungsstrategien zu finden. An dieser Umsetzung arbeitet die Bürgerstiftung, die im Jahr 2003 mit dem Engagement und dem Kapital von 98 Gründungsmitgliedern als rechtsfähige gemeinnützuge Stiftung startete, mit großem Einsatz weiter. Ideen, Zeit und Geld sind dabei die notwendigen Ressourcen.

Zur nachhaltigen Unterstützung oder zur Anschubfinanzierung ihrer zahlreichen Projekte hat die Bürgerstiftung unter Braunschweiger Unternehmern eine Reihe großzügiger Sponsoren sowie unter Braunschweiger Stiftungen zuverlässige Förderer gewinnen können. Es gibt darüber hinaus auch eine Reihe von Unternehmen, die kostenlos Spezialkenntnisse sowie Arbeits- und Sachleistungen einbringen, so dass verschiedenste Projekte realisiert werden können. Andere unterstützen die Bürgerstiftung auf ähnliche Weise bei der Vorbereitung und Durchführung von Veranstaltungen, die der Präsentation der Bürgerstiftung und der Einwerbung projektbezogener Spenden dienen, sowie bei ihrer Öffentlichkeitsarbeit. Schließlich gibt es Unternehmen und Einzelpersonen, die die allgemeine Arbeit der Bürgerstiftung durch regelmäßige Zuwendungen (»Patenschaften«) fördern. Und besonders zu erwähnen ist die große Zahl der so genannten »Zeitstifter«, die bei der Bürgerstiftung gelegentlich oder kontinuierlich mitarbeiten – bei der Vorbereitung und Durchführung von Veranstaltungen oder bei der täglichen Arbeit in der Geschäftsstelle. Erst durch die Unterstützung all dieser wahrhaft bürgerschaftlich engagierten Institutionen und Personen kann die Bürgerstiftung überhaupt erfolgreich arbeiten.

Kinder-Mittagstisch

Selbstverständlich kann die Bürgerstiftung ihre Projekte nur mit erheblichen finanziellen Mitteln auf den Weg bringen. Und so ist es ein glücklicher Umstand, dass sich das anfängliche Stiftungskapital der Gründungsmitglieder durch Zinsen, viele Spenden, Zuwendungen von Sponsoren und Erbschaften deutlich erhöht hat. Zusätzlich hat die Bürgerstiftung die Aufgabe übernommen, das Kapital von einigen anderen, rechtlich unselbstständigen Stiftungen treuhänderisch zu verwalten, so dass sich im Jahr 2008 das Stiftungskapital auf insgesamt 3,4 Millionen Euro belief. Aber längst nicht alle wünschenswerten Projekte lassen sich

Zirkusprojekt mit Migrantenkindern in einer Grundschule

Gewaltprävention bei Kindern und Jugendlichen in Braunschweig.

Die Arbeit der Bürgerstiftung wirkt lokal, wird aber auch überregional wahrgenommen. Bereits zwei Mal wurde die Stiftung ausgezeichnet. Im Jahr 2007 erhielt sie aus der Hand des Bundespräsidenten einen 2. Preis der »Aktiven Bürgerschaft« für das Projekt »Integrationsförderung von Migrantenkindern in Grundschulen«. Und ein Jahr zuvor reichte das Echo des Bürger-Brunch bis zum Bundesverband Deutscher Stiftungen: Im »Kompass«-Wettbewerb für Stiftungskommunikation erhielt die Bürgerstiftung Braunschweig für die Idee und Realisierung des Bürger-Brunch einen 1. Preis. Und da gute Stücke mehrmals aufgeführt werden können, wird sich auch die Braunschweiger City irgendwann wieder mit kilometerlangen Bierzeltgarnituren und vielen Menschen beim Picknicken füllen und damit wird vielleicht auch die Stiftungsidee in viele weitere Köpfe getragen.

Vorstand der Bürgerstiftung Braunschweig

Die Projektideen werden der Bürgerstiftung gewiss nicht ausgehen. So sind mit »Theater in die Schule« und »Wirtschaft in die Schule« (hier sollen den Schülern praktische Erfahrungen in bestimmten Berufszweigen vermittelt werden) zwei längerfristige Projekte angelegt. Damit aber nicht genug der schulischen Projekte: Bei einem weiteren geht es um die Früherkennung von Lern- und Leistungsstörungen bei Schulanfängern und deren gezielte Förderung, bei einem anderen um einen »runden Tisch« zum Thema

Sponsorentreffen im Haus der Braunschweigischen Stiftungen am Löwenwall

mit den hieraus zu erwirtschaftenden Zinserträgen umsetzen. Und so ist eine weitere Aufstockung des Kapitals ein Ziel, das ebenso zur Stiftung gehört wie der satzungsgemäße Stfitungszweck »Bildung und Erziehung, Jugend- und Altenhilfe, Kunst, Kultur und Denkmalpflege, Wissenschaft und Forschung, Umwelt- und Naturschutz, Heimatpflege und Völkerverständigung sowie Sport und Gesundheit zum Wohle der in der Stadt Braunschweig lebenden Menschen nachhaltig selbstlos zu fördern und zu entwickeln«.

BÜRGERSTIFTUNG
Braunschweig

Auszeichnung der Bürgerstiftung durch den Bundespräsidenten

Blick auf die Bühne im Hauptzelt

Festival KulturImZelt

Ein kulturelles Highlight seit mehr als 10 Jahren

Die Berliner zieht es in das »Tipi«, in Hamburg sind die »Fliegenden Bauten« ein besonderer Anziehungspunkt und in Braunschweig hat »KulturImZelt« die Besucher seit nunmehr zehn Jahren verzaubert.

Kurz vor Vorstellungsbeginn im Hauptzelt

Duchgang vom Gastronomiebereich ins Hauptzelt

1999 wurde der Kulturzelt Braunschweig e.V. als Privatinitiative gegründet.
Der Zweck des Vereins ist die Förderung von Kunst und Kultur, die in erster Linie durch die Umsetzung der Festivals »KulturImZelt« und »seitenweise.« erfüllt wird.
Bereits mit dem ersten Festival »KulturImZelt« wurden 10 200 Zuschauer in die Löwenstadt gelockt. Im nächsten Jahr waren es bereits 16 000 Besucher und auch danach konnte mit jeder Spielzeit ein neuer Besucherrekord erzielt werden.
Ob Jazz, Pop, Chansons oder Klassik, Lesungen und Kabarett, Comedy, Theater oder Zirkus der besonderen Art, ob renommierte Künstler, viel versprechende Newcomer oder prominente Entertainer: Schon das vielfältige Angebot ist ein Garant für den Erfolg.
Allerdings: der besondere Charme von »KulturImZelt« wird vor allem vom Ort des Geschehens geprägt. Die Zeltstadt mit ihren ungewöhnlichen Dekorationen und ihrer unverwechselbaren Atmosphäre findet jährlich für drei Wochen in der malerischen Lage an der Oker im Bürgerpark ihr Zuhause. Dazu gehört das 1000 Personen fassende große Veranstaltungszelt, das kleine Veranstaltungszelt für 400 Personen genauso wie das Zeltfoyer mit einladenden Gastronomiebereichen.

Weitere Informationen zum Festival erhalten Sie über www.kulturimzelt.de

Konzertbeginn

Blick ins Hauptzelt vor Publikumseinlass

Der Biergarten lädt zum Verweilen ein

Bildung beflügelt!

Die Oskar Kämmer Schule begleitet in die berufliche Zukunft

Kennen Sie das großartige Gefühl, eine Aufgabe gemeistert zu haben? Etwas Neues zu können? Mehr zu wissen als andere? Probieren Sie es aus und Sie werden verstehen, warum wir sagen: Lernen macht Freude, Gelerntes macht glücklich und stolz. Machen Sie den ersten kleinen Schritt, indem Sie die Tür zu uns öffnen – zum nächsten großen Schritt: Ihrem Erfolg.

Maskottchen Oskar begleitet bei Ausbildung, Weiterbildung und Qualifizierung.

Die Oskar Kämmer Schule stellt bildungsinteressierten Menschen ein vielfältiges Angebot an allgemeiner und beruflicher Bildung an über dreißig Standorten in Niedersachsen und Sachsen-Anhalt bereit. Qualifizierte junge und erfahrene Mitarbeiter stellen ihr Wissen und Können allen zur Verfügung, die lernen wollen. Die Oskar Kämmer Schule ist Mitglied im Bundesverband Deutscher Privatschulen (VDP), offizieller SAP-Bildungspartner und seit 1996 zertifiziert nach DIN EN ISO 2001. Unsere Lehrgänge zur Umschulung und Qualifizierung entsprechen den Anforderungen der Anerkennungs- und Zulassungsverordnung (AZWV).

In einer Zeit, in der viel über Bildung und demografische Entwicklungen gesprochen und die Diskussion um die Weiterbildung gerade auch älterer Arbeitnehmer intensiv geführt wird, muss jeder erkennen: Bildung ist Zukunft. Für die persönliche Entwicklung des Einzelnen, für Unternehmen, für unsere Gesellschaft. Denn Bildung ist der Rohstoff, den das Traditionsunternehmen zu bieten hat und der unserer Gesellschaft auch in Zukunft den entscheidenden Vorsprung im Zusammenspiel globaler Kräfte sichert. Dabei sind nicht nur Fachwissen und fachliches Können gefragt – wichtig sind auch die weichen Faktoren, die Persönlichkeitsbildung und die Marktorientierung. Alles das ist vermittelbar und erlernbar und findet Eingang in die Bildungskonzepte der Oskar Kämmer Schule.

Blended Learning mit dem hauseigenen Online Service Center

Mit dem Ohr an der Wissenschaft und an der Bildungsforschung, mit einem scharfen Blick für Trends und Bedarfe von morgen geht die Schule mit geeigneten Partnern zur Fortentwicklung des Angebots, zur Modernisierung und Aktualisierung von Berufsbildern und Qualifizierungsbausteinen Hand in Hand. Ob Schulabschluss, Berufsausbildung oder Aufstiegsqualifizierung – fast alles ist im Programm, was Menschen für ihre berufliche Karriere brauchen. Und was die Wirtschaft benötigt, um mit guten Mitarbeitern vital und leistungsfähig zu sein.

Lebendig lernen! Das gilt hier für Schüler genauso wie für Lehrer, Pädagogen und Ausbilder. Innovative Lehr- und Lernmethoden werden angewendet und weiterentwickelt, Bildungsgänge sind mit einem lebendigen Praxisanteil ausgestattet. Die Realschule und die Sekundarschulen LebenLernen® in Braunschweig, Schneidlingen und Magdeburg – allesamt Ganztagsschulen – fördern unter dem Motto von Maria Montessori »hilf mir, es selbst zu tun« Schülerinnen und Schüler durch ein besonderes pädagogisches Konzept zu selbstbestimm-

Freude am Lernen – Berufsbegleitende Weiterbildung mit Kammerabschluss für neue Perspektiven

Bewegung als Beruf – Ausbildung zum staatlich anerkannten Gymnastiklehrer, www.anerkannte-gymnastiklehrer.de

Stammsitz in der Jasperallee seit 1956

ten Persönlichkeiten und eigenverantwortlichem Handeln, www.lebenlernen.com.

Die Berufsfachschulen bieten praxisorientierte, schulische Ausbildung in den Bereichen Pflege, Gymnastik, Podologie, Kosmetik, Sozialpflege und Medizinische Dokumentation oder in den Berufsfeldern Wirtschaft, Informatik, Gestaltung und Sprachen an. Deutschlandweit einmalig ist die 3-Länder-Ausbildung mit Schulbesuch in Großbritannien, Spanien oder Frankreich mit dem Abschluss »Kaufmännische Assistenz – Fremdsprachen und Korrespondenz«. Die Fachoberschulen Gestaltung, Sozialwesen und Wirtschaft zeichnen sich durch eine besonders praxisnahe Ausbildung aus und ermöglichen durch den Erwerb der Fachhochschulreife ein späteres Studium an einer Fachhochschule.

Auch für junge Menschen, die aufgrund ungünstiger Startbedingungen schlechtere Chancen haben, einen Ausbildungsplatz zu bekommen, wird ein großes Angebot vorgehalten. In den Berufsfeldern Wirtschaft und Verwaltung, Ernährung und Hauswirtschaft, Gartenbau und Floristik, Körperpflege und Gesundheit, Holztechnik und Metalltechnik, Farbtechnik und Raumgestaltung, Textiltechnik und Bekleidung wird auf Ausbildung vorbereitet oder auch selbst oder in Kooperation mit Betrieben ausgebildet. Diese Angebote werden aus öffentlichen Mitteln gefördert und sind Jugendlichen bei Vorliegen besonderer Förderfähigkeit zugänglich. Ein ganz spezielles Angebot ist das Projekt »Wohnen und Bilden«: es bietet Jugendlichen Wohnraum und Betreuung plus berufliche Bildung. Die Oskar Kämmer Schule ist hierfür als Trägerin der Jugendhilfe vom Land Niedersachsen anerkannt.

Für alle, die mehr wollen als nur einen Job, bietet die Oskar Kämmer Schule mit ihren Fachschulen und der Berufsbegleitenden Weiterbildung die Chance für den Einstieg zum Aufstieg. Der Besuch einer Fachschule oder einer Weiterbildung mit Kammerabschluss eignet sich gerade für diejenigen, die mehr wollen als nur einen Arbeitsplatz. Die Oskar Kämmer Schule bietet die Fachschulen Betriebswirtschaft, Sozialpädagogik und Altenpflege und Aufstiegsqualifizierungen wie beispielsweise die zu Fachberatern oder Fachwirten für Finanzdienstleistungen, Industrie- und Handelsfachwirten, Fachwirten im Gesundheits- und Sozialwesen, Geprüften Bilanzbuchhaltern, Fremdsprachenkorrespondenten, Fachkaufleuten Marketing, Personal und Büromanagement. Als Sprungbrett für die Karriere bieten sich Themen wie Marketing, Personalwirtschaft oder Kostenrechnung auch als einzelne Bausteine an. Mit »Blended Learning« nutzen die Teilnehmer zusätzlich die Möglichkeit, online mit Dozenten zu lernen und sich auszutauschen.

Wer sich beruflich umorientieren will, kann eine Trainingsmaßnahme besuchen oder sich durch die Teilnahme an einem Beschäftigungsprojekt, mit modularen Teilqualifizierungen oder einer Umschulung gute neue Chancen verschaffen. Gemeinsam mit anderen Teilnehmern und erfahrenen Trainern bereitet man sich in angenehmer Lernatmosphäre auf Stellensuche und Bewerbungsaktivitäten vor oder eignet sich frisches Wissen für den Start in einem neuen Beruf an.

Alle, die ein erstes Beratungsgespräch führen möchten, für sich selbst oder für ihre Kinder Fragen klären wollen oder Tipps im Zusammenhang mit Schule, Beruf und beruflicher Qualifizierung wünschen, lädt die Oskar Kämmer Schule in ihr Informationszentrum in den Braunschweiger Schloss-Arkaden ein:

OSKAR KÄMMER Schule

Oskar Kämmer Schule
Kämmer-Informationszentrum
in den Schloss-Arkaden
Platz am Ritterbrunnen 1 · 38100 Braunschweig
Tel. (05 31) 6 01 84 67
beratung@oks.de · www.oks.de

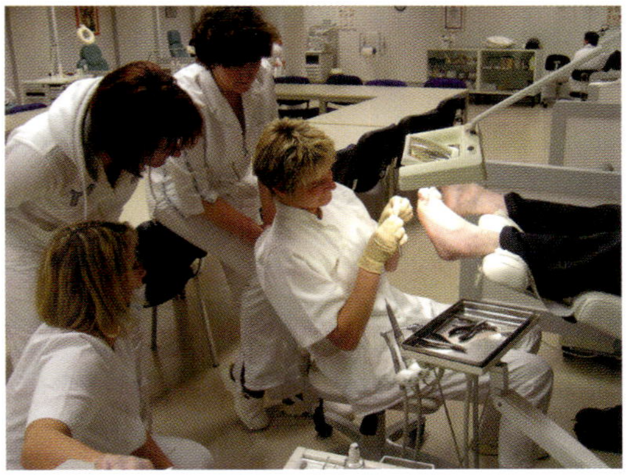

Seit mehr als 25 Jahren – Ausbildung zum Podologen/ Medizinischen Fußpfleger in Braunschweig

Reden wir über Stadt! Sprechen wir über Schönheit!

Das städtebauliche Leitbild für die Braunschweiger Innenstadt

Von Professor Walter Ackers

»Über Schönheit lässt sich nicht streiten«. Dieser Satz ist grundsätzlich falsch – vor allem, wenn es um unser gemeinsames Ansehen geht, um unsere Innenstadt. Reden wir von Stadt. Von ihren schönen Straßen und Plätzen. Ihrer Architektur, Geschichte und Gestalt, vom öffentlichen Leben – also kurz: von unserer städtischen Kultur. Streiten wir also über die Schönheit Braunschweigs.

Aber was ist schön? Einfacher wird es mit der Frage: Wie wollen wir uns präsentieren? Welches Bild wollen wir von uns zeigen? In jedem Fall ein Bild mit Charakter – es geht schließlich um die Eigenart unserer Stadt und ihrer Räume. Diese kann nur aus der eigenen Geschichte und aus dem täglichen Gebrauch entwickelt werden. Alles andere würde nur falsch oder aufgesetzt wirken.

Mit dem »Städtebaulichen Leitbild« für die Innenstadt Braunschweig, das von der Richard Borek Stiftung gefördert wurde, hat Braunschweig eine Grundlage, um über die Ästhetik und das Bild der Stadt zu sprechen. Aus dieser Arbeit ist auch folgender Text.

Das gebaute Braunschweig: fünf Städte – eine Stadt

Die unterschiedlichen Stimmungen in Straßen, auf Plätzen, in den Quartieren und in der Innenstadt sind Mittelpunkt unserer Wahrnehmung. Sie beruhen wesentlich auf der Raumgestalt und den physisch-materiellen Gegebenheiten, die dem täglichen Gebrauch standhalten müssen und dem städtischen Leben Raum und Anregung geben.

Aus dieser Vielzahl einzelner Situationen, von Räumen und Atmosphären setzt sich das Stadtbild Braunschweigs zusammen. Auch wenn jeder Stadtbenutzer sich den Raum auf eigene Weise aneignet und andere Bilder für sich wahrnimmt – in der Überlagerung ergeben sich bestimmte Eigenarten und prägen so das Bild der Stadt in der öffentlichen Wahrnehmung.

Diese atmosphärischen Qualitäten und Mängel müssen wir uns verständlich machen. Ausgangspunkt für ein übergeordnetes Leitbild für die Innenstadt Braunschweigs ist eine allgemeine Verständigung über die unterschiedlichen Aufgaben und Rollen aus Geschichte und Gegenwart, die in der Raumgestalt und im Stadtbild angelegt sind – und die auch zum Ausdruck kommen sollen. Das Profil der Stadt mit seinen Stärken muss sich in seinen Räumen und im gesamten Erscheinungsbild wieder finden.

Straßen und Plätze als zusammenhängendes Raumgefüge sind als Gefäß zu sehen, das eine eigene Gestalt- und Materialqualität besitzt und wesentlich zur stadtkulturellen Erfahrung beiträgt. In der Vielfalt und Individualität der Räume und ihrer Verknüpfung liegt ein wertvoller städtischer Schatz, der die Eigenart der Stadt für unsere Sinne zugänglich und verständlich macht. In ihm verdichten sich historische und gegenwärtige Lebensprozesse zu einer baulich-materiellen Umwelt, die wir als Bühne für unser eigenes Handeln und Auftreten im Raum verstehen und nutzen.

Traditionelles Handelszentrum Braunschweig – kontrastreich und immer wieder erneuert

Bereits die Gründungsgeschichte Braunschweigs wird durch fünf mittelalterliche Städte charakterisiert, die wie eigenständig nebeneinander existierten. Die Grenzen von Hagen, Neustadt, Altstadt, Altewiek und Sack sind allerdings längst aufgegangen in einem gemeinsamen Braunschweig. Ihre Zentren sind jedoch über die herausragenden Türme noch immer weithin sichtbar als »Focusorte« der Geschichte.

Das Mittelalter bildet heute nur noch eine Schicht in einer Stadt, die seitdem viele Brüche und Veränderungen erfahren hat. In der Innenstadt durchdringen sich inzwischen mehrere Stadtvorstellungen – aus der wechselvollen Geschichte, aus der Differenzierung der Funktionen und Interessen.

So können heute fünf Identitätsschichten identifiziert werden, die sich überlagern und die mit den wichtigsten Ansprüchen übereinstimmen.

Das gebaute Braunschweig: Fünf Städte – eine Stadt [Leitbild Innenstadt]

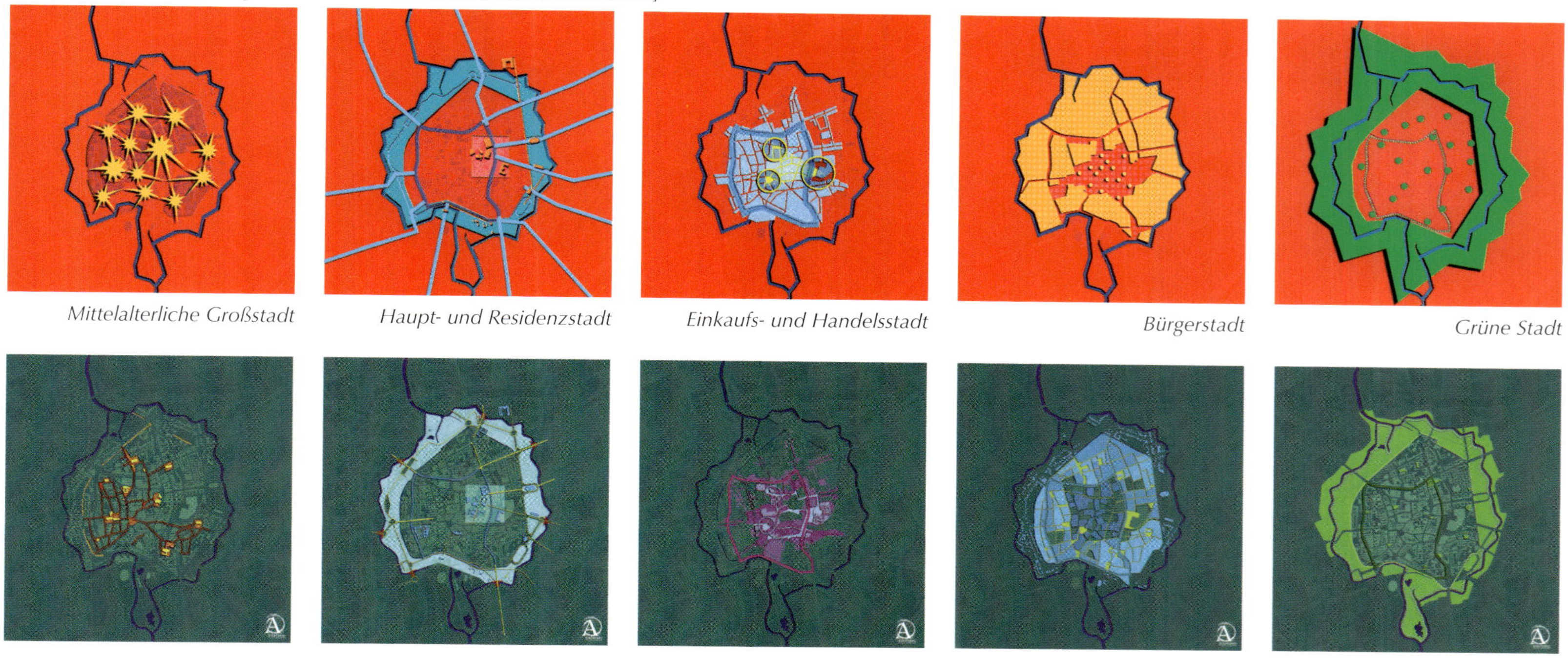

Dies sind die fünf Begriffe:

- Die Mittelalterliche Großstadt, die wesentlich den Stadtgrundriss vorgezeichnet hat und zumindest im Bereich der Traditionsinseln auch noch den Raumcharakter prägt
- Die Haupt- und Residenzstadt, die sich vor allem im Klassizismus abgebildet hat mit Stadtzugängen, Wallanlagen, Straßenachsen
- Die Einkaufs- und Handelsstadt, die ihre eigenen Schwerpunkte und Einkaufsstraßen gebildet hat
- Die Bürgerstadt, in der viele Menschen wohnen und leben und die eigene Qualitäten aufweist
- Die Grüne Stadt, mit Parks und grünen Plätzen die Stadt der Moderne verkörpert

Jede dieser »fünf Städte« hat ihren eigenen Stadtgrundriss mit typischen Focusorten, Netzen und Räumen. Jede beinhaltet unverzichtbare Eigenschaften der Stadtpersönlichkeit: fünf Identitätsschichten. Keine Schicht isoliert sich von der anderen. Alle »fünf Städte« sind physisch und greifbar. Sie bilden sich mehr oder weniger erlebbar ab und sind im Sinne der Leitbilder weiterzuentwickeln. Damit werden sie zu wesentlichen Trägern der kulturellen Identität der Stadt.

Ein leuchtender Mittelpunkt der Macht – der ursprünglich vergoldete Löwe auf dem Burgplatz

Einer der schönsten klassizistischen Plätze Deutschlands – der Löwenwall

Was also ist schön? Es kann nur das als schön empfunden werden, was im Einklang mit der Persönlichkeit Braunschweigs steht – mit seiner Geschichte und Gestalt. Diese ist mit den fünf gebauten Städten, die sich überlagern und durchdringen, nachvollziehbar erläutert. Wir können sie uns also für jede einzelne Straße oder jeden Platz bewusst machen – und dann darum ringen, auf welche Weise wir diese Ansprüche umsetzen und abbilden. Über Schönheit muss man streiten!

Förderung der Denkmalpflege

Von Udo Gebauhr

Dieser Beitrag zeigt Beispiele der Zusammenarbeit zwischen der Richard Borek Stiftung und der Stadt Braunschweig auf dem Gebiet der Baudenkmalpflege.

Förderung von Maßnahmen an städtischen Baudenkmalen

Die Richard Borek Stiftung unterstützt unter anderem Maßnahmen zur Erhaltung von städtischen Baudenkmalen. Für die ersten vier der nachfolgenden Beispiele konnte eine zusätzliche Förderung durch die Deutsche Stiftung Denkmalschutz eingeworben werden:

Gewandhaus (Abb. 1)
Das am Altstadtmarkt prominent gelegene Kaufhaus der einflussreichen und vornehmen Gewandschneidergilde wird Anfang des 14. Jahrhunderts erstmalig erwähnt. Die Schaugiebel wurden Ende des 16. Jahrhunderts in reichen Schmuckformen der Renaissance erstellt und nach Kriegsschäden wieder aufgebaut. Das Gebäude ist Sitz der Industrie- und Handelskammer.

Abb. 1 – Gewandhaus, Altstadtmarkt 1, von Westen

Abb. 2 – Obelisk Löwenwall, von Südwesten

Maßnahmen 1994: Restaurierung des Westgiebels. Nach Reinigung und Reparatur der Naturwerk- und -bruchsteinpartien erhielt die Fassade eine zurückhaltende Farbfassung.

Obelisk (Abb. 2)
Das 1822 gesetzte Denkmal erinnert an die Herzöge Carl Wilhelm Ferdinand und Friedrich Wilhelm, die in den Napoleonischen Kriegen starben. Es steht im Zentrum einer großartigen Platzanlage im Zuge der Wallpromenade. Denkmal, Platz und Promenade entwarf Peter Joseph Krahe, Leiter des herzoglichen Bauwesens. Auf einem gestuften quadratischen Sockel, dessen Ecken vier liegende Löwen besetzen, erhebt sich das gut 20 Meter hohe eiserne Denkmal mit vergoldeten Schmuckformen und Widmungsinschriften.

Maßnahmen 1996 bis 1998: Restaurierung aller Denkmalteile, Anstrich einschließlich Vergoldung, statische Sicherung der Eisenkonstruktion.

Heinrichsbrunnen (Abb. 3)
Der 1874 errichtete Denkmalbrunnen mit der bekrönenden Statue gilt dem mächtigen Welfenfürsten Heinrich dem Löwen. Er trägt zur Gestaltung des Hagenmarktes bei, der nach dem Abbruch des Opernhauses 1864 »leer« und unwirtlich erschien. Die Bronzefiguren entwarf der Bildhauer Adolf Breymann, den Brunnen der spätere Stadtbaurat Ludwig Winter.

Maßnahmen 1998 bis 1999: umfängliche Restaurierung aller Bronze- und Steinteile sowie die Erneuerung der Brunnentechnik.

Steintorhäuser (Abb. 4)
Die Wach- und Zollhäuschen gehören zum Steintor an der nach Magdeburg führenden Fernstraße. Die 1819 errichteten Toranlagen, Teil der Wallpromenaden, entwarf Peter Joseph Krahe. Die beiden in den Fassaden einander zugewandten Torhäuser überzeugen durch die Verwendung klassizistischer Formen in besten Proportionen. In den Torhäusern ist das Museum für Photographie eingerichtet.

Maßnahmen 2004 bis 2006: Bauhistorische Untersuchung, Dachdeckung in Schiefer, Reparatur und Anstrich der Fassaden einschließlich der Fenster und Türen, Gestaltung der Außenanlagen mit Reparatur des Eisengitterzauns.

Villa »Salve Hospes« (Abb. 5)
Mit der Anlage der Wallpromenade entstanden Grundstücke zur privaten Bebauung. Hier ließ

Abb. 3 – Heinrichsbrunnen Hagenmarkt, von Südwesten

Abb.4 – Torhaus Helmstedter Straße 1, von Süden

Abb. 5 – Villa »Salve Hospes«, Lessingplatz 12, von Nordosten

Abb. 6/7 – Portal, Spinnerstraße 14, von Westen (Zustand 2003/Aufmaß)

sich der Kaufmann Dietrich Wilhelm Krause nach Plänen Peter Joseph Krahes 1805 eine Villa samt Park errichten. Das großartige Anwesen, heute Sitz des Kunstvereins, besticht in Formen des Berliner Klassizismus mit nobler Wirkung.

Maßnahmen seit 2000: Fassaden, Rotunde und Treppenhaus, Saal, Remise.

Förderung von Maßnahmen an privaten Baudenkmalen

Maßnahmen zur Erhaltung von Baudenkmalen in privatem Eigentum werden gemeinsam von der Richard Borek Stiftung und der Stadt Braunschweig gefördert. Baudenkmale sind wertvolle Geschichtszeugnisse, tragen zur Unverwechselbarkeit und Attraktivität des Stadtbilds bei, sichern Identifikation und Orientierung. Ihre Erhaltung liegt somit im öffentlichen Interesse.

Gewährt werden Zuschüsse; die Hauptlast der Finanzierung verbleibt beim Denkmaleigentümer. Bis 2007 sind 119 Erhaltungsmaßnahmen mit rd. 460 000 Euro gefördert worden. Beispiele:

Portal der Jutespinnerei (Abb. 6,7)
Bedeutende Fabrik zur Herstellung von Juteprodukten, 1874 errichtet. In der Blütezeit über 2200 Mitarbeiter, im Zweiten Weltkrieg weitgehend zerstört. Erhalten die Ruine des Eingangsportals in Formen spätklassizistischer Rundbogenarchitektur.

Maßnahmen 2003: Zeichnerisches Aufmaß und statische Sicherung.

Wohnhaus (Abb. 8,9)
Zweigeschossiger Ziegel- und Putzbau mit reicher und repräsentativer Fassadengestaltung in Formen des Spätklassizismus/der Neorenaissance, 1885 errichtet.

Maßnahmen 2003: Das nahezu ruinöse und zuletzt unbewohnte Gebäude wurde in allen Teilen saniert und dient heute als Wohnhaus.

Wohn- und Geschäftshaus (Abb. 10,11)
Städtebaulich wirksamer viergeschossiger Putz- und Ziegelbau mit reicher Ornamentik, 1894 errichtet. Bei einem späteren Umbau des Eckladens ging sämtlicher Bauschmuck verloren.

Maßnahmen 2008: Freilegung verputzter Bauteile und Umgestaltung des Eckladens in Anlehnung an das historische Vorbild.

Förderverträge mit der Stadt Braunschweig

Im Jahr 2002 verstetigte die Richard Borek Stiftung ihre Förderung im Denkmalbereich; Richard Borek und Oberbürgermeister Dr. Gert Hoffmann unterzeichneten Verträge zur Förderung von Maßnahmen an Denkmalen in städtischem und privatem Eigentum. Diese Verträge wurden 2008 um weitere sechs Jahre verlängert: die »Erfolgsgeschichte« kann fortgeschrieben werden.

Abb. 10/11 – Wohn- und Geschäftshaus Magnitorwall 8, EG, von Süden (vor und nach dem Umbau)

Abb. 8/9 – Wohnhaus Am Gaußberg 6, von Süden (vor und nach der Sanierung)

Guido's Pizzeria

Das Pizza – Urgestein im Herzen der Stadt

»Buon appetito«, wünschen Guido Schmidt und seine Mitarbeiter ihren Gästen schon seit 35 Jahren.

Das romantische italienische Restaurant direkt in der Fußgängerzone der Innenstadt wurde bereits 1971 eröffnet und gilt damit als eine der ersten und mittlerweile ältesten Pizzerien der Stadt.

Und dabei war es eine ganz spontane Entscheidung des Weltenbummlers Guido Schmidt, seine Zelte wieder in Braunschweig aufzuschlagen.

Nachdem er seinen beruflichen Werdegang Anfang der 1950er Jahre als Page und Kellner in Bad Salzuflen startete, packte ihn das Fernweh. Er arbeitete in der Schweiz, in Paris und in England. Anschließend heuerte er als Steward auf verschiedenen Luxuslinern an, um anschließend für zwei Jahre auf den Bermuda-Inseln »sesshaft« zu werden. Was lag da näher, als sodann zwei Jahre lang in New York die Luft zu schnuppern.

Als Guido Schmidt 1964 nach Deutschland zurückkehrte, offenbarte er sofort seine »Macherqualitäten« und eröffnete in kürzester Zeit in Braunschweig eine Weinstube, eine Grillbar und eine Diskothek.

Mit der Eröffnung der Pizzeria in der Neuen Straße war er seinerzeit der erste Deutsche, der hier einen italienischen Gastronomiebetrieb führte.

Mit Pizzen und Spaghetti hat er angefangen. Seit vielen Jahren wählen nun die Gourmets nicht nur zwischen über 20 Pizzasorten, sondern auch vielen anderen italienischen Speisen, Eissorten und Cappuccino.

Seit Jahrzehnten gilt Guido Schmidt nunmehr als regionale Größe in der hiesigen Gastro-Szene und die gemütliche Pizzeria hat sich einen Kultstatus in der Stadt erworben.

Inzwischen hat Guido den Stab der Geschäftsführung an Giorgio Puma weitergereicht, einiges wurde auch mit neuen Innovationen bereichert, doch

Urgemütliches Ambiente sorgt für Wohlfühlstimmung

Der monströse Koch lädt zum Besuch ein

größere Veränderungen gab es nicht. Der Charme einer rustikalen Trattoria wird durch liebevoll zusammengetragene nostalgische Accessoires und zahlreiche unter der Decke hängende Korbflaschen abgerundet.
Jeder Gast fühlt sich hier in gemütlicher Atmosphäre geborgen.
Und Highlights der Küche sind natürlich die immer ofenfrischen Pizzen. Man stimmt vielen zu, die behaupten, eine Pizza schmecke nirgends besser als hier. Von der klassischen Pizza Sarda bis zur extravaganten Pizza Mediterrana mit Mozzarella, frischen Tomaten, Rucola, Parmaschinken und gehobeltem Parmesan gibt es alles, was das Pizzaherz begehrt. Als Geheimtipp gilt eine »Höllenpizza«, zu der man viel Wasser trinken sollte.
Die knackigen, frischen Salate, eine große Anzahl verschiedener Pastagerichte und andere italienische Köstlichkeiten, wie zum Beispiel fantastische Scampis in Kräuterbutter, überzeugen jeden Gourmet.
Dazu empfiehlt sich automatisch ein Glas Wein oder die hausgemachte Sangria, ein prickelnder Lambrusco oder das frisch gezapfte Carlsberg Bier.
Für viele Gäste wird im Sommer die gemütliche und beliebte Terrasse vor Guidos Pizzeria zum Stammplatz. Mitten in der Fußgängerzone kann man sich nicht nur kulinarisch verwöhnen lassen, sondern kann auch dem bunten Treiben der Flaniermeile folgen.

Guido's Pizzeria
Neue Straße 22 · 38100 Braunschweig
Tel. (05 31) 4 05 01 · Fax (05 31) 4 04 99
Giorgio.puma@gmx.de

Im Thekenbereich kann man das Zubereiten der Speisen beobachten

Charme einer rustikalen Trattoria durch nostalgische Accessoires

Hinweisschilder helfen fremden Gästen

Das Kernstück ist der Thekenbereich

Hier werden alle Köstlichkeiten zubereitet

BS|ENERGY – Energie für Braunschweig

Energie, Wärme, Wasser-Versorgungssicherheit rund um die Uhr

Die über 1000 Mitarbeiter der BS|ENERGY Gruppe wissen, dass sie mit ihrer Arbeit elementare Bedürfnisse von rund 240 000 Braunschweiger Bürgern zufrieden stellen. Die BS|ENERGY Gruppe ist verantwortlich für Versorgungsleistungen in den Bereichen Energie (Strom, Gas, Fernwärme), Wasser (Trinkwasser und Stadtentwässerung), Beleuchtung (Stadtbeleuchtung und Ampelanlagen) sowie für den Netzbetrieb. BS|ENERGY erzeugt Energie in eigenen Anlagen und ist am Kraftwerk Mehrum bei Hannover beteiligt. Gesellschafter von BS|ENERGY sind die Stadt Braunschweig, die auch den Aufsichtsratsvorsitzenden stellt, mit einem Anteil von 25,1 Prozent und die Veolia Wasser GmbH, Berlin mit 74,9 Prozent. Mit Veolia kam 2005 ein starker strategischer Partner und damit weltweit anerkannte Kompetenz für Umweltdienstleistungen, Trink- und Abwasser, Abfallverwertung und Recycling, Energieservice sowie Personen- und Güterverkehr in die BS|ENERGY Gruppe.

Da sein – mitten in der Stadt

Wer vor Braunschweigs wiederaufgebauten Schloss steht, kann es nicht übersehen: Das Kundenzentrum von BS|ENERGY. Wer hierher kommt, sucht die persönliche Beratung, Hier werden Fragen zur Rechnung ebenso beantwortet wie ausführliche Beratung zu Brennwerttechnik oder Solarthermie erteilt. Hier finden auch Ausstellungen, Lesungen und Jazzkonzerte statt. Und wer noch einen kleinen Imbiss im BS|ENERGY-Café nimmt, kann auch die vor dem Schloss flanierenden Menschen beobachten.

Braunschweig attraktiv machen – Gesellschaftliche Verantwortung

Als traditionelles Stadtwerk ist BS|ENERGY in Braunschweig stark verankert. Diese Verbundenheit zeigt sich auch in zahlreichem Sponsoring. Das Engagement im sozialen, kulturellen und sportlichen Bereich hat einen hohen Stellenwert. Die Unterstützung ist breit gestreut, möglichst viele Menschen mit unterschiedlichen Interessen sollen davon profitieren. Kinder- und Jugendliche, Theaterbegeisterte, Fußball- und Basketball-Fans, die Bürgerstiftung ebenso, wie Liebhaber moderner Kunst. Zahlreiche kulturelle und sportliche Highlights werden gefördert.

BS|ENERGY Cafe am Bohlweg

Ein Kraftwerk lädt ein – wie macht man Strom und Wärme?

Jedes Jahr besichtigen mehr als 1000 Besucher das Heizkraftwerk Mitte von BS|ENERGY an der Hamburger Straße. In dem 445 MW Heizkraftwerk lassen sich Heizkessel, Turbinen und hochmoderne Rauchgasreinigungsanlagen bestaunen. Hier wird Tag und Nacht aus Steinkohle, Erdgas und Heizöl Strom und Wärme erzeugt. Die Fern- und Nahwärme für Braunschweig wird fast ausschließlich im hocheffizienten und umweltfreundlichen Verfahren der Kraft-Wärme-Kopplung erzeugt. Der Fernwärmeanteil am Raumwärmebedarf in Braunschweig liegt heute bei mehr als 40 Prozent. Damit hat die Stadt bundesweit einen Spitzenplatz.

Kundenservice im modernen Ambiente

BS|ENERGY Zentrale in der Taubenstraße (alle Fotos: BS|ENERGY)

Mit der Umweltbox in die Schule – Umweltbildung spannend

Kinder sind neugierig – Experimente sind das größte. Wenn die Umweltboxexpertin in die Braunschweiger Grundschulen kommt, dann wird die Unterrichtsstunde ein kleines Abenteuer. Woher kommt unser Wasser? Was belastet unser Lebensmittel Nr.1? Wie viel Energie liefert die Sonne?

Erneuerbare Energien – ein Biogasnetz macht Schlagzeilen

Die erneuerbaren Energien gewinnen auch bei BS|ENERGY zunehmend an Bedeutung. Mit einem in Größe und Ausführung bundesweit einmaligen Modellprojekt hat BS|ENERGY Schlagzeilen gemacht. Seit Ende 2007 erzeugt ein Biogas-Blockheizkraftwerk Biostrom und Biowärme für mehrere tausend Haushalte. Über eine 20 Kilometer lange Biogasleitung ist das Blockheizkraftwerk mit der Biogasanlage des Abwasserverbands Braunschweig in Hillerse verbunden. Dort entsteht in mehreren Gärtürmen aus Maissilage Biogas. Das Braunschweiger Biogasprojekt bildet sogar einen geschlossenen Wasser und Energiekreislauf. Denn mit dem Abwasser der Braunschweiger Bürger werden im Verregnungsgebiet Energiepflanzen bewässert, aus denen in Hillerse Biogas erzeugt wird. Das Biogas wird dann nach Braunschweig zurückgeliefert, um dort die Kunden mit Strom und Wärme zu versorgen.

Eigenständigkeit – Unabhängigkeit an der Strombörse

BS|ENERGY ist unabhängig im Energieeinkauf, und gehört zu keinem der großen vier deutschen Unternehmen, die die Vorlieferantenseite beherrschen. Der Energiemarkt ist kompliziert geworden: es gelten für jede Viertelstunde des Tages unterschiedliche Strompreise. Mit einer kleinen aber effizienten Handelsabteilung ist BS|ENERGY oft schneller und treffsicherer als die großen Unternehmen. Die Kunden profitieren von den attraktiven Preisen.

Energiemanagement – Know-how wird auch von anderen Stadtwerken genutzt

BS|ENERGY beliefert auch bundesweit zahlreiche Kunden mit Strom. Dafür betreibt das Unternehmen, in der Zentrale an der Taubenstraße, ein eigenes Portfoliomanagement. Die Aufgabe: Optimierung der Eigenerzeugungsanlagen, langfristiger günstiger Einkauf für Kunden und Vermarktung der eigenerzeugten Mengen. Als eines der ersten Versorgungsunternehmen hat BS|ENERGY auch ein aktives Gasportfoliomangement für den günstigen Einkauf von Erdgas eingerichtet. Mehrere Stadtwerke haben ihre Gasbeschaffung bereits dem Portfoliomanagement von BS|ENERGY anvertraut.

Räumliche Nähe als Erfolgskonzept der Energieversorgung – BS|ENERGY als Partner für Kommunen

Ortsnähe, kommunale Verankerung und energiewirtschaftliches Know-how – mit diesem Erfolgskonzept steht BS|ENERGY auch als Partner für Kommunen bereit, die ein »echtes Stadtwerk« aufbauen oder wiederbeleben wollen. Nach dem Einstieg bei den Stadtwerken Thale 2007 folgte 2008 der Zuschlag für eine Beteiligung an den Stadtwerken Springe. Dort wollen die städtischen Vertreter eine Wiederbelebung ihres Stadtwerks mit starken kommunalen und energiewirtschaftlichen Gestaltungsmöglichkeiten.

Braunschweiger Versorgungs-Aktiengesellschaft & CO.KG
Taubenstraße 7 · 38106 Braunschweig
Tel. (05 31) 3 83 35 20 · Fax (05 31) 3 83 33 08
www.bs-energy.de

Wasserturm und Wasserwerk Bienroder Weg

Historische Gebäude der Wasserversorgung – Schönheiten im Stadtbild

Von Hans Stallmach

Es ist eigentlich ein ruhiges Wohngebiet im Osten Braunschweigs, das Areal rund um die Hochstraße: bürgerliche Wohnhäuser aus der Jahrhundertwende, ein alter Friedhof – und dazwischen ein Bau, der alle Maßstäbe sprengt, ein wahrer Koloss, der weit über das Viertel hinaus zu sehen ist: der alte Wasserturm.

Auf den ersten Blick verrät er wenig von seinem funktionalen Charakter als Industriebauwerk. Der kreisrunde Bau mit einem Durchmesser von 22 Metern, der massiv und fast fensterlos 56 Meter in die Höhe ragt, wirkt eher wie eine spätmittelalterliche Burg- oder Stadtbefestigung. Im oberen Drittel kragt das Gemäuer aus, so als befinde sich dort eine Brustwehr für die Verteidiger und ihre Waffen (tatsächlich ist auf dieser Höhe im Inneren der große Wasserspeicher installiert). Das schiefergedeckte Dach mit einer verspielten, fünf Meter hohen Wetterfahne unterstreicht den Eindruck des Historischen.

Nur auf seiner Westseite erscheint der Turm nicht ganz so trutzig und abweisend; dort öffnet er sich dem Stadtzentrum mit einer dem Turm vorgelagerten Fassade aus rotem Backstein und hohen Bogenfenstern.

Erstaunlich, wie aufwändig und mit wie viel Freude am Detail damals selbst so profane Zweckbauten wie ein Wasserturm gestaltet wurden. Architekt des Wasserturms war der damalige Stadtbaumeister Max Osterloh, der in Braunschweig zahlreiche Bauten im sogenannten »historischen Stil« schuf, wie etwa die Gaußschule, das Städtische Museum oder die Markthalle am Hagenmarkt.

Bei genauem Hinschauen offenbart Osterlohs Konzept des Wasserturms auch Elemente von Leichtigkeit und Verspieltheit: etwa durch die Gestaltung der schon erwähnten Westfassade mit zwei aufgesetzten, achteckigen Türmchen; oder in Details wie etwa dem steinernen Kopf des Wassergottes Neptun, der aus großer Höhe in Richtung Innenstadt schaut und den Braunschweigern gutes Wasser verheißt.

Tritt der Besucher durch die schweren Doppeltüren des Eingangs in das Gebäude selbst, so gerät er in eine ganz andere Welt: die äußere Erscheinung des Bauwerkes, das assoziationsreiche Spiel mit Wehrturm und Mittelalter, all dies ist hier vergessen. Statt dessen öffnet sich eine riesige runde etwa

Das Wasserwerk am Bienroder Weg (Foto: Susanne Hübner)

30 Meter hohe Halle. Nun tritt die Funktion des Bauwerkes klar hervor: es geht darum, dem riesigen, circa 2000 Kubikmeter Wasser fassenden Stahlbehälter in großer Höhe festen Halt zu geben. Der Raum unter diesem Behälter ist völlig leer, bar jeder eigenen Funktion. Und genau dadurch gewinnt er etwas Magisches, fast schon Spirituelles. Jedes Wort hier unten erzeugt ein Echo von mehreren Sekunden Widerhall, so, wie in einer riesigen Kirche: Der Wasserturm als eine Kathedrale des Industriezeitalters.

Neben dem Eingang führt eine enge Wendeltreppe nach oben. Nach 175 Stufen erwartet den Besucher nicht Weite, sondern Enge: dort oben ist das Herzstück der Anlage installiert, der Wasserbehälter, ein eisernes Ungetüm von 18 Metern Durchmesser und gut sechs Metern Höhe, der das obere Drittel des Turmes völlig ausfüllt. Ein enger Gang führt um den Behälter herum, dessen genietete Platten für die Ewigkeit bestimmt zu sein scheinen. Hier wurden früher bis zu 2000 Kubikmeter Wasser verwahrt, hoch über den Köpfen der Braunschweiger. Das Mauerwerk öffnet sich nur an einer einzigen Stelle im Westen zu einem kleinen Balkon, und bietet einen grandiosen Blick auf das Häusermeer der Stadt – und weit darüber hinaus.

Unterirdisch ist der Turm mit seiner Schwesteranlage, dem Wasserwerk am Bienroder Weg im Norden der Stadt verbunden: durch ein gut 60 Zentimeter dickes Hauptdruckrohr wurde das aufbereitete Trinkwasser quer durch die Stadt zum Turm gepumpt. Die Ortswahl für beide Anlagen ergab sich aus der Geographie: der Turm steht auf der höchsten Erhebung der Stadt, dem Giersberg, und das Wasserwerk entstand in der Nähe des Dowesees, wo Bohrungen gute Möglichkeiten zur Entnahme von Grundwasser ergeben hatten.

Das Bauwerk am Bienroder Weg ist naturgemäß weniger spektakulär als der Turm. Kern der Anlage ist das T-förmige Maschinenhaus, in dem drei mit Dampfmaschinen gekoppelte Pumpen das Wasser aus bis zu 30 Metern Tiefe hervorholten. Die großen Kessel der Dampfmaschinen wurden übrigens – ebenso wie der genietete Wasserbehälter im Wasserturm – von den Braunschweiger Wilke-Werken gefertigt. Als die Dampfmaschinen in den 50er Jahren durch elektrische Pumpen ersetzt wurden, verschwand auch das frühere Wahrzeichen des Werkes, der hohe Schornstein, der viele Jahre lang weit über die Getreide- und Spargelfelder des nördlichen Braunschweigs hinweg zu sehen gewesen war.

Obwohl rein funktional konzipiert, sollte auch das Wasserwerk ästhetischen Ansprüchen genügen: für den Backsteinbau wurden Steine in zwei verschiedenen Rottönungen verwandt; hierdurch konnten alle Ecken und Kanten des Gebäudes farblich abgesetzt und somit optisch betont werden. Die hohen, lichten Bogenfenster lassen den Bau leichter und freundlicher erscheinen, als man es bei einem Wasserwerk erwarten würde.

In den vergangenen Jahren hat BS|ENERGY, der Nachfolger der Stadtwerke, den größten Teil des Werkes zu einem modernen Tagungszentrum ausgebaut. Holzgetäfelte Böden, ein über eine Freitreppe zu erreichendes offenes Obergeschoss, große nach Osten ausgerichtete Dachfenster: all dies gibt dem Bau heute eine Helle und Leichtigkeit, die sich die Erbauer im Jahre 1901 wohl kaum haben vorstellen können.

Der Wasserturm am Giersberg (Foto: BS|ENERGY)

Das Altstadtrathaus

Braunschweiger Stadtgeschichte an einem historischen Ort

Von Dr. Erika Eschebach

Es handelte sich um einen Glücksfall, als der Rat der Stadt Braunschweig Ende der 1980er Jahre entschied, das Rathaus der Altstadt, dessen Ursprünge in das letzte Drittel des 13. Jahrhunderts zurückgehen, dem Städtischen Museum für die Präsentation einer Ausstellung zur Geschichte der Stadt Braunschweig zur Verfügung zu stellen.

Das Altstadtrathaus, welches als Zentrum patrizisch-bürgerlicher Repräsentation wie kein anderes die Tradition städtischer Selbstständigkeit und städtischen Selbstbewusstseins verkörpert, erschien besonders geeignet, die politische, wirtschaftliche, gesellschaftliche und kulturelle Entwicklung der Stadt im Verlauf der Jahrhunderte zu präsentieren. Das Altstadtrathaus, welches zu den bedeutendsten gotischen Profanbauten Norddeutschlands zählt, liegt am Altstadtmarkt, einer der fünf so genannten Traditionsinseln, die nach den Zerstörungen des Zweiten Weltkriegs noch an das alte Braunschweig erinnern. Das einzigartige Ensemble von Altstadtrathaus, Martinikirche, Gewandhaus und Bürgerhäusern rund um den Altstadtmarkt ist ein Anziehungspunkt für Touristen wie auch für Braunschweiger, die hier mittwochs und samstags den Wochenmarkt besuchen.

Während das Obergeschoss des Altstadtrathauses mit seinen repräsentativen Sälen (Dornsen) städtischen Empfängen und anderen Veranstaltungen vorbehalten ist, steht der Laubengang mit dem Figurenprogramm der sächsischen und welfischen

Große Dornse des Altstadtrathauses

Historisches Modell der Stadt Braunschweig

Altstadtrathaus

Laubengang: Das Kaiserpaar Otto II. und Theophanu

Ausstellung in den Kellergewölben

Herrscher aus dem 15. Jahrhundert jedem Besucher offen. Die so genannte Gaußhalle im Erdgeschoss wie auch die historischen Gewölbekeller zeigen die Ausstellung zur Geschichte der Stadt Braunschweig. Die Inszenierung der Stadtgeschichte im Altstadtrathaus als dem zentralen Ort städtischer Repräsentation und Eigenständigkeit steht in einem bewussten Kontrast zur herzoglich geprägten Landesgeschichte in den Landesmuseen am Burgplatz, dem durch prachtvolle Bauten Herzog Heinrichs des Löwen gekennzeichneten Architekturensemble.

Wer das Altstadtrathaus betritt, wird eingangs durch ein großes historisches Modell Braunschweigs empfangen, welches die Stadt in ihrem Schicksalsjahr 1671 (Verlust der Unabhängigkeit) darstellt. Außerdem kann man hier ganz aus der Nähe die Originalschale des Marienbrunnens studieren, während auf dem Marktplatz heute nur eine Kopie steht. In der Folge erschließen sich dem Besucher mit fünf Ausstellungsabteilungen – I. »Die Stadtwerdung«, II. »Die Bürger- und Hansestadt«, III. »Die Residenzstadt«, IV. »Die Industriestadt« und V. »Die moderne Großstadt« – die wechselvollen Geschicke der alten Hansestadt von ihren Anfangstagen im neunten Jahrhundert bis in die Gegenwart (2005). Herausragende Exponate wie beispielsweise der Hochzeitspfennig von Heinrich dem Löwen, die Ablasstruhe von Tetzel, die Porträts Braunschweiger Hansekaufleute, die Querflöte Friedrichs des Großen oder Kameras von Voigtländer und Rollei ziehen den Besucher in ihren Bann und dokumentieren darüber hinaus Braunschweigs überregionale Verbindungen.

Die Ausstellung ist attraktiv für Einheimische und Gäste der Stadt. Braunschweigs Schulklassen erkunden am Modell und in der Ausstellung ihre Wurzeln, Touristen informieren sich in einem informativen Ausstellungsrundgang über Braunschweigs Geschichte. Eine zusätzliche Besonderheit ist, dass der Aufsichtsdienst im Altstadtrathaus mit Hilfe von Braunschweiger Bürgerinnen und Bürgern durchgeführt wird, die aus Interesse an der Geschichte ihrer Stadt ehrenamtlich tätig sind. Das Engagement dieser Braunschweiger, die auch für Führungen und Vorträge zur Verfügung stehen, wird durch hohe Besucherzahlen belohnt. Es vermittelt zudem eindrucksvoll, dass diese Dependance des Städtischen Museums im Altstadtrathaus ein überaus lebendiges Museum ist, welches von der Bevölkerung nicht nur akzeptiert, sondern darüber hinaus tatkräftig unterstützt wird.

Und es stellt einen weiteren wirklichen Glücksfall dar, dass hier Museum und Bürgerengagement in einem Gebäude zusammentreffen, das wie kein anderes in der Braunschweiger Geschichte bürgerliche Selbstverwaltung und Selbstbestimmung repräsentiert hat.

Ausstellung in der Gaußhalle

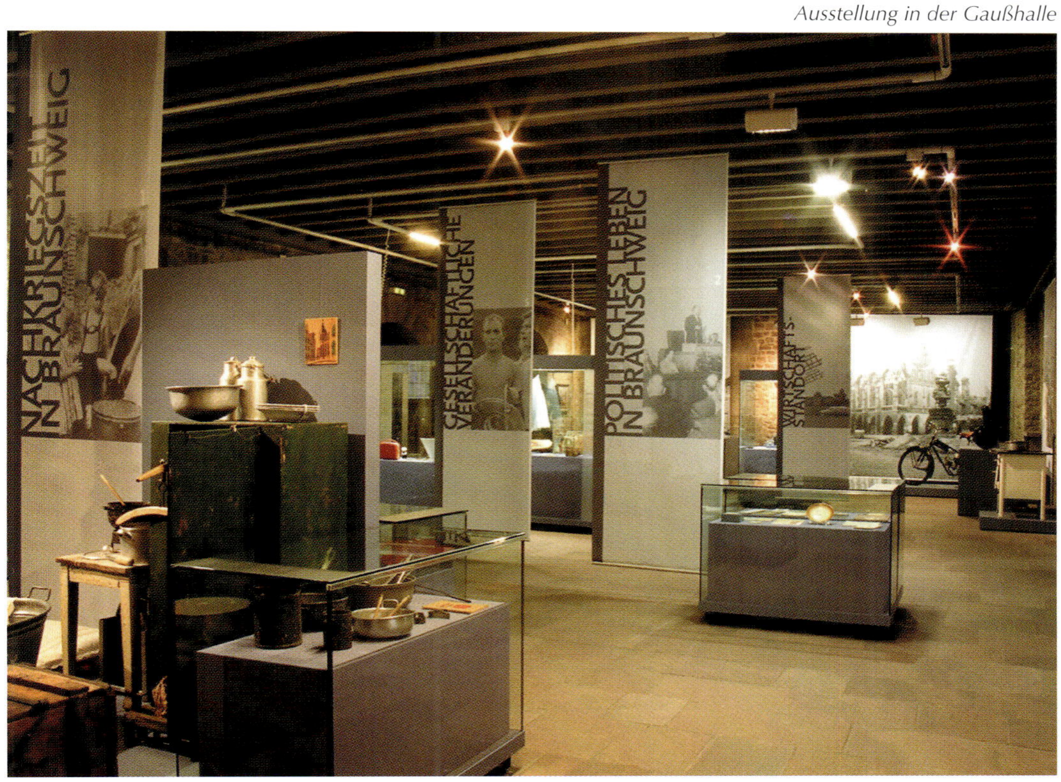

Die »jakob-kemenate«

Auf einem Hinterhof in der Braunschweiger Altstadt versteckt gelegen, blieb, nach schweren Kriegsschäden notdürftig gesichert, eine 750 Jahre alte Kemenate erhalten. Das wertvolle mittelalterliche Steinhaus wurde Teil der »jakob-kemenate« (Abb. 1), einem ambitionierten Kulturprojekt.

Von Udo Gebauhr[1]

Bau- und Stadtbaugeschichte

Kemenaten
Die Braunschweiger Kemenaten folgen einem festen Bautypus: einen halben bis einen Meter dicke Mauern aus Rogen- und Kalkbruchsteinen, steiles Dach mit harter Bedachung, nahezu quadratischer Grundriss mit einer Seitenlänge von sechs bis zehn Metern, unterkellert, Erd- und Obergeschoss ungeteilt, Holzbalkendecken. Kemenaten (lat. »caminata«: beheizbarer Raum) besitzen eine Feuerstelle.

Die Kemenate ist Teil des mittelalterlichen Bebauungsschemas Braunschweigs. Ihre Baugeschichte beginnt im letzten Viertel des elften Jahrhunderts. Kemenate und Vorderhaus bilden ein Doppelhaus, dabei wird die Kemenate zumeist rückwärtig an das straßenseitig gelegene Vorderhaus angebaut. Alle Geschosse der Kemenate sind vom Vorderhaus oder von außen zugänglich.

Abb. 1 – jakob-kemenate von Südwesten, links Jakobskirche (2006)

In Zeiten häufiger Stadtbrände und Unruhen war die im Hof gelegene, steinerne und beheizbare Kemenate vor Eindringlingen und Feuer gut geschützt und bot sicheren Wohn- und Lagerraum.

Abb. 3 – Kemenate und Vorderhaus (teilweise) von Westen (1926?)

Für Braunschweig sind bis Mitte des 15. Jahrhunderts rund 150 »größere Steinbauten« einschließlich der Kemenaten überliefert, davon 50 Prozent im Weichbild Altstadt, Sitz des Patriziats. Ihre Errichtung, im Vergleich zum Holzbau aufwändiger, blieb also den Mitgliedern der wohlhabenden Oberschicht vorbehalten. Heute sind nur noch wenige Kemenaten, zum Teil ein- und umgebaut, erhalten.

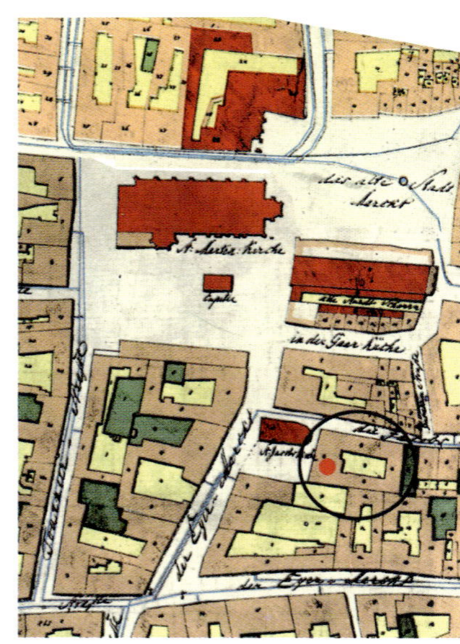

Abb. 2 – Stadtkarte 1766 (sog. Haacke-Plan, Ausschnitt Südliche Altstadt), im Kreis: Grundstück Jacobstraße 3, darin Punkt: Lage der Kemenate

Kemenate Jacobstraße 3
Die Kemenate Jacobstraße 3 hält den Bautypus und das Bebauungsschema in allen Teilen ein. Sie liegt im südlichen Teil der Alt-

Abb. 4 – Jacobstraße 3 (Ausschnitt) von Osten (nach Zerstörung 1944) – Im Bildhintergrund links die Kemenate

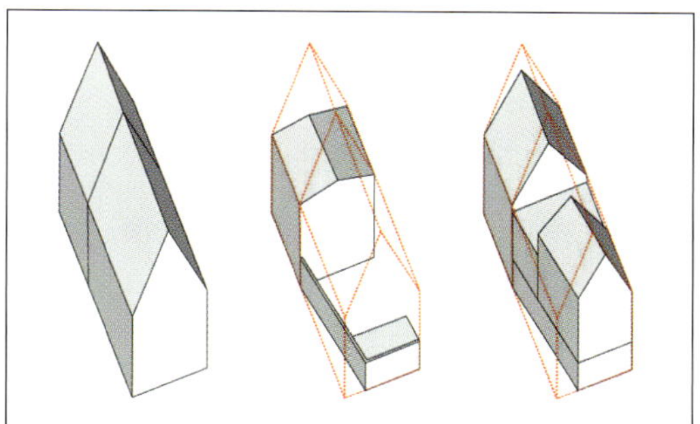

Abb. 6 – jakob-kemenate, Gebäudestrukturen (links: 13. Jh. bis 1945, Mitte: bis 2004, rechts: seit 2006)

stadt auf einem patrizischen Anwesen (Abb. 2) in Nachbarschaft zur St. Jacobskirche. Kemenate und Vorderhaus (Abb. 3) wurden aufgrund von Fensterformen in das 13. Jahrhundert datiert. Das Denkmalinventar von 1926 hebt das Anwesen als »in ihrer Gesamterscheinung altertümlichste massive Grundstücksbebauung« Braunschweigs hervor.

Der Zweite Weltkrieg beließ von der Bebauung nur noch Ruinen (Abb. 4); ihr Abbruch erfolgte 1965 für einen benachbarten Neubau. Stehen blieb die Kemenate. Die frei aufragenden Giebeldreiecke wurden abgetragen, das Gebäude erhielt ein flach geneigtes Dach. Zunächst diente die Kemenate als Notunterkunft, danach als Abstellraum. Eine ca. drei Meter hohe Mauer mit geborgenen Abbruchteilen markiert die neue Grundstücksgrenze (Abb. 5).

Abb. 7 – jakob-kemenate, EG nach Süden

Die »jakob-kemenate«

Im Jahr 2001 erwarb das Ehepaar Karin und Jochen Prüsse die Kemenate mit dem Ziel, hier ein einzigartiges Kulturprojekt zu realisieren. Die Sammler von Gemälden und Zeichnungen, die das zerstörte und im Wiederaufbau befindliche Braunschweig thematisieren, sprach gerade das Fragmentarische, dabei Authentische dieser baulichen Kostbarkeit an. Früh wurde das Ziel formuliert, diesen Bestand so weit möglich beizubehalten.

Die »jakob-kemenate« wurde nach Plänen der Architekten OM Ottinger Möhlendick (Braunschweig) mit dem Bildhauer Jörg Plickat, (Bredenbek), zahlreichen Fachleuten und Handwerkern sowie der Denkmalpflege realisiert.

Bauhistorische Untersuchungen

Zu Beginn des Projektes wurde die Kemenate bauhistorisch untersucht. Die überlieferte Kubatur der Kemenate ist in wesentlichen Teilen weitgehend unverändert dem spätmittelalterlichen Kernbaubestand zuzuschreiben. Eine Holzaltersbestimmung führt für den Kernbau zu einer Bauzeit um 1250.

Entwurf und Ausführung

Ein Neubau (Abb. 1) in der Kubatur des einstigen Vorderhauses (Abb. 6) nimmt das Bebauungsschema auf. Die beiden Räume der Kemenate dienen für Veranstaltungen, alle Nebenräume finden im neuen »Vorderhaus« Platz. Erd- und Obergeschoss der Kemenate sind vom Foyer aus zugänglich. Der gerostete Cor-Ten-Stahl wird vom »Vorderhaus« auf die neue Dachgestaltung der Kemenate übertragen und führt so zur »jakob-kemenate« zusammen.

Die Außenwände der Kemenate wurden repariert. Eine Vitrine schützt das kernbauzeitliche Drillingsfenster und bietet die Möglichkeit, dieses wertvolle Baudetail ungehindert aus dem Raum heraus zu betrachten. Die Innenwände wurden im vorgefundenen Zustand gesichert und mit Kalkmilch lasiert. Malbefunde wurden nur leicht retuschiert. So bleiben alle jüngeren Veränderungen, bis in die Nachkriegszeit hinein, ablesbar; der Raum gewinnt eine einzigartige Ausstrahlung (Abb. 7).

Alle neuen Bau- und Ausstattungsteile sind ablesbar modern gestaltet. Der Fußboden, im Erdgeschoss Travertin und im Obergeschoss Dielen, hält zu den Wänden Abstand; die so gebildete Fuge verdeutlicht die neu eingebrachte »Schicht«, signalisiert Respekt (Abb. 8).

Ein glasgedeckter Schacht im Dach verweist zusammen mit einem angrenzend erhaltenen »Schornstein« (Kragstein des Rauchabzugs) auf die Beheizbarkeit der Kemenate. Bodenvitrinen gestatten Einblicke in den Keller und, im Obergeschoss, auf die alte Dielenlage.

Abb. 5 – Kemenate von Nordosten (2004)

Förderung und Würdigung

Finanzielle Unterstützung gewährten die Deutsche Stiftung Denkmalschutz, die Landesdenkmalpflege, die Stadt Braunschweig zusammen mit der Richard Borek Stiftung Braunschweig und die Niedersächsische Sparkassenstiftung zusammen mit der NORD/LB – Norddeutsche Landesbank.

Auch das Ergebnis überzeugt: die »jakob-kemenate« wurde in Zeitungen und Fachzeitschriften auch überregional vorgestellt und erhielt etliche Auszeichnungen: den »iF gold award«, eine Nominierung für den Niedersächsischen Staatspreis und einen Preis für Denkmalpflege der Niedersächsischen Sparkassenstiftung, alle 2008.

Zügig hat sich die »jakob-kemenate« als unverwechselbarer Ort für Ausstellungen, Vorträge und vielfältige Veranstaltungen im hiesigen Kulturleben und darüber hinaus etabliert. Die »jakob-kemenate«: ein bauliches und kulturelles Glanzlicht in Braunschweig.

[1] *vgl. Gebauhr, Udo: Die »jakob-kemenate« in Braunschweig. In: Berichte zur Denkmalpflege in Niedersachsen, Heft 2/2007, S. 50 ff. (mit Anmerkungen und Nachweisen)*

Abb. 8 – jakob-kemenate, EG Foyer – EG Kemenate

Wissenschaftsnetz für Technik, Leben und Kultur

ForschungRegion Braunschweig: Forschung stärken – Zukunft gestalten

Von Klaus-Dieter Kühn

Das Jahr der Wissenschaft 2007 hat in der Region Braunschweig Aufbruchstimmung erzeugt. Fast unbemerkt hatten sich Stadt und Region bis dahin zu einem Standort internationaler Spitzenforschung etabliert. Europas »heißeste« Forschungs- und Entwicklungsregion ist Braunschweig resümierte die Deutsche Bank Research. Zahlreiche Forschungsinstitutionen internationalen Ranges wie die Physikalisch-Technische Bundesanstalt, das Deutsche Zentrum für Luft- und Raumfahrt, das Helmholtzzentrum für Infektionsschutz, die Bundesforschungsinstitute Julius Kühn-Institut für Kulturpflanzen und Johann Heinrich von Thünen-Institut für Ländliche Räume, Wald und Fischerei, die Fraunhofer-Institute für Holzforschung, Schicht- und Oberflächentechnik, das Bundesamt für Strahlenschutz, Clausthaler Umwelttechnik-Institut, Gesellschaft für Anlagen- und Reaktorsicherheit, Deutsche Sammlung von Mikroorganismen und Zellkulturen, Internationale Forschungsgemeinschaft für Futtermitteltechnik und der Forschungsflughafen, bieten in Kooperation mit den Technischen Universitäten Braunschweig und Clausthal, der Hochschule für Bildende Künste Braunschweig, der AutoUni in Wolfsburg und der Fachhochschule mit Standorten in Braunschweig, Salzgitter, Wolfenbüttel und Wolfsburg Kompetenzen in einer geografischen Nähe, die in der Welt ihresgleichen sucht. Im Verbund mit Braunschweigischer Wissenschaftlicher Gesellschaft, Georg-Eckert-Institut für Internationale Schulbuchforschung, Braunschweigischem Landesmuseum, Herzog Anton Ulrich-Museum, Staatlichem Naturhistorischen Museum, Herzog August Bibliothek Wolfenbüttel, phaeno gGmbH Wolfsburg und Städtischem Klinikum Braunschweig bilden sie das Netzwerk ForschungRegion Braunschweig e.V. Über 16 000 Menschen sind in diesen Einrichtungen tätig. Hinzukommen noch über 11 000 Mitarbeiter/innen in den Forschungseinrichtungen der Industrie. Die Vernetzung untereinander und die

Eine Wissenschaftlerin bedient eine Maschine, die kleine Biomoleküle herstellt (SPOT-Synthesizer).

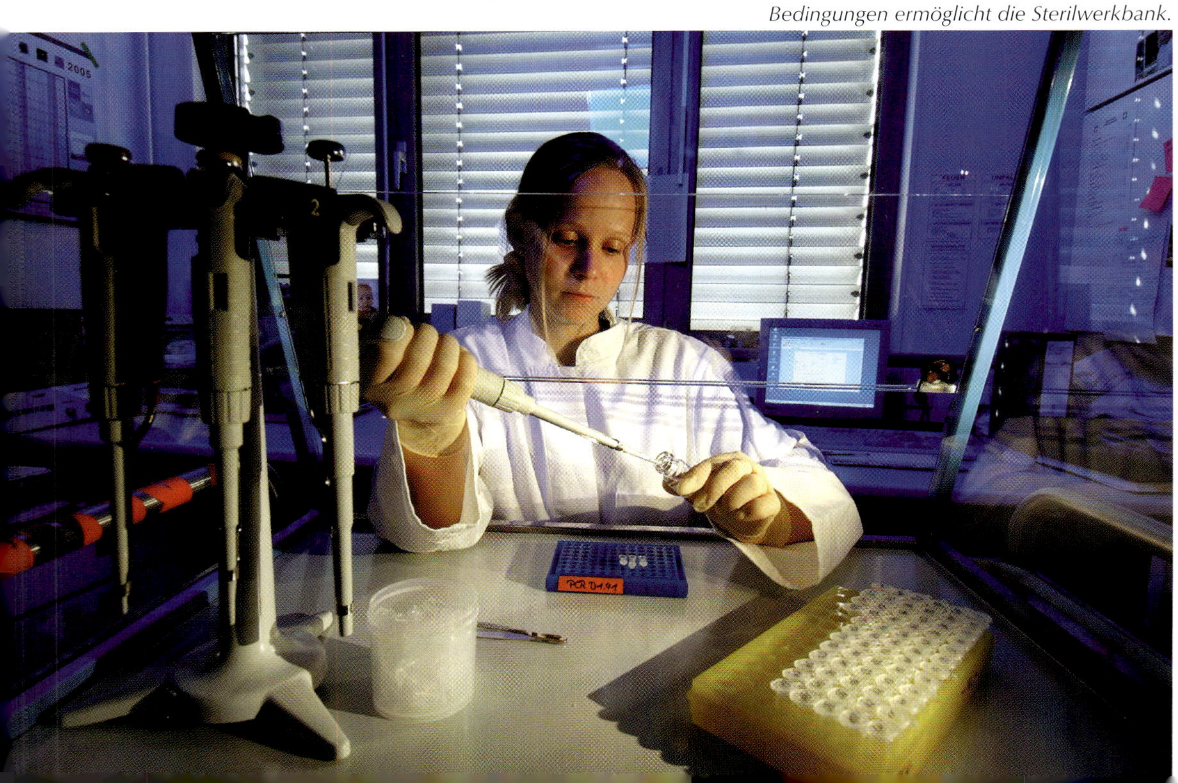

Arbeiten unter keimfreien Bedingungen ermöglicht die Sterilwerkbank.

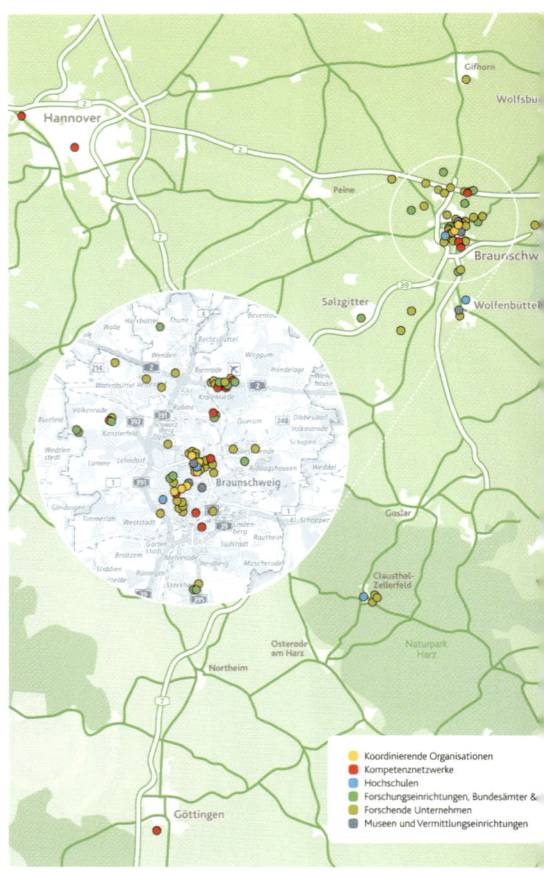

Landkarte der Forschung in der Region (Quelle: Stadt Braunschweig Abt. Geoinformation)

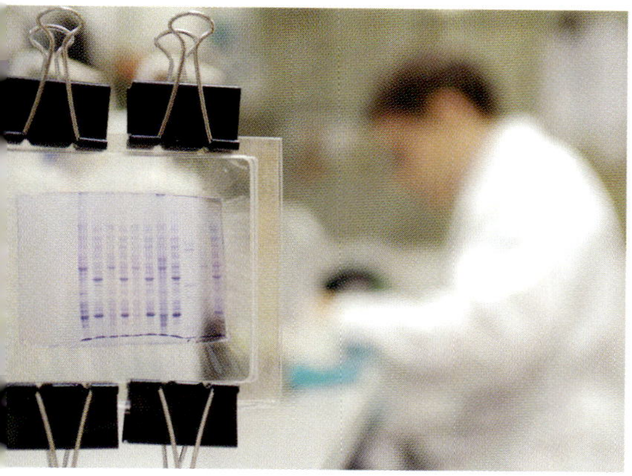

Ein SDS-Polyacrylamid-Gel trennt blau markierte Proteine der Größe nach auf.

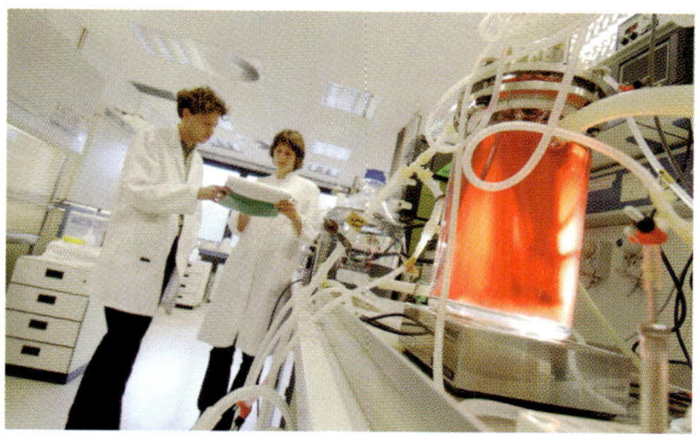

In Fermentern werden Bakterien gezüchtet. Sie produzieren Naturstoffe, die man später isoliert.

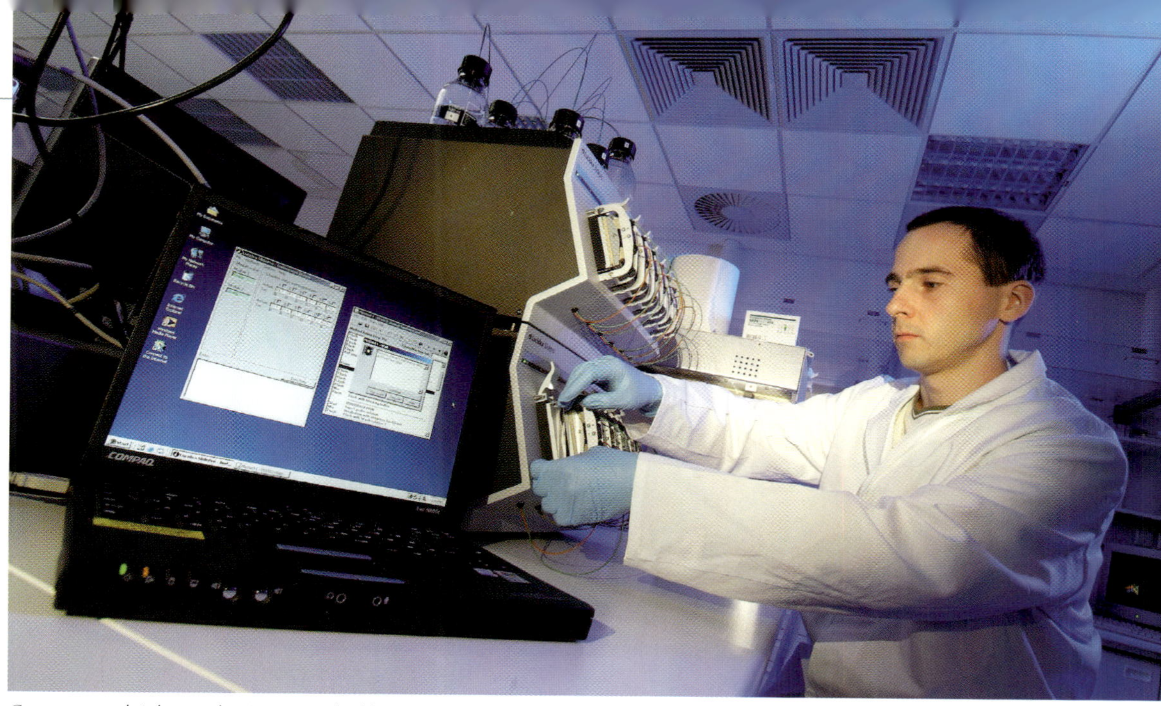

Computer erleichtern den Wissenschaftlern die Auswertung von aufwändigen Experimenten (Hybridisierungsgerät, mit dem Bioassays durchgeführt werden).

enge Kooperation mit der Wirtschaft gibt Räume frei für neue Wertschöpfungsketten, Produkte und Produktionen. Auf Zukunftsfeldern wie der Sicherheitsforschung, Gesundheitsforschung und Medizintechnik. Pflanzenforschung, Biotechnologie/Biosystemtechnik, Energie- und Umwelttechnologien, Informations- und Kommunikationstechnik, Fahrzeug- und Verkehrstechnologien, Luft- und Raumfahrttechnik, Nanotechnologien und Mikrosystemtechnik sowie Werkstoff- und Produktionstechnologien verfügt die Region über Spitzenkompetenzen in der Forschung und Entwicklung. Die Konzentration von Unternehmen, Forschungseinrichtungen und Instituten des Deutschen Zentrums für Luft- und Raumfahrt und der Technischen Universität Braunschweig und wichtiger Behörden und Institutionen im Bereich Luftfahrttechnologien, Luftverkehrssicherheit, Raumfahrt, Verkehr und Mobilität ist ein besonderes Alleinstellungsmerkmal der Forschungsregion Braunschweig. Eingebettet in ein unmittelbares industrielles Umfeld bieten sich verkehrsträgerübergreifend größte Chancen auf dem Weg zur nachhaltigen Mobilität im Luft-, Straßen- und Schienenverkehr. Jüngstes Beispiel für die Clusterbildung auf zukunftsorientierten Technologiefeldern ist das Niedersächsische Forschungszentrum Fahrzeugtechnik. Es wird die Position der Region als internationalen Spitzenstandort für die Fahrzeugtechnik weiter festigen. Ein weiterer Entwicklungsschwerpunkt ist der Ausbau der Infektionsforschung in Braunschweig durch den Neubau eines Zentrums für Systembiologie. Um auch international die Exzellenz der Wissenschafts-, Wirtschafts- und Kulturregion Braunschweigs stärker zu kommunizieren, hat die Stadt Braunschweig 2007 den Braunschweiger Forschungspreis gestiftet, den sie im Verbund mit dem Verein ForschungRegion Braunschweig für international herausragende Forschung in den Technik-, Lebens- oder Kulturwissenschaften vergibt. Um bereits auch im frühkindlichen Alter Mädchen und Jungen für Naturwissenschaften und Technik zu motivieren, betreut die ForschungRegion im Rahmen der bundesweiten Initiative »Haus der kleinen Forscher« über 100 Kindertagesstätten der Region. Die gezielte Nachwuchsförderung ist ein langfristiger Beitrag zur Stärkung des Innovations- und Forschungsstandortes Braunschweig. Kernaufgabe der ForschungRegion Braunschweig ist es, den wissenschaftlichen Nährboden dieses enormen Zukunftspotenzials strategisch weiterzuentwickeln und durch neue Ideen für regionale und internationale Cluster nachhaltig Wertschöpfung, Wachstum und Beschäftigung zu fördern. Wissenschaft, Wirtschaft und Kultur ziehen in der Region an einem Strang, damit Wissen vernetzt und Innovation nach vorn gebracht werden kann.

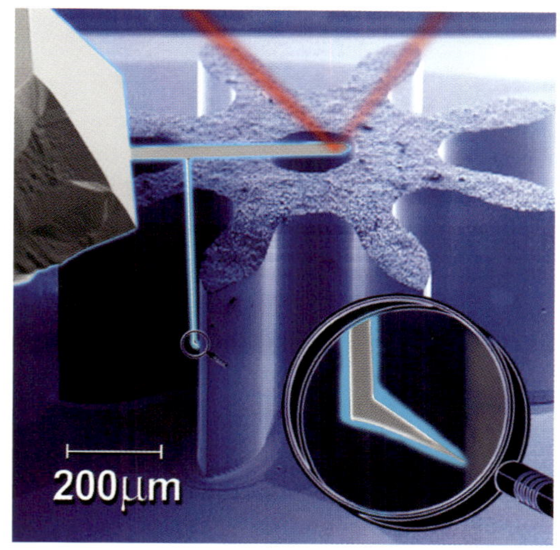

Mikromesstechnik – Präzision im Kleinstformat (Foto: PTB)

Plasmagestützte Produktion und Oberflächentechnik (Foto: IST/R. Meier, BFF Wittmar)

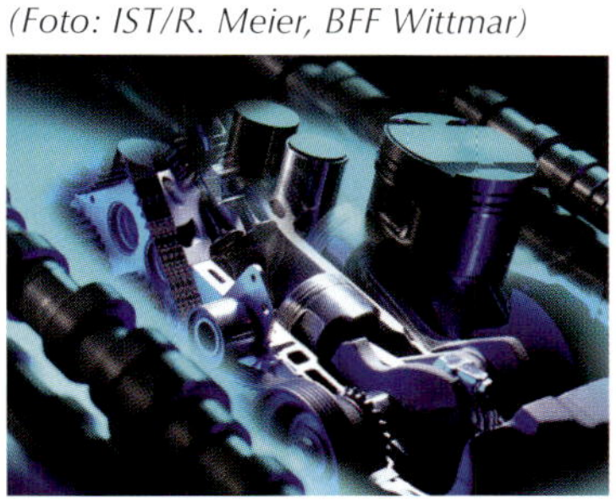

Perfekte Siliziumkugeln definieren das Kilogarmm neu (Foto: okerland-archiv/PTB)

Verkehrskompetenz am Braunschweiger Forschungsflughafen (Foto: Forschungsflughafen Braunschweig GmbH)

Sicherheitstechnologien aus Braunschweig für den Bahnverkehr (Foto: Siemens Transportation Systems)

Aufbewahrung der weltweit größten Sammlung von Mikroorganismen und Zellkulturen (Foto: DSMZ)

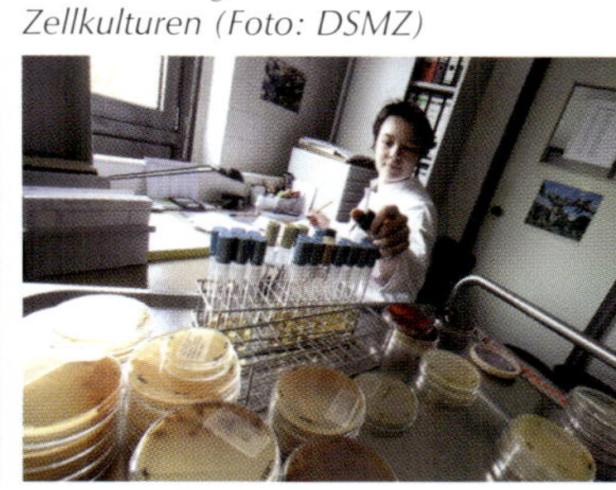

Der Braunschweiger Tanz-Sport-Club e.V.

Die Weltmeisterschmiede Braunschweigs

Braunschweig und der eng verknüpfte Name »BTSC« stehen schon seit zwei Jahrzehnten synonym für hochklassigen Tanzsport. Neben national und international erfolgreichen Einzelpaaren ist gerade die Weltruf genießende Standardformation des Braunschweiger Tanz-Sport-Clubs das Aushängeschild des Vereins.
Als siebenfacher Welt-, neunfacher Europameister und zwölfmaliger Deutscher Meister markiert diese Mannschaft seit langem die absolute Weltspitze im Formationstanzsport. Für die zahlreichen Erfolge dekorierte der Bundespräsident das Team und einzelne BTSC-Tänzer wiederholt mit dem »Silbernen Lorbeerblatt«, der höchsten Auszeichnung, die in Deutschland an Sportler verliehen wird.

Seit nunmehr zwei Jahrzehnten trainiert Cheftrainer Rüdiger Knaack die Tänzerinnen und Tänzer des Braunschweiger Tanz-Sport-Club e.V. Der Meistertrainer konnte über die Jahre nicht nur erfolgreiche Einzelpaare hervorbringen, unterstützen und trainieren. Er setzte auch als erfolgreichster Standardformationstrainer der Welt Maßstäbe bei den von ihm entwickelten Choreographien. Mehrfach revolutionierte er den Formations-Tanzsport durch tänzerische Umsetzung beliebter Musicals oder weltbekannter Pop-Musik

BTSC-Standardformation WM 2007

BTSC-Standardformation DM 2003

zu immer schnelleren Takten und wechselnden, schwierigeren Bildern. Seine Choreographien wie »Phantom der Oper«, »Zarah«, »West Side Story«, »Conquest of Paradise«, »Lulu«, »Jekyll & Hyde«, »Magic of Love«, »Celine« »Musica e« und »Music Cultures« werden nicht nur bei großen nationalen und internationalen Turnieren glänzend in Szene gesetzt. Die Tänzerinnen und Tänzer präsentieren immer wieder fantastische Showauftritte rund um die Welt, im Fernsehen und zeigen sich dabei dem Publikum als zauberhafte Botschafter der Sportstadt Braunschweig.
Bereits viermal (1989, 1992, 1995 und 1998) tourte die Formation durch die Volksrepublik China. Hong Kong, Australien (1993 und 1997) und die USA sowie Frankreich standen in den vergangenen Jahren ebenfalls schon auf den Flugtickets der Tänzer. In jedem dieser Länder stellte die Delegation immer wieder unter Beweis, welche Faszination vom Tanzsport ausgehen kann.

Der Braunschweiger Tanz-Sport-Club e.V. bietet aber nicht nur erfolgreichen Leistungssport. Tatsächlich präsentiert der Verein auch allen Breitensportlern von jung bis alt, von Anfängern bis zu den Fortgeschrittenen sein Angebot:
Vom Kindertanzen, Kinder-Ballett, Ballett, Jazz- und Moderndance, über Hip Hop, Orientalischen Tanz, Step Dance, Discofox, Lindy Hop, Aroha, Standard- und Lateintänzen bis zum Seniorensport hält der BTSC ein qualifiziertes Angebot vor und stellt die Qualität des Trainings durch ausgebildete, engagierte Trainer sicher.
Hierbei kann der Braunschweiger Tanz-Sport-Club e.V. auf eine hervorragende Infrastruktur in seinem Tanzsportzentrum zurückgreifen. Vier große mit Tanzparkett ausgestattete Säle bieten sowohl dem Leistungssport als auch dem Breitensport optimale Trainingsmöglichkeiten. Vereinsmitglieder können neben dem Kurs- und Tanzkreisangebot die Säle bei Verfügbarkeit auch zum freien Training nutzen. Die Förderung und Unterstützung jugendlicher Tänzer aus Braunschweig und Umgebung liegt dem BTSC besonders am Herzen: Vom Kindertanzen über den Breiten- und Leistungssport zum Weltmeistertitel.
Welche Tanzschule, welcher Sportverein kann seinen Mitglieder so etwas anbieten?
Der BTSC kann.

BTSC-Standardformation DM 2004

BTSC-Standardformation Weltmeisterschaft 2007

BTSC-Cheftrainer Rüdiger Knaack

Braunschweiger TSC 2008

magniphoto.com

Immer ins rechte Licht gerückt

Private Fotoshootings im Trend

Persönliche, individuelle Fotoshootings für Privatpersonen sind im Kommen. Immer mehr Leute verspüren den Wunsch, einmal in ihrem Leben professionell fotografiert zu werden. Und da gibt es einen Braunschweiger Fotografen, der sich auf Private-Shootings spezialisiert hat.
Private Foto-Shootings erfreuen sich einer wachsenden Beliebtheit. Dank der digitalen Fotografie ist es heute möglich, für erstaunlich wenig Geld erstklassige Fotos erstellen zu lassen, die den Star-Fotos in Hochglanz-Magazinen in nichts nachstehen.
Bei einem Besuch im Atelier von Theofil Andreev fällt sofort die wohnliche und gemütliche Atmosphäre auf. Man wird von ihm herzlich empfangen, als würde man sich schon lange kennen. Beim Rundgang durch sein großzügiges Atelier bestaunen wir die vielen Fotografien, die an den Wänden hängen. Und wir fragen uns, was denn Kunden motiviert, ein solches Shooting zu machen. Theofil Andreev erklärt uns: »Natürlich wünschen sich meine Kunden vor allem eines; schöne Fotos von sich selber. Doch daneben ist eine Foto-Session auch immer eine neue Erfahrung und ein einmaliges Erlebnis für sie. Denn einerseits können sie erleben, wie es sich anfühlt, wie ein Modell vor der Kamera zu posieren. Anderseits entdecken sie ganz neue Seiten und Perspektiven, die ihnen unbekannt sind und sie nicht selten zum Staunen bringen. So ist eine oft zu hörende Reaktion ›Ich hab gar nicht gewusst, dass ich so fotogen sein kann!‹«.

Auf die Frage, welche Kunden denn so ein Shooting buchen, meint Theofil Andreev: »Die Palette meiner Kunden ist sehr breit. Sie stammen aus allen sozialen Schichten, sind zwischen zwei Wochen (!) und 80 Jahren alt und kommen aus der ganzen Region. Vor allem junge Frauen (und auch Männer) wünschen sich moderne, freche Beauty-Fotos, wie sie es von ihren großen Vorbildern aus Film und Musik kennen. Daneben ist das klassisch-ruhige Schwarzweiß-Portrait nach wie vor ein Renner. Immer mehr Personen, insbesondere Frauen, möchten sich aber auch erotisch oder ganz nackt fotografieren lassen, oft als ganz persönliches Geschenk für ihren Partner. Daneben sind »reife«, repräsentative Portraits gefragt, die meist für berufliche Zwecke gebraucht werden.«.

Doch wie schafft es Theofil Andreev in seiner fotografischen Arbeit, dass die fotografierten Personen ganz entspannt und natürlich in die Kamera schauen, obwohl die Fotos doch alle gestellt sind? Seine Antwort darauf: »Meine langjährige Erfahrung, etwas Humor, großes Einfühlungsvermögen und ein paar Tricks, die ich hier nicht verraten möchte, tragen dazu bei, dass sich meine Kunden schnell wohl fühlen, ihre Aufregung vergessen und aus sich herauskommen. Denn nur so sind außergewöhnliche, starke Fotos möglich«.
Nun bleibt aber die Frage, ob sich nur perfekte Menschen ablichten lassen können. Weit gefehlt! Denn »Nobody is perfect«. So besteht etwa die Kundschaft von Theofil Andreev nicht aus Supermodels. Sondern aus Menschen wie du und ich. Jeder mit seinen eigenen Problemzonen. Dazu meint Theofil Andreev: »Der Job des Fotografen ist es ja gerade, mit geschultem Auge die schönen Seiten von Gesicht und Körper zu erkennen und dies mit Unterstützung von gezieltem Lichteinsatz und ausgewählten Posen zu unterstreichen«. Wer die Arbeiten von Theofil Andreev genauer studiert, wird zugeben müssen, dass Theofil Andreev dies tatsächlich meisterlich beherrscht.

Theofil Andreev hat uns bei diesem Atelierbesuch von seiner Arbeit überzeugt. Nicht nur uns: Vor dem Abschied zeigt uns Theofil Andreev ein Portofolio, das im vergangenen Dezember über ihn in einer der renommiertesten deutschsprachigen Fotozeitschrift publiziert wurde. Seine Termine sind regelmäßig ausgebucht und immer mehr Persönlichkeiten aus Politik, Wirtschaft und Kultur lassen sich von ihm fotografieren. Dies alles weckt auch bei uns die Lust, selber mal ein solches Shooting zu wagen.

magniphoto.com · Theofil Andreev
Ölschlägern 30 · 38100 Braunschweig
Tel. (05 31) 1 29 49 66
studio@magniphoto.com

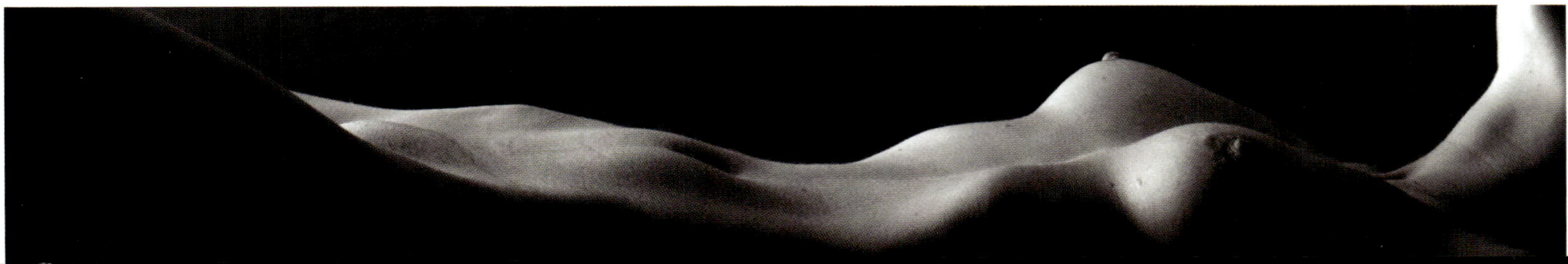

Schadt's Brauerei Gasthaus

Während man Speisen und Bier genießt, kann man bei der Produktion des Gerstensaftes zuschauen

Das Schadt's Brauerei Gasthaus ist Norddeutschlands 1. private Kleinbrauerei und liegt im Herzen von Braunschweig, nur wenige Schritte vom historischen Dom und Burgplatz entfernt. Fachwerk und jede Menge Bilder, nicht nur von den Oberbürgermeistern Braunschweigs an den Wänden in der Ratsstube, in der bis zu 25 Personen Platz finden, untermalen den historischen Gesamteindruck. Seit 1985 wird in den Räumen dieser Gaststätte das naturtrübe, ungefilterte Schadt's Pilsener gebraut.

Das Sudhaus mit Sudpfanne und Läuterbottich

Das gemälzte Korn wird in 50 kg-Säcken direkt bei der Mälzerei abgeholt und im Haus frisch geschrotet. Vom Maischen bis zum Lagerschlauchen kann der Gast den Brauvorgang direkt an den Kupferkesseln oder durch die großen Glasscheiben, die die Gaststätte vom Gärkeller trennt, genau verfolgen.

Mit Voranmeldung erklärt der Brauer Rolf Thiele den Teilnehmern eines Bierseminars die Kunst des Brauens und führt sie durch die kleine Brauerei. Die Brauereibesichtigung wird den Gästen mit und ohne Essen angeboten. Der erfolgreiche Seminarteilnehmer erhält anschließend seine eigene Urkunde.

Im Laufe der Jahre wurde das Bierangebot immer weiter ergänzt. Heute kann der Gast zwischen Schadt's Pilsener, Weizen und Märzen und saisonal für Mai und Oktober Schadt's Bockbier wählen. Frisch gebraut – gut gelagert – ein Genuss für den Freund des edlen Gerstensaftes.

Das Bier während der einwöchigen Hauptgährung

Blick aus der Fußgängerzone der Braunschweiger Innenstadt. Die Terrasse ist von April bis September geöffnet.

Im rustikal und gemütlich eingerichteten Gasthaus wird den Gästen Deutsche Küche geboten. Ob spontan der Magen knurrt, man mit Freunden oder Gästen urgemütlich speisen möchte oder eine private oder geschäftliche Feier geplant wird, für jeden Anlass und garantiert für jeden Geschmack hält Schadt's Brauerei Gasthaus das Passende bereit. Hier gönnt man sich ein frisch gebrautes Schadt's oder ein Glas Wein oder aber auch etwas Alkoholfreies und lässt sich von der deftigen Brauhausküche verwöhnen.

Spezialität des Hauses ist der Braunschweiger Bierbraten mit Bierbratensauce, Bratkartoffeln und Salat. Weitere Schmankerl, wie hausgemachte Suppen (zum Beispiel Goulaschsuppe), Salate, Fisch, Vegetarisches Schnitzel, Steaks und saisonale Spezialitäten wie Spargel, Pfifferlinge und Braunkohl ergänzen das Angebot. In den Sommermonaten können die Gäste gern auf der Terrasse und an der Außentheke ihre Seele baumeln lassen.

Die rustikale Holztheke lädt zu gemütlichen Bierabenden ein.

Der Brauer beim Messen der Stammwürze des Bieres

Für den kleinen Hunger zwischendurch und passend zu dem leckeren Bier wird auch eine Auswahl an Kleinigkeiten an der Theke angeboten, zum Beispiel Baguettebrötchen mit Schweinenacken oder Roggenbrötchen mit Harzer Käse belegt.
Immer größerer Beliebtheit erfreut sich das bei Schadt gebraute Bier auch für die Party zu Hause. Und für jede Anzahl der Gäste steht das relevante Angebot bereit. 2-Liter-Syphons werden zum Kauf angeboten oder bei Vorbestellung kann man zwischen 15, 30 oder 50 Liter-Fässern wählen.

Darüber hinaus können Gutscheinkarten für jeden Anlass als Geschenk erworben werden.
Einen Besuch in diesem urgemütlichen Lokal wissen nicht nur zahlreiche Stammgäste zu schätzen. Das Schadt-Team ist tagtäglich bemüht, einen Besuch in seinen Räumen zu einem unvergesslichen Erlebnis zu machen.

Schadt's Brauerei Gasthaus GbR
Marstall/Höhe 28
38100 Braunschweig
Tel. (05 31) 40 03 49
Fax (05 31) 40 03 49
info@schadts-brauerei-gasthaus.de

Im Schatten der Magnikirche gehen harte Tage besonders schön zu Ende

Im Stadthotel Magnitor bietet Familie Faix den Gästen alles, was das Herz begehrt – »Man wird ruhiger«

Von Klaus Langhardt

»Man wird ruhiger«, sagt Ingo Faix (55) und beschreibt damit seinen Wandel vom flippigen Gastronomen, der sich hinter dem Tresen der von ihm geführten Häuser früher wenigstens ebenso sehr als Entertainer, Einpeitscher und »Guter-Laune-Bär« wie als umsatzorientierter Geschäftsinhaber sah, hin zum distinguierten Hotel-und Restaurantchef. Nicht selten machte der Mann, der für seine »Luftgitarrensoli« berühmt war (und wahrscheinlich immer noch ist) dabei früher die Nacht zum Tage, zählte nicht die Stunden, die er als Koch, Barkeeper und Alleinunterhalter aktiv war und erst recht nicht jene, die ihm zum Schlafen noch verblieben. Mittlerweile lässt es der Inhaber des gediegenen Hotels »Stadthotel Magnitor« im idyllischen Magniviertel gelassener angehen. »Wenn das Tagwerk getan ist, dann lasse ich heute los und suche die Ruhe daheim in den eigenen vier Wänden.«

So ganz genau legt sich der Gastronom noch nicht fest, woran das liegt, es ist aber wahrscheinlich eine Mixtur aus unterschiedlichsten Zutaten: Das mehr als 500 Jahre alte Haus, in dem Faix seit nunmehr acht Jahren die Geschicke lenkt, passt vielleicht auch nicht so ganz perfekt zu virtuosen Rock-Einlagen. Das Publikum – sehr viel Businessmenschen, die mit den hiesigen großen Konzernen und Wirtschaftspartnern die Woche über arbeiten, sowie viele internationale Gäste, die im Großraum Braunschweig neue Kontakte knüpfen – sie alle sind abends selber erschöpft und froh über die Möglichkeit, mit Muße und ohne großen Lärm ein Glas guten Weines oder braunschweigischen Bieres genießen zu können. Schlussendlich sind auch die Stammgäste älter geworden und fordern angesichts eigener Zipperlein

Viel schöner kann ein Sommerfreisitz vor einem Hotel kaum sein, als hier mit Blick auf das alte Fachwerk des Stadthotels hüben und die Magnikirche drüben.

Hier kocht der Chef noch selbst. Ingo Faix wirbelt in der Küche.

Schön angerichtet, denn das Auge isst bekanntlich mit.

den Inhaber nicht mehr permanent zu pseudomusikalischen Höchstleistungen heraus.

Das Stadthotel Magnitor firmiert heute als Familienbetrieb reinsten Wassers. Vater Ingo ist Küchenchef, zuständig für die Speisekarte, den Einkauf und die grundsätzliche saisonale Ausrichtung der Küche. Tochter Nicole Faix-Wesche führt das Hotel und Mutter Christine ist als gute Seele des Hauses und gewissermaßen »Mutter der Kompanie« immer exakt dort zu finden, wo zugepackt werden muss. Dass Nicole das internationale Hotelfach nicht nur von der Pike auf sondern auch noch in absoluten Tophotels gelernt hat (u.a. Rey Juan Carlos in Barcelona und Ritz Carlton in Wolfsburg), zahlt sich heute besonders aus. Die 29 Zimmer – jedes ein echtes Unikat, weil wegen der Auflagen der Denkmalschutzbehörden in dem historischen Gebäude keine Wände versetzt werden durften – sind stets bestens ausgebucht.

Sie entsprechen zwar dem historischen Zuschnitt, warten aber natürlich auch mit allem Komfort und neuester Technik auf. Telefon, TV und Wireless LAN sind Standard.

Dennoch, das Hauptgeschäft läuft über die Küche und den Tresen in der hauseigenen Theatro-Bar. Dort trifft man sich abends gerne zum kleinen Umtrunk, dort klingen schwere Tage beschwingt aus, dort wird mit dem Blick auf den wunderschönen Magni-Kirchplatz die Welt mit ihren großen Problemen ganz wie von selbst zum Dorf. Hier kommt man allmählich wieder runter, schaltet ab, regeneriert.

Ein starkes Duo: Vater Ingo und Tochter Nicole

Was die Küche angeht, bleibt Ingo Faix ohne Wenn und Aber bei seinem Leisten und versagt sich risikobehaftete Reisen ins Abenteuerland. »Eine Sterneküche ist sicherlich was Genaues, hier aber nicht gefordert. Unsere Gäste sind daran gewöhnt, eine gutbürgerliche Küche, mit ganz frischen Zutaten, zu vernünftigen Preisen zu bekommen und zwar bei Portionen, von denen man auch satt werden kann.« Dass dabei die Palette vom (wirklich) hausgemachten Sauerfleisch über die Currywurst hin zu Lammfilet und Entenbrust bis zum Edelfisch reicht, versteht sich. Auch die Pasta ist vom Feinsten und mundet einem breiten Publikum, das vom Universitätsprofessor bis zum Richter, vom Angestellten bis zum Firmenboss und vom Arbeitslosen bis zum Politiker reicht. »Unterschiede machen wir da nicht«, sagt Ingo Faix.

Sehr erfolgreich sind die saisonalen Aktionen im Stadthotel und ebenso erfolgreich sind die Feiern, die mittlerweile einen ganz wesentlichen Beitrag

Jedes Zimmer ein Unikat und jedes Zimmer gediegen und schön.

dazu leisten, dass das Stadthotel Magnitor heute als sehr gut aufgestellt gilt. »Es hat sich herumgesprochen, dass unsere Feiern einfach klasse sind«, stellt Faix nicht ohne ein wenig Stolz fest. Natürlich hat da auch Tochter Nicole ihre gestaltende Hand mit im Spiel, werden im Vorfeld klare Arrangements abgesprochen und – noch viel wichtiger – hernach auch umgesetzt. Dass die Büffets hervorragend sind, die Weine erlesen und

Alt trifft neu: Moderner Treppenaufgang im alten Gemäuer.

die Getränke gepflegt, hat sich ohnehin herumgesprochen.

Ebenso die Tatsache, dass man im Stadthotel ganz bestimmt exzellente saisonale Speisen erhält (Spargel, Matjes, Braunkohl, Steinpilze), dass sich der Küchenchef ansonsten aber auf keinen weiteren Firlefanz einlässt. Die Begründung, die er dafür liefert, ist in ihrer Logik bestechend und dabei doch so einfach. »Was soll ich eine Fischwoche machen? Bei mir gibt es jeden Tag ganz frischen Fisch.«

Dass ein Haus wie das Stadthotel allein durch seine mehr als 500jährige Geschichte anders dasteht (im wahrsten Sinne des Wortes) und auch anders wahrgenommen wird, liegt in der Natur der Sache. Nirgendwo möchte man das Lot anlegen, auch nirgendwo wirkliche 90-Grad-Winkel nachmessen. Diese Lässlichkeiten gehören zu einem solchen Gebäude wie die Patina zu uraltem Schmuck. Dafür bietet es aber beispielsweise einen Gewölbekeller, dessen Faszination man sich nur schwer entziehen kann. »Es gibt Leute, die sich sofort in diesen Keller verliebt haben und seither alle ihre Feste da unten feiern«, erzählt Ingo Faix. Na ja, alle? Zumindest all jene, die nicht mehr als 40 bis 50 Besucher haben. Für die ganz große Party (bis zu 200 Personen) ist das Stadthotel aber auch geeignet. Allerdings wird dann vom Keller über die Konferenzräume bis hin

Diese Decke kennen viele Braunschweiger: Der Bogen über der Bar.

zum Restaurant alles genutzt. Dann wird es zwar eng, aber niemals ungemütlich.

Eng wird es draußen, wenn der Sommer mit herrlichem Wetter lockt. Das Stadthotel ist in der glücklichen Lage über einen Freisitz zu verfügen, der an Ambiente schwer zu schlagen ist. Die Magnikirche hüben, uraltes Fachwerk drüben und im Rücken das 500 Jahre alte Hotel. Genießerherz, was willst Du mehr, schöner kann es auf einer italienischen Piazza auch nicht sein.

Stadthotel Magnitor
Am Magnitor 1 · 38100 Braunschweig
Tel. (05 31) 4 71 30 · Fax (05 31) 4 71 34 99
info@stadthotel-magni.de · www.stadthotel-magni.de

Stadtbibliothek Braunschweig

Treffpunkt für alle Braunschweigerinnen und Braunschweiger

Hauptinformation im 2.Obergeschoss

Von Dr. Anette Haucap-Naß

Am 23. Juni 2007 eröffnete die Stadt Braunschweig im wieder aufgebauten Residenzschloss ein Kulturzentrum neuer Größenordnung. Bisher auf vier Standorte über das ganze Stadtgebiet verteilt, fanden Stadtarchiv, Kulturinstitut, Schlossmuseum sowie die Bibliothek zentral im Schloss eine neue Heimat.

Während Stadtarchiv und Kulturinstitut lediglich ihre Adresse änderten, entstand aus der ehemaligen wissenschaftlichen Stadtbibliothek, der Öffentlichen Bücherei und der Musikbibliothek eine neue Stadtbibliothek. Auf 7800 Quadratmetern warten 550 000 Medien auf die kleinen und großen Braunschweiger.

Ein Blick auf den großen Sachbuchbestand

Der Zeitschriften-Lesesaal im Herzen der Bibliothek

Durch die räumliche Zusammenlegung von Öffentlicher Bücherei und wissenschaftlicher Stadtbibliothek ist die ideale Voraussetzung dafür geschaffen worden, auf alle Benutzerinteressen eingehen zu können, sei es für Aus- und Weiterbildung, Freizeitgestaltung, Unterhaltung, Wissenschaft oder Forschung.

Mit 165 000 Medien erfüllt die Stadtbibliothek im Freihandbereich die Medienwünsche der Bürgerinnen und Bürger. Besonders engagiert sie sich im Kinder- und Jugendbereich. So entstand an der neuen Adresse eine große und kindgerecht ausgestattete Kinderbibliothek. Helle und freundliche Räume sowie gemütliche Lesebereiche laden zum Aufenthalt ein. Die zeit- und altersgemäße technische Ausstattung ist ein Anziehungspunkt auch für größere Kinder und Jugendliche. Den Informationsbedarf der Schülerinnen und Schüler deckt ein aktueller, an Unterrichtsthemen orientierter Medienbestand.

Der Musikliebhaber profitiert von einem breitgefächerten Bestand an Noten, Büchern, Zeitschriften, CDs, Kassetten, Schallplatten, Videos und DVDs aus allen musikalischen Bereichen.

Darüber hinaus werden Fremdsprachenmedien zur Vermittlung und Auffrischung von Fremdsprachenkenntnissen angeboten.

Seit November 2008 wird die Stadtbibliothek Braunschweig um eine Artothek bereichert. Ungefähr 400 Werke von Künstlern aus Braunschweig und der Region stehen für die Ausleihe bereit.

Die Literaturversorgung im geisteswissenschaftlichen Bereich stellt die Stadtbibliothek Braunschweig auf der Grundlage ihres Altbestandes sicher. Als Regionalbibliothek erfüllt sie den Auftrag, Literatur aus und über die Stadt und das alte Land Braunschweig zu sammeln und zu erschließen. Weitere Sammelgebiete sind die Allgemeine Deutsche Geschichte, Hansegeschichte, Stadt- und Landesgeschichte, Historische Hilfswissenschaften, Niederdeutsche Sprache und Literatur, Literatur zu bedeutenden Braunschweiger Persönlichkeiten und Puppenspiel.
So stehen heute im Kompaktmagazin 380 000 Medien für die wissenschaftliche Arbeit zur Verfügung.

Die Kinder- und Jugendbibliothek lädt zum Schmökern ein

Das attraktive Medienangebot bietet für jeden etwas

Nichts ist unmöglich: Herrenausstatter Men's Gala lockt sogar die Hannoveraner

Für die rauschenden Feste oder das Business: Stefan Müller kleidet immer stilgerecht und bezahlbar ein

Von Klaus Langhardt

Wer Männer (!) dazu bewegt, von Hamburg oder Berlin aus nach Braunschweig zu reisen, um sich dort stilecht einzukleiden, der muss schon ein ganz besonderes Angebot haben. Wer aber Hannoveraner, diese lieben, geschätzten Bewohner der zweitwichtigsten Stadt Niedersachsens, aus exakt demselben Grund von der Leine an die Oker locken will, der muss in gewisser Weise Einzigartiges bieten. Wenn also Stefan Müller heute mit erkennbarer Genugtuung und dabei ein wenig schmunzelnd feststellen darf, dass kontinuierlich mehr und mehr Hannoveraner sein Geschäft »Men's Gala« im Magniviertel frequentieren, dann wird er sicherlich ein Alleinstellungsmerkmal haben: »Vielleicht genießen sie einfach, dass wir die Vokabel Persönlichkeitsgeschäft nicht inhaltslos in unserem Internetauftritt führen, sondern dass wir sie leben«, mutmaßt Müller. In der Langedammstraße 10 ist der Kunde in der Tat sprichwörtlich

In Reih und Glied: Eine große Auswahl der feinsten Anzüge für die festlichen Anlässe lockt die männliche Kundschaft von Hannover bis Berlin.

Bei ihnen ist der Kunde bestens aufgehoben: Kerstin Förster, Wilhelm Ahlbrecht, Daniel Kostka und Stefan Müller nehmen des Thema beste Fachberatung sehr ernst. Service geht vor Umsatz.

König, und wenn er hundertmal aus Hannover kommt.

Das würde dem so gut behandelten Gast indes auch nicht richtig weiterhelfen, fände er bei Men's Gala nicht ein schwer zu schlagendes Angebot edler Garderobe für die feierlichsten Anlässe – und für das Business. Nur vom Feinsten und nur von den Top-Designern. Der Bräutigam, der auf sich hält, landet fast unweigerlich bei Müller. Und der hat eins verstanden: Der Kunde in diesen Zeiten ist – aus welchen Gründen auch immer – einer, der zwar Ansprüche stellt, dabei weiß, was er will, keinesfalls aber über unbeschränkte Mittel verfügt. Deshalb schenkte sich der gewiefte Kaufmann Abenteuerreisen ins finanzielle Utopia. Nicht, dass er was zu verschenken hätte, aber erschwinglich bleiben sollten seine wundervollen Exponate allemal. Der Spagat ist gelungen.

Der Mann hat Geschmack, da strahlt die Braut.

Dinnerjacket, Smoking, Gehrock, Hochzeitsanzug, Cut oder Frack, Men's Gala versorgt den Kunden zu jedem Anlass mit exquisiter Ausstattung. Zu der gehört aber auch das passende Hemd, die wieder dazu passende Krawatte (meistens mit passendem Einstecktuch dazu), die Schleife, es geht hin bis zu den Socken und schlussendlich den Manschettenknöpfen. Müller bei der Kundenberatung zu erleben, das hat Unterhaltungswert. Und die Beratung ist im Regelfalle von Erfolg – sprich Verkauf – gekrönt.

Das Geschäft des Herrenausstatters hat Müller in führenden Häusern Braunschweigs von der Pike auf bis hin zum Abteilungsleiter gelernt. Als aber die renommierten Geschäfte eins nach dem andern aufgaben, mochte Müller dies daraus resultierende Vakuum nicht einfach so stehen lassen. »Ich wusste genau, was die Kunden suchen. Nicht nur Kleidung, sie suchen die Fachberatung, wollen das Gefühl haben, dass man sich um sie kümmert. Sie wollen ganz einfach umfassend versorgt werden«, sagt der Geschäftsinhaber und kalkulierte: »Dies zu bieten, kostet zwar Zeit, aber kein Bargeld. Man muss nur wollen, die Zeit die nehme ich mir, es kann angehen.« Sprach's, tat's und eröffnete im Januar 2003 im Magniviertel, damals also noch jenseits des »Limes« Bohlweg und noch

Sakko, Hemd und Hose sind längst nicht alles: Zum perfekten Outfit gehört weitaus mehr, wie man sieht.

Eine große Auswahl an Manschettenknöpfen, die auch beim Businessanzug nicht fehlen sollten.

Wer sagt, dass der Hochzeitsanzug von getragenem Dunkel sein muss?

ohne das Schloss als zugkräftigen Nachbarn, sein Fachgeschäft. Mit der Geschäftseröffnung begann eine Erfolgsstory. Müller hatte die Zeichen der Zeit erkannt, er hatte verstanden und – wenn auch mit nicht unerheblichem Mut zum Risiko – logisch gehandelt.

Natürlich kannte Müller die Adressen der besten Hersteller: Wilvorst, Digel Ceremony, Eterna Gala, Kimo, Masterhand, Archetipo und Carlo Pignatelli (die genial durchgeknallten Italiener), Tziacco, Licona, die Liste der Namen ist lang und klangvoll. Die Exponate sind Hingucker im wahrsten Sinne des Wortes, für Null-acht-fuffzehn ist Müller nicht zu haben. Die Kundschaft weiß dies und schätzt die große Auswahl.

Es geht auch ohne Schleife und Krawatte. Sportlich, lässige Eleganz at it's best ...

Der Herrenausstatter sieht sich aber auch in der Pflicht, seinen Kunden in Sachen Stilberatung hilfreich zur Seite zu stehen. Um des lieben Familienfriedens Willen, wird dem Bräutigamvater dann schon mal erläutert, was für ihn tabu ist, wenn sich der Herr Sohn für diese oder jene Anzugvariante entschieden hat. »Zu unserem Service gehört, dass wir wirklich versuchen, an alles zu denken und keinen Raum für Stilfehler lassen.« Und dazu gehört auch, dass sich Müller den Luxus leistet, schlicht und ergreifend mit »Nein« zu verkaufen, wenn ein Kunde absolut beratungsresistent ist und sich partout lächerlich machen will. »Auf die zweifelhafte Werbung, dass jemand zum Gespött der Öffentlichkeit in der freien Wildbahn herumturnt, und wohlmöglich erzählt, er komme von uns, können wir liebend gerne verzichten. Da heilt auch ein großer Umsatz nichts«, sagt Müller beinhart.

Doch abseits der großen Feierlichkeiten wird mehr und mehr Wert gelegt auf die richtige und stilgerechte Kleidung. Dem Thema Business hat sich Men's Gala ganz bewusst und ganz intensiv zugewandt. »Es wird doch ernsthaft niemand gehindert, perfekt gekleidet seinem Job nachzugehen«, sagt Müller und hat für den Bereich »Business by Men's Gala« ebenfalls nur die klangvollsten Namen der Designerriege in sein Programm aufgenommen, wie Atelier Torino, Benvenuto, Digel Ceremony, Eterna und Olymp. Und auch für diesen Bereich gilt: Die schönste Herrenmode ist nur dann von Wert, wenn sie vom potenziellen Träger auch bezahlt werden kann.

Die Weichen sind gestellt, Men's Gala geht mit seinem Stamm von fünf Mitarbeiterinnen und Mitarbeitern einer guten Zukunft entgegen.

Men's Gala
Langedammstraße 10 · 38100 Braunschweig
Tel. (05 31) 6 18 31 88 · Fax (05 31) 6 18 31 86
info@mensgala.de · www.mensgala.de

Schlossruine, um 1950

Die zweite Quadriga, um 1925

Die neue QUADRIGA

Braunschweig hat sein Wahrzeichen wieder

Die Richard Borek Stiftung machte es möglich: Auf dem wiedererbauten Schloss in Braunschweig thront die dritte Anfertigung der Quadriga und gibt Braunschweig damit sein Wahrzeichen zurück.

Damit wurde ein großes Thema der Schlossgestaltung fortgesetzt, das bis in die Zeit von Schlossbaumeister Carl Theodor Ottmer zurückreicht. Ottmer entwarf von 1831 bis 1833 die Residenz in betont plastischen, »spätklassizistischen« Formen. Dazu gehörten auch symbolische Gottheiten, die das weise und musische Regiment der Herzöge verkörpern sollten. Als Höhepunkt über dem tempelhaften Portikus der westlichen Prachtfassade hatte Ottmer daher ein Wagengespann mit vier feurigen Pferden geplant, das als erste Schlossquadriga 1863 auf einer aus Stahlträgern erbauten Plattform aufgerichtet wurde. Leider war ihr nur eine kurze Bestandszeit vergönnt. Ein Brand am 23. Februar 1865 vernichtete das Schloss zu zwei Dritteln und zerstörte bis auf wenige Reste auch die Quadriga.

Der seinerzeit bedeutende Erzgießer und Metalltreiber Georg Howaldt aus Braunschweig fertigte zwischen 1866 und 1868 die zweite, etwas kleinere Quadriga an, da die erste leicht übermäßig ausgefallen war. Diese Quadriga wurde berühmt: als Braunschweigs Stadtsymbol und durch eine kleinere 1:2 Version, die die Braunschweiger Metallhandwerkerschaft eigens für die Weltausstellung in Chicago 1893 anfertigen ließ.

Das Herzogschloss, nach 1918 vielfältig genutzte republikanische »Residenz«, wurde im Zweiten Weltkrieg zu etwa einem guten Drittel zerstört. Fast ganz unbeschadet hatte die Quadriga von 1866/1968 den Krieg überstanden. Ihre Haut aus den von Howaldt auf das Eisenskelett genieteten Kupferplatten wurde jedoch in der Notzeit nach dem Krieg eine sehr geschätzte Diebesbeute. Ihrer Platten beraubt, blieb zuletzt nur noch das bloße Eisengeripppe zurück. Beim Schlossabriss wurde es mit vernichtet. Bei keinem der Aufbauvorhaben von Abschnitten des Schlosses in den Jahrzehnten nach 1970 wurde an eine Wiederherstellung der Quadriga gedacht.

Erst als der Neubau des Braunschweiger Schlosses in Verbindung mit einem Einkaufszentrum seit Herbst 2003 klare Formen annahm, wurde auch der Plan zur Wiederherstellung der Krone des Schlosses, der Quadriga, gefasst.

Erste Aufbringung der Pferde, 5. Mai 2007

Die Suche nach einer geeigneten Firma mit Kenntnis hochwertiger Bronzegussverfahren, mit großen Werkshallen und fachmännischen Bildhauern führte nach Polen.

Nachdem das neu erbaute Schloss am 6. Mai 2007 der Stadt übergeben worden war, konnte auch mit eineinhalbjähriger Verzögerung das Symbol Braunschweigs auf dem Portikus des Schlosses installiert werden.

Die vier Pferde samt Brunonia im Streitwagen dürften der größte Bronzeguss des 20. und 21. Jahrhunderts sein. Die Braunschweiger Quadriga ist 9,2 Meter hoch und 25,8 Tonnen schwer und damit gut eineinhalb Mal so groß wie die Quadriga auf dem Brandenburger Tor.

Die Richard Borek Stiftung hat mit dieser Großplastik den Braunschweiger Bürgern und der Stadt ein Stück Tradition und Geschichte zurückgegeben.

Residenzschloss mit neuer Quadriga, 25. Oktober 2008

Östliches Ringgebiet

Ein modernes Wohnviertel mit dem historischen Flair der Kaiserzeit

Von Georg Wittwer

Die wachsende Bevölkerungszahl Braunschweigs im Zeitalter der Industrialisierung – die Einwohnerzahl in Braunschweig war von 1875 bis 1889 um 46 Prozent gestiegen – machte die Erschließung neuer Wohngebiete nötig. So dehnte sich auch nach Osten hin die Stadt weiter aus: Das Östliche Ringgebiet wurde innerhalb kurzer Zeit zu einem beliebten Wohnquartier für die verschiedenen Gesellschaftsschichten der Stadt.

Dort, wo um 1840 noch Bruchgebiet, Weiden, Felder und Gärten zu finden waren, erstreckte sich um die Jahrhundertwende ein neuer Straßenzug neben dem anderen.

1882 wurde die Anlage einer die Ausfallstraßen verbindenden Ringstraße (»Wilhelminischer Ring«) beschlossen: Den Anfang bildete der Altewiekring (erstes Teilstück 1887), an den sich später der Hagenring anschloss.

Mit der Umsetzung des von Stadtbaurat Ludwig Winter entworfenen Ortsbauplanes (1886 bis 1889) erhielt das Östliche Ringgebiet allmählich das heutige Aussehen. Nach seinen Plänen entstand als Zentrum des neuen Wohnquartiers nach dem Vorbild Berliner Prachtboulevards eine 30 Meter breite Straße, die ihren Namen nach dem Oberhaupt des Deutschen Reiches erhielt: die Kaiser-Wilhelm-Straße (heute: Jasperallee). Diese Straße mit ihren Häusern sollte vor allem den Ansprüchen des Besitz- und Bildungsbürgertum der kaiserzeitlichen Gesellschaft Braunschweigs auf ein standesgemäßes Domizil in angemessener Umgebung genügen.

»Kastanienhof« – früher Konservenfabrik Krone: Neue Nutzung für alte Gebäude

Die Häuser an der Jasperallee vermitteln noch heute einen Eindruck von diesem Repräsentationsbedürfnis des wilhelminischen Bürgertums. Man findet hier nahezu alles, was der Historismus der Kaiserzeit zu bieten hat: Neorenaissance und Klassizistisches genauso wie wilhelminisches Barock und romantisierenden Heimatstil.

Bauhistorisch interessant sind die »Bremer Häuser« (Architekt: Constantin Uhde), deren Gesamtfront den Eindruck eines großen, in klassizistischem Stil erbauten Palastes vermittelt. Typisch für das »Bremer Haus« ist im Unterschied zu Etagenwohnungen in Mehrfamilienhäusern, dass es sich um ein Reihenhaus mit einer sich über mehrere Geschosse erstreckenden Wohneinheit handelt.

Für das neue Wohnquartier im Osten der Stadt wurde in den Jahren 1901 bis 1906 eine Kirche im neogotischen Stil (Architekt L. Winter) gebaut, die St.-Pauli-Kirche. Anders als im traditionellen

St.-Pauli-Kirche an der Jasperallee: Ausdruck bürgerlichen Stolzes

Kaiser-Wilhelm-Brücke vor dem 1. Weltkrieg (heute Brücke am Staatstheater)

Historische Bauten: »Bremer Häuser« an der Jasperallee (früher Kaiser-Wilhelm-Straße)

Moderne Architektur in historischer Umgebung: Max-Osterloh-Platz am Wasserturm

Kirchenbau wurde die Kirche nicht in Ost-West-Richtung, sondern in Nord-Süd-Richtung gebaut, so dass das Hauptportal von der Kaiser-Wilhelm-Straße her zugänglich war. Den knapp 68,75 Meter hohen Kirchturm zierte ursprünglich eine polygonale Turmhaube, die nach den Zerstörungen des Weltkrieges nicht wieder erneuert worden ist.

Das Östliche Ringgebiet war aber nicht nur ein Wohnquartier des Großbürgertums. Kleinere Beamte, Handwerker und Kaufleute, Husaren und Infanteristen, Dienstmädchen und Konservenarbeiterinnen, Klavierbauer und Arbeiter gehörten gleichermaßen zu den Bewohnern des Gebietes. Ein reges Gewerbeleben kennzeichnete das Stadtviertel: Grimme, Natalis & Co. stellt zunächst Nähmaschinen, dann die weltberühmte Rechenmaschine »Brunsviga« her; eine große Zahl von Konservenfabriken entsteht: zum Beispiel die Konservenfabrik H. L. Krone in der Kastanienallee 40 (heute: »Kastanienhof«, ausgezeichnet mit dem Niedersächsischer Staatspreis für Architektur 2006) oder die »Brunsviga« in der Karlstraße (heute: Kultur- und Kommunikationszentrum Brunsviga). 1890 eröffnete die Klavierbaufirma Grotrian-Steinweg Fabrikationsstätten in der Zimmerstraße und 1912 bezog der Verlag Westermann seine neuen Gebäude am Riddagshäuser Weg (heute: Georg-Westermann-Allee).

Als Zeugnis hervorragender Ingenieurskunst erhebt sich auf dem Giersberg der 1901 fertig gestellte Wasserturm, dessen riesiger 2000 Kubikmeter fassender Wasserbehälter im Zusammenhang mit der neuen Grundwasserversorgung der Stadt die Funktion als Reservoir und Druckausgleichbehälter übernahm. Der Turm ist ein schönes Beispiel wilhelminischer Zweckarchitektonik im Stile eines mittelalterlichen Wehrturmes und – da der Wasserturm nicht entkernt wurde – ein deutschlandweit einzigartiges Industriedenkmal.

Das Östliche Ringgebiet bietet und bot durch seine Parks, den Prinz-Albrecht-Park und den Stadtpark, die Möglichkeit zu wohnungsnaher Erholung und Entspannung. 1884 hatte die Umgestaltung des »Fasanenhölzchen« in den »Stadtpark« stattgefunden, mit einem Schwanenteich als besonderer Attraktion und einer »Wirtschaft für Spaziergänger«, dem heutigen Stadtparkrestaurant, dessen Gebäude von L. Winter entworfen wurde. Auf dem Gelände eines einstigen Exerzierplatzes wurde der Prinz-Albrecht-Park angelegt. Ein 1911 errichtetes Denkmal aus Findlingsblöcken erinnert an den Initiator und Förderer des Parks, den Regenten des Herzogtums Braunschweig Prinz Albrecht von Preußen.

Das Östliche Ringgebiet ist bis heute eines der beliebtesten Wohnviertel der Stadt Braunschweig. Neu entstehende oder gerade erst neu entstandene Wohnungen zeugen davon. Die Infrastruktur ist ausgezeichnet. Viele Läden, aber auch Kneipen und Cafés laden zu einem Bummel ein.

Stadtpark und Restaurantgebäude

Wasserturm auf dem Giersberg: Ein funktionsfähiges Industriedenkmal

Friedhof Hochstraße: Gräber ermordeter Kinder von Zwangsarbeiterinnen

Bei solchen Spaziergängen wird man allerdings auch auf Spuren des dunkelsten Kapitels deutscher Geschichte stoßen. Die Gedenkstätte Friedhof Hochstraße erinnert an die Unmenschlichkeit der nationalsozialistischen Herrschaft, die auch vor der Ermordung von Kleinkindern nicht zurückscheute.

Buchempfehlung:
Braunschweiger Spaziergänge. Sieben Führungen durch das Ringgebiet. Hrsg. v. Arbeitskreis Andere Geschichte. Braunschweig 2008

»Zu den Vier Linden« erlangte im hohen Alter echten Kultstatus

Elvis Haberkamm brach mit neuem Konzept erfolgreich auf zu neuen Kneipenufern

Von Klaus Langhardt

Wolfgang Haberkamm hat man an der Wiege vielleicht manches gesungen, aber ganz bestimmt nicht die Moritat vom erfolgreichen Gastronomen, der als verkappter Geisteswissenschaftler und nach teilweise skurrilen und abenteuerlichen Umwegen seine berufliche Zweckbestimmung schlussendlich hinter der Theke einer alteingesessenen Kneipe an der Wiesenstraße finden wird. Und schon überhaupt nicht, dass er sich – erst einmal auf den Geschmack gekommen – auf Expansionskurs begeben und dem Stammlokal »Zu den Vier Linden« noch einen gänzlich anders gearteten Gastronomiebetrieb angliedern würde. »Rokoko« heißt das Lokal, das von seiner Lebensgefährtin Christiane Uecker und seinem Sohn Jean-Luc Hänel betrieben wird. Es liegt im idyllischen Bürgerpark, ist Teil des BTHC-Clubheims und hat sich binnen kurzer Zeit zu einem echten Geheimtipp für Feiern aller Art entwickelt. Beiden Betrieben ist eins gemein: Sie bestechen durch eine gute Küche. Aus der guten Verbindung zu einem heimischen Jägersmann rühren die neuesten Kreationen: Wildspezialitäten wie Rehterinne oder Hirschschinken und dergleichen.

Letztlich jedoch kann kochen und servieren wer will, ohne den »Chef« geht gar nichts. Mit ihm steht und fällt eine Kneipenkonzeption, die in ih-

Hochgeistige Getränke und viele Bilder mit vielen Promis: Deko ist eigentlich ganz einfach.

Tradition trifft Tradition: Das Gasthaus »Zu den Vier Linden« ist seit jeher ein Stammhaus der Wolters-Brauerei und steht auch deutlich sichtbar dazu.

rer Darstellungsoffensive einzigartig ist, die unter dem Strich immer wieder auf die schillernde Figur zuläuft, die unter dem Namen »Elvis« in der regionalen Szene Klang und Ansehen hat. Mag ihn auch mancher mit Kopfschütteln beäugen: Elvis hat Erfolg. Den hat er – so sagt er selbst – aber auch Dank einer äußerst engagierten und hoch motivierten Mannschaft.

Erfolgreich war der spät berufene Kneipier zuvor schon in einer breiten Phalanx von Berufen gewesen, von denen jeder für sich schon eine eigene Geschichte wert wäre, auf dem Weg zur Story über das Lokal »Zu den Vier Linden«, aber ein Dasein als Randkapitel fristen. Warum um alles in der Welt heißt der Mann, der Wolfgang getauft wurde, nun eigentlich Elvis? Kluge Köpfe könnten auf die Idee kommen, dass dies in irgendeiner Form mit Musik und Gesang zu tun haben müsse. Da liegen sie gut. Als Pennäler stand besagter Wolfgang wegen unbotmäßiger Gesangseinlagen, allen voran »Tutti Frutti« von Elvis Presley, beim Lehrkörper auf der Pole-Position der schwarzen Liste potentieller Unruhestifter. Die vokalen Selbstversuche führten auch zum Nickname Elvis, mit dem sich der Namensträger derart arrangierte, dass er heute direkt verwundert reagiert, wenn ihn jemand anders anspricht.

Und wenn schon einer Elvis heißt, dann taugt der schwerlich zum Lehrer der althergebrachten Lesart (gleichwohl hat er Lehramt studiert und als überzeugter Atheist auch noch evangelische Theologie). Er taugt genauso schwerlich zum Bauarbeiter, obwohl es Elvis bei einer Stippvisite im Arbeitsbereich der IG Bau-Steine-Erden sogar zum Vorarbeiter brachte, er taugt ebenso schwerlich zum Verkäufer von Tiernahrung und gleich gar nicht zum angepassten Geschäftsführer, der in Sakko und Krawatte anderer Leute Umsatz mehrt. Gemacht hat er das alles, richtig gebracht hat es ihm irgendwie nichts. Da die großen Revoluzzerzeiten auch schon lange Geschichte sind, suchte und fand Elvis Haberkamm den Ort, der ihm die Rolle als Frontmann garantierte. Er fand ihn exakt dort, wo ein eloquenter Protagonist am ehesten für Umsatz, damit Erlös und somit auch Lebensfreude sorgt: Er wandte sich der Gastronomie zu, übernahm das traditionsreiche Lokal »Zu den Vier Linden«, das stolz auf Wurzeln aus dem Jahre 1876 verweisen kann, und führte die urgemütliche, allerdings schon lange von Langeweile gebeutelte Eckkneipe innerhalb von einem guten Dutzend Jahren an die Spitze der Braunschweiger Kultkneipen.

In den »Vier Linden« trifft der Gast heute den Querschnitt durch die Braunschweiger Bevölkerung und zwar durch alle Altersklassen und sozialen Schichten. Staatsanwalt und Arbeitsloser, Boss und Student, Pauker und Punker, Rocker und Zocker, Schauspieler und Politiker, Freiberufler und Finanzbeamter – in den »Vier Linden« palavern und trinken alle friedlich-fröhlich um die Wette und lassen sich auch kulinarisch verwöhnen.

An seinem Lebensmotto »Das Leben ist zu kurz für schlechte Musik« lässt der Wirt alle teilhaben. Dazu gehört, dass er der Kneipe den Charakter ihrer Gründerzeit irgendwie bewahrt hat. Kommt man rein, meint man tatsäch-

Stolz präsentieren Küchenchef Hansgeorg und Elvis Haberkamm die neueste Kreation: Rehterrine.

Zwei, die wissen, wie es geht: Elvis Haberkamm und Lebensgefährtin Christiane Uecker.

Double trifft Original: Elvis und Elvis.

lich noch in der nächsten Ecke die Pferdekutscher sitzen zu sehen, die schon vor mehr als hundert Jahren die Existenz des heutigen Szenelokals garantierten. Damals gab es zwar nicht wie heute sechs verschiedene Biere im Anstich, auch kein weiteres Dutzend in Flaschen, es gab keine 80 verschiedenen Spirituosen und es gab auch keine erlesenen Weine, die der Wirt direkt in Frankreich verkostet, auswählt und erwirbt. Es gab aber schon die Tische, die heute noch den Skatspielern bei Pik-Hand und verlorenem Grand-Ouvert als Spielunterlage dienen, es gab die getäfelten Wände und manches Accessoire mehr, das auch im 21. Jahrhundert den besonderen Charakter der Gaststätte ausmacht. »Das Alte belassen und dem eine moderne und exzellente Küche hinzufügen, das war eine der Grundideen, die ich verwirklichen wollte«, sagt der Gastronom. Dass er das um- und durchgesetzt hat, ist vielleicht eines der Geheimnisse, welche die Renaissance der Kneipe ermöglicht haben.

Ein Wirt, der Gott und die Welt kennt …

… und das mit Fotos belegen kann.

Gleichwohl: Ohne den Wirt mit seinen Schrullen und Eigenheiten wäre auch das nicht gelungen. Wo andere Marketing-Agenturen teuer bezahlen, macht ein Selfmademan sein Marketing selber. Er ist nie ohne Kamera unterwegs, hält Treffen und Szenen in Bildern fest, die bald darauf den Internetauftritt der »Vier Linden« bereichern. Mit Top-Prominenten, mit Weltstars und kolossalen Größen. Sie alle aber sind Staffage für einen namens Elvis. Der war schließlich schon vor 30 Jahren der King. Warum sollte sich das heute ändern?

"Zu den Linden"
Eckkneipe – Szenelokal - Gasthaus

»Zu den Vier Linden«
Wiesenstraße 5 · 38102 Braunschweig
Tel. (05 31) 33 72 71
w.haberkamm@vierlinden.de
www.vierlinden.de

Literaturreihe »Braunschweigisches Kunsthandwerk«

Stadt und Land Braunschweig haben im Laufe ihrer langen Geschichte wesentliche Beiträge zur Kunstgeschichte und zum Kunsthandwerk hervorgebracht, die auf überregionaler, europäischer und auch internationaler Ebene hohe Anerkennung und Wertschätzung genießen.

Die Darstellung dieses wichtigen Teilaspektes der braunschweigischen Landesgeschichte, speziell der zahlreichen Kunstschätze und kunsthandwerklichen Objekte, ist bisher nur fragmentarisch erfolgt. Zwar liegen Untersuchungen zu einzelnen Epochen und Einzelthemen vor, eine Gesamtdarstellung und -würdigung jedoch fehlt. Wissenschaftlern, Sammlern, kunstvermittelnden Institutionen und interessierten Laien ist so bislang ein unmittelbarer, umfassender Zugang versagt geblieben.

Die Richard Borek Stiftung und die Stiftung NORD/LB-Öffentliche haben deshalb die Initiative zur Herausgabe einer qualifizierten, profilierten und umfassenden eigenständigen Buchreihe zur Geschichte des braunschweigischen Kunsthandwerkes ergriffen. Sie wollen damit das bedeutende kunsthandwerkliche Erbe der Stadt und des alten Landes Braunschweig vorstellen, dokumentieren und dabei in die historischen, kulturhistorischen und kunsthistorischen Zusammenhänge stellen. Zugleich soll damit mittelbar ein Beitrag zur Erhaltung, Restaurierung und auch Wiederauffindung verlorener Werke geleistet werden.

Die Literaturreihe wird in enger Zusammenarbeit mit einem wissenschaftlichen Beirat, in dem unter anderem die Direktoren der drei großen Braunschweiger Museen vertreten sind, entwickelt.

Bisher sind folgende Publikationen im renommierten Prestel Verlag erschienen:
Die Porzellanmanufaktur Fürstenberg (2 Bände) und Stobwasser. Lackkunst aus Braunschweig & Berlin (2 Bände). 2009 wird der Band »Münzen und Medaillen aus dem Braunschweiger Land« erscheinen. In Vorbereitung sind weiterhin die Themen Möbel, Glas, Waffen, Paramentik und Musikinstrumente.

Bei Transportfragen macht »Frachtrasch« in ganz Europa keiner was vor

Braunschweiger Traditionsunternehmen blickt auf 90-jährige, erfolgreiche Geschichte zurück

Von Klaus Langhardt

»Frachtrasch? Kenn ich, das ist eine Spedition aus Braunschweig, die machen doch Umzüge und so« Diese Antwort ist geradezu typisch, wenn man nach dem Traditionsunternehmen fragt, das eigentlich auf die Bezeichnung Deutsche Frachtenprüfungsstelle Otto Rasch GmbH & Co. KG lautet. Man kennt den Namen ganz genau, allerdings weiß der Normalbürger allzu selten, wie das Arbeitsfeld der über 100 Mitarbeiterinnen und Mitarbeiter um die Führungscrew von Geschäftsführer Matthias Rasch nun wirklich aussieht.

Das Unternehmen wurde am 1. März 1919 »Am alten Petritore 19« gegründet. Es hat nie die Grenzen der Innenstadt verlassen, und residiert – über weitere Stationen im Einhornhaus, in der Münzstraße und Haus Anker am Kohlmarkt – seit 1933 im Hause Jasperallee 82. Frachtrasch ist vom Gründungstag bis heute Inhabergeführt, beschäftigt sich in der Tat mit Fracht, es kennt auch weltweit alle Transportwege, ob zu Lande, zu Wasser oder in der Luft. Aber es transportiert nicht selber.

Dafür prüft und berät es qualifiziert, gewissenhaft und mit großem, in neun Jahrzehnten erworbenem Knowhow, ob die vom Kunden genutzten Transportmöglichkeiten auch kostenoptimal sind. Genau gesagt ist Frachtrasch als Frachtenprüfungsstelle die größte ihrer Art europaweit und macht daraus auch absolut keinen Hehl.

Akquise, Mandat, Prüfung & Beratung, in diesen drei Schritten vollzieht sich die Arbeit des Braunschweiger Unternehmens, das in den Jahrzehnten seines Bestehens einen bedeutsamen Kundenstamm aufgebaut hat.

Frachtrasch kennt nahezu alle Transportdienstleister, deren Abrechnungssysteme, Stärken und Schwachstellen. »Man darf ruhig nach Fracht-

Gruppenbild ohne Dame: Die zehnköpfgige Führungscrew von Frachtrasch mit den beiden Geschäftsführern Matthias Rasch (sitzend, vorne links) und Axel Klose (sitzend rechts).

rasch fragen, uns kennen alle«, schmunzelt Geschäftsführer Matthias Rasch.« Und weiß dabei, dass man nicht nur mit begeisterter Bewunderung, sondern gelegentlich auch mit unverhohlener Unfreundlichkeit beäugt wird. »Das liegt in der Natur der Sache«, so Rasch. »Wenn wir einem Kunden Verbesserungsmöglichkeiten aufzeigen und diese gemeinsam mit ihm umsetzen, dann verliert irgendjemand Geld. Das wird dem nicht gefallen, deshalb ist er nicht unser Freund.«

Muss er aber auch nicht, denn Frachtrasch sieht sich zu allererst seinem Auftraggeber verpflichtet. »Wir sind nicht die Gegner der Spediteure, im Gegenteil, durch ständige Ausschreibungen von Transportmengen unserer Mandanten sind wir gern gesehene Gesprächspartner«, sagt man bei Frachtrasch.

»Wir kennen uns im Dschungel der unzähligen Frachtvereinbarungen und vielen verschiedenen Nebenkostenpositionen aus und machen dieses Wissen unseren Mandanten zugänglich. Wir möchten gerne den Spediteur weiter im Boot belassen, aber zu marktkonformen Konditionen, auf die unser Kunde einen Anspruch hat. Deswegen begleiten wir vor Ort unsere Mandanten bei Speditionsverhandlungen. Hierbei übernehmen unsere verhandlungserfahrenen Spezialisten die fachkompetente Gesprächsführung, um zu einem für alle tragbaren Ergebnis zu kommen.«

Dabei wuchert Frachtrasch mit einem Pfund, das es derart wohl kein zweites Mal gibt: ProFracht 5.1 heißt das einzigartige Datenbanksystem, das täglich aktualisiert wird. Es enthält Informationen über Kostenniveau, Stärken und Schwächen sowie Tätigkeitsschwerpunkte potentieller Speditionspartner und hilft somit, optimale Lösungen zu finden. »Unersetzlich«, nennt man im Unternehmen dieses Supersystem.

Innerbetriebliche Logistik, Beratung bei Lagerhaltung, Lagersystemen und Lagerstandortanalysen mit dem Ziel der Serviceverbesserung erweitern den Aufgabenbereich.

Außerdem gehören Analysen des Werkverkehrs, Beratung in Transport-Versicherungs- und Verpackungsfragen zum Dienstleistungsumfang. »Das ist weit mehr als die früher übliche Frachtenprüfung«, erläutert Matthias Rasch, »unser Angebotsportfolio hat sich um ein Vielfaches erweitert.«

Ein Unternehmen mit Geschichte, in einem Domizil mit Geschichte: Seit 75 Jahren residiert Frachtrasch in diesem wunderschönen Haus an der Jasperallee.

In Büros wie diesem kalkulieren die Mitarbeiterinnen und Mitarbeiter von Frachtrasch die günstigsten und effizientesten Transportwege weltweit.

Dem trug das Unternehmen Rechnung durch die Gründung der Tochterfirma Rasch-Consulting. Über 100 Mitarbeiterinnen und Mitarbeiter beschäftigt Frachtrasch heute; kommt seiner selbst auferlegten Verpflichtung, junge Menschen auszubilden, konsequent nach und hat immer etwa zehn Prozent der Belegschaft in Ausbildungsverträgen. Des Weiteren stellt das Unternehmen je nach räumlichen und personellen Ressourcen jährlich mehrere Praktikumsplätze für Schüler, Umschüler und Studierende zur Verfügung.

Letzte Prüfung vor dem Okay: Matthias Rasch und Axel Klose informieren sich ständig über den aktuellen Stand aller Projekte.

»Unseren hoch qualifizierten Nachwuchs bilden wir zwar selbst aus«, sagt Matthias Rasch. Allerdings legt man Wert darauf, dass sich die jungen Leute nach der Lehrzeit erst einmal in der Fremde die Luft um die Nase wehen lassen oder ein berufsaufbauendes Studium absolvieren. »Alle sind uns nach einigen Jahren wieder herzlich willkommen, aber sie müssen auch außerhalb des eigenen Stalls ihre Erfahrungen machen.« Wer dann »heimkehrt«, der bleibt meistens bis zum Pensionsalter an der Jasperallee tätig.

2009 wird Frachtrasch 90 Jahre alt. Man geht diesem biblischen Datum nicht zerknittert, faltig und gebrechlich entgegen. Ganz im Gegenteil, das Unternehmen blüht, die Perspektiven sind bestens und der Ausblick auf die kommenden zehn Jahre bis zum 100. Geburtstag verheißt viel Gutes.
Als 1969 der erste Mensch auf dem Mond landete, schaltete das Unternehmen anlässlich seines 50. silbernen Firmenjubiläums eine ganzseitige Zeitungsanzeige mit dem Text: 1969 – der erste Mensch landete auf dem Mond – Frachtrasch war schon 50 Jahre alt. Gefolgt von dem Nachsatz ... und fühlt sich insbesondere der Stadt Braunschweig und der Region verbunden. Zum 100. will (und wird) man dieses Versprechen erneuern. Und kräftig daran arbeiten, dass spätestens dann die Antwort auf »Wer ist Frachtrasch?« dauerhaft mehr sein wird als: »Die machen Umzüge und so.«

Der Anfang ist gemacht.

Frachtrasch GmbH & Co.KG
Jasperallee 82 · 38102 Braunschweig
Tel. (05 31) 2 34 60 · Fax (05 31) 2 34 61 11
info@frachtrasch.de · www.frachtrasch.de

Foto-Designer Marc Scharping wird zum Begriff in der Region

Stets beste Motive im Visier

Sein Studio »marc scharping photography & design« eröffnete Marc Scharping 2006 in Königslutter. Umso überraschender hat sich seither auch für ihn sein Kundenstamm entwickelt – denn das Gros seiner Aufträge bezieht er von Kunden aus Braunschweig.

Er kann auf einen Abschluss zum staatlich geprüften Foto-Designer verweisen. Das Hauptaugenmerk seiner Arbeiten liegt in der Portraitfotografie. Dabei sind gerade individuelle und außergewöhnliche Wünsche willkommen, bei denen er seine Kreativität entfalten kann.

Auf Wunsch können sich auch Kunden bei einem Fotoshooting professionell von einer Friseurmeisterin stylen lassen.

Immer größer wird die Zahl von Firmen aus der Region, die auf den jungen, aufstrebenden, aber versierten Künstler aufmerksam werden. Das ist nicht verwunderlich, wenn man sich auf seine Internetseite begibt. Auf diesen Seiten kann man nicht nur ausgefallene Portraits bestaunen, sondern sich auch von der Ausdrucksstärke seiner Architektur- und Produktaufnahmen überzeugen.

Marc Scharping photography & design
Mittelgasse 1a · 38154 Königslutter
Tel. (0 53 53) 91 91 70 · Mobil (01 78) 6 89 65 18
marc.scharping@gmx.de · www.marcscharping.de

Paradiesgärtner pflanzen Heiterkeitsbäume, Freudensträucher, Lachobst und Tanzgemüse

Ein Garten ist nicht einfach nur ein Stück Natur, sondern vielmehr – ein Ort, der Menschen glücklich macht

Landschaftsgärtner haben wirklich einen wunderbaren Beruf. Denn es ist ihre Profession, die Sehnsucht der Menschen nach dem eigenen kleinen Paradies zu stillen.

Seit mehr als drei Jahrzehnten gehört die Junicke GmbH zu den führenden GaLaBau-Unternehmen in der Braunschweiger Region. Aber auch darüber hinaus hat man sich einen guten Namen gemacht. Wo immer es etwas in Sachen »Grün« zu tun gibt, sind die Experten von der Helmstedter Straße erste Wahl.

Der Slogan »Alles im grünen Bereich« ist also mehr als nur ein netter Werbespruch. Er ist Ausdruck der ganz besonderen Philosophie des Unternehmens. »Der Garten ist für uns nicht einfach nur ein Stück Natur, sondern vielmehr ein Ort, der Menschen glücklich macht!«, beschreibt Manfred Junicke die Intension seiner Firma. Und weil die Vorstellungen von Glück so unterschiedlich sind wie die Menschen, die es besitzen möchten, ist jeder Auftrag immer wieder eine neue, spannende Herausforderung.

Darauf sind die über 40 Mitarbeiter der Junicke GmbH jedoch bestens eingestellt. Die erfahrenen, gut geschulten Gartenbauer und Landschaftspfleger sind äußerst vielseitig begabte Menschen. Sie können weitaus mehr als nur Rasen pflegen oder Bäume und Sträucher pflanzen und schneiden. Bei ihnen fängt alles, wie im richtigen Leben, schon bei der perfekten Planung an.

Denn es macht einen wesentlichen Unterschied, ob es um die Gestaltung von Außenanlagen öffentlicher Gebäude, »grünen Visitenkarten« von Industrieunternehmen und Gewerbebetrieben geht oder um den Bau von Hausgärten mit Beeten, Pergolen, Terrassen und Teichanlagen. Auch das Schaffen von Freizeit- und Sportplätzen, beispielsweise für Golfclubs oder Fußballvereine, stellt ganz andere Anforderungen als die Aufgabe, ein Dach oder eine Fassade zu begrünen.

»Wir entwickeln und erhalten selbstverständlich auch Grünflächen im öffentlichen und privaten Wohnungsbau. Damit bringen wir aber nicht einfach nur Natur ganz nahe zu den Menschen, die dort zu Hause sind. Wir steigern vielmehr ihre Lebensfreude und werten bewiesenermaßen gleichzeitig die Immobilien deutlich auf«, erläutert Manfred Junicke. »Darüber hinaus bauen wir Wege, behandeln verletzte und kranke Bäume und engagieren uns bei Maßnahmen im Natur- und Umweltschutz.«

Wer so große Verantwortung trägt, muss natürlich auch wissensmäßig ständig auf dem Laufenden bleiben. Da sind Erfahrungen mit den unterschiedlichsten Baumaterialen ebenso gefragt wie

Einladung zum Baden: Der Schwimmteich gleich hinterm Haus

Streng bewacht: Idyllische Gartenlaube im Stil einer Jagdhütte

In voller Blüte: Prächtige Rhododendronbüsche

technisches Know how für den umfangreichen Maschinen- und Gerätepark des modernen GaLaBau-Unternehmens. Nicht zu vergessen die besonderen Kenntnisse in Boden-, Pflanzen-, Klima und Wetterkunde.

Denn eine einseitige oder dem Umfeld nicht angepasste Pflanzenauswahl hat automatisch negative Folgen für das ökologische Gleichgewicht.

Wer sich als Privatmann von Junicke einen Garten bauen lässt, der bekommt mit Sicherheit seinen ganz persönlichen Traumgarten. Egal, ob er gern entspannt auf seiner Terrasse sitzen und dem Rasen beim Wachsen zuschauen möchte oder seine Zerstreuung beim Rosenzüchten findet. Da wird ein romantisch-verträumter Bauerngarten mit ebensoviel Liebe zum Detail gestaltet, wie ein Garten in mediterranem Stil oder meditativer japanischer Einfachheit.

Ein Garten begleitet »seinen« Menschen in der Regel viele, viele Jahre. Dabei übernimmt er die unterschiedlichsten Aufgaben. Spielplatz für den Nachwuchs, Küchenkräuterlieferant, Augenweide, Sonnenstudio, Partybühne und, und, und. Alles hat eben seine Zeit und Bedeutung.

Jetzt sind die Kinder aus dem Haus? Die Bäume verdecken ja schon den Blick zum Himmel? Ein wirklich toller Bungalow – aber dieser Garten? Ein Schwimmteich wäre wirklich schön? Die Terrasse könnte ruhig ein Stückchen größer sein? Solche wäre-könnte-müsste-sollte-Gedanken sind gute Gründe, mit den Profis von Junicke zu sprechen. Denn dort wird mit sachkundigem Rat und fachmännischer Tat jeder Garten nach den ganz persönlichen Wünschen seines Besitzers umgestaltet, durch raffinierte Ideen und überraschende Akzente.

Nicht jeder, der Spaß und Freude an seinem Garten hat, verfügt über einen »grünen Daumen« oder möchte sich alle zur Pflege und Instandhaltung notwendigen Geräte und Maschinen anschaffen. Auch für diese Fälle hat das freundliche Junicke-Team eine perfekte Lösung parat. Es pflanzt, schneidet, mäht, wässert, harkt, hackt, sägt, gräbt und übernimmt gern jede Art der Gartenarbeit.

Neben den vielen privaten Kunden werden in zunehmenden Maß Auftraggeber aus Kommunen, Gemeinden, Wohnungsbau, Industrie und Gewerbe betreut. Dort weiß man inzwischen die besonderen Vorzüge eines ansprechenden grünen Ambientes sehr zu schätzen. Es verstärkt positives Image. Es dokumentiert gesundes Wachstum. Es fördert Motivation. Es erleichtert Kommunikation. Es regt Kreativität an. Es lädt zur Entspannung ein. Kurz und gut: Es macht einfach sympathischer.

Worum immer es auch im grünen Bereich geht: Die Junickes und ihr Team sind genau die richtigen Partner. Sie stehen für individuelles Planen, kreatives Gestalten und professionelles Anlegen. Jeder Auftrag wird mit viel Liebe zum Detail sowie einem erstaunlich günstigem Preis-/Leistungsverhältnis ausgeführt, und das im Frühjahr, Sommer, Herbst und Winter. Denn in der kalten Jahreszeit bieten sie ihren Kunden einen zuverlässigen, professionellen Streu- und Räumservice an.

Junicke GmbH
Helmstedter Straße 94 · 38126 Braunschweig
Tel. (05 31) 7 20 24 · Fax (05 31) 79 84 48
info@junicke.de · www.junicke.de

Rundum gelungen:
Eine grüne »Oase« zum Entspannen

Geheimnisvolle Kamelie:
Die zauberhafte Rose des Winters

IM LEBEN GELIEBT – IM ALTER ENTSORGT?

Selbst Zeichen setzen, die in Erinnerung bleiben

Der gesamten Verwandtschaft schon als Dreikäsehoch mit Charme den Kopf verdreht. Die wilden Siebziger in vollen Zügen genossen. Zu keinem Open-Air der Lieblingsband war der Weg zu weit: Immer offen für Neues und Veränderungen, aber nie ohne Bodenhaftung; mit Ideen und Visionen erfolgreich auf der Karriereleiter. Mit Herz und Verständnis erfolgreich im Familienmanagement: Ein Mensch mit vielen liebenswerten Ecken und Kanten.

Wer sein Leben so selbstbewusst und vor allem selbstbestimmt lebt, mit seiner einzigartigen Persönlichkeit, mit seinem ganz eigenen Stil, mit seinen vielseitigen Hobbys, Interessen und Vorlieben, der sollte im Hier und Jetzt auch die richtigen Entscheidungen für den letzten Moment treffen. Und nichts dem Zufall überlassen.

Friedwald oder Friedhof? Diamant oder Urne? Bestattung im All oder auf hoher See? Welche Worte? Welche Musik? Welche Blumen? Welcher Sarg? All das und noch viel mehr, lässt sich schon zu Lebzeiten verbindlich regeln.

So haben sich die Wunschwächter von Dellner & Hüser auf ganzheitliches Sterbefall-Management spezialisiert. Sie bieten mit ihrer Vorsorge-Police eine in der Region bisher beispiellose Dienstleistung an. In einer Art Versicherungsschein werden die »letzten Wünsche« eines Kunden festgehalten und deren buchstabengetreue Umsetzung garantiert. Die Leistungen, die von der Auswahl des Grabsteins bis zur Zeremonie der Trauerfeier reichen können, werden in Servicepaketen zusammengefasst und nach einem modular aufgebauten Tarifsystem bewertet. Die Prämien werden, je nach Umfang und Laufzeit des Vertrages, als überschaubarer monatlicher Beitrag oder als Raten- beziehungsweise Einmal-Zahlung erhoben.

Alle Daten zu einer Police werden in einer persönlichen Notfall-Mappe für den Kunden übersichtlich dokumentiert und bei Dellner & Hüser zentral verwaltet und betreut. Ein Netzwerk erfahrener Experten wacht mit äußerster Diskretion über die individuellen Wünsche der Kunden und sorgt für eine hochwertige ganzheitliche Realisation.

Neben dem Firmensitz in der Helmstedter Straße 93, direkt gegenüber dem Hauptfriedhof gelegen, haben die Wunschwächter einen wunderbaren »Garten der Stille« angelegt: Er ist ein für jedermann offener Raum der Sammlung und des Trostes.

Das ganz besondere Ambiente des Hauses und des Gartens ist auch ein würdevoller Rahmen für Gesprächsrunden, Informationsabende, Vorträge, Lesungen und Ausstellungen. Damit möchten die Wunschwächter immer wieder aktuelle Themen rund um die Friedhofkultur in den Focus des öffentlichen Interesses rücken, Sie möchten aufklären, beraten und dabei helfen, sich mitten im Leben mit dem eigenen Sterben zu befassen, seinen letzten Willen festzuhalten und so zu organisieren, dass er im Todesfall auch wirklich buchstabengetreu umgesetzt wird. Nach dem Motto »Lebe Dein Leben als seiest du unsterblich, aber organisiere jeden Tag so, als wäre es Dein letzter.«

Das traditionsreiche Dellner & Hüser-Haus

Beispielhafte Grabgestaltung mit maritimem Bezug

Ein Blick in den einzigartigen »Garten der Stille«

Braunschweiger Friedhofsgärtner
Helmstedter Straße 93 · 38126 Braunschweig
Tel. (05 31) 7 07 55 10 · Fax (05 31) 7 07 55 09
info@braunschweigerfriedhofsgaertner.de

Hochlandrinder und Pferde

Tierisch kompetente Landschaftspfleger

Der Landschaftsgärtner Manfred Junicke mit »Kollegen«

Dort, wo die Schunter sich gleich ein gutes Stück weit in einen Düker unter der Oker verkriecht, gibt es noch etwas Erstaunliches zu entdecken: Auf den umliegenden Überschwemmungswiesen »arbeiten« zottelige schottische Hochlandrinder gemeinsam mit kräftigen Pferden als Landschaftspfleger.

Als Landschaftspfleger? »Ja«, erklärt ihr Besitzer Manfred Junicke, seines Zeichens selbst erfahrener Garten- und Landschaftsbauer »meine Tiere sind einfach das optimale Team für eine perfekte ökologische Betreuung der Wiesen und Weiden!«

Die kleinen liebenswerten Highland Cattles, wie sie im Original heißen, werden seit über 200 Jahren in Schottland gezüchtet. Aber trotz ihrer Genügsamkeit gehören die robusten Tiere zu den vom Aussterben bedrohten Arten, Denn im Gegensatz zu den bei uns üblichen Rindern, wird ihr äußerst schmackhaftes Fleisch bisher leider nur in Kennerkreisen geschätzt. Das liegt sicherlich auch mit an der langen Anfütterzeit und dem damit verbundenen sehr hohen Preis.

Seit rund 30 Jahren sind die schottischen Hochlandrinder auch in Deutschland in Einsatz. Zunächst ging es nur darum, ihre Rasse zu erhalten. Doch schon wenig später wurde ihr großes Talent zur Landschaftspflege entdeckt. Ihr, im wahrsten Sinne des Wortes, dickes Fell schützt sie gegen Wind und Wetter. So können sie das ganze Jahr hindurch im Freien bleiben und ihre Weide wirkungsvoll ökologisch betreuen. Sie sorgen dafür, dass sich dort weder Sträucher noch Bäume ansiedeln können. Darüber hinaus liefern sie genügend natürlichen Dünger, um sich permanenten Futternachwuchs zu sichern. Das reicht dann sogar auch noch für Junicke's Pferde, deren Vorfahren rassige Mustangs waren.

Die Überflutungswiesen zwischen Bienrode und Wenden sind ein sensibles Ökosystem. Durch ihre Beweidung werden sie behutsam, nachhaltig und naturnah gepflegt. So bleiben sie als eine offene Landschaft erhalten, die vielen Tieren, Vögeln und Insekten ein stadtnahes Überleben ermöglicht.

Durch Junickes Engagement wird in Braunschweig ein Stück Landschaft erhalten, das sonst nur mit viel Aufwand und einem großen Kostenaufwand beschützt werden könnte.

Die Pferde werden aber nicht allein zur Weidepflege eingesetzt. Denn sie lieben es auch, vor einer Kutsche zu gehen. »Und«, so erzählt Manfred Junicke, »sie begleiten mich ausgesprochen gern bei meinem Hobby, dem Wanderreiten. Bis Meran bin ich mit ihnen schon geritten. Und in diesem Sommer waren meine Tochter Anja und ich auf ihnen zur der Insel Neuwerk unterwegs. Die 380 Kilometer haben sie locker geschafft. Aber als ausgesprochene »Landratten« waren sie doch etwas vom Meer irritiert!«

Die robusten, genügsamen Hochlandrinder und die kräftigen Pferde sind ein äußerst kompetentes Team für effektive Landschaftspflege. Und ein sehr lebendiges Beispiel dafür, dass durch intelligentes Vernetzen von Praktischem mit Nützlichem sinnvoller Natur- und Umweltschutz oft schon mit ganz einfachen Mitteln organisiert werden kann.

Junicke GmbH
Helmstedter Straße 94 · 38126 Braunschweig
Tel. (05 31) 7 20 24 · Fax (05 31) 79 84 48
info@junicke.de · www.junicke.de

Riddagshausen

Das Kleinod im Grünen vor den Toren der Stadt Braunschweig

Von Reinhard Wetterau

Zwischen dem Nußberg im Westen und der Buchhorst im Osten liegt in der Wabe-/Mittelriedeniederung Riddagshausen, von dem einmal ein bekannter Braunschweiger Journalist sagte, es sei der Vorgarten von Braunschweig, der gehegt und gepflegt werden muss. In dieser vormaligen Bruch- und Waldlandschaft stiftete der sächsische Ministeriale Ludolf von Wenden oder Dalem in den Jahren 1143/1144 dem Zisterzienserorden einen etwa 45 ha großen Landstrich, der dann 1145 mit einem Mönchskonvent aus dem Mutterkloster Amelungsborn besetzt wurde.

Das Bergfeldhaus an der Traditionsinsel

Idylle vor dem Klostertor

Foto: Dieter Heitefuß

Blick auf die Klosterkirche von Nordosten

Der Scheiwe Ständer an der Ebertallee

Stadtvillen in der Stresemannstraße

1146 schenkte der Sachsenherzog Heinrich der Löwe dem nach der Schutzheiligen des Zisterzienserordens benannten Kloster Marienzelle das nahe gelegene Dorf Ritdageshusen samt Landbesitz und Arbeitskräften zur Erstausstattung des Klosters.
Historiker und Siedlungswissenschaftler datieren die Entstehung dieser Siedlung auf die Zeit um 800 n. Chr. Mit der Schenkung des »Löwen« nahm das Kloster »Cella Sanctae Mariae« den Namen »Riddagshausen an«.
Das Kloster und späterhin das Klostergut haben über Jahrhunderte eine wesentliche Rolle in Braunschweigs Osten gespielt. Die Zisterzienser, die auch gern die Wirtschaftsmanager des Mittelalters genannt werden, verstanden es durch eine straffe und geschickte Wirtschaftsführung den Besitz des Klosters zu mehren. In seiner Blütezeit umfasste der Klosterbesitz 3750 Hektar an Ländereien nebst Dörfern. Zisterzienserspezifisch sind auch die Klosterteiche, die neben dem Fischfang auch zur Reetgewinnung dienten.
Vom Kloster Riddagshausen sind neben der imposanten Klosterkirche nur noch die Haupttoranlage mit der Frauenkapelle sowie die versteckt im Klosterpark liegende Siechenkapelle erhalten. Der aus dem Wiesengrund sich erhebende Kirchenbau hinter einer Klostermauer überrascht vor allem durch seinen strengen Aufbau. In dieser frühgotischen Basilika, deren Bau 1216 begonnen und deren Schlussweihe am 15. Juni 1275 gefeiert wurde, vereinigen sich zisterziensische Bauelemente mit dem gebundenen sächsischen System zu einem in Norddeutschland einmaligen Ensemble. Mit einer Gesamtlänge von 86 Metern

Ein altes Bauernhaus von 1864 an der Ebertallee

und einer Breite von 30 Metern übertrifft diese Abteikirche die Abmessungen des Herzogdomes in der Innenstadt von Braunschweig. Über der Vierrung ragt der hölzerne Dachreiter 50 Meter in die Höhe. Der Hohe Chor wird nach zisterziensischer Manier von einem Kapellenkranz mit 14 Beicht- und Bußkapellen umgeben. Aus der Klosterzeit ist nur der Taufstein von 1562 erhalten. Die von Zacharias König geschnitzte Kanzel, der Lettner und der Hochaltar stammen alle aus der nachreformatorischen Zeit. Heute dient die seit 1568 evangelische Kirche nicht nur der Kirchgemeinde als Gotteshaus, sondern auch als beliebte Hochzeitskirche und Konzertort für anspruchsvolle Musikaufführungen, wobei die Nachhallzeit von 14 Sekunden den Musikern höchste Konzentration abverlangt.

Das Hohnebostelhaus an der Traditionsinsel

Die alte Brennerei an der Wabe

Das Haus Entenfang

Auf der Ostseite der Klosterkirche wurden Teile des alten Klostergartens nach der Gartenbeschreibung des Abtes Walahfrid Strabo (808 bis 849) und dem St. Galler Klosterplan rekonstruiert.

Vom alten Klostergut, das in den 80er Jahren des letzten Jahrhunderts aufgegeben wurde, existieren nur noch wenige Gebäude, wie die alte Mühle mit Brauhaus, das Schäfermeisterhaus und die alte Meierei, in der heute das Zisterziensermuseum untergebracht ist.

Neben der Teichlandschaft schätzen die Besucher den Ort Riddagshausen, dessen überwiegend landwirtschaftlich genutzte Struktur im Laufe der Zeit verloren gegangen ist zugunsten einer gehobenen Wohngegend. Stadtvillen an der Stresemannstraße bilden mit alten Fachwerkhäusern und neuen Wohngebäuden einen reizvollen Gegensatz, den noch die alten Bauernhäuser, die aus dem Bereich des ehemaligen Herzogtums Braunschweig umgesetzt wurden, verstärken. Diese mit Reet oder alten Krempziegeln gedeckten Bauerhäuser von der Weser bis nach Vorsfelde passen sich harmonisch in die reizvolle Landschaft ein.

Auf der Lünischhöhe ragt die alte Bockwindmühle, deren Flügel sich vormals in Remlingen an der Asse drehten, empor. Durch den Einsatz der Bürgerschaft Riddagshausen wurde sie vor dem drohenden Verfall gerettet und stellt ein Technikdenkmal einer vergangenen Mühlenkunst dar.

Riddagshausen war schon immer ein beliebtes Ausflugsziel der erholungssuchenden Großstädter, die früher mit den Straßenbahnzügen der Linie 8 hierher kamen, um sich nach einem ausgedehnten Spaziergang um die Teiche in einem der beliebten Gartenlokale zu stärken.

Das Arboretum wurde im Jahr 1838 von der neu errichteten forstlichen Abteilung des Collegium Carolinum – die heutige Technische Universität – als »Herzoglich-braunschweigische forstliche Versuchsanstalt« angelegt.

In der Buchhorst liegt neben dem beliebten Wildgehege der ehemalige Reichjägerhof, der heute als Kindergarten genutzt wird. Der Kleidersellerweg führt die Besucher vom Grünen Jäger an zwei idyllischen Teichen, längs des Baches Wabe, wieder zum Klosterbereich zurück, wo eine Plastik an der Klostermauer an die Kleiderseller mit ihrem bekanntesten Mitglied Wilhelm Raabe erinnert.

Am Kreuzteich

Die Klosterkirche von Riddagshausen

Idylle im Stadtkern von Braunschweig

Riddagshausen, ein Ort der Ruhe und Kraft

Von Dr. Michael Dahlke

Der Gang der Zeiten

Wenn Ruhe du suchst
Halt inne und schau
Gib Raum einem Leben
Das hier dich umfängt

Von Mauern und Teichen
Lass sanft dich betören
Geh ein in den Geist
Einst'ger Diener des Herrn

In manch einer Mondnacht
Da siehst du sie wandeln
Um all ihre Teiche
Rastlose Gestalten

An einem frühen Sommermorgen stehst du alleine voller Sehnsucht, die du dir selber nicht erklären kannst, vor dem mächtigen Klosterkirchenbau in Riddagshausen. Zuvor hast du den Torbogen mit der Klosterkapelle durchschritten. Kein Mensch zu sehen um diese Tageszeit. Nur Amseln schmettern ihr Lied in den erwachenden Tag.

Du spürst die Gegenwart der Zisterzienser-Mönche – sie kriecht aus dem feuchten Boden empor. Bilder von Gebet, Arbeit und Gottergebenheit im Einklang mit der belebten Natur ziehen dich in ihren Bann. Du ahnst, mit welcher Hingabe sich einst die Mönche der Anlage von Teichen, der Bearbeitung von Steinen und Metallen und dem Anbau von Obst und Getreide widmeten.Alles zur Ehre Gottes.

Vorbei an von Efeu eingehüllten Fachwerkhäusern, durch ein schmiedeeisernes Tor, dann an der Klostermauer links in den Kleiderseller Weg. Diesen Weg ging schon Wilhelm Raabe mit seinen windigen Saufkumpanen zum »Grünen Jäger«. Hakt Raabe unter und eilt herbei. Seid willkommen im Verein der Heimatfreunde.
An von Schilf bewachten Teichen übertönt das Gequake der Wasser- und Moorfrösche eure philosophischen Gespräche. Bei der Holzbank hältst du inne und blickst über den brünstig kochenden Teich hinweg. Regungslos, erstarrt, den Blick auf die leicht gekräuselte Oberfläche gerichtet – wie auf einem japanischen Gemälde – ein Reiher. Umgestürzte Bäume inmitten eines Sumpfblumenmeeres und vergessene Moorleichen. Es schaudert dich bei dem Gedanken an Vergänglichkeit und Konservierung eines Leibes hier im Moor.

Die Märchenweide

Im »Grünen Jäger« nahm einst die Herzogin Viktoria Luise ihren Tee, während der dicke Göring im Reichsjägerhof zum Halali blasen ließ. Hier verschwindet die Raabemeute, wie von Geisterhand in die Gaststubengewölbe gezogen. Kämpfende Hirsche am Eingang eines Kindergartens erinnern an Unsägliches, nie Vergessenes, Schmerzliches. Zeitachsen verweben sich mit deinen Schritten in Richtung Wildgehege. Auf

Auf dem Wege zu »Schäfers Ruh«

dem Fell friedlich äsenden Damwildes wärmen sich verirrte Sonnenstrahlen. Und dort der Legdenanger, der bedrohten Rebhühnern, Wachteln, Kröten und Blumen eine letzte Zuflucht verheißt: Herr, gib hier aller Kreatur Unterkunft und Schutz!

Eine Gabelweihe zieht über den vor dir liegenden Sumpf, in dem sich Bläss- und Teichhühner mit ihren aufgeregten Jungen tummeln. Ein Schwan, auf einem Inselnest thronend, bebrütet seine Eier. Und um dich herum geschwätzige Eichelhäher und Krähen, flinke Meisen, zirpende Rohrsänger, krächzende Stare, die hoch in den Bäumen ihre Brut versorgen.

Ohne Worte

An diesem Morgen
will ich glauben
ein Paradiesgefühl in mir
vereinigt alles
ohne Worte
so fühl ich dich
Natur in mir

Beim Austritt aus dem Wald öffnet sich eine Sumpflandschaft in Richtung »Schäfers Ruh« und »Schapener Bahnhof«. Begrenzt von Erlen, Eichen, Buchen, Pappeln erhebt sich mooriges Gelächter wie zu Erlkönigs Zeiten. Hier ist der Tisch bereitet aus saftigem Grün, vereint mit dem Gesang und dem Tanz der Mücken und Libellen. Spinnennetze überziehen die Halme.
Du setzt dich in den Garten von Schäfers Ruh, wo du einen Ostfriesentee zu dir nimmst. Und auf dem Gang zum Klosett blickt der Dichter Hermann Löns von den Bildern herab und lässt kein Auge von dir. Von gegenüber grüßt der Bahnhof Schapen – festlich hergerichtet. Auf seinen Gleisen fährt ein der Zug nach Schöningen und Mattierzoll. Wie in alten Zeiten, als die Dampflok noch in Mode war.
Die Wege, auf denen du wanderst, einst geschaffen von grau bekutteten Gestalten, laden ein zu Ruhe und innerer Einkehr – wenn du es zulässt. Zeit und Raum zerfließen in den unruhigen Wassern.
Märchengestalten tauchen wie durch einen Nebel vor dir auf: Zauberer, Hexen und verwunschene Töchter. Und Söhne, die zu Männern werden durch die Liebe einer blonden Frau.
Drei Schwestern in Baumgestalt flehen dich um Erlösung an, und dein Hirn sucht verzweifelt nach dem Zauberspruch, der ihnen ihre menschliche Gestalt zurückgibt.
Mägde einer längst vergangen Zeit, in groben Kleidern und Holzpantinen, lachen dich an aus jungen, frischen Gesichtern, verziehen sich zu den Fischteichen hin und lösen sich auf im Märchennebel.
Ein Silberkahn dient einem Blässhuhn als Spiegel für den Mittagsputz. Verspielte Entenküken folgen ihren Eltern. Ein Hecht in Ufernähe ist sich ihrer sicher. Und über den Mönchswassern schwirren Libellen und Fliegen in wildem Fluge – ungeachtet der schnappenden Fischmäuler. Erschrockenes

Der Schapener Bahnhof

Uralte Weiden am Wegesrand

Schnattern der Gänse auf dem Weg zeigt die Jogger und Radfahrer an.
Beim Mittagessen im »Herrenkrug«, dem zweiten Frühstück im »Teetied« oder einem Räucherfisch-Imbiss beim »Fischgut« sammeln Spaziergänger neue Kräfte.
Der Turm der Klosterkirche leuchtet weit über die Teichlandschaft. An diesem Morgen schien sie nur dir zu gehören.

Die Alten

Und wie erwacht
aus einem Traum
Vorbei die Nacht
du glaubst es kaum
Vergiss nicht das Walten
der Mönche, der Alten.

Epilog

Der Geist der Mönche, die hier vor hunderten von Jahren ihre fromme Arbeit zum Wohle der Natur und zur Ehre Gottes taten, wirkt fort in jedem Baum, jedem Tier, jedem Stein hier auf einem Rundgang durch die Riddagshausener Teichlandschaft.
Und wenn Du an die Verbindung zwischen den Welten und Zeiten glaubst,
wenn du den Hintergrund deiner Sorgen und Nöte, deines Kummers und Leides in Dir fühlst und annehmen kannst, so nimm einen Stein, presse alle Sorgen, Wünsche und Visionen in ihn hinein und versenke ihn in einem der Teiche.

Dann wird auch dein Tag ein guter Tag sein, und alle weiteren, die folgen!

Dibbesdorf im Schuntertal

»Grüne Lunge« und Tradition

Von Dr.-Ing. Günter Weinhausen

In der Tiefebene zwischen dem Sandbach im Westen und der Schunteraue im Norden erstreckt sich die Stadtrandgemeinde Dibbesdorf. Die Bebauung wird im Süden durch die B 248 begrenzt; daran schließen sich größere Flächen des Dibbesdorfer Waldes und landwirtschaftlich genutzte Ländereien an. Der Ort wird erstmals 1226 urkundlich erwähnt.

Vor der Begradigung der Flussläufe schlängelten sich diese durch Grünzonen. Die Schunter war östlich des Sandbaches in drei Wasserarme geteilt. Sie entspringt im Elm – einem Höhenzug mit viel Buchenwald südöstlich von Braunschweig – und mündet nordwestlich in die Oker. In der zweiten Hälfte des 18. Jahrhunderts flößte man Brennholz auf der Schunter nach Braunschweig. Es wurden auch Projekte durchgeführt, den Fluss schiffbar zu machen für den Transport von Bauholz und Steinen.

Da das Wasser der Schunter meistens klar und sauber war, benutzten die Dibbesdorfer sie im letzten Jahrhundert zeitweilig als »Badeanstalt«, denn das Flussbett hatte bereichsweise sehr feinen Sand. Während des Zweiten Weltkrieges muss das Wasser schadstoffbelastet gewesen sein, denn darin trieben viele tote Fische. In dieser Zeit durfte auch nicht gebadet werden. Das Baden war generell auf Trockenzeiten begrenzt, wenn das Wasser im Flussbett dahin plätscherte.

Denn nach länger anhaltenden ergiebigen Regenfällen oder nach der Schneeschmelze führte die Schunter Hochwasser und in der Dibbesdorfer Tallage

Gasthof Kersten, Alte Schulstraße 16

»Hühnerkamp« – Schönebergstraße

Dorfteich (Regenrückhaltebecken) – zwischen Alte Schulstraße und Schunter

»Hühnerkamp« – Blick in den Charlottenburgweg

überfluteten große Bereiche der angrenzenden Ländereien. Der nordöstliche Bereich konnte in eine große Seenplatte ausufern, aus der das ehemalige Bahnhofsgebäude wie eine überflutete Insel herausragte. Nachdem vor etwa 50 Jahren das Flussbett begradigt und tiefer gelegt worden war, wurde der überschwemmte Bereich eingeengt. Nahe dieses nun »trockenen« Schunter-Ufers entstand das Siedlungsgebiet »Kleiner Mooranger«. Diese Siedlung lag etwa 500 bis 700 Meter östlich des alten Dorfkerns. Erst in den 1980er Jahren des letzten Jahrhunderts begann mit der Bebauung der Siedlung »Hühnerkamp« ein Zusammenwachsen der beiden Dorfteile. Das Gebiet »Hühnerkamp« wird im Volksmund auch »Berliner Viertel« genannt, aufgrund der Straßennamen nach Berliner Bezirken.

Die Schunter – Blick nach Westen von der Alten Schulstraße

Nördlich des »Hühnerkamp« entstand ein Regenrückhaltebecken, das nun komplett mit Bäumen eingerahmt ist. Insgesamt findet man im gesamten Ort viel Grün. Schon bei der Renaturisierung des Sandbaches gab es viele Anpflanzungen. Auch für die Schunter gibt es Planungen, das Bett wieder mäanderförmig zu führen, mit dem Ziel, dass auch wieder Fische von der Mündung zur Quelle wandern können. Um Lebensraum für Fische zu schaffen, sollen auch die Wehre geeignet umgestaltet werden. Mit der Entwicklung strukturreicher Biotope sollen Bereiche des Dibbesdorfer Schuntertals wieder in Feuchtgebiete umgewandelt werden. Anpflanzungen in ufernahen Zonen werden ein grünes Band entlang des Flusslaufes schaffen.

Neben dem vielen Grün hat Dibbesdorf auch ein paar historische Fachwerkgebäude aufzuweisen. Zwar sind fast alle Höfe 1865 einem Großbrand zum Opfer gefallen. Verschont blieb unter anderem das heute unter Denkmalschutz stehende Gebäude des »Gasthofs Kersten«. 1886 erwarb Friedrich Kersten dieses Anwesen, das sich damals noch weiter nach Norden erstreckte. Er übte zwei Berufe aus. Als ausgebildeter Kellner betrieb er den Ausschank und bewirtschaftete die Ländereien als Landwirt. Als 1902 die Schuntertalbahn mit dem Bahnhof gebaut wurde, hoffte er auf Gäste aus den Nachbargemeinden und baute den 300 Quadratmeter großen Saal mit Bühne. Dieser Saal ist bis heute praktisch noch in der ursprünglichen Ausstattung erhalten. Der Gasthof und seine Bewirtschaftung befindet sich seitdem in Familienbesitz in vierter Generation. Die jetzige Besitzerfamilie Tappenbeck hat eine kleine Ausstellung mit historischen Geräte und Werkzeuge in einem Teilbereich des Saals geschaffen.

Sommer 2002: Hochwasser am westlichen Ortsrand – Überflutung vom Sandbach

Volkmarode

Landschaftsschutzgebiete am Rande der Stadt

Dorfplatz mit Friedenslinde und Pfarrwitwenhaus – Treffpunkt der Vereine zu Wanderungen und Fahrten

Von Jörn Miehe

Volkmerode – bis 1974 eine selbstständige Gemeinde, erstmalig erwähnt in einer Urkunde Heinrichs des Löwen aus dem Jahr 1154. Der Ortsname deutet jedoch auf eine noch frühere Besiedelung, vermutlich eines der im Vorharz zahlreichen so genannten Schenkungsdörfer der Liudolfinger aus dem 9./10. Jahrhundert – im 12. Jahrhundert belegt als Wohnsitz der sächsischen Adelsfamilie de Volcmariggerode, in Diensten des Löwen und seiner Söhne, auch erwähnt als Domherren an Heinrichs Stiftskirche. Aus dem einstigen Adelshof sind durch Teilung hervorgegangen die Ackerhöfe ass. Nro.1 und Nro.2.

Von der wenig ertragreichen Feldmark konnten sich 60 bis 90 Bewohner ernähren. So war Volkmarode bis in das 19. Jahrhundert ein kleines Dorf mit vier Ackerhöfen und fünf Kothöfen geblieben. Und mit einer mittelalterlichen Kirche in ihrer Mitte; einst ein Kirchspiel, dem sechs Dörfer angehörten.

Nach den ersten Industriegründungen im Braunschweiger Land, darunter in der Volkmaroder Gemarkung die Ziegelei Moorhütte des Buchverlegers Friedrich Vieweg, entwickelte sich das dörfliche Volkmarode zu einer Vorstadtgemeinde. Heute prägen die Wohnsiedlungen der vergangenen sieben Jahrzehnte das Ortsbild, vorwiegend Eigenheime im Grünen. 3551 Einwohner zählte der Ort am 1. Januar 2008.

Zu den besonderen Vorzügen des Ortes gehören seine Einbettung in Landschaftsschutzgebiete, die Nähe zu Wald und zu naturnah gestalteten Wiesen am Sandbach, zahlreiche Wander-, Rad- und Reitwege. Spaziergänger und Jogger nutzen die Wege um den Moorhüttenteich, die aufgelassene Tonabbaugrube der Ziegelei, etwa 300 Meter entfernt nördlich der Straßenbahnendstation. Zurückerobert von der Natur, für Spaziergänger und Angler ein Paradies, wo sich reizvolle Motive für Fotografen und Maler auftun.

Lohnend auch der Weg durch das alte Dorf und ein Rundgang um die Kirche aus Elmkalkstein. Treffpunkt zu Wanderungen und Fahrten der Vereine ist nach wie vor der Alte Dorfplatz mit der Friedenslinde von 1913 und dem vor wenigen Jahren denkmalsgerecht restauriertem Pfarrwitwenhaus. Erhalten ist die mittelalterliche Parzellenstruktur der dörflichen Bebauung, erkennbar die Hofgrundstücke, die dicht um die Kirche stehen. Rindvieh, Milchwirtschaft und Schweinemast sind nicht mehr zu finden.

Gewerbebetriebe haben sich am Kirchweg angesiedelt, nahe dem alten Dorfkern. Größter Arbeitgeber, mit 65 Mitarbeitern, ist die Remenhofstiftung, ein Dienstleistungsbetrieb im Bereich Hilfe zur Erziehung von Kindern und Jugendlichen. Die Remenhofgebäude im niederdeutschen Fachwerkstil, im Jahr 1911 an der Heerstraße gebaut, fallen merklich auf.

Volkmarode ist ein Wohnort mit vielen Vorzügen.

Moorhüttenteich, aufgelassene Tonabbaugrube – Ein Paradies für Spaziergänger, Jogger und Angler

Freizeitbeschäftigung am Ufer des Moorhüttenteiches

Remenhof an der Berliner Heerstraße – Hilfe zur Erziehung Jugendlicher

Schapen

»Aus meiner Sicht«

Horst Schmidt, Bezirksbürgermeister

Der ***Stadtbezirk Volkmarode*** besteht aus den Ortsteilen Dibbesdorf, Schapen und Volkmarode. Alle waren bis zum Ende des Zweiten Weltkrieges fast reine Bauerndörfer, die ihre Selbstständigkeit 1974 verloren haben. Sie alle bewahrten sich aber eine gewisse Identität, wie die folgenden Berichte zeigen.

In ***Schapen*** sind heute vier Gebäude von überörtlicher Bedeutung zu sehen. *»Lenges Hof«* beherbergt eine sehr umfassende Ausstellung land- und hauswirtschaftlicher Kleingeräte, die auch einen Einblick in die körperlich anstrengende Tätigkeit früherer Bauernfamilien vermitteln. Außerdem verdeutlicht eine Vielzahl historischer Landkarten und zahlreiche Fotografien die Entwicklung des Dorfes. Die Sammlung ist in einem Dreiseithof in der »Lindenallee 5« untergebracht, dessen landwirtschaftliche Nutzung 1998 aufgegeben wurde.

Vier Jahre nach der Inbetriebnahme der Braunschweig-Schöninger-Eisenbahn erfolgte 1906 der Bau des *»Bahnhofs«* Schapen mit einem Nebengleis zum Be- und Entladen. Zuckerrüben, Gemüse aus der Konservenfabrik sowie Kartoffeln, Düngemittel und Kohle waren die wichtigsten Umschlaggüter. 1954 wurde der Personenverkehr, 1971 auch der Güterverkehr eingestellt.

Nach vielen Bemühungen, eine umweltverträgliche Nutzung des Gebäudes zu erreichen, gelang es dem damaligen Stadtkämmerer Dr. R. Zirbeck, zusammen mit Prof. Dr. B. Schierwater von der Tierärztlichen Hochschule Hannover, ein Konzept zur Nutzung des Bahnhofes für die ökologische Forschung zu entwickeln. Zahlreichen Sponsoren ist es zu verdanken, dass der stark verfallene Baukörper saniert werden konnte. Seit 2003 erforschen Wissenschaftler in dem international bekannten Außeninstitut, ob und wie sich Organismen unter den gegebenen Klimaverhältnissen verändern. Gegenwärtig sind Bemühungen im Gang, durch Gleisstücke und einen historischen Güterwagen, die frühere Funktion des Gebäudes deutlicher werden zu lassen. Seit dem Jahr 2000 steht der Bahnhof unter Denkmalschutz.

Gegenüber dem Bahnhof befindet sich die 1907 von Friedrich Schäfer erbaute Waldgaststätte *»Schäfersruh«*. Ihr besonderer Charme liegt in der Randlage zu Riddagshausen, im Fachwerkbau aus der Kaiserzeit, dem jahrhundertealten Mobilar, den Sprossenfenstern und den alten Wandmalereien. Auch die drei Enkeltöchter des Bauherren, Grete, Elisabeth (Ebeth) und Hanna Knief, trugen auf ihre Weise dazu bei, den Ruf der Gaststätte von 1959 bis 1993 zu bewahren. 2003 wurde die inzwischen von dem Ehepaar Vollprich gepachtete traditionsreiche Waldwirtschaft zum beliebtesten Ausflugslokal Braunschweigs gewählt.

Ausstellung landwirtschaftlicher Geräte im Museumshof Lenge

Bahnhof, heute ein Ort für ökologische Forschung

Schäfersruh – Beliebtes Ausflugslokal

Gleise der Braunschweig-Schöninger-Eisenbahn

Das jüngste Bauwerk ist die moderne 1970 eingeweihte »Trinitatis-Kirche«. Sie beherbergt drei Plastiken des 2007 verstorbenen Prof. Jürgen Weber: Ein Menschenpaar zwischen der Drohung des Todes und der Sehnsucht nach seinem Schöpfer, ein bronzenes Kreuz mit dem Corpus Christi sowie an der Kanzel als Symbol des Heiligen Geistes eine Taube mit den Pfingstflammen als Gefieder. Weitere Kunstwerke des berühmten Bildhauers sind unter anderem in der Innenstadt von Braunschweig sowie vor dem Kennedy-Museum in Washington zu sehen.

Stadtteil Schwarzer Berg

Stadtnahes, attraktives Wohnen im Grünen!

Von Stadtteilheimatpfleger Jochen Schmidt

Feierabend in der Stadt! Man kann sein Fahrrad nehmen und – nachdem man das Geschäftsviertel verlassen hat – befindet man sich bereits auf den ehemaligen Wallanlagen im Grünen. Auf dem Harz-Heide-Ostsee-Radfernwanderweg hat man schnell den Wendenring unterquert und radelt auf gut ausgebauten Radwegen ohne belästigenden Autoverkehr nordwärts. Parallel trainiert ein Vierer mit Steuermann des örtlichen Ruderclubs auf der Oker. Haben sie das gleiche Ziel?
Bald winkt die Silhouette des höchsten Braunschweiger Wohnhochhauses, in dem die Bevölkerung eines ganzen Dorfes wohnen könnte: das sichtbare Wahrzeichen des Stadtteiles Schwarzer Berg.

Zum Ausgleich für den Büroalltag ist jetzt eine Runde Joggen angesagt. Die Wege um den südlich an den Stadtteil grenzenden Ölper See laden dazu regelrecht ein.

Die Kinder kommen aus der nahen Grundschule erfreulicherweise zu Fuß nachhause. Nachmittags

Unser Hochhaus am Sielkamp – das sichtbare Wahrzeichen des Schwarzen Berges

Der Aktivspielplatz – ein beliebtes Freizeitziel für Kinder und Jugendliche

lockt der Sport im wenige hundert Meter entfernten Sportpark des »SV Schwarzer Berg«. Heute geht es zum Fußballtraining. In fast allen Altersklassen können sich hier Jungen und Mädchen engagieren. Andere Jugendliche spielen lieber

Blick über den Ölper See von Südosten

Tennis oder Beachvolleyball. Auch eine Boulebahn wird gern benutzt. Wer nicht so sehr sportlich interessiert ist, findet auf dem Aktivspielplatz attraktive Angebote zum gemeinsamen Basteln, Malen, Gestalten und Feiern.

Abends geht man in die mitten im Stadtteil befindliche Turnhalle der neuen Grundschule, um dort Tischtennis zu spielen oder an einer sehr guten Gymnastik teilzunehmen.

Das evangelische Gemeindezentrum bietet viel Raum zum gemeinsamen Singen, Diskutieren, Reisen und Nachdenken! Ein freundlicher Kindergarten ist für viele Familien attraktiv.

Die täglich erforderlichen Besorgungen in dem prinzipiell attraktiv gestalteten Einkaufszentrum

Nach mehr als 40 Jahren erhielt der Stadtteil endlich eine moderne, massiv gebaute Grundschule mit einer Turnhalle.

Der Sportpark »Schwarzer Berg« – »Ein innovatives Modellprojekt des LSB mit nachhaltigem Charakter« – Blick vom Hochhaus auf die Gesamtanlage mit angrenzenden Kleingärten

Am Wochenende gelangt man schnell hinaus in die angrenzende Feldmark. Andere ziehen es vor, in einem der fünf unmittelbar angrenzenden Gartenvereine die Ruhe und Hobbyarbeit zu genießen. Schließlich bieten die Wanderwege um den

sind momentan etwas eingeschränkt, weil der Lebensmittelmarkt seit einiger Zeit geschlossen ist und ein neuer Betreiber noch nicht gefunden werden konnte. Immerhin gibt es eine gute ärztliche Versorgung, eine Apotheke und wenn dann noch etwas Zeit vorhanden ist, wird auch der Besuch des weit über die Stadtteilgrenzen bekannten Eiscafés »DOLOMITI« ein Erlebnis. Auch abends findet man ein gemütliches Ambiente bei einem guten Bier und ebenso guter Küche in den »DRINA-STUBEN«. Gerade in der warmen Jahreszeit, wird der reizvoll angelegte »Biergarten« gern besucht.

Das evangelische Gemeindezentrum ist der unbestrittene geistige Mittelpunkt des Stadtteiles.

Ölper See vielen Menschen aus den angrenzenden Stadtteilen Anreiz zu mancherlei Spaziergängen, zum Spielen und Lagern auf den weiträumigen Uferwiesen. Die Angler schätzen ihr Revier außerordentlich und haben bereits erstaunliche Fänge erzielt.

Im 16. Jahrhundert hat der Braunschweiger Herzog außerhalb der mehrfachen, durch Regenfälle bedingten Hochwasser, hier einen Staudamm errichten lassen, um die widerborstigen Stadtväter Braunschweigs »zu ertränken«. Das Wasser soll seinerzeit schon einen halben Meter hoch auf dem Hagenmarkt gestanden haben, bevor der Damm auf kaiserlichen Befehl durchstochen wurde.

Unser familienfreundlicher Kindergarten

Auch das Restaurant »DRINA-STUBEN« lädt zum angenehmen Aufenthalt ein.

Das Eiscafé »DOLOMITI« ist ein beliebter Treffpunkt im Einkaufszentrum – nicht nur für Anwohner unseres Stadtteiles.

Heutzutage bietet der See einen überwiegend reizvollen Anblick. Selbst die Wasservögel im Winter wissen dieses Gewässer zu schätzen.
Im Stadtteil »Schwarzer Berg« wohnt man einfach gern und erholt sich!

Der Stadtteil im Grünen

Der Ölper See im Winter 1986

Liege- und Spielwiesen am Nordufer des Ölper See

Literaturfestival »seitenweise.«

Beliebte Auseinandersetzung mit der Literatur

Seit dem Frühjahr 2002 präsentiert der Kulturzelt Braunschweig e.V. das Literaturfestival »seitenweise.« in der Braunschweiger Innenstadt. In einem antiken Spiegelzelt am zentralen Platz an der Martinikirche werden täglich öffentliche Lesungen und Workshops rund um das Thema Buch angeboten. Insbesondere die deutsche Literatur soll in ihrem Facettenreichtum und ihrer Wortkraft Jung und Alt näher gebracht werden. Auf diese Weise wird ein Forum für die Auseinandersetzung mit dem Medium Literatur geschaffen, das angesichts der heutigen Medienflut einen aktuellen und wichtigen Stellenwert einnimmt.
Ein spezielles Kinder- und Jugendprogramm am Vor- und Nachmittag zielt besonders auf die Förderung der eigenen Sprache und die Sensibilisierung für Literatur.
In einer außergewöhnlichen Atmosphäre und durch ein interaktives Programm, das viel Raum zum Mitmachen und Ausprobieren lässt, werden die »jungen Literaten« zum Lesen und kreativen Schreiben animiert.

Die abendlichen Lesungen bilden ein buntes Kaleidoskop renommierter Autoren, Schauspieler oder Politiker, die ihre Leidenschaft für die Literatur mit dem Publikum teilen. Von sinnlicher Lyrik bis zur künstlerischen Prosa, von Klassik bis Pop-Kultur – das facettenreiche Programm umfasst die volle literarische Breite.

Außenansicht des Spiegelzeltes, Eingangsbereich

Das antike Spiegelzelt aus den 1930er Jahren bietet die passende Atmosphäre, um Politabende oder Lesungen viel versprechender Nachwuchstalente zu purer Spannung oder Entspannung werden zu lassen. Stimmungsvolle Lichtspiele im Inneren des Zeltes und erlesene Speisen und Getränke komplettieren das Erlebnis.

Weitere Informationen zum Festival erhalten Sie über www.festival-seitenweise.de

Lesung mit Helge Schneider im Spiegelzelt

Innenraum des Spiegelzeltes, kurz vor Vorstellungsbeginn

Eintracht Braunschweig und die Deutsche Fußballmeisterschaft

Ein Ereignis für die Ewigkeit

Von Meisterspieler Walter Schmidt

Vor der Saison 1966/1967 wurde mir eine großartige Ehrung zuteil. Zum dritten Mal in Folge wurde ich von der westfälischen Fußballzeitschrift »Fußball-Sport« als beständigster Bundesligaspieler der jeweiligen Saison ausgezeichnet.

Bestnotenliste 1966

1. Walter Schmidt	79,5 Punkte
2. Franz Beckenbauer	75 Punkte
3. Zekojo Perusic	75 Punkte
4. Günter Netzer	71 Punkte

Für mich war diese erneute Auszeichnung der richtige Motivationsschub für die kommende Saison 1966/1967. Sie sollte für Eintracht Braunschweig, die Stadt Braunschweig und die vielen großartigen Fans einzigartig werden.
Zu Beginn der Bundesligasaison wurde, wie immer, die Frage nach den Favoriten für den Gewinn der Meisterschaft an die Bundesligatrainer gestellt. Keiner der 18 Bundesligatrainer reihte Eintracht Braunschweig in den Kreis der Titelanwärter ein. Die Bewertungen fielen meistens auf Bayern München, Dortmund, Bremen und Hamburg. Unser Trainer Helmut Johannsen stapelte in diesem Zusammenhang auch sehr tief. Ein zehnter Tabellenplatz war sein erklärtes Ziel.

20 000 Zuschauer wollten das erste Spiel gegen Bremen sehen. Durch eine gute mannschaftliche Ausgeglichenheit gewannen wir mit 2:0 Toren.
»Unser Spiel war moderner, beweglicher, zügiger und schneller als das des Gegners«, lautete dann auch der Kommentar unseres Trainers. In den nächsten Wochen hielten wir uns im oberen Tabellendrittel auf. Nach dem fünften Spieltag standen wir nach einem 2:1 Erfolg in Stuttgart wieder auf dem ersten Tabellenplatz. Eine Woche später wurde mir vor dem Spiel gegen Duisburg eine große Ehrung zuteil. Ich war am 24. September 1966 der einzige Spieler, der beim 100. Bundesligaspieltag seinen hundertsten Einsatz hatte, was mir den Spitznamen »Mister Bundesliga« einbrachte.

Meistermannschaft 1967

Walter Schmidt beim Kopfball

von links: Wolf-Rüdiger Krause, Andreas Pospich, Frank Plagge, Walter Schmidt, Wolgang Grzyb, Hennes Jäcker, Helmut Johannsen, Wolfgang Brase

Leider erkrankte mein Spielerkamerad Wolfgang Brase nach dem 97. Spiel. Direkt nach dem Spiel wurde ich mit Trainer Johannsen zum »Aktuellen Sportstudio« nach Mainz geflogen.
Nach dem letzten Spiel der ersten Halbserie, das wir in Nürnberg mit 4:0 Toren gewannen, waren wir Herbstmeister. Damit hatten nicht einmal die so genannten »Fußballexperten« gerechnet.

Trainer Walter Johannsen

Jetzt begann die Jagd auf uns. Ein absoluter Höhepunkt der Rückrunde war das Heimspiel gegen Bayern München. Von unserer Leistung wurde nur in Superlativen gesprochen. »Tschik« Cajkowskis Äußerung nach dem Abpfiff: »Jetzt müsst Ihr aber auch Deutscher Meister werden, nach dem Ihr uns 5:2 besiegt habt«. Die Empfehlung von »Tschik« nahmen wir uns alle sehr zu Herzen. »In der Eintracht-Mannschaft steckt mehr als Glück, Kraft und Taktik«, hörte und las man dann häufiger in den Medien. Viele Fußballexperten bescheinigten uns jetzt ebenfalls spielerisches Können.
Aufregender zeigte sich der drittletzte Spieltag. Das Heimspiel gegen Borussia Mönchengladbach entpuppte sich als das Spiel der Spiele um die Meisterschaft, denn nach 57 Minuten gingen die Gladbacher durch ein Tor von Heynckes in Führung. Doch in der 84. Minute glich Lothar Ulsaß zum 1:1 aus. Als dann Erich Maas Sekunden vor dem Abpfiff den Siegtreffer für uns erzielte, war unser Publikum nicht mehr auf den Plätzen zu halten, so dass die Barrieren um das Spielfeld keine Hindernisse mehr bildeten.
Die Meisterschaft war nun zum Greifen nahe, da unsere Mitkonkurrenten München 1860 und Eintracht Frankfurt beide ihre Spiele verloren hatten. Die Entscheidung des Titelgewinns rückte in den Bereich der Realität. Zwei Punkte aus den letzten beiden Spielen wurden für den Meistertitel noch benötigt.
Beim vorletzten Spiel in Essen unterstützten uns 2500 Braunschweiger Fans auf den Rängen. Beim Schlusspfiff fielen wir uns alle um den Hals, denn durch das erzielte Unentschieden und den Punktgewinn der Dortmunder in Frankfurt stand für uns fest, dass das »Rennen« um die Meisterschaft gelaufen war.
Nach dieser Anspannung ließen wir unseren Emotionen freien Lauf. Alle Strapazen der Saison wurden nun belohnt. Sehr viele Menschen wollten uns beglückwünschen. Einen Gratulanten möchte ich nicht unerwähnt lassen. Viktor Siuda, viermaliger Deutscher Gehermeister in der Mannschaftswertung mit Eintracht Braunschweig hatte ein vorab gegebenes Versprechen eingelöst, und einen Sieben-Tage-Marsch (328 Kilometer von Braunschweig nach Essen) zu Fuß zurückgelegt.
Die Woche bis zum letzten Spiel mit der Meisterehrung wurde zu einer regelrechten »Gratulationseuphorie«. Die Karten für das letzte Spiel waren sehr schnell vergriffen.
Auf jeden Fall wollten wir unserem großartigen Publikum mit einer eindrucksvollen Leistung für die einzigartige Unterstützung während der gesamten Saison danken. Im Stadion empfing man uns mit tosendem Beifall. Auf uns übertrug sich sofort diese Begeisterung und entsprechend gut präsentierten wir uns auf dem Spielfeld. Mit 4:1 wurde der FC Nürnberg trotz großer Gegenwehr verdient geschlagen. Nach dem Abpfiff stürmten tausende Fans auf das Spielfeld, um mit uns diesen einzigartigen Erfolg zu feiern. Das war ein unbeschreibliches Gefühl. Wir schämten uns auch nicht der Tränen, die hier und da vergossen wurden. Die Ehrung der Mannschaft nahm der DFB Präsident Dr. Goesmann vor. Mit der Meisterschaftstrophäe (dem so genannten Kuchenteller) drehten wir Spieler dann eine Ehrenrunde in dem unbeschreiblichen »Hexenkessel« an der Hamburger Straße. Im Anschluss erfolgte eine Fahrt in den offenen Pkws Richtung Altstadtrathaus. In der Innenstadt jubelten uns tausende von Fans zu und riefen dabei immer wieder unsere Namen. Am Altstadtrathaus empfingen uns allein über 20 000 Menschen mit überschäumender Begeisterung. Hier wurden wir dann vom Oberbürgermeister der Stadt Braunschweig, Bernhard Ließ, begrüßt und geehrt. Der DFB Präsident überreichte noch jedem Spieler, einschließlich Trainer, die goldene Meisterschaftsnadel. Der Verein zeichnete uns im Anschluss daran mit der goldenen Vereinsnadel aus. Im Altstadtrathaus sprach der Oberbürgermeister von einem stolzen Tag in der Geschichte der Stadt Braunschweig. Hennes Jäcker, der »gute Geist« der Mannschaft, stimmte daraufhin das Lied an: »So ein Tag, so wunderschön wie heute«. Tausende auf dem Altstadtmarkt sangen euphorisch mit.

Trainer Johannsen und Spieler Bäse bei Fahrt durch Innenstadt am 3. Juni 1967

Eintracht Braunschweig – für viele ein Stück Lebensinhalt

»Wir sind EINTRACHT«

Von Dietmar Erler

Diesen stolzen Satz fährt ein Linienbus durch die Stadt. Eine Botschaft, die im Grunde nicht publik gemacht werden muss. Jeder weiß: diese, von der Papstwahl abgeleitete, berühmt gewordene Schlagzeile ist ein gewachsener Teil Braunschweigs.

In Deutschland müssen wir schon sehr sorgfältig nach vergleichbar bedeutenden Fußball-Lebensgemeinschaften suchen wie es die Eintracht und seine Region ist. Die Fans der »Roten Teufel« aus Kaiserslautern jubeln und leiden ähnlich. In östlicher Nachbarschaft ist Struktur und Historie des FC Magdeburg vergleichbar.

Warum ist die Rolle der EINTRACHT so besonders charakteristisch? Schalke, Dortmund, Bayern sind anders gelagert. Weltstädte oder ein Ballungsraum wie das Ruhrgebiet schmieden die Klubs zu andersartigen Gebilden.

Das Braunschweiger Land verkörpert eine schwierige Welt für sich: Der historisch bedingten Bedeutung mit erwachsenem Stolz steht nach 1945 die Zonenrandlage entgegen. Harz und Heide ist zu einer reichlich abgelegenen Ecke degradiert worden. Auch wenn der Braunschweiger Koch die Fußballregeln als Erster aus England nach Deutschland holte, die Landeshauptstadt hieß Hannover. Wirtschaftliche Bedeutung rund um den Löwen zu behalten, fiel immer schwerer.

Dann diese Fußballerfolge als Bundesliga-Gründungsmitglied ab 1963. EINTRACHT wurde 1967 sogar Deutscher Meister, überflügelte darauf in den folgenden Jahren den großen Rivalen Hannover 96.

Braunschweig und seine EINTRACHT schmücken sich gegenseitig über ein Jahrhundert lang in enger Abhängigkeit voneinander. Wie bei den seltenen Kochmützen eines Feinschmecker-Restaurants heißt es:

Braunschweig,
– Stadt Heinrich des Löwen
– Stadt der Wissenschaft
– Heimat der EINTRACHT

Die Art und Weise war entscheidend: Bodenständige, aber nie engstirnige, sachliche Vereinsführung unter Präsidenten wie Dr. Hopert, »Balduin« Fricke und »Zucker« Müller. Auch Günter Mast konnte gut rechnen.

Eine Stadt wie Braunschweig ließ gar kein Überflieger-Potential zu, wie es in den großen Metropolen allzu leicht um sich greift – und nur ganz selten längerfristig Erfolg bedeutet.

So profitierte die Stadt an sportlichen Glanztagen als Zonenrand-Abseitslage, von EINTRACHTs Namen, wie umgekehrt in schwierigen Fahrwassern der Verein auf seine Stadt vertrauen konnte und kann.

EINTRACHT passte zu Braunschweig. Diese Stadt hat abgesehen von der Phase der 1967er Meisterschaft lange gebraucht um zu begreifen, welch Potential dieser Fußballname nach Europa trägt. Erst nach dem Abstieg in die dritte Liga Ende der 1980er Jahre wurde dies den Menschen klar.

Verbunden mit einer insgesamt aufblühenden Fan-Kultur, gefördert durch den Bau herrlicher »Fußball-Tempel«, schmolz auch die Anhängerschaft dieser Region zu wahrer Größe zusammen.

Erreichen der 3. Liga am 31.05.2008

Eine Macht, gleichermaßen leidens- wie begeisterungsfähig. Sich selbst feiernd und zelebrierend, gerade wenn die Mannschaft nicht allein durch fußballerische Begeisterung den Funken entfachte. Das geschah in letzter Zeit leider häufiger. Begeisterung auch ohne einen Stadion-Neubau wie sonst überall in den Nachbarstädten.
Schade, peinlich unangenehme Ausfallerscheinungen einiger weniger »spezieller Fans« – vor allem auswärts – brachten dem Verein länger schon spürbaren Misskredit. Zum Glück gibt es erheblich mehr erfreuliche Signale, wie sich Verein und Umfeld aktiv entwickelten.
Harald Tenzer setzte 1987 als Erster im Land die Pool-Idee in die Tat um: Rund 100 Firmen unterstützen gebündelt bis heute den Klub.
Natürlich die geniale Einführung der Trikotwerbung durch Günter Masts JÄGERMEISTER, die belegt, dass das Leben und Denken im Braunschweiger Land aktiv und fortschrittlich sein kann.

Viele ehemalige Spieler sind hier heimisch geworden oder pflegen weiter enge Kontakte, auf dem Weihnachtsmarkt, in CONNIs Kneipe oder über den Veltenhofer Spargel.
Die EINTRACHT-Gemeinde und ihre Stadt haben es überhaupt nicht nötig, gegen andere Klubs aus der Umgebung zu trompeten. Welche Unsitte an der Sache vorbei! Gern begeistert unterstützende Anfeuerung bei sportlich berechtigter Rivalität, das hilft der Mannschaft am meisten.
Darüber hinaus darf sich die Region freuen und braucht es, in Hannover und Wolfsburg weitere Aushängeschilder des Fußballs zu besitzen.
Positives Denken, umgesetzt in Anfeuerung wird am ehesten diese EINTRACHT zu Recht wieder dahin hieven, wo sie mit ihrer Anhängerschaft und der städtischen Unterstützung hingehört, (mindestens) in die zweite Liga.
Braunschweig ist weder provinziell noch »Schicki-Micki«-Gebiet. Hier wird ehrliches Bemühen einer Mannschaft honoriert. Jahrzehntelang war es gerade für die Spieler eine Art Paradies, in Blau-Gelb an der Hamburger Straße aufzulaufen. Das sollte ganz schnell wieder so sein. Einsatz verbunden mit Teamgedanken, nur so überlebt die gesamte Region!
Wenn diese Eckpfeiler stehen, schwappt die Fußballbegeisterung weiter, nahezu unabhängig von der Klasse. Klar, es sollte besser schon wenigstens diese dritte Liga sein. Denn:
Wir sind EINTRACHT!
Das begegnet uns nicht nur als Busaufschrift. Das spürt man in Braunschweig auf Schritt und Tritt.

Dietmar Erler

Umbruch und viel Neues – Neustart mit neuem Präsidium

Eintracht Braunschweig im Jahr 2008

Von Torsten Lieberknecht (Chef-Trainer)

Fans der Eintracht am letzten Spieltag der Saison 2007/2008

Kurz vor dem Jahreswechsel wurden bei der Mitgliederversammlung Sebastian Ebel als neuer Präsident, Rainer Ottinger als sein Vize und Torsten Lieberknecht als Sachwalter Fußball in das Präsidium berufen. Vom alten Präsidium verblieb Wolfgang Krake als Sachwalter Abteilungen in diesem Gremium, das im Januar mit Rainer Cech als neuem Schatzmeister komplettiert wurde. Das erklärte Ziel der neuen Führungsspitze der Eintracht war es, die Qualifikation für die neue dritte Liga zu schaffen. Als die Eintracht am 24. Februar erstmals im Jahr 2008 in Babelsberg zu einem Punktspiel antrat, war sie hiervon und somit vom angestrebten Minimalziel der Saison 2007/2008 noch deutlich entfernt.

Die Regionalliga Nord befand sich aufgrund einer Reform im Umbruch. Die Gründung der dritten Liga – nach der Bundesliga und der zweiten Bundesliga eine dritte Profiliga – erforderte das Zusammenlegen der beiden Regionalliga Staffeln Nord und Süd. Während von beiden Staffeln die ersten beiden Klubs direkt in die zweite Bundesliga aufstiegen, berechtigten die Plätze drei bis zehn zur Teilnahme an der neuen dritten Liga. Die schlechter platzierten Teams ereilte der schwere Gang in die Viertklassigkeit, in die neue dreigeteilte Regionalliga.

Neuzugang Fait-Florian Banser

Zu Beginn des Jahres galt es also, die durchwachsene Hinserie wettzumachen. Benno Möhlmann, Trainer und Sportlicher Leiter in Personalunion, tätigte zu diesem Zweck in der Winterpause einige Neuverpflichtungen. Obwohl sich die Rückserie deutlich erfolgreicher als die Hinrunde gestaltete, deutete sich immer mehr an, dass sich die Eintracht in der folgenden Spielzeit nicht zu den Klubs der neuen dritten Liga würde zählen können.

Am Pfingstwochenende (10. bis 12. Mai) trat Trainer Benno Möhlmann sodann nach einer Niederlage bei Oberhausen zurück und machte Platz für seinen Nachfolger Torsten Lieberknecht. Dieser agierte von nun an mit Darius Scholtysik an seiner Seite.

Qualifikation für die dritte Liga erst am letzten Spieltag

Die Regionalliga Nord war geprägt durch eine starke Leistungsdichte, so dass die endgültige Entscheidung über Auf- und Abstieg sowie für die Qualifikationsplätze erst am allerletzten Spieltag fiel. In einem wahren Krimi schaffte die Eintracht doch noch das Unmögliche und sprang 30 Minuten vor Saisonende erstmals auf den begehrten zehnten Tabellenplatz und gab diesen nicht mehr her. Dank eines 2:0 Sieges Zuhause gegen die zweite Mannschaft von Borussia Dortmund II und der Schützenhilfe des VfB Lübeck, der unerwartet mit 1:0 auswärts bei Rot-Weiss Essen gewann, schaffte Eintracht ein wahres Wunder.

Eintracht spielt wieder im Eintracht Stadion

Um zukünftig wieder im Bereich des Profi-Fußballs agieren zu können, war die sportliche Qualifikation für die neue dritte Liga eine Voraussetzung. Aber auch wirtschaftlich galt es, die Lizenzauflagen des Deutschen Fußballbundes (DFB) zu erfüllen, was dem Traditionsklub nicht zuletzt aufgrund der Unterstützung des Trikotsponsors Staake Investment/Getränke drive 24, der Volkswagen AG und BS|ENERGY sowie allen weiteren Sponsoren und Partnern gelang. Einmalig in der Fußballlandschaft ist das Sponsorenkonsortium, welches sich die Rechte am Namen des heimischen, allerdings städtischen Stadions sicherte. Gemeinsam brachten die Öffentliche Versicherung, die Braunschweigische Landessparkasse, BS|ENERGY, Volksbank eG Braunschweig/Wolfsburg und Volkswagen Financial Services AG die geforderte Summe auf und tauften das Stadion, zur Freude aller Beteiligten sowie der Fans »Eintracht Stadion«.

Chef-Trainer Torsten Lieberknecht

Ausgliederung der Fußball-Lizenzspielerabteilung

Einen weiteren wichtigen Schritt auf dem Weg zu professionellen Strukturen wurde durch die Ausgliederung der Lizenzspielerabteilung getan. Am 28. Februar meldete man die Eintracht Braunschweig GmbH & Co. KGaA im Handelsregister an, was erst durch den positiven Bescheid der Mitglieder in der oben erwähnten Mitgliederversammlung ermöglicht wurde. Vor Saisonstart wurde zudem mit Marc Arnold die Position des Sportlichen Leiters neu besetzt. Weitere größere personelle Veränderungen standen zur Freude der Verantwortlichen nicht an. Während in der vorangegangenen Saison der Kader der Blau-Gelben vollkommen neu gestaltet werden musste, blieb er zu Beginn der Spielzeit 2008/2009 bis auf einige Ausnahmen bestehen. Die wenigen Neuverpflichtungen konnten schnell integriert werden, so dass sich die Eintracht bereits bei ihrem ersten Spiel in der neuen dritten Liga mit einem 2:0 Auswärtssieg beim Zweitligaabsteiger Aue als eine funktionierende Mannschaft präsentierte.

Eintracht im Jahr 2008 – Das sind für mich Emotionen und jede Menge Blau-Gelb

Für mich als Trainer ist die Eintracht etwas ganz Besonderes. Eintracht bedeutet für mich pure Emotionen und Herzblut. Dass es mir da nicht alleine so geht, erlebt man bei jedem unserer Heimspiele. Obwohl die Spielzeit 2007/2008 für uns die meiste Zeit alles andere als erfolgreich verlief, wir bis auf die beschriebenen 30 letzten Saisonminuten nur einen Abstiegsplatz belegten, konnten wir durchschnittlich 14 935 Zuschauer begrüßen: Ligarekord. Kaum zu glauben, aber mit diesen Besucherzahlen können wir sogar in der zweiten Liga mehr als nur mithalten. Und auch für die aktuelle Saison deutete sich bereits in der Vorbereitung im Sommer eine ähnliche Begeisterung an: Über 6500 Dauerkarten wurden verkauft. Insbesondere in Braunschweig und Umgebung ist die Begeisterung förmlich mit den Händen zu greifen. Dass die Blau-Gelben auch über die regionalen Grenzen hinaus eine Rolle spielen, wird darin deutlich, dass unsere Eintracht sogar Schauplatz für einen Kinofilm ist. »66/67« erzählt die Geschichte einer Gruppe von Freunden, die natürlich Eintracht Fans sind. Die Dreharbeiten in und um das Stadion wurden im August beendet, Premiere ist im Frühjahr des Jahres 2009, geplant ist eine Aufführung auf der Berlinale.

Für uns ist es in diesem Jahr wichtig, den eingeschlagenen Weg hin zu noch professionelleren Strukturen konsequent weiter zu gehen. Sportliche und wirtschaftliche Konsolidierung sind das erklärte Saisonziel. Insbesondere im Nachwuchsbereich wollen wir noch stärker agieren. Zudem steht das Thema Stadionumbau noch immer auf der Agenda. Bei der Eintracht gibt es immer viel zu tun. Das ist ganz klar. Aber wir, die Verantwortlichen und Mitarbeiter, wollen uns dieser Aufgabe stellen und uns stets nach dem Motto »Stillstand ist Rückschritt« für unsere Eintracht einsetzen.

Eintracht Braunschweig: Kader 2008/2009

Das Trio vom Gastwerk ist »la Mamas« ganzer Stolz

Die Leonardi-Brüder zelebrieren »Rodizio Brasil« mit stetig wachsendem Erfolg

Von Klaus Langhardt

Mit der Zahl »drei« hat das so seine Bewandnis. Die Liste der berühmten Klassiker »Drei Musketiere«, »Drei Mann auf einem Boot«, »Die drei von der Tankstelle«, wurde im Jahre 2002 verlängert durch »Die drei vom Gastwerk«. Das Brüdertrio Guiseppe, Salvatore und Andrea hört auf den Familiennamen Leonardi und die Frau Mama wacht darüber, dass in der Familie und im Betrieb alles rund läuft. »La Mama«, sagt Salvatore, »ist die graue Eminenz.«

Als solche darf sie durchaus stolz betrachten, was ihre drei Söhne aus dem »Gastwerk« am Mittelweg innerhalb von gut sechs Jahren gemacht haben: Einen der angesagtesten Gastronomiebetriebe der Stadt, ein anerkanntes Veranstaltungshaus, einen längst nicht mehr als Geheimtipp gehandelten Ort guter Küche, ebenso guter Getränke, in echtem Wohlfühl-Ambiente. »Als wir hier an den Start gingen, war der Laden ganz weit unten«, erinnert sich Salvatore Leonardi.

»Rodizio Brasil« heißt die Zauberformel, die dem Gastwerk zu einem einzigartigen Ruf in Braunschweig verhalf. »Rodizio« ist eine ganz spezielle Art zu speisen. Unentwegt kommen eilfertige Köche und säbeln am Tisch mit superscharfen Messern zehn verschiedene feine Fleischsorten wie Lammrücken, Rindersteak, Pute in Parmaschinken, Hähnchen, Tafelspitz und dergleichen vom gerade aus der Glut kommenden Grillspieß. So lange und so viel der Gast will.

Die Trilogie – Restaurant, Bistro, Büffet – war ein weiterer »Bringer« auf dem Weg nach oben. »Wir sind immer auf jeden Gast eingerichtet«, sagen die drei Leonardos. Exotische Cocktails an der Bar, kleine Snacks im Bistro, »Rodizio« oder vielfältigste Speisen von der Karte im Restaurant – und mittendrin das riesige geschnitzte Büffet.

Nach sechs Jahren intensiver Aufbauarbeit ziehen die drei Leonardis dieses Fazit: »Unsere Kundenstruktur ist unverändert, aber wir haben heute viermal so viele wie in 2002.« In einem sind sie sich überdies einig: Catering? Natürlich, egal wohin und egal für wie viele Leute. Aber: »Am besten ist, die Kunden kommen zu uns, hier kriegen sie alles, was ihr Herz begehrt. Immer frisch und direkt vor Ort.«

Großzügig und doch gemütlich, die Lounge im Gastwerk lädt zum Verweilen ein.

Für die Sportfans gibt es eine Großbildleinwand.

Das Büffet ist Blickfang von der Restaurantseite aus, …

… aber auch wenn man das Gastwerk betritt.

Schmackhafte Pasta, stets ganz frisch zubereitet, lädt die Gäste ein.

Beeindruckende Vielfalt an Salaten und Gemüsen rund um das Rodizio

Gastwerk
Mittelweg 7 · 38106 Braunschweig
Tel. (05 31) 2 37 12 00 · Fax (05 31) 2 37 12 02
info@gastwerk.de · www.gastwerk.de

In Braunschweig Maß der Dinge bei Fitness und Gesundheit

Vital-Club ELIXIA bietet mehr als Sport und verwöhnt seine Kunden auf höchstem Niveau

Blick von der Cafeteria in das Studio, vorn die Geräte für das Cardiotraining.

Von Klaus Langhardt

Im August 2001 eröffnete ELIXIA am Mittelweg eine Dependance in Braunschweig. Der neue Fitness-Club (heute: Vital-Club) avancierte auf Anhieb zum Trendsetter und war fortan das Maß aller Dinge. Wo immer ein neues Studio aufmachte, die ELIXIA-Ausstattungsmerkmale waren der Standard, an dem sich die Mitbewerber orientierten – weil ihnen einfach nichts anderes übrig blieb.

Nun ist die Ausstattung eines Fitness-Centers die eine Sache, das, was drinnen gelebt wird, eine ganz andere. Das Management-Team um Stefan Geburzky lässt da im ELIXIA keine Fragen offen. Die Idee, dem Kunden außer der Anregung zur sportlichen Betätigung auch die Hilfen für ein besseres und gesünderes Umgehen mit seinen Ressourcen zu liefern, die wird konsequent umgesetzt. Die Vital-Coaches sind mehr als nur Fachleute, die einen Trainingsplan aufstellen. Sie beraten ebenso fachkundig bei Ernährungsfragen, geben Tipps, wie man am besten entspannt. »Wir wollen unsere Kunden auf dem Weg zu einem gesunden Lebensstil beraten und begleiten«, sagt Geburzky. »Dabei ist der Sport zwar ein wesentlicher Eckpfeiler, aber beleibe nicht alles.«

Beweglichkeit, Elastizität: Fitnesstraining ist äußerst vielfältig.

Interne Schulungs- und Fortbildungsprogramme, der Besuch von externen Seminaren – auch für die Vital-Coaches gilt, dass Stillstand Rückschritt ist, und diesen leistet man sich bei ELIXIA nicht. Leadership in einem umkämpften Marktsegment wie Fitness und Schönheit, muss man sich hart erarbeiten und wenn man einmal ganz oben ist auch ebenso hart verteidigen. 3100 Kunden zählt das ELIXIA in Braunschweig heute, viele sind seit dem Eröffnungstag dabei. Die Zahl von 4000 möchte man mittelfristig erreichen, mehr aber nicht, weil man den Kunden keine bedrückende Enge und schon gar nicht mangelnde Aufmerksamkeit antun will. Ein gutes Argument für das Vitalstudio am Mittelweg ist zweifelsohne das große Schwimmbad mit seinen beeindruckenden 20 Metern Beckenlänge, in denen sich die Langstreckenfreaks genau so tummeln, wie jene, die beim Aquarobic den Pfunden das Halali blasen.

Insgesamt 70 Mitarbeiterinnen und Mitarbeiter sind um das Wohl der Kunden bemüht. Die Führungscrew um Stefan Geburzky mit Sahar Kimaei-Asadi, dem das Trainings-und Produktmanagement obliegt, Jörg Heckenbach, Football-Legende und Träger des Silbernen Lorbeerblatts als Leiter der Kundenberatung sowie Yvette Dittmann, die den Service leitet, sie alle halten Anspruch und Tempo im ELIXIA hoch. Das Kursangebot ist vielfältig, die Kurse werden vom eigenen Personal oder von hoch qualifizierten Freelancern geleitet.

Und wer nach hartem Training und schweißtreibenden Kursen noch in Ruhe relaxen oder in der Sauna (drei Trockensaunen, davon eine nur für Frauen und eine Dampfsauna) seine Seele baumeln lassen will, der ist im ELIXIA ebenfalls bestens aufgehoben. Dieser Bereich gehört nicht von ungefähr zu den am stärksten frequentierten im ganzen Studio. Eine Oase der Ruhe, in der man wunderbar neue Kräfte sammeln kann. Schließlich ist morgen ein neuer Tag, und das ELIXIA wartet. Es ist an jedem Tag des Jahres geöffnet. An jedem!

Ernährung

Vitalität

Entspannung

Bewegung

ELIXIA Braunschweig
Mittelweg 7/8 · 38106 Braunschweig
Tel. (05 31) 8 66 66 00 · Fax (05 31) 8 66 66 10

Über alle Maßen genau

Die Physikalisch-Technische Bundesanstalt (PTB)

Von Dr. Jens Simon

Gelände der PTB in Braunschweig

Im Westen Braunschweigs, zwischen Kanzlerfeld und Völkenrode, arbeitet eine ganz spezielle Spezies von Wissenschaftlern. Hier, auf dem Gelände der Physikalisch-Technischen Bundesanstalt (PTB), nehmen es die Physiker und Ingenieure und all die anderen Wissenschaftlerkollegen nicht nur einfach genau – sie nehmen es ganz genau. Denn eben dies ist ihre sehr spezielle Aufgabe: die Maße festzusetzen, nach denen unsere Welt sich bemisst – von der Sekunde bis zum Kilogramm, vom Ampere bis zum Meter. Und so wundert es auch nicht, dass einige Objekte der PTB überaus prominent sind und speziell von den Braunschweiger Bürgern in einem Atemzug mit dem Burglöwen oder der Eintracht genannt werden: die Atomuhren, die so präzise ticken, dass jemand schon die Geduld von mehreren zehn Millionen Jahren aufbringen müsste, um die Uhren nur eine einzige Sekunde falschgehen zu sehen. Also sehen es die Braunschweiger Bürger ganz lokalpatriotisch und sagen: »In Braunschweig wird die Zeit gemacht!« Und Recht haben sie damit, denn die PTB-Uhren sorgen tatsächlich für die korrekte Zeit in Deutschland (was nicht nur jeder Funkuhrbesitzer weiß) und bestimmen zu einem gewichtigen Teil auch die Weltzeit.

Die fast aberwitzige Genauigkeit, welche die Zeitexperten aus ihren Atomuhren herauskitzeln, erreichen ihre Kollegen vom Kilogramm über das Kelvin bis zur Candela (der Einheit der Lichtstärke) vielleicht nicht. Aber auch sie können »ihre« Einheit so präzise darstellen wie kaum ein anderer. Und wenn die Einheit noch nicht hundertprozentig ihrem wissenschaftlichen Anspruch genügt, dann krempeln sie die Ärmel hoch und versuchen sich an einer neuen Definition. So geschieht es momentan etwa beim Kilogramm, das über ein kleines Klötzchen Metall in einem Pariser Tresor definiert ist. Ein Klötzchen, von dem niemand weiß, ob es nicht über die Jahrzehnte hinweg ein wenig an Gewichtsschwund leidet. Vergleiche mit den weltweit verteilten, nationalen Kilogrammkopien deuten darauf hin. Und so haben sich die Forscher darangemacht, das Kilogramm auf ordentliche Füße zu stellen – etwa auf die kleine aber konstante Masse eines Atoms. Da solche Forschungsaufgaben nicht en passant zu erledigen sind, ist ein nationales Metrologieinstitut wie die PTB (Metrologie als die Wissenschaft vom Messen) der richtige Ort, um sie anzupacken und die gewünschten Genauigkeiten zu erreichen.

Ganz in schwarz, mit Roboterarmen: Labor für Lichtfragen

Messungen sind also das A und O in der PTB – dies allerdings keineswegs nur für Forschungszwecke. Vielmehr arbeitet die PTB zugleich auch als messtechnischer Dienstleister, etwa für die Industrie, die besonders in ihren High-tech-Sparten auf gute und möglichst genaue Mesungen angewiesen ist und kalibrierte Messgeräte braucht. Zahlreiche Kooperationen zwischen der PTB und Firmen aus nahezu allen Branchen belegen den enormen Bedarf nach präzisen und belastbaren Messungen. Aber auch jeder einzelne Bürger kommt mit der PTB tagtäglich und mehrfach – meist ohne es zu merken – in Kontakt. In jedem Strom-, Gas- und Wasserzähler, jeder Zapfsäule an der Tankstelle, jeder Ladentischwaage im Supermarkt und vielen anderen Messgeräten unseres Alltags steckt eine gehörige Portion PTB. Überall, wo es um Verbraucherschutz beim Messvorgang geht, ist die PTB diejenige Institution, welche die Geräte als

In der Uhrenhalle ticken Atomuhren der neuesten Generation

Für ein neues Kilogramm: Atome zählen in Siliziumkugeln

Nicht nur ein Spiegel – eine perfekt ebene Fäche

erste Instanz (also auch vor jeder Eichung durch die Eichbehörden) auf Herz und Nieren prüft und – bei bestandener Prüfung – für die weitere Nutzung freigibt.

Wer den Messkünstlern der PTB ein wenig über die Schultern schauen will, kann dies auf sehr verschiedenen Wegen tun. Zu Tagen der offenen Tür lädt die PTB regelmäßig (alle zwei Jahre) ein und präsentiert jeweils eine Auswahl aus ihrem reichhaltigen Messangebot, das nahezu alle physikalischen Einheiten umfasst. Wer allerdings nicht auf diesen Zeitpunkt warten will, kann auch einen individuellen Blick hinter die Kulissen werfen: Besuchergruppen (ab etwa zehn Personen) können sich bei der PTB anmelden, einen Besuchstermin (ein paar Wochen in der Zukunft liegend) vereinbaren und sich einen speziellen Laboratoriumsrundgang zusammenstellen lassen. Da nahezu alle Besucher dabei die Atomuhren sehen wollen, dies aber (rund um die Atomuhren herrscht ja reger Forschungsbetrieb) nicht für alle einzulösen ist, hat die PTB mit ihren Uhren eine Art »Außenstelle« eröffnet: Im Braunschweigischen Landesmuseum am Burgplatz steht im ersten Stock eine echte Atomuhr, die einmal in der PTB getickt hat, in einer kleinen Ausstellung rund um die Zeitmessung. Titel der Ausstellung: »Rezept für eine Atomuhr«

Öffentlicher Vortrag im Hörsaal der PTB

Die besondere Veranstaltung: »Lange Nacht der Zeit« als Auftakt zur »Stadt der Wissenschaft«

Aber auch auf dem heimischen Sofa kann man die PTB vielleicht nicht erleben, so doch erlesen: In dem wissenschaftsjournalistischen Magazin »maßstäbe« greifen die Redakteure der Pressestelle gemeinsam mit mehreren freien Journalisten jeweils ein wissenschaftliches Thema auf und versuchen, es von vielen (nicht nur physikalischen) Seiten zu beleuchten und sowohl informativ als auch unterhaltend darzustellen. An vielen Stellen ist darin – es kann ja nicht anders sein – auch die PTB zu finden. Wer das Magazin, das einmal pro Jahr immer im vierten Quartal erscheint, kostenlos abonnieren möchte, kann sich einfach an die Pressestelle der PTB wenden, die – versprochen! – nicht metrologisch mit ihnen spricht.

Schülertag in der PTB

Experten in Sachen Ökonomie, Ökologie und Technologie

Das Johann Heinrich von Thünen-Institut (vTI)

Von Dr. Michael Welling

Verstreut zwischen Wäldern und Feldern, am westlichen Stadtrand von Braunschweig zwischen Kanzlerfeld und Völkenrode, liegen auf einem rund 450 Hektar großen Areal die Gebäude des Johann Heinrich von Thünen-Instituts (vTI), Bundesforschungsinstitut für Ländliche Räume, Wald und Fischerei. Dieser Name ist für Braunschweig neu, und doch handelt es sich um einen Forschungsstandort mit Tradition. 60 Jahre befand sich hier die Bundesforschungsanstalt für Landwirtschaft (FAL).

Das zum 1. Januar 2008 gegründete Johann Heinrich von Thünen-Institut hat einen breiten Forschungsansatz mit dem Ziel, die Landwirtschaft, Forst- und Holzwirtschaft sowie die Fischerei nachhaltig weiterzuentwickeln. Dabei bezieht es ökonomische, ökologische und technologische Aspekte ein. Der überwiegende Teil der ehemaligen FAL-Institute ist in die neue Einrichtung eingeflossen, darüber hinaus auch die beiden Bundesforschungsanstalten für Forst- und Holzwirtschaft sowie für Fischerei mit Sitz in Hamburg. Das vTI gliedert sich in 15 Fachinstitute, die neben Braunschweig als Hauptsitz auf acht Standorte in Nord- und Ostdeutschland verteilt sind: Hamburg, Cuxhaven, Ahrensburg, Großhansdorf, Trenthorst, Rostock, Eberswalde und Waldsieversdorf.

Welche Auswirkungen hat der zunehmende internationale Wettbewerb auf die Landwirtschaft und die Lebensmittelpreise? Wie kann der ökologische Landbau optimiert werden? Welche Folgen hat der Klimawandel auf die landwirtschaftlichen, forstlichen und marinen Ökosysteme? Dies sind nur drei von vielen Fragen, auf die das Johann Heinrich von Thünen-Institut nach Antworten sucht. In erster Linie werden diese Antworten für die Bundesregierung erarbeitet, denn das vTI zählt zu den Ressortforschungseinrichtungen des Bundes und hat den Auftrag, die politischen Entscheidungsträger wissenschaftlich zu beraten. Darüber hinaus dient es mit seiner praxisbezogenen Forschung der Entwicklung der Gesellschaft von morgen.

Auf dem Gelände in Braunschweig befinden sich drei agrarökonomische Institute

Johann Heinrich von Thünen (1783 bis 1850), der Namenspatron des Instituts, war Agrar- und Wirtschaftswissenschaftler, der theoretische Kenntnisse der Mathematik mit praktischen Erfahrungen aus seinem landwirtschaftlichen Musterbetrieb in Mecklenburg vereinte. Er gilt als Begründer der landwirtschaftlichen Betriebslehre in Deutschland.

Die Hauptwache, der Eingangsbereich des vTI-Geländes: Markantes Wahrzeichen am Rande des Kanzlerfeldes

Forum-Gebäude des vTI: Das in den 1940er Jahren im Rohbau errichtete Gebäude wurde vor gut 20 Jahren ausgebaut und dient nun als zentrale Tagungsstätte und Sitz des Präsidenten.

des vTI, ferner Institute, die sich mit der biologischen Vielfalt, mit dem Wechselspiel zwischen Klima und Landwirtschaft sowie mit agrartechnologischen Themen wie der Nutzung von nachwachsenden Rohstoffen befassen.

Am vTI-Standort Braunschweig werden in bundesweit angelegten Studien die Lebensbedingungen in ländlichen Räumen erforscht, werden die Potenziale und Grenzen von Biomasse als Energieträger ökonomisch bewertet, hier wird aber auch auf eigenen Versuchsflächen untersucht, wie sich die Kulturpflanzen unter den Bedingungen des Klimawandels in einer Atmosphäre, wie sie in 50 Jahren erwartet wird, entwickeln. Dazu wird in einem Teilstück eines Feldes während der gesamten Vegetationsperiode CO_2-angereicherte Luft mittels computergesteuerter Düsen in definierter Konzentration über die Pflanzenbestände geblasen. Eines von vielen Ergebnissen dieser weltweit beachteten Untersuchungen: Getreide liefert rund 10 Prozent mehr Ertrag, gleichzeitig sinkt der Wasserverbrauch, das Erntegut ist aber von schlechterer Qualität. Zukunftsweisend sind auch neu entwickelte katalytische Verfahren, mit denen nachwachsende Rohstoffe und Reststoffe aus der Landwirtschaft zu Grundstoffen für Chemieprodukte oder andere industrielle Nutzungen veredelt werden. Dadurch lassen sich neue Absatzmöglichkeiten für Agrarprodukte erschließen und gleichzeitig fossile Rohstoffe wie Erdöl einsparen.

Das großräumige Gelände im Westen Braunschweigs ist zu einem modernen »Campus agrar« geworden, auf dem neben dem Johann Heinrich von Thünen-Institut auch Außeninstitute des Friedrich-Loeffler-Instituts, Bundesforschungsinstitut für Tiergesundheit, und des Julius Kühn-Instituts, Bundesforschungsinstitut für Kulturpflanzen (Braunschweiger Hauptsitz in Gliesmarode; ehemalige BBA), angesiedelt sind. Den Einrichtungen steht eine große Versuchsstation mit Tierhaltung und Versuchsfeldern zur Verfügung. Ferner befinden sich auf dem Campus der Hauptsitz des Bundesamtes für Verbraucherschutz und Lebensmittelsicherheit sowie die agrarmeteorologische Station des Deutschen Wetterdienstes.

Die Geschichte des Geländes als Forschungsstandort begann nicht erst mit der Gründung der FAL nach dem Zweiten Weltkrieg. Bereits in den 1930er Jahren wurde hier die Luftfahrtforschungsanstalt des Deutschen Reiches errichtet. Einige Gebäude wie das Forum oder die so genannte Hauptwache – der Eingangsbereich – erinnern in ihrem Baustil noch heute an diese Zeit. Mit Blick auf die Historie wird auch die verstreute Lage der einzelnen Gebäude auf dem reich bewaldeten Gelände verständlich: Auf diese Weise war die damals kriegswichtige Forschungsanstalt optimal getarnt. Diese Zeiten sind glücklicherweise lange vorbei, und das vTI ist, ebenso wie seine auf dem Campus vertretenen Schwestereinrichtungen, international bekannt und Ziel zahlreicher Besucher und Gastwissenschaftler aus dem In- und Ausland.

Prüfstand zur Abgas-Untersuchung von Motoren beim Betrieb mit Biodiesel, fossilem Diesel und Mischungen der beiden Kraftstoffe

Anklänge an Braunschweigs Hanse-Vergangenheit: Den in Hamburg und Rostock angesiedelten Fischerei-Instituten des vTI steht das Forschungsschiff »Walther Herwig III« zur Verfügung. Es operiert in Nord- und Ostsee sowie dem Nordatlantik.

Versuchsfelder auf dem vTI-Gelände

Herrlicher Ausblick auf den Yachthafen

Yachthafen Heidanger

Liegeplatz für Freizeitkapitäne in herrlicher Idylle

»Der große Heidanger« ist eine Flurbezeichnung in der Gemarkung des Ortes Wedtlenstedt und war bis 1980 Namensgeber für eine Kiesabbaufläche. Nach der Ausbeutung solcher Flächen muss gesetzlich ein Rekultivierungsplan erstellt werden. Und spontan hatte die Familie Milius die Idee, das Gelände als Sportboothafen zu nutzen.

In fast 30 Jahren hat sich nunmehr ein attraktiver Yachthafen direkt am Mittellandkanal entwickelt, in dem mehr als 80 Boote ihre Anlegestellen finden. Das Areal umfasst knapp 4 Hektar und bietet eine herrliche Idylle mit Wasserfläche, Grünanlagen sowie über 6000 angepflanzten Bäumen und Sträuchern. Mit dem Restaurant am Heidanger bietet der Yachthafen den idealen Treffpunkt für einen maritimen Ausflug.

Im Hafen gibt es Liegeplätze für Boote aller Klassen und (fast) jeder Größe. Die Durchfahrt zum Mittellandkanal ist 5 Meter hoch, 7 Meter breit und hat eine Wassertiefe von 2 Meter.

Ein »Stammgast« im Hafen ist Hans Krüger mit seiner Ehefrau Annemarie – und der Trawler »Mottenkönig« ist ihr zweites Zuhause geworden. »Sieben Monate im Jahr verbringen wir an Bord«, erzählen die rüstigen Rentner. Zwei Monate davon in Travemünde, aber fünf Monate in ihrer »Heimat« am Heidanger.

Auch größere Schiffe legen auf ihren Urlaubsreisen im Hafen an.

Entspannung pur am Yachthafen

Die ideale Lage des Yachthafens und die Nähe zu Braunschweig gaben dabei den Ausschlag.
Hans Krüger kann sicher sein, von vielen beneidet zu werden, denn wer kann schon eine Zweitwohnung in so einer herrlichen Idylle vorweisen – und dann noch mobil.
Dabei macht Hans Krüger auch noch nette Bekanntschaften, weil viele Urlaubsreisende per Boot den Yachthafen am Heidanger als Zwischenstation nutzen. Des Öfteren ist dabei eine Nacht eingeplant und endet nach mehreren Tagen mit Bedauern, weil man die maritime Idylle verlassen muss.

Ein Restaurant unter Palmen

Feine Speisen und Urlaubsstimmung im Restaurant am Yachthafen

Es gibt viele schöne Restaurants in und um Braunschweig. Doch das Restaurant und Café am Yachthafen darf für sich ein einmaliges Flair beanspruchen. Inmitten der maritimen Szenerie des Hafens werden die Gäste mit kulinarischen Köstlichkeiten verwöhnt. Und auf der herrlichen Palmenterrasse kommt automatisch Urlaubsstimmung auf.
In Italien, ihrem stetigen Urlaubsziel, ließen sich Angelika und Rüdiger Milius inspirieren. So haben sie in ihrem Restaurant und auf der Terrasse eine blühende Insel voller mediterranem Ambiente geschaffen. Von Apfelsinen- und Zitronenbäumchen umgeben, in herrlichem Sonnenschein den Blick aufs Wasser gerichtet, kann der Gast die Zeit genießen und sich in südlichen Gefilden wähnen.
Da ist es schon selbstverständlich und konsequent, dass sich das Restaurant auf Fisch spezialisiert hat. Ob zarter Lachs oder aromatisches Zanderfilet, mediterraner Edelfisch oder exklusives Schalentier, viele maritime Variationen werden die Kenner und Liebhaber feiner Fischgerichte entzücken.
Natürlich stehen aber auch erlesene Fleischgerichte oder Vegetarisches auf der reichhaltigen Speisekarte. Oder einfach Bratkartoffeln mit unterschiedlichen Beilagen.
Dabei ist den Eheleuten Milius wichtig, dass fast alles aus eigener Herstellung angeboten wird – ohne Fremdeinflüsse und ohne Geschmacksverstärker.
Natürlich ist das Haus auch auf Feiern eingerichtet. Vom feinen »Candle-Light-Dinner« bis zur großen Familienfeier stehen Räumlichkeiten für 10 bis 85 Personen zur Verfügung.
Viele Gäste nehmen eine lange Anfahrt in Kauf, um sich im Yachthafen verwöhnen zu lassen – oder nur einfach dazusitzen bei einem Eis, bei Kaffee und hausgebackenem Kuchen, und dabei den Booten zuzuschauen. Unter Palmen, zwischen Rosen und mediterranen Bäumchen – eben wie in Italien.

Angelika und Rüdiger Milius, die treuen Seelen des Hafens

Mediterranes Flair für alle Gäste

Wohlfühlambiente im Restaurant

Restaurant und Café am Yachthafen GmbH
Am Heidanger 1
38159 Vechelde OT Wedtlenstedt
Tel. (0 53 02) 64 00 · Fax (0 53 02) 44 23
info@restaurant-heidanger.de
www.restaurant-heidanger.de

Man versteht sich: Die Meyer-Jungs Lukas und Niklas und die fidelen Schweine in den Meyer-Wiesen sind prima Spielkameraden.

Schwein gehabt: Ich bin ein Schwein vom Meyer-Hof

In Watenbüttel leben die kringelschwänzigen Vierbeiner völlig frei in Saus und Braus – Hofladen eine Topadresse

Von Klaus Langhardt

Nun ja, schlussendlich entgehen auch die fröhlichen Schweine vom Meyer-Hof in Watenbüttel ihrer Zweckbestimmung nicht. Irgendwann sind sie halt Schinken, Schnitzel und Kotelett, aber die Lebenszeit bis zu ihrem Dahinscheiden, die ist das reinste Schweine-Schlaraffenland. Und das unterscheidet die wilden Wutzen aus Watenbüttel ganz entschieden von Millionen Artgenossen, für die der Gang zur Schlachtbank auch als Erlösung gesehen werden kann.

Sie fühlen sich sauwohl: Die Rotte bei der täglichen Siesta.

Dass die Brüder Christoph und Andreas Meyer den Bauernhof in nunmehr sechster Generation doch wesentlich anders als ihre Vorfahren betreiben, ist eigentlich einem Zufall geschuldet. Im Jahre 2002 trieb sie die Idee – fast als Jux – einem ordentlichen Bauernhof stünden ein paar Schweine so schlecht nicht zu Gesicht. Kurzerhand kauften sie einen Eber und zwei Sauen der Rasse Duroc und setzten das Trio in der eigenen Weihnachtsbaumplantage aus, um zu sehen was wohl passieren werde. Der Eber, ein schlaues Kerlchen augenscheinlich, verstand sofort, sah die Chance seines noch jungen Lebens und ließ im wahrsten Sinne des Wortes die Sau raus. Ergebnis: Zwei trächtige Duroc-Damen, die mit ihren kurz aufeinander folgenden Würfen und mehr als einem Dutzend quietschfideler Ferkel, den perfekten Anschauungsunterricht dafür lieferten, wie es mit einer kleinen, aber feinen Schweinezucht wohl so gehen könnte.

Das wiederum verstanden die Gebrüder Meyer und gaben Eber und Sauen weitere Chancen. Der Eber zog vom Leder, dass es nur so krachte, die Sauen wurden von ihm dauerverwöhnt und kamen im Jahr nun zweimal nieder. Der Grundstein war gelegt, auf dem Meyer-Hof wurde fortan das Geld nicht mehr nur mit Getreide, Rüben und Spargel verdient, eigene Fleischverwertung kam als einträgliches Geschäft hinzu. Heute for-

Im Hofladen gibt es weit mehr als nur Fleisch und Wurst.

Wenn kein Pferd da ist, reitet Lukas halt ein Schwein. Dem macht's sichtbar Spaß.

dern zehn Sauen von einem jungen Eber – der Gründervater ist zwischenzeitlich an den Strapazen verschieden – die Erfüllung der ehelichen Pflichten. »Der Bursche hat zu tun«, schmunzelt Christoph Meyer.

Die Schweine genießen vom Tag ihrer Geburt an die freie Natur, werden einmal am Tag mit Getreideschrot und Grassilage gefüttert, müssen sich ansonsten ihr Futter in freier Wildbahn erschnüffeln, erbuddeln und möglichst so rasch einverleiben, dass die Kollegen keinen Wind von einem guten Happen bekommen. Das hält die Muskulatur in Form. Entsprechend schmecken später die Braten, Filets und Haxen.

Ihre lustigste Zeit verbringen die Schweine im so genannten »Kindergarten«, wo sich die nach acht Wochen von den Müttern getrennten Ferkel als spielende, tobende und sich wie Kinder neckende Rasselbande die Zeit vertreiben. Stundenlang kann man da im Sommer amüsiert zusehen. »Eigentlich sind Schweine sehr menschlich«, meint Bauer Meyer, dessen Söhne fröhlich auf den Wiesen mit den Schweinen toben und von denen als Spielkameraden absolut akzeptiert werden. Eins hat sich allerdings im Laufe der Jahre geändert: Zwar ist der Eber nach wie vor ein Duroc, doch die Sauen entstammen der Pietran-Rasse. Die haben mehr und schmackhafteres Fleisch als die eher drahtigen Duroc-Sauen und vererben das natürlich.

Den Gänsen geht es in freier Wildbahn ebenfalls bestens.

Im Hofladen in Watenbüttel wird jeden Freitag und jeden Samstag frisch geschlachtetes Schweinefleisch feilgeboten, aber auch die feinsten Stücke von insgesamt 20 hausgeschlachteten eigenen Rindern pro Jahr. Vor einem Jahr wurde das Fleischangebot zusätzlich erweitert um Gänse und Enten, die wie die Schweine in absoluter Freilandhaltung leben und vor allem in der Vorweihnachtszeit und zum Fest reißenden Absatz finden.
»Eigentlich«, so Christoph Meyer, »besitzen wir als Landwirte, die eine Direktvermarktung betreiben, eine Nische. Aber letztlich greifen auch bei uns die bekannten Gesetze: Was der Kunde will, das bestimmt den Markt.« Meyers Kunden, einmal auf den Geschmack gekommen, wollen nichts anderes mehr als Fleisch von glücklichen Schweinen, Rindern, Enten und Gänsen.

Eingekochtes und selbst gemachte Marmelade gibt es bei Meyers auch.

Wenn das keine Würste sind …

Luftgetrocknet gewinnen die Würste die richtige Konsistenz.

So sieht ein intaktes Familienleben aus: Drei Generation Meyer auf dem eigenen Hof vor dem Hofladen. Zwei Verkäuferinnen zählen quasi mit zu Familie.

Gebrüder Meyer GbR
Am Grasplatz 4 · 38112 Braunschweig-Watenbüttel
Tel. (05 31) 51 17 36 · Fax (05 31) 5 17 11
christoph.meyer.gbr@t-online.de

Martina Sindermann führt ihre Firma auf Erfolgskurs

Metallverarbeitungs-Firma R. Sindermann Präzision GmbH expandiert seit Jahren

Das Braunschweiger Unternehmen hat sich auf Präzisions-Wellengelenke spezialisiert, die mit höchster Sorgfalt produziert werden und zum Beispiel in der Druck- und Folienindustrie eingesetzt werden.

Bereits Anfang der 1960er Jahre gründete Robert Sindermann das Familienunternehmen in Braunschweig-Wenden. Über die Station in Broitzem wurde die Firma nach einem Umzug im Jahr 2001 im Industriegebiet Hansestraße ansässig.

Die Entwicklung der Firma in den letzten Jahren übertrifft alle Erwartungen und es werden permanent erhebliche Wachstumszahlen verbucht.

Überraschend deshalb, dass gerade eine Firma in einer reinen Männerdomäne von einer Frau geführt wird. Doch die heutige Alleingesellschafterin des Metallverarbeitungsbetriebes ist praktisch zwischen den Dreh-, Fräs- und Schleifmaschinen aufgewachsen. Statt mit Puppen zu spielen, war Martina Sindermann glücklich, wenn sie ihrem Vater ihre ölverschmierten Hände zeigen konnte. Nur logisch, dass sie nach der Schule eine Feinmechaniker-Lehre absolvierte. Über berufliche Umwege in der Technischen Hochschule Braunschweig und einer weiteren Ausbildung zur Bürokauffrau war für Martina Sindermann 1991 der Einstieg in die Firma ihrer Eltern der selbstverständliche Schritt.

Die von ihren Eltern mit viel Fleiß, Engagement und dem notwendigen Knowhow begonnene Erfolgsgeschichte fand damit eine Fortsetzung, die alle Prognosen weit übertroffen hat.

Nach dem Tod ihrer Eltern und einer vorübergehenden Geschäftführung des Onkels Klaus Töpke übernahm Martina Sindermann gemeinsam mit ihrer Schwester Brigitte die Geschäftsführung. Schnell kristallisierte sich aber heraus, dass für die betrieblichen Belange des stets expandierenden Unternehmens ein versierter Betriebsleiter benötigt wurde. Der Einstieg von Frank Jeske als Ansprechpartner für den gesamten technischen Bereich und die Personalführung war deshalb ein wichtiger Schritt auf der Erfolgsleiter der Firma.

Noch im Jahre 2001 beschäftigte die Sindermann GmbH 13 Mitarbeiter, heute sind es knapp 50 mit ständig steigender Tendenz. In ganz Deutschland hat sich das Unternehmen einen hervorragenden Ruf erworben bei der Herstellung

Geschäftsführerin Martina Sindermann

Betriebsleiter Frank Jeske

Stets vor Ort: Frank Jeske mit einem Mitarbeiter in der Dreherei

Blick in die Fertigungshalle

Permanente Kontrolle ist wichtig.

von Präzisions-Wellengelenken, Einzel- und Serienteilen aus Metall und Kunststoff für den allgemeinen Maschinenbau. Es sind Teile, die zum Beispiel in Verpackungsmaschinen eingesetzt werden.

Der Höhenflug des deutschen Maschinenbaus konnte in den letzten Jahren effektiv genutzt werden und ein Abklingen der Wachstumskräfte ist nicht erkennbar. Ganz im Gegenteil sind die Auftragsbücher der Firma prall gefüllt und eine Kapazitätsgrenze schon fast ersichtlich.

Die positive Entwicklung erfordert eine Anpassung an den Markt. Deshalb wurde 2008 das komplette Bürogebäude um eine Etage aufgestockt. Dadurch wurde die 1600 Quadratmeter große Fertigungshalle erheblich erweitert. Neue hochmoderne Maschinen werden angeschafft, um stets auf höchstem Niveau arbeiten zu können. Soziale Bereiche des Gebäudekomplexes können vergrößert und sanitäre Anlagen modernisiert werden. Das wiederum hat zur Folge, dass neue Mitarbeiter eingestellt werden können.

Und besonders in diesen Möglichkeiten sieht Martina Sindermann einen großen Vorteil ihres mittelständischen Unternehmens. Gerade auch in schwierigen Zeiten hat die Firma immer wieder in neue Maschinen und gute Mitarbeiter investiert. Den extremen Preiskampf haben viele Betriebe nicht überlebt – für die R. Sindermann Präzision GmbH war er von Vorteil.

Ein weiterer Glücksfall für das Unternehmen ist die Mitgliedschaft bei der Kooperationsinitiative Maschinenbau e.V. (KIM). Mit dieser Vereinigung ist nicht nur der gemeinsame Einkauf von Rohstoffen und Energie möglich. Unter den KIM-Mitgliedern herrscht ein sehr großes Vertrauen, das sich auch darin zeigt, dass bereits 60 Prozent der beteiligten Unternehmen Kunden bei Sindermann sind.

Stolz kann Martina Sindermann darauf verweisen, für das Unternehmen MAN als einen der Hauptlieferanten ihrer Branche ausgewählt worden zu sein und ein Langzeitvertrag eine perspektivische Zusammenarbeit garantiert.

Die Entwicklung steht nicht still. So sollen künftig verstärkt auch internationale Geschäftsbeziehungen entstehen. Ziel der Firma ist, jedes Jahr mindestens einen Neukunden mit einem Umsatzanteil von mindestens fünf Prozent zu gewinnen. Um eine gewichtige Rolle auf dem internationalen Markt zu spielen, kann man sich auf den Internetseiten auch in englischer Sprache informieren.

Die Erfolgskurve wird weiter noch oben schnellen. Umso erstaunlicher, dass sich in dieser Männerdomäne eine hübsche junge Dame für den Expansionskurs verantwortlich zeigt.

R. Sindermann Präzision GmbH
Christian-Pommer-Straße 30 · 38112 Braunschweig
Tel. (05 31) 21 49 68 00 · Fax (05 31) 84 90 30
info@sindermann-praezision.de
www.sindermann-praezision.de

Wichtiger Bestandteil bei der Produktion ist die Fräserei.

Martina Sindermann zeigt das fertige Wellengelenk.

Eine fertiggestellte Kupplung

R. Sindermann Präzision GmbH erhält den Deichmann-Förderpreis

Besonderes Engagement der Firma gegen Jugendarbeitslosigkeit

Die »R. Sindermann Präzision GmbH« wurde 2007 mit einem besonderen Preis ausgezeichnet. Zunächst hat das Unternehmen den niedersächsischen Förderpreis gegen Jugendarbeitslosigkeit gewonnen und qualifizierte sich damit für die Teilnahme am Bundeswettbewerb. Auch auf dieser Ebene wurde die Personalphilosophie der Firma mit einem hervorragenden dritten Platz honoriert.

Seit vielen Jahren machen Jugendliche die gleichen Erfahrungen: Der Schulabschluss ist erreicht und jetzt kann das eigentliche Leben erst richtig beginnen.

Ein gehörloser Mitarbeiter an der Drehmaschine

Geschäftsführung und gehörlose Mitarbeiter mit dem Deichmann-Preis

Glücklich kann derjenige sein, der schnell einen geeigneten Ausbildungsplatz findet.
Besonders schwierig wird die Stellensuche allerdings für Schwerbehinderte. Und gerade auf diesem Sektor kann die Firma Sindermann bundesweit als Vorbild gelten und zeigen, dass die Integration sozial benachteiligter Jugendlicher und hörgeschädigter Mitarbeiter gelingt.
Der Deichmann-Preis gilt in diesem Bereich als der wichtigste in Deutschland und würdigt damit die außergewöhnlichen Bemühungen des Unternehmens, sich für benachteiligte Jugendliche einzusetzen.
Betriebsleiter Frank Jeske berichtet, dass alles damit begann, als die Firma im Oktober 2002 die Bewerbung eines gehörlosen Drehers bekam. Nach einem Praktikum und Gesprächen mit dem Integrationsfachdienst für Hörgeschädigte richtete das Unternehmen zwei Arbeitsplätze für einen gehörlosen und einen schwerhörigen Mechaniker ein.
Heute beschäftigt die Firma R. Sindermann Präzision GmbH knapp 50 Mitarbeiter. Davon sind sechs schwer behinderte Menschen. Ein Viertel der Belegschaft ist jünger als 25 Jahre.
Die Geschäftsführerin Martina Sindermann nennt eigene Erfahrungen als Beweggrund für ihre, schwierige und doch vorbildliche Personalphilosophie. Auch ihr Weg war steinig und von Schicksalsschlägen geprägt. Schon früh wollte sie eine Feinmechaniker-Lehre absolvieren, um im Betrieb ihrer Eltern tätig zu werden. Im Familienbetrieb mit damals gerade zehn Beschäftigten war Mitte der 1980er Jahre keine Stelle frei. Andere Unternehmen aber waren mit ihren Argumenten sehr einfallsreich, um keine Frau einstellen zu müssen. Ein Bewerbungsmarathon blieb ohne Erfolg.
Nach verschiedenen Tätigkeiten und einer Umschulung gelang der Einstieg ins elterliche Unternehmen. Doch weitere Schicksalsschläge mit dem Tod ihrer Eltern und später auch ihrer Schwester folgten.
Und das hat Martina Sindermann geprägt in der Einstellung: Junge Menschen brauchen eine Chance. Eine verantwortungsvolle Unternehmensführung darf heute vor gesellschaftlichen Entwicklungen die Augen nicht verschließen, vor allem dann nicht, wenn es sich um Jugendliche mit schwierigen Startbedingungen handelt.
Der Deichmann-Preis bringt zum Ausdruck, dass behinderte Menschen nicht eben zum üblichen Angestelltenbild in der Industriebranche gehören. Mögliche Verständigungsdefizite werden jedoch durch den ungewöhnlich starken Zusammenhalt der gesamten Belegschaft sowie durch technische Hilfsmittel ausgeglichen. Weil die Integration Gehörloser Investitionen und überdurchschnittliches persönliches Engagement aller Mitarbeiter erfordert, kann das Unternehmen sehr stolz auf das Urteil der Jury sein.
Inzwischen hat das Unternehmen sogar gesonderte Ausbildungsplätze gezielt für benachteiligte Jugendliche geschaffen. Zuständig dafür ist der Qualitätsmanager Bernd Maßmann, der vor allem betont, dass in der R. Sindermann Präzision GmbH alle Mitarbeiter gleich behandelt werden und alle die gleichen Chancen haben. Das fängt bei der Bezahlung an und reicht über Fortbildungsmaßnahmen bis zu betrieblichen Aufstiegsmöglichkeiten.
Vor allem wird nicht daran gedacht, die Jugendlichen nach der Ausbildung in die Arbeitslosigkeit zu entlassen. Es wird gezielt ausgebildet, weil ältere Mitarbeiter ausscheiden und dann Fachpersonal benötigt wird. Bei knapp 50 Mitarbeitern ist man so in der Lage, eine vernünftige Personalplanung vorzunehmen.
Eine Personalplanung, die dem Unternehmen hilft, benachteiligten Jugendlichen die ersehnte Chance bietet, bundesweit Beachtung findet und für viele andere Firmen ein Vorbild sein kann.

Ein Messing-Düsenkopf und ein Aluminium-Felgenstern aus der Produktpalette

Ohne Kommunikation geht nichts FENICOM schafft die Verbindungen

Spezialisten vom Hafen leben ihre Idee vom regionalen Netz aus Überzeugung

Von Klaus Langhardt

Am 17. Mai 2002 gründeten Anton (Toni) Niesporek und Hans-Georg Felderhoff das Unternehmen FENICOM und wagten damit den Sprung in

Nichts geht über das Netzwerk. Auch bei Telefonen. Hier haucht das gelbe Netzwerkkabel der Telefonanlage Leben ein.

ein sehr kaltes und zudem gefährliches, weil von vielen Mitanbietern durchpflügtes Wasser. Heute, mehr als sechs Jahre später, bilanzieren die Firmengründer: »Es war ein schwerer Gang und harte Arbeit, aber unter dem Strich haben wir wohl das Meiste richtig gemacht.« Denn: Längst ist die Umsatzmillion per anno geknackt, hat sich das Unternehmen seinen festen Platz in der Region erarbeitet und den Mitarbeiterstab von ehedem fünf auf mittlerweile elf (fest angestellte!) Fachkräfte ausgebaut. Zu den beiden Gründervätern hat sich zudem Eckhard Nünemann als dritter Geschäftsführer gesellt.

FENICOM befasst sich mit dem Bau von Telefonanlagen für den Mittelstand. Das ist ein wenig grob formuliert, weil es bei weitem nicht das Angebotsportfolio des Unternehmens abdeckt. Step by step geht es von der Beratung über die Berechnung der richtigen Anlagengröße samt Leistungskapazität, das Zusammenstellen der nötigen Module bis hin zum fachgerech-

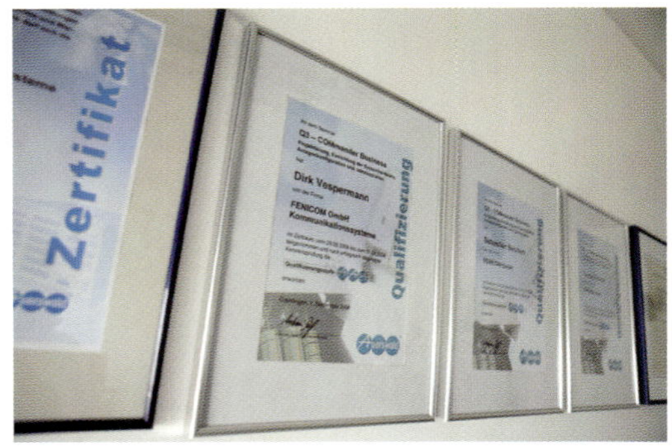

Was Du blau auf weiß besitzt … Die Zertifikate weisen FENICOM unter anderem als Premium-Servicepartner der renommierten Forma Auerswald aus.

ten Einbau, der Abnahme und Inbetriebnahme der fertigen Kommunikationsanlage. Deswegen heißen heute die Mitarbeiterinnen und Mitarbeiter auch nicht mehr wie früher »Fernmeldetechniker«, sie firmieren längst als Kommunikationselektroniker. Niesporek: »Das ist dem Zeitgeist und der globalen Sprachregelung ge-

Es gibt viel zu tun und manches zu bereden. Hans-Georg Felderhoff, Außendienstler Dirk Brinkmann, Eckhard Nünemann und Anton Niesporek (v.l.n.r.) analysieren die Lage.

Das »Motherboard« ist das Herzstück einer Telefonanlage.

Die Telefone der neuesten Generation sehen so aus …

schuldet. Die Berufsbezeichnungen haben sich ja in vielen Bereichen gewandelt.«

Weniger gewandelt haben sich die Geschäftsbeziehungen von FENICOM. Nach wie vor ist das Weltunternehmen Siemens ein wichtiger Partner. Niesporek und Felderhoff sind alte »Siemensianer« und haben ihr Knowhow auch als wichtiges Faustpfand in das neue Unternehmen eingebracht und damit den guten Ruf wesentlich mitbegründet. Von Siemens wurden sie längst zum »Produktpartner« ernannt.

Gar zum »Premium-Servicepartner« wurden sie von der Auerswald GmbH und Co. KG geadelt, einem Telefonanlagenhersteller aus dem nahe gelegenen Schandelah, der mit hochwertigen Geräten und absoluter Qualitätsarbeit permanent auf der Überholspur agiert und den Sprung zu einer Eliteadresse der gesamten Branche mit Bravour gemeistert hat. Mehr als 20 Prozent Marktanteil weisen die Schandelaher mit ihren 180 Mitarbeiterinnen und Mitarbeitern mittlerweile als einen der Branchenführer aus. »Wir sind stolz darauf, mit einem Top-Unternehmen aus der Region eine derart enge und erfolgreiche Zusammenarbeit gefunden zu haben«, sagt die Führungscrew von FENICOM und untermauert noch einmal die eigene Firmenphilosophie: »Wir kommen aus dieser Region, wir stehen zu dieser Region und wir bleiben auch in dieser Region.« Hier kenne man wirklich, im wahrsten Sinne des Wortes, Land und Leute, habe seine Kontakte, langjährige Geschäftsbeziehungen und wirklich keinen plausiblen Anlass, dieses Terrain zu verlassen. »Wir leben den Gedanken, dass die Region die Region stärken sollte, wirklich sehr intensiv.«

Das hat sich längst auch bei den Kunden herumgesprochen, die von der sprichwörtlichen Servicequalität des Unternehmens begeistert sind. 24 Stunden rund um die Uhr und dies an 365 Tagen im Jahr. Die Männer und Frauen aus dem Firmengebäude Am Hafen 36 lassen ihre Klienten nie im Stich. »Es ist für Unternehmen lebenswichtig, immer über funktionierende Kommunikationswege zu verfügen«, sagt Toni Niesporek. »Von der Schnelligkeit, mit der man auf neue Situationen reagieren kann, hängen oftmals wichtige Aufträge ab. Dieser Tatsache fühlen wir uns verpflichtet. Schließlich möchten wir auf lange Zeit mit un-

… oder aber so, und sie können fast alles.

Mit eigenen Servicemobilen auf dem Weg zum nächsten Kunden: FENICOM im Einsatz.

serer Kundschaft nicht nur geschäftlich, sondern auch freundschaftlich verbunden bleiben.« Geht nicht, gibt's nicht, so heißt das bei FENICOM.

Dass die Unternehmensgründung in wirklich schwierigen wirtschaftlichen Zeiten gewagt und gemeistert wurde, sieht man bei FENICOM heute durchaus als Vorteil. »Wir sind durch die harte Schule gegangen und in allen Stahlbädern gehärtet worden. Dabei dennoch nicht die Linie und die Übersicht verloren zu haben, ist eine der wichtigen Erfahrungen, von denen wir heute zehren«, sagt die Geschäftsführung.

Im Laufe der Jahre wurde der Personalstamm in ruhigen Schritten kontinuierlich aufgebaut und auf mittlerweile elf Beschäftigte ausgebaut. Damit ist FENICOM genau das, was auch die meisten ihrer Kunden sind: Mittelständler mit dem genauen Wissen um die wirtschaftlichen Schwankungen, um die Ups and Downs, denen man als Unternehmer begegnen muss. Dass die Männer vom Hafen diesen Job augenscheinlich verstehen, wird an der Tatsache deutlich, dass die Mitarbeiterinnen und Mitarbeiter mittlerweile seit Jahren dem Unternehmen fest verbunden sind. »Unsere Personalfluktuation tendiert gegen Null«, freut sich Niesporek. »Die Angestellten trauen uns wohl zu, mit den Unwägsamkeiten der Gegenwart fertig zu werden. Diesem Vertrauen wollen wir natürlich gerecht werden und gehen entsprechend sorgsam ans Werk.«

Dass die Wirtschaft die Arbeit der FENICOM-Chefs zu schätzen versteht, wurde auch deutlich, als beim Bundesverband Mittelständische Wirtschaft (BVMW) die Wahl des Verbandsbeauftragten für die Region Braunschweig/Wolfsburg/Goslar anstand. Sehr schnell einigten sich die Mittelständler darauf, Toni Niesporek dieses Mandat anzutragen. Der nahm – nach eingehender Abstimmung mit seinen Partnern und allen Mitarbeiterinnen und Mitarbeitern – das ehrenvolle, aber mit viel Arbeit versehene Amt an. »In erster Linie war mir wichtig, dass ich die volle Unterstützung aus meinem eigenen Unternehmen garantiert bekam«, erklärt Niesporek. »Ohne dieses Votum hätte ich den Schritt nicht gemacht.« Nun ist er der Verbandsbeauftragte und er sieht es als vorrangige Aufgabe an, die Netzwerke im BVMW zu verdichten, das Regionaldenken zu forcieren und die Verbindungen der Mitgliedsunternehmen untereinander zu intensivieren. Da bleibt er, was er immer war und was ihn und seine Partner mit FENICOM so erfolgreich gemacht hat: Kommunikation ist alles. Und wenn die dann noch über Anlagen passiert, die sein Unternehmen geplant und eingebaut hat, umso besser.

Letzte Prüfung, alles okay

Sauberer Ton, die Verbindung steht, Hans-Georg Felderhoff ist zufrieden.

FENICOM GmbH
Am Hafen 36 · 38112 Braunschweig
Tel. (05 31) 12 05 50
info@fenicom.de · www.fenicom.de

Lautlos am Himmel schweben

Eine Fahrt im Gasballon ist ein unvergleichliches Erlebnis

Wenn man einmal die Fahrt in einem Heißluftballon genießen konnte, kann man sich eigentlich kaum vorstellen, dass dieses unvergessliche Erlebnis noch getoppt werden könnte.
Doch nun durfte ich »die Königsklasse« des Ballonfahrens kennen lernen. Und keine Formulierung kann nur annähernd die Schönheit und den Genuss einer Fahrt mit dem Gasballon beschreiben.
Vor dem Start ist die Mithilfe aller Mitfahrer angesagt. Denn für den Piloten Frank Stahlkopf ist es wichtig, dass jeder Beteiligte wissen muss, wie der Gasballon zusammen gebaut wird und wie er funktioniert.
Nachdem alle vorbereitenden Maßnahmen beendet sind, wird der Ballon in etwa zehn Minuten durch einen eigens bestellten Trailer mit etwa 800 Kubikmeter Wasserstoff gefüllt.
Und dann geht alles ganz schnell. Für die fünf Mitfahrer heißt es, in den Korb zu klettern. Ringsherum ist der Korb mit gefüllten Sandsäcken bestückt. Und nur durch Reduzierung dieses Gewichts startet der Ballon und gewinnt schnell an Höhe. Damit taucht man ein in ein Erlebnis, das an Genuss, Idylle und Romantik kaum zu überbieten ist. Völlig geräuschlos schwebt der Ballon dahin und der herrliche Blick, die Welt von oben zu genießen, macht alle Mitfahrer sprachlos.
Zufrieden äußert sich der Pilot. Mit etwa 30 Stundenkilometer sind die Windgeschwindigkeiten ideal, der Ausblick ist herrlich und durch Regulierung des Gewichts, kann er in unterschiedlichen Höhen unterschiedliche Windrichtungen einordnen. Schon das Abwerfen einer halben Schaufel Sand kann bewirken, dass der Gasballon um mehrere 100 Meter steigt. Mit Hilfe einer Landkarte ist so eine fast präzise Navigation möglich.
Schon kurz nach dem Start kann uns Frank Stahlkopf informieren, dass wir die Nordstadt Braunschweigs, Wolfsburg und in etwa eineinhalb Stunden Magdeburg von oben betrachten können. Und jeder Mitfahrer spürt, dass der Pilot, mit über tausend Fahrstunden im Ballon, ein Meister seines Faches ist.
Obwohl während der gesamten Fahrt absolute Stille herrscht, lediglich der Straßenverkehr in Braunschweig oder Hundegebell am Boden sind zu hören, wird im Korb wenig gesprochen. Jeder ist für sich in seiner »Traumwelt« voller Genuss und dem Gefühl, dass dieses Erlebnis einzigartig ist.

Personen finden Platz im Korb des Gasballons

Idylle und Genuss pur in luftiger Höhe

Blick aus der Vogelperspektive über Braunschweig und das Braunschweiger Land

Firmenchef Wolfgang Borkowski hat das Unternehmen glänzend aufgestellt.

Bei Borkowski geht es immer um die Wurst

Beim Großhandelsunternehmen für Wurstspezialitäten wird eine alte Braunschweiger Tradition innovativ gelebt

Von der Hansestraße aus unübersehbar: freundlicher Willkommensgruß der Firma Borkowski.

Mit über 1000 Artikeln rund um die Wurst führt Wolfgang Borkowski sein Unternehmen in verkehrstechnisch bester Lage an der Hansestraße 74 in Braunschweig. Seit 1979 selbstständig (»selbst und ständig«) und seit dem Jahr 1997 mit traditionsreicher Adresse – dem ehemaligen Braunschweiger Schlachthof – sorgt der Spezialitätengroßhandel dafür, dass von hier aus die leckersten Schinken und Wurstwaren an und möglichst schnell wieder ausgeliefert werden.

Zur Kundschaft gehören Fleischereifachgeschäfte, Cateringunternehmen und Großküchen ebenso wie bundesweit agierende Hotelketten oder Snack-Bereiche einiger Bäckereien.
»Das Wurstmachen ist nicht unser Metier, das überlassen wir denen, die es am besten können. Unsere Stärken sind Logistik, Schnelligkeit und Frische«, so der Chef von mittlerweile 50 Mitarbeiterinnen und Mitarbeitern.

Braunschweigs Löwe und die Quadriga in Berlin zeigen an: In diesen Städten ist das Unternehmen Borkowski zu Hause.

Dass jeder Zulieferer auf Herz und Nieren geprüft wird, jeder Herstellungsbetrieb auch im entlegendsten Winkel Italiens vom Chef selbst besucht wird, steht bei Borkowski außer Frage. Diese verlässliche Rückverfolgbarkeit garantiert letztendlich auch die Qualität und Sicherheit der angebotenen Lebensmittel, die heute mehr denn je an Bedeutung gewinnen.

So ist es nur konsequent, dass sich das Unternehmen Borkowski den geltenden EU-Richtlinien angepasst hat und neben der Bio-Zertifizierung auch über das IFS-Zertifikat (International Food Standard) verfügt. Auch beim Umweltschutz wird nichts dem Zufall überlassen: Alle Firmenautos haben die grüne Plakette, es gibt keine Kartonagen und gekühlt wird nur mit hoch effizienten Anlagen.

Doch die soliden kaufmännischen Strukturen sind es nicht allein, die den Esprit und damit den Erfolg dieser Firma ausmachen. Es ist vielmehr das gut gelaunte Team, was auffällig ist. »Hier muss eigentlich jeder alles können. Das geht zwar nicht immer ohne Schwierigkeiten einher, hat sich aber langfristig bewährt, weil die Arbeit dadurch interessant bleibt«, so die einhellige Meinung der Mitarbeiterschaft.

Wie sollte ein Schinken aussehen? So auf jeden Fall.

Endgültige Klarheit mag ein Blick in die schriftlich festgehaltene Unternehmensphilosophie geben. Zum Themenkomplex »Grundsätze der Unternehmenspolitik, des Qualitätsstrebens, der Führung und Zusammenarbeit« heißt es da: »Faire Maßstäbe und eine verlässliche, auf Kontinuität gründende Unternehmenspolitik bestimmen den Umgang mit unseren Kunden und Geschäftspartnern. Dadurch garantieren wir gemeinsamen Erfolg auch in der Zukunft« Und an anderer Stelle: »Wir setzen auf Mitarbeiter, die leistungsbereit, begeisterungsfähig, engagiert, kompetent und teamfähig sind. … Die persönliche Entwicklung und berufliche Weiterbildung unserer Mitarbeiter fördern wir durch vielfältige Qualifizierungsmaßnahmen.« Und letztlich zum Thema Führung und Zusammenarbeit: »Jeder Mitarbeiter kann erwarten, dass seine Arbeit gewürdigt wird. Jeder Mitarbeiter kann erwarten, dass man ihm mit Vertrauen begegnet. Führung geschieht in erster Linie durch Vorbild.«

Wer so angeleitet gut zusammen arbeitet, der feiert natürlich auch gern zusammen. So ist es nicht verwunderlich, dass es bei Borkowski nicht nur die obligatorische Weihnachtsfeier gibt, sondern ein sommerliches Grillfest, ein großes Oktoberfest im typisch Münchner Stil mit Kunden, Lieferanten, Mitarbeitern und Freunden sowie gemeinsame sportliche Unternehmungen.

Das alles ohne Zwang und Etikette – wer mitmachen will, ist willkommen, die Anderen bleiben eben zu Hause. Aber kaum einer lässt sich hier etwas entgehen! Eingehandelt hat sich der Chef durch diese Art der Unternehmensführung schon einiges, unter anderem auch einen »Wurst-Oskar« für den »lustigsten Würstchenverkäufer Deutschlands«.

Wirft man einen Blick auf das soziale Engagement des Unternehmens, wird deutlich, dass man auch hier nach dem Motto »leben und leben lassen«

Von weither sichtbar...

Ohne Computer und gewissenhafte Detailarbeit geht heute nichts mehr.

handelt. Als Mitbegründer der »Braunschweiger Tafel« sorgt Wolfgang Borkowski dafür, dass überschüssige Lebensmittel in bedürftige Hände beziehungsweise Münder gelangen.
Sei es beim Karneval oder beim traditionsreichen Fußballverein »Eintracht Braunschweig« – der Name Borkowski bürgt für Einfallsreichtum und organisatorisches Einbringen in die Belange dieser Stadt.

Begleitet von allen guten Wünschen verlässt jeder Fahrer und jeder Gast das Firmengelände.

Auf die Frage, ob sich dieser Standard denn in Zeiten wirtschaftlicher und konjunktureller Krisen halten lasse, antwortet Borkowski mit einem Augenzwinkern und zwei Zitaten aus seiner rheinländischen Heimat: »Et kütt wie et kütt« und »Et hätt noch immer jot jejange«.

Die Köche wissen: Mit Borkowski-Produkten fahren sie gut.

WurstSpezialitäten
BORKOWSKI
Borkowski Handelsgesellschaft mbH
Hansestraße 74 · 38112 Braunschweig
Tel. (05 31) 31 03 30 · Fax (05 31) 3 10 33 33
info@borkowski.de · www.borkowski.de

Veltenhof – Rühme

Die Windmühlenkirche als Wahrzeichen

Von Fred Maul

Erstmals 1007 urkundlich als »Theletunnum« erwähnt, existierte damals lediglich ein einziger Hof, der 1296 Vorwerk des Braunschweiger Waisenhauses BMV wurde.
Erst 1750 eröffnete sich ein neues Kapitel durch Herzog Carl I., der den gesamten Grundbesitz des Waisenhauses einer kleinen Gruppe Einwanderer aus der Pfalz in Erbpacht übergab.
Der vom Herzog gewünschte Weinbau misslang, jedoch gewährten die mitgebrachten Erfahrungen im Tabakanbau zunächst einen bescheidenen Lebensstandard. 1850 leiteten die Kolonisten mit dem Gemüse- und später Spargelanbau den Aufschwung ein, der sie seitdem zu einigem Wohlstand führte.
Die Pflege der heimischen Kultur und der Pfälzer Sprache ließen die damaligen Veltenhofer lange Zeit isoliert von ihrer Umwelt. Handwerksberufe, Arbeitsverhältnisse in der Stadt und die Bodenreform um 1850 markierten die schrittweise Integration der Kolonie in das Braunschweiger Land. Mit der ersten Konservenfabrik 1890, dem Bau von Mittellandkanal und Hafen, verbunden mit der Eingemeindung Veltenhofs in die Stadt Braunschweigs 1931, schritt die Entwicklung fort.

Das Festhalten der Einwanderer an ihrem reformierten Bekenntnis führte 1930 zur Einrichtung einer 1876 erbauten Windmühle über dem Okerufer als Kirche, die nunmehr Wahrzeichen des Dorfes ist.
Veltenhof ist heute ein lebendiger Ort, mit etwas über 3000 Einwohnern. Fünf Neubaugebiete umrahmen den alten Dorfkern. Gewerbe und Industrie haben sich hier niedergelassen und bestimmen so ganz wesentlich den Charakter des Ortes mit. Über die Interessengemeinschaft Veltenhof e.V., in der alle Vereine und Institutionen organisiert sind, hat sich ein buntes Gemeinschaftsleben entfaltet.

Rühme – Als Spargeldorf allseits bekannt

Rühme war ein kleines Haufendorf unmittelbar am westlichen Ufer der Schunter. 1007 wird das Dorf erstmals unter dem Namen »Rindum« urkundlich erwähnt.
Als im 15. Jahrhundert die Befestigung der Stadt Braunschweig erweitert wurde, unterlag Rühme dieser Maßnahme und wurde somit Grenzdorf, ein so genanntes »Pfahldorf«.
Die Einwohner genossen Anteile an Bürger- und Stadtrechten und unterlagen dem »Pfahlgericht«.

Rühme war ein kleines Dorf mit landwirtschaftlicher Struktur. Mit Beginn der Industrialisierung entwickelten sich Handwerksbetriebe. Zu Beginn des 20. Jahrhunderts setzte sich der Spargelanbau durch und verlieh Rühme den Namen »Spargeldorf« zu Recht.
Mit dem Bau der »Reichsautobahn« veränderte sich die Struktur des Dorfes und ließ die Einwohnerzahl auf über 1000 ansteigen.
1934 erfolgte die Eingemeindung in die Stadt Braunschweig und für den Bau des Volkswagen-Werkes wurden mit dem Bau der Vorwerk-Siedlung 600 Wohnungen erschlossen. Hinzu kamen später die Eigenheimsiedlung zwischen Gifhorner und Osterbergstraße sowie die »Lincoln-Siedlung«. Die Bevölkerungszahl stieg auf über 3000 Einwohner an.
Diese Entwicklung und die Gründung des Gewerbegebietes »Hansestraße« ließen den dörflichen Charakter verloren gehen und erforderten auch eine verkehrstechnische Erschließung des Gebietes.

Als die 1876 erbaute Windmühle 193o abgerissen werden sollte, griff die Gemeinde zu und verwandelte sie in ein praktisches und wohnliches Dorfkirchlein

Braunschweigs Hafen schreibt seit 75 Jahren an seiner Erfolgsstory

Bewegte Geschichte im Wandel der politischen Verhältnisse – Einzig mit der Hafenromantik hapert es

Von Klaus Langhardt

Dass Braunschweigs sehr guter Ruf als mittelgroße deutsche Großstadt in allererster Linie durch den Hafen im Stadtteil Veltenhof begründet wird, wird niemand ernsthaft behaupten. So fällt dem Bundesbürger bei der Namensnennung Braunschweigs, vom Löwen, über den Dom bis hin zum Schloss, der Weltuhr und der Eintracht wohl manches ein, schwerlich indes der Binnenhafen. Und dennoch zählt gerade dieser Hafen zu den städtischen Töchtern, die prosperierend und mit der Gabe gesegnet, innovativ wirken zu können, den städtischen Wohlstand Jahr für Jahr mehren. Die Hafenbetriebsgesellschaft Braunschweig mbH schreibt konstant schwarze Zahlen und ist damit etlichen »Geschwistern«, die in der Öffentlichkeit viel stärker wahrgenommen werden, weit voraus. Im Jahre 2009 feiert der Hafen seinen 75. Geburtstag und wird diesen Tag mit berechtigtem Stolz begehen.

Eine Million Tonnen unterschiedlichster Güter werden pro Jahr im Bereich des 55 Hektar großen Geländes zwischen Hansestraße und Pfälzer Straße umgeschlagen. Damit liegt man in Niedersachsen vorne, bundesweit auf einem guten Mittelplatz. »Wenn man bedenkt, dass uns die Schwerindustrie fehlt, die den Ruhrgebieteshäfen Tonnage verschafft und dass Salzgitter als potentieller Großauftraggeber für das Stahlwerk einen eigenen Hafen unterhält, ist unsere Position absolut in Ordnung«, sagt Speditionskaufmann Jens Hohls (40), der als Geschäftsführer der Hafenbetriebsgesellschaft GmbH, seit einigen Jahren die Geschicke des Hafens lenkt. Gleichwohl weiß er, dass die Gesellschaft immer auf dem Sprung sein muss, jeden wirtschaftlichen Wellenschlag richtig deuten und entsprechend richtig reagieren muss, um nicht irgendwann in einem Wellental zu versinken. »Wir sind sehr wachsam, haben unsere Konzepte permanent auf den Prüfstand und sind mit unserem Denken und Handeln bereit, den Anforderungen der Globalisierung entsprechend zu begegnen.«

Überhaupt beweist die Geschichte, dass der Braunschweiger Hafen in seinem nunmehr fast 75-jährigen Dasein die sich immer wieder neu stellenden, teilweise wirklich gravierenden Herausforderungen mit Bravour zu meistern verstand. Ursprünglich 1933 als Versorgungshafen für die Bevölkerung und die heimischen Handelsbetriebe gebaut, verlor der Hafen nach dem Kriegsende 1945 diesen Status und avancierte 1961 nach Schließung des »Eisernen Vorhangs« endgültig zu einem echten Grenzhafen: Dem letzten vor und dem ersten nach dem »Eisernen Vorhang«, je nachdem, von wo man kam. In Braunschweig

Gewaltige Ausmaße haben die Ausleger der schweren Kräne im Hafen.

mussten beispielsweise die gen Osten fahrenden Schiffe dem aktuellen Elbe-Wasserstand angepasst werden.

Nach der Wende und der Grenzöffnung entfiel die Sonderstellung als Grenzhafen, es stellte sich die wirklich existenzielle Frage, womit der Hafen seine Daseinsberechtigung zukünftig nachweisen wolle. Überlegungen gab es reichlich, Vorschläge viele. Alle wohl gut gemeint, aber kaum einer, der das Überleben des Hafens auf Dauer garantiert hätte.

Der letztlich richtige und wegweisende Entschluss war der, das Angebotsportfolio des Hafens zu verändern und auf Logistikdienstleistungen umzusteigen. »Diese Entscheidung der damals handelnden

Jens Hohls ist der Geschäftsführer der Hafenbetriebsgesellschaft Braunschweig mbH.

Die blauen Wellen lassen keinen Zweifel: Dies ist ein Lkw der Hafenflotte.

Personen war lebenswichtig«, urteilt Hohls. Mit der Entscheidung, künftig auch auf neue Pferde zu setzen, ging auch ein Umdenken in der Mitarbeiterschaft einher und zwar von ganz oben bis ganz unten. »Neue Aufgaben erforderten auch ein neues Denken«, so Hohls. Auf eine Kurzformel gebracht heißt das heute: »Feierabend ist, wenn alle Arbeit getan ist.« So trägt man sich aktuell mit Überlegungen, den Schichtdienst im Hafen einzuführen, um der anfallenden Arbeit überhaupt Herr zu werden. Mit der Beschaulichkeit eines ehemaligen »Hafenamtes«, wie es im Bürgermund heute noch heißt, hat die aktuelle Betriebsgesellschaft nicht mehr viel gemein.

Einige Zahlen vermögen dies zu untermauern: Als man 1999 begann, die Logistikdienstleistungen aufzubauen, fuhr ein Schiff vom Partner Deutsche Binnenreederei in Berlin für den Hafen Braunschweig und zwar zweimal pro Woche. Heute verkehren vier Schiffe täglich. Als man begann, den Containerverkehr in Braunschweig auszubauen, fuhr ein Lkw das täglich anfallende Containergut. Heute sind 25 eigene Lkw täglich von früh morgens bis abends auf Achse, dazu noch etliche unter anderem Firmensiegel. Von insgesamt 39 Mitarbeiterinnen und Mitarbeitern sind allein 17 mit dem Thema Containerverkehr beschäftigt. »Mit dem Ausbau unseres Containerterminals haben wir uns den Jobmotor direkt ins Haus geholt«, freut sich Hohls. Dass für die Sparte in den vergangenen Jahren allein 13 Millionen

Mit enormen Kräften werden die Container gehoben, aber mit ganz viel Feingefühl auf den Zentimeter genau abgesetzt.

Oben wie unten ist schweres Gerät im Einsatz: Ladevorgang im Hafen.

An den großen Silos landen die Kanalschiffe ihre Fracht an.

Euro in die Infrastruktur investiert wurden, beweist, wie sehr man in Braunschweig auf diesen Wirtschaftszweig baut. Noch ein Vergleich: 1999 wurden 3500 Container in Braunschweig umgeschlagen, in 2008 werden es 65 000 sein. Und die Prognosen sind weiterhin glänzend. »Eine Studie besagt, dass sich der Containerverkehr in den kommenden zehn Jahren weltweit verdreifachen wird. Davon wollen und werden wir unseren Teil abbekommen«, ist Hohls zuversichtlich.

Damit dies gelingt und man gewappnet ist für neue, noch größere Herausforderungen, wurde der Hafen fit gemacht und es soll weiter investiert werden. Der anstehende 75. Geburtstag ist ein guter Zeitpunkt für eine Rückbetrachtung, er ist aber noch viel mehr ein Datum, von dem aus man die nächsten 25 Jahre in Angriff nehmen will. Schließlich erreicht ein 100. Ehrentag ja eine noch weitaus größere Resonanz.

Bleibt noch eine Frage: Wie sieht es eigentlich mit der Hafenromantik aus? Nun, mit den großen Seehäfen der Republik kann sich Braunschweig da schwerlich messen, der kleine Truckstop lässt zudem nicht einmal ansatzweise erahnen, dass dort vielleicht die Schönen der Nacht auf die Binnerschiffer warten. Die haben auch kaum Zeit für Abenteuer abseits ihrer eigenen Planken, denn Liegezeiten sind die teuersten, weil Zeit halt auch Geld ist. Dabei werden im Braunschweiger Hafen hohe Liegegebühren überhaupt nicht erhoben. »Einzig die Nutzung der dort vorgehaltenen technischen Einrichtungen haben die Schiffer zu bezahlen«, so Jens Hohls.

Also noch mal, wie ist es mit der Hafenromantik? Es gibt sie nicht, was indes an den Wochenenden viele Familien nicht hindert, mit Kind und Kegel anzurücken und (vergeblich) nach ihr zu suchen.

Hafenbetriebsgesellschaft Braunschweig mbH
Hafenstraße 14 · 38112 Braunschweig
Tel. (05 31) 21 03 40 · Fax (05 31) 2 10 34 50
hbg@braunschweig-hafen.de

Spargelmetropole

Pfälzer an der Oker

Von Dr. Ulrich Falkenroth

Im Kranz der Dörfer, die Braunschweig umgaben und nun längst eingemeindet sind, ist Veltenhof das Jüngste. »1750« meldet der Jubiläumsstein auf dem Dorfplatz »Unter den Linden« und die niedrigen Häuser auf der anderen Straßenseite – im Pfälzer Stil erbaut – könnten die Geschichte der 13 Kolonistenfamilien erzählen, die der Einladung Herzog Carl I. folgten. Sie verraten nur noch wenig von der Armut der Einwanderer, die einst mit nur wenig Hab und Gut ihre Höfe um Heidelberg verließen um hier ein freieres Leben aufzubauen. Der karge Sandboden machte den fleißigen Bauern den Anfang nicht leicht, Soldaten des Siebenjährigen Krieges zerstörten, was sie in zehn Jahren mühsam aufgebaut hatten und der unruhig wandernde Okerfluss bedrohte Jahr für Jahr wieder die ärmlichen Behausungen. Ein Glück, dass Beamte der herzoglichen Kammer und der reformierte Pastor Kirchhof in allen Krisen die Hand über sie hielten.
Um 1820, nach 70 Jahren also, war es dann wohl geschafft: ein bescheidener Wohlstand zog bei den Zugewanderten ein. Tabakanbau hatte den Grund gelegt, aber der Spargel brachte jetzt einen richtigen Aufschwung: Veltenhofs Ruf drang weit ins Braunschweiger Land.
So fest der Zusammenhalt innerhalb des Dorfes war, nach außen, zu den Nachbardörfern, knüpften sich Beziehungen nur mühsam an. Sie hielten eben an ihrer Pfälzer Mundart fest, scharten sich um ihre heimischen Bräuche und hielten die Verbindung zur Heimat aufrecht. Bei den Nachbarn galten sie immer noch als Fremde und nur allmählich kamen Neubürger aus Rühme, Wenden oder Walle ins Dorf.
Da musste erst die neue Zeit kräftig nachhelfen: Bodenreform nötigte die Bauern zu neu-zeitlicher Feldbestellung. Väter, die ihre Familien von der Landwirtschaft allein nicht mehr ernähren konnten, erlernten das Steinsetzerhandwerk und brachten es darin zu einer Kunstfertigkeit, die in der ganzen Gegend hoch begehrt war. Als aber am Ende des 19. Jahrhunderts die erste Spargelfabrik im Dorf ihre Tore öffnete, öffneten sich auch die Pfälzer ihrer Braunschweigischen Heimat.
An ihrem reformierten Bekenntnis aber, dessen Ausübung ihnen in der Pfalz so schwer gemacht worden war, hielten sie eisern fest. Jeden Sonntag spannten die Väter ihre Ackerwagen an und zogen mit Frau und Kindern durch die Ölper Wiesen zur Stadt in die Bartholomäuskirche. Es war doch ihr Schulmeister, der hier die Orgel schlug und mit ihm hatten sie die Lieder gelernt, die jetzt mit der Gemeinde gesungen wurde. 180 Jahre hielten sie es so; dann aber forderte das Selbstbewusstsein die eigene Kirche im Dorf. Ein Neubau war zu teuer, und so richteten sie sich die leer stehende Windmühle zur Kirche ein: heute wunderschönes Wahrzeichen für eine stolze Dorfgemeinde.
Und wo sind die riesigen Spargeläcker geblieben: der Hafen, 1934 eingeweiht, hatte viele verschlungen, fünf neue Siedlungen, nach dem Krieg erbaut, decken sie heute zu. Aber im Frühjahr, wenn der warme Regen kommt, dann ist es als wache in den Häusern und Höfen der alte Spargelgeist wieder auf und man glaubt, sein Brummen unter den überbauten Flächen noch zu hören.
Die alte Geschichte und die Pfälzer Sprache, vom Schwung der Neuzeit beflügelt, knüpft die Veltenhöfer Bürger zu einer fröhlichen Dorfgemeinschaft zusammen, die ihr Leben unter dem Dach der »Interessengemeinschaft« entfaltet.

Zur 250. Gründungsfeier Veltenhofs setzten die Bürger diesen Gedenkstein und hielten auf der Bronzetafel die Namen der 13 Siedlerfamilien fest.

Fünf Colonistenhäuser – 1753 im Pfälzer Stil erbaut – findet man heute noch im Dorfzentrum. »Unter den Linden«.

Der Obelisk erinnert an die Ersterwähnung des Dorfnamens und nennt weitere wichtige Etappen der Dorfgeschichte.

Das Deutsche Zentrum für Luft- und Raumfahrt e.V. (DLR) am Standort Braunschweig

Wirbelschleppe des DLR-Forschungsflugzeugs ATTAS

Von Jasmin Begli und Mark Schmidt

Ein Lkw, der auf Schienen fährt; eine kleine Passagiermaschine, die sich im Flug verhält wie der Airbus A380 und ein »Superrechner« – das sind nur einige Highlights der Experimentalinfrastruktur, mit denen das Deutsche Zentrum für Luft und Raumfahrt e.V. (DLR) am Standort Braunschweig arbeitet.

Die Luftfahrtforschung hat in Braunschweig eine lange Tradition: Bereits 1936 nahm die Deutsche Forschungsanstalt für Luftfahrt (DFL) hier ihre Arbeit auf. Seit 2001 wird auch im Bereich des bodengebundenen Verkehrs Forschungsarbeit geleistet.

Um so effizient wie möglich zu arbeiten, bestehen enge Kooperationen mit anderen örtlichen Luftfahrteinrichtungen, wie dem Luftfahrtbundesamt und dem Forschungsflughafen, an dem das DLR einen Teil seiner Forschungsflotte stationiert hat. Auch der eingangs erwähnte In-Flight-Simulator »ATTAS«, der nach entsprechender Programmierung die flugdynamischen Eigenschaften jedes größeren Flugzeugs annehmen kann, ist Bestandteil dieser Luftfahrtforschungsflotte – der größten zivilen Europas.

In den fünf Instituten und acht Einrichtungen des DLR am Standort Braunschweig arbeiten insgesamt mehr als 900 qualifizierte Mitarbeiter. Für experimentelle Forschungen stehen ihnen leistungsfähige Fahr- und Flugversuchsträger, Simulatoren, Windkanäle im europäischen Leistungsverbund Deutsch-Niederländische-Windkanäle (DNW), mobile Rotorversuchstände sowie Prüfstände zur Werkstoff- und Lärmforschung zur Verfügung. Spezialisten des »Systemhaus Technik« fertigen die jeweils benötigten Forschungsausrüstungen in ihren Werkstätten.

Der »Superrechner« ist – anders ausgedrückt – Europas größter Hochleistungsrechner für die Luftfahrtforschung und ein wichtiger Bestandteil des Projekts $C^2A^2S^2E$ (Center for Computer Applications in AeroSpace Science and Engineering). Den Wissenschaftlern des DLR-Instituts für Aerodynamik und Strömungstechnik hilft er durch seine Fähigkeit, flugphysikalische Eigenschaften nume-

Der In-Flight-Simulator ATTAS – Advanced Technologies Testing Aircraft System

Luftbild des Forschungsflughafens

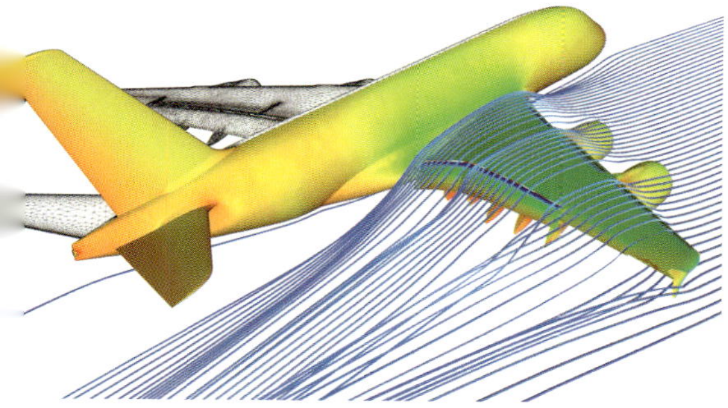

$C^2A^2S^2E$ – Simulation eines Airbus A380

risch zu simulieren und so Aufschluss über die ideale aerodynamische Gestaltung von Fluggeräten zu geben. Doch auch experimentelle Verfahren, wie Versuche im Windkanal oder direkt im Flug sind unverzichtbarer Bestandteil der Arbeit des Instituts, dessen Hauptziel die Erforschung, Anwendung und Bewertung von fortschrittlichen Methoden der Aerodynamik und Strömungstechnik für die Luft- und Raumfahrt ist.

Die Experten des Instituts für Faserverbundleichtbau und Adaptronik dagegen arbeiten unter anderem an der Reduzierung des Flugzeuggewichts. Durch die Erforschung und Realisierung innovativer Leichtbausysteme helfen sie, Treibstoffverbrauch und Schadstoffemissionen zu verringern. Auch für die Minimierung der Lärmabstrahlung von Flugzeugen haben die DLR-Wissenschaftler eine Lösung: Die Spezialisten im Bereich der Adaptronik entwickeln anpassungsfähige Struktursysteme mit deren Fähigkeit, Gegenschwingungen zu erzeugen, Lärm verursachende Vibrationen gemindert werden.

Mikrowellenautoklav zur Aushärtung kohlefaserverstärkter Kunststoffe (CFK)

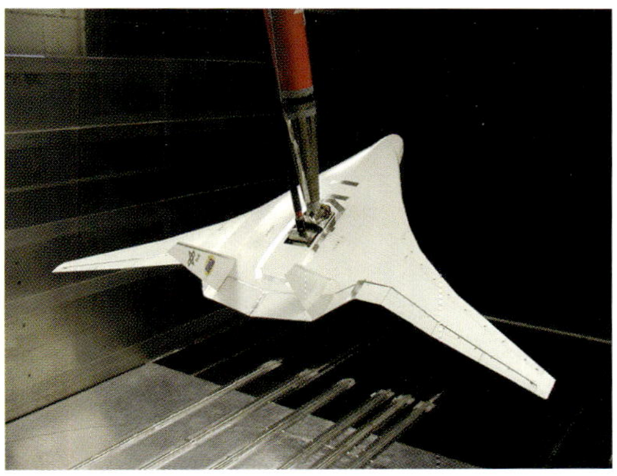

Innovatives Flugzeugdesign – das Nurflüglermodell VELA im Windkanal

Der fliegende Hubschraubersimulator FHS

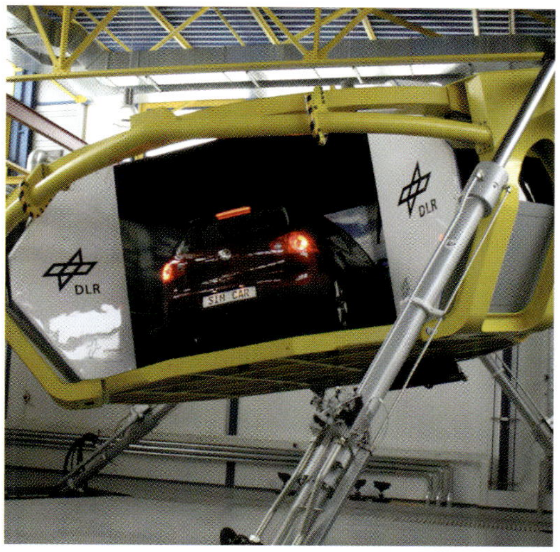

Fahrsimulator zur Erprobung und Bewertung innovativer Fahrerassistenzsysteme

Leitstand zur Simulation taktischer und strategischer Flugverkehrsabläufe

Systeme, die Piloten und Lotsen bei ihrer verantwortungsvollen Aufgabe unterstützen, entwickeln und prüfen die Forscher im Institut für Flugführung. Eine weitere wichtige Aufgabe ist die Modellierung, Analyse und Bewertung von Komponenten und Systemen für das Luftverkehrsmanagement, den Flughafen und den Flughafennahbereich. So entstehen Neuentwicklungen mit höchsten Sicherheitsstandards, von denen wir alle profitieren – sei es aufgrund der geringeren Emission bei An- und Abflügen oder der Verkürzung der Wartezeiten durch ein effektiveres Luftverkehrsmanagement.

An der Erweiterung des Einsatzbereichs von Luftfahrzeugen arbeitet das Institut für Flugsystemtechnik. Die Wissenschaftler erforschen die Flugmechanik und die Flugeigenschaften von Flugzeugen und Hubschraubern, aber auch von weitaus unkonventionelleren Fluggeräten, wie Luftschiffen, Gleit- und Fallschirmen. Die Experten entwickeln mathematische Modelle sowie Simulations- und Regelungsverfahren für autonomes Fliegen, Flugversuchsmethoden und Systemsimulationen – immer mit dem Ziel, das Verhalten von Luftfahrzeugen den Fähigkeiten des Piloten anzupassen und so ein höheres Maß an Sicherheit zu erreichen.

Der hohe Stellenwert der Mobilität erfordert ein immer höheres Maß an Fahrsicherheit, besseren Fahrkomfort und Steigerung der Effizienz. Entsprechende Konzepte entwickelt das Institut für Verkehrssystemtechnik. Der auf Schienen fahrende Lkw ist Teil des Instituts und vereint die Schwerpunkte der dortigen Arbeit: Die Erforschung zukunftsweisender Lösungen für die Verkehrsträger Straße und Schiene.

Während es im Bereich der Bahnsysteme primär um einen optimierten Einsatz der Leit- und Sicherungstechnik geht, liegt der Fokus im Straßenverkehr auf der Entwicklung und Erprobung von Fahrerassistenzsystemen.

Der steigende Anspruch an die Mobilität stellt die Forscher des DLR auch im Hinblick auf die Senkung der Umweltbelastung vor neue Herausforderungen: Wachstum und Emissionen müssen voneinander entkoppelt werden. Nur so kann auf Dauer eine wirtschaftliche und klimaverträgliche Luftfahrt gewährleistet werden. Zur Lösung dieser Aufgaben betreibt das DLR in Braunschweig einen Airbus A320 als Forschungsflugzeug. Das zum Advanced Technology Research Aircraft (ATRA) modifizierte Flugzeug dient der Erprobung neuartiger Technologien im Luftverkehr und -transport. Mit dieser in Europa einzigartigen Forschungsplattform haben die Wissenschaftler die Möglichkeit, alle Fragestellungen bezüglich der Flugzeuge der Zukunft zu erforschen.

Das Forschungsflugzeug ATRA – Advanced Technology Research Aircraft

Die Landschaftsperle im Norden

Idylle rund um den Flughafen

Von Götz-Rüdiger Kliesch, Bezirksbürgermeister

Der Stadtbezirk Bienrode-Waggum-Bevenrode liegt im Norden Braunschweigs – zwischen der Bundesstraße 4 (A 391) im Westen und Hondelage im Osten, ferner begrenzt im Norden durch die Stadtgrenze zum Kreis Gifhorn und die Autobahn Hannover-Berlin (A 2) im Süden. Die drei ehemals eigenständigen Gemeinden des Landkreises Braunschweig kamen im Zuge der Gebietsreform 1974 zur kreisfreien Stadt Braunschweig. Die Einwohnerzahl liegt bei etwa 6300 mit steigender Tendenz, wobei der Ortsteil Waggum mit über 3000 Einwohnern den natürlichen Mittelpunkt darstellt. Mitten durch den Stadtbezirk fließt der Beberbach, ein Nebengewässer der Schunter. Dieser Bach verbindet die drei Ortsteile, und im Bereich Waggum ist er mit Unterstützung der Stadt, der Landwirtschaft und des Angelvereins wieder meanderförmig »renaturiert« worden. Überhaupt ist der ganze Stadtbezirk als leichte Mulde dieses Baches etwas bodenwellig ausgestaltet, und dadurch sind landschaftlich reizvolle Ausblicke über die Wiesen, Felder und Wälder des Bezirks möglich. Wer in der Beberbachaue wandert oder radelt oder vom erhabenen Waldrand bei Bevenrode den Sonnenuntergang über der Hochmulde des Beberbachtals genießt, hat eher das Gefühl, in einem Erholungsgebiet zu verweilen als auf dem Territorium der zweitgrößten Stadt Niedersachsens.

Ehemaliges Bauernhaus in Waggum, Feuerbrunnen

Der Forschungsflughafen sowie ein Gewerbegebiet im Norden Bienrodes sichern zahlreiche, auch hochwertige Arbeitsplätze; ansonsten sind die drei Ortsteile eher ländlich-dörflich strukturiert. Zahlreiche ehrenamtlich organisierte Vereine sorgen dafür, dass das dörfliche Gemeinschaftsleben intakt und aktiv bleibt. Höhepunkt dabei ist das Waggumer Volksfest, das im jährlichen Wechsel von je einem der vier großen Vereine beziehungsweise der Feuerwehr veranstaltet wird. Dass man hier gern gesellig zusammenlebt und feiert, zeigt allein das traditionell gut besuchte Frühstück zum Ausklang des Volksfestes, das jeweils an einem Montag (!) stattfindet – wo findet man schon derartiges?

Zwei Neubaugebiete in Waggum und eines in Bevenrode zeugen davon, dass die Baupolitik der Stadt und des Bezirksrats, die »Flucht« der Bauwilligen in umliegende Landkreise zu stoppen und eher umzudrehen, Früchte trägt. Im Zuge des Flughafenausbaus werden zudem die Eingriffe in den Querumer Forst nicht nur kompensiert, sondern durch ein Mehrfaches ausgeglichen. Im Bereich Waggum/Bevenrode werden durch Ausgleichs- und Ersatzmaßnahmen zahlreiche Waldvernetzungen vorgenommen und auch Streuobstwiesen geschaffen, die das landschaftliche Erscheinungsbild noch mehr aufwerten. Zusammen mit den jetzt schon bestehenden Landschaftsschutzgebieten wird der Stadtbezirk immer mehr die liebens- und lebenswerte Erholungsoase der Stadt, in der sich Alt- und Neubürger gemeinsam wohlfühlen.

Bezirksbürgermeister Götz-Rüdiger Kliesch

Ehemaliges Bauernhaus in Bevenrode, Hondelager Straße

Der Mittelpunkt Waggums: Feuerbrunnendenkmal mit ländlicher Haustiergruppe

Bienrode – Waggum – Bevenrode

Drei Ortsteile – eine Gemeinde

Von Heiner Waßmuß, Wolfhard Walter und Hans Reinhardt

Die drei Ortsteile wurden 1974 in die Stadt Braunschweig eingemeindet und bilden seit 1981 den Braunschweiger Stadtbezirk 112. Ihre gemeinsame Geschichte reicht weit in die Zeit des Mittelalters zurück. Waggum wurde erstmals 1007 urkundlich erwähnt, Bienrode 1031 und Bevenrode 1231.

Im Jahre 1337 erwarben die Herzöge Otto und Wilhelm von Braunschweig-Lüneburg-Celle die Herrschaftsrechte über den nördlich von Braunschweig gelegenen »Papenteich« von den Grafen von Wohldenberg. Seit dieser Zeit gehörten die drei Dörfer zum Fürstentum Lüneburg-Celle, zum Amt Gifhorn, das wiederum zur Vogtei (Gogräfschaft) Rötgesbüttel gehörte. Die Schunter bildete im westlichen Unterlauf die Grenze zwischen Papenteich und dem Herzogtum Braunschweig-Wolfenbüttel. Bevenrode, Bienrode und Waggum besaßen gemeinsame Weiderechte (Huderechte), die bis in den Lehrer Forst hineinreichte.

Mit der Ablösung der auf den Bauernhöfen lastenden Abgaben und Dienste 1834 und der Separation (Zusammenlegung der alten Gewanne und Neuverteilung), etwa um 1870, kam es zu einschneidenden Änderungen. Die mittelalterlichen Huderechte wurden abgeschafft und das Weideland an die Bauern aufgeteilt. Jeder Bauer konnte nun nach eigenem Ermessen sein Land bestellen. Der Erfolg dieser bäuerlichen Umstrukturierung zeigte sich im Ausbau der Bauernhöfe. Besserer Ackerbau (Anbau von Zuckerrüben und Weizen sowie Spargelanbau) und größere Viehhaltung (Milchwirtschaft) verbesserten das Einkommen der Bauern erheblich. In Waggum wurde 1895 eine Dampfmolkerei erbaut (heute Schuhhaus Deppe), die bis 1934 bestand. Die hier verarbeitete Milch wurde aus den drei Dörfern und Hondelage angeliefert.

1912 wurde durch Heinrich Büssing eine Buslinie von Braunschweig über Gliesmarode, Querum, Bienrode, Waggum, Bevenrode, Grassel bis Essenrode eingerichtet und später durch die KVG weiterbetrieben. Eine Straße von Wenden nach Bienrode gab es noch nicht. Die gemeinsame Bahnstation für die drei Dörfer lag im preußischem Bechtsbüttel. Der Bau des Flughafens 1934 hatte in Bienrode und Waggum große Veränderungen der Feldmark zur Folge. 1936 wurden fast 90 Hektar des Waggumer Gemeindegebietes nach Braunschweig eingemeindet.

Am nördlichen Rand des Flugplatzes wurden Flugzeughallen errichtet, in diesem Zusammenhang der Waggumer Friedhof verlegt und in Bienrode wurde ein Flugzeugmontagewerk erbaut. Diese Rüstungsbetriebe wurden dann im Krieg Ziel alliierter Bomberangriffe, die zu schweren Verwüstungen führten. Facharbeiterzuzug und der Flüchtlingsstrom nach 1945 ließen die Bevölkerungszahl in den Orten extrem ansteigen.

100 Jahre nach der Separation begannen die drei Gemeinden, sich wieder in Zusammenarbeit zu üben. Im April 1960 gründeten Bienrode und Waggum einen Schulzweckverband mit dem Ziel, eine moderne Schule zu bauen. Sie wurde neben der Bienroder Kiesgrube neben einem Naherholungsgebiet erbaut und am 17. Oktober 1969 eingeweiht. Eine moderne Turnhalle wurde 1970 errichtet. Heute werden hier die Grundschüler aus den drei Ortsteilen unterrichtet. Grundlage der heutigen Zusammenarbeit der Ortsteile ist der Bezirksrat mit neun Mitgliedern. Durch Ausweisung von Baugebieten nimmt die Bevölkerungszahl des Stadtbezirks 112 seit einigen Jahren kontinuierlich zu.

Kirche St. Peter und Paul, Bevenrode

Der Mittelpunkt Bevenrodes: »Dorfplatz« mit Bauernhaus

Das sanierte »Alte Pfarrhaus« in Bevenrode – ein beliebter Treffpunkt für Vereine.

Aerowest – hier kann man in die Luft gehen

Die Flugschule bildet zukünftige Piloten aus

Manfred Müller, der Geschäftführer der Aerowest Flugcenter GmbH, hat tausende von Starts und Landungen hinter sich und die Erfahrung von zigtausend Flugstunden. Vor etwa 30 Jahren hat der damalige Berufspilot die Schule übernommen und seitdem eine große Anzahl von Hobbypiloten in die hohe Kunst des Fliegens eingeführt.
Viele seiner Flugschüler kommen zu ihm, um sich einfach den Traum zu erfüllen, einmal eigenständig ein Flugzeug am Himmel zu bewegen.
Vier Monate dauert die Ausbildung, dann wird der Traum der Flugschüler wahr. Denn überraschend sagt Manfred Müller: »Die Ausbildung wird grundsätzlich bestanden. Die Durchfallquote geht gegen Null«. Und genau so überraschend sagt er auch, dass entgegen landläufiger Meinung das Fliegen gar nicht so schwierig sei und man es recht schnell lernen könne.
Der Mitarbeiterstamm setzt sich aus zwei Fluglehrern, zwei Bürokräften und einem Flugzeugpfleger zusammen. Im Sommer, der Hauptsaison, unterstützen zwei Fluglehrer als freie Mitarbeiter das Team. Und diese Crew schafft es, im Jahr etwa 20 Piloten auszubilden.

Manfred Müller mit einem Flugschüler vor dem Start

Cockpit unserer Schulmaschine AQUILA AT01

Mindestens 45 Flugstunden benötigt ein Flugschüler, um von der Luftfahrtbehörde des Landes zur Prüfung zugelassen zu werden.
Bevor sich ein Flugschüler zum ersten Mal ins Cockpit begibt, steht allerdings ein straffer Theorieunterricht auf dem Stundenplan. Was regelt die Luftverkehrsordnung? Wie kann ich das Flugzeug navigieren? Was muss ich bei auftretenden Störungen am Flugzeug tun? Wie verändert sich das menschliche Leistungsvermögen in unterschiedlichen Höhen? Wie kann ich mich auf das Wetter während des Fluges einstellen? Und viele Fragen mehr.
In insgesamt sieben Fächern muss eine theoretische Abschlussprüfung bestanden werden.
Und dann geht es endlich in die Luft. Dazu stehen der Aerowest Flugcenter GmbH fünf Flugzeuge zur Verfügung: zwei zweisitzige Flieger der Firma Aquila, zwei viersitzige der Marke Cessna und ein Ultraleichtflugzeug.
Dabei spürt Manfred Müller die Freude und den Spaß am »Lustfliegen«, wie er es nennt. Aber er

Über den Wolken / Zentralalpen

Über den Wolken zwischen Dortmund und Braunschweig

registriert auch einen höheren Puls und eine gewisse Anspannung bei seinen Auszubildenden. Mit jeder Flugstunde werden die künftigen Piloten Schritt für Schritt an höhere Aufgaben herangeführt.

Ein besonderes Highlight im Leben jedes Flugschülers ist dann sein erster Alleinflug, auch wenn er sich dabei immer in Sichtweite der Flugschule befinden muss. Manfred Müller dazu: »Das ist für jeden Piloten sehr aufregend. Daran erinnert er sich noch jahrelang und erzählt es seinen Kindern oder Enkeln.«

Cockpit unserer Ultraleichten Remos G3

Cockpit unserer C 172 D-EHBM

Der Flugschüler muss sowohl in der zweisitzigen wie auch in der viersitzigen Maschine Erfahrungen und Flugstunden sammeln. Dabei finden im Rahmen der Ausbildung nicht nur Flüge im Raum des Braunschweiger Flughafens statt, es geht auch in Richtung Magdeburg, Stendal, Dessau oder Hannover. Und zum Ende der Ausbildung steht ein mindestens 270 Kilometer langer Dreiecksflug allein ohne Fluglehrer mit einer Landung auf zwei Fremdflughäfen auf dem Programm.

Die Ausbildung hat zwar ihren Preis, ist aber für die Erfüllung eines Lebenstraums nicht unerschwinglich: Die europäische Fluglizenz kostet 11 500 Euro, die nationale etwa ein Drittel weniger. Für etwa 7000 Euro kann man sich in einem Ultraleichtflugzeug ausbilden lassen.

Da ein Mann wie Manfred Müller selten mit dem Erreichten zufrieden ist, hat er sich ein längst ein zweites Standbein geschaffen: Taxiflüge sind bei ihm nicht nur beliebt, sondern für viele Geschäftsleute ein Muss. Zur Erholung und Entspannung gehören Flüge zwischen Harz und Heide zu seinem Unternehmensangebot. Doch die Wiedervereinigung machte es möglich und erforderlich: Als sich die osteuropäischen Länder dem Westen zuwandten, stieg die Anzahl der von hiesigen Unternehmern gecharterten Maschinen mit Flügen Richtung Osten rapide an.

Diese Flüge mit Hin- und Rückflug an einem Tag erfreuen sich immer größerer Beliebtheit. Sie sparen nicht nur kostbare Zeit, sondern sind für viele Unternehmer gerade deswegen preisgünstig.

Unsere C 172 D-EHBM für Schulung und Reise (Foto: Andreas Medlhammer)

Unsere AT 01 D-ENSM

Und auch nach mehr als 30 Jahren, von denen Manfred Müller einen Großteil in der Luft verbracht hat, freut er sich auf jeden Start und hat den Spaß an seinem Beruf nie verloren.

Aerowest Flugcenter GmbH
Lilienthalplatz 5 · 38108 Braunschweig
Tel. (05 31) 35 13 30 · Fax (05 31) 35 30 29
info@flugschule-aerowest.de

Wenden-Thune-Harxbüttel

Wo Schunter, Öl und Honig fließen

Von Heidemarie Mundlos, Bezirksbürgermeisterin

Der Milo-von-Bismarckplatz am Ortseingang Wenden mit dem großen Findling

Wer von Braunschweigs Innenstadt oder vom Eintracht-Stadion aus einfach nach Norden fährt, kommt um uns nicht herum – es sei denn er verpasst den südlichen Ortseingang von ***Wenden***, wo er von der ehemaligen B 4 links abbiegen muss. Doch selbst dann erlebt er Beeindruckendes, denn er gelangt nach rund 200 Metern zur *Schunter*, die unseren Bezirk durchschlängelt und die Landschaft durch ihre Auen prägt – zum Teil noch fast naturbelassen oder renaturiert, und zwar mit ansehnlichem Erfolg. Und gleich daneben, selbst von Einheimischen fast unbeachtet, befindet sich mit der Firma *Fürstenreform* – Deutschlands größter Honigproduzent, dessen Marken (unter anderem Bihophar und Langnese) Weltruf haben. Wer noch weiter fährt, gelangt zu einem der größten Möbelhäuser der Region, das seit seiner Gründung im Jahr 1919 dem Standort die Treue gehalten hat und mit seinem einprägsamen Namen MÖMA in der Region fast zum Synonym für *Wenden* geworden ist.

Doch nun sollte man das tun, was das Ortsschild verlangt: Wenden, damit man das Südtor des Bezirks erwischt, den *Milo-von-Bismarck-Platz* mit dem großen Findling und dem Gedenkstein für den unvergessenen früheren Bezirksbürgermeister und Ratsherrn. Dass dieser Platz von Bürgern gestaltet wurde und gepflegt wird, dass hier zu Ostern und Weihnachten Bäume geschmückt werden, die Ankommende und Vorbeifahrende grüßen, spricht für die Aufgeschlossenheit, Verbundenheit und Verlässlichkeit der Menschen. So prägen auch beide Kirchengemeinden, die Freiwilligen Feuerwehren und die Vereine das Leben im Bezirk durch kulturelle, sportliche und gesellige Veranstaltungen, wie zum Beispiel die Osterfeuer, Maibäume, Konzerte, Weihnachtsmärkte und sogar eine »Romantische Nacht« um die Kirche St. Johannes Baptista herum, dem Identifikationspunkt unserer drei Ortschaften im historischen Dorfkern von *Wenden*.

Bezirksbürgermeisterin Heidemarie Mundlos

Aufgeschlossen und international: Die Scottish Drums and Pipes musizieren beim Volksfest.

Wenden ist unverkennbar eine altes Straßendorf, das sich erst im Laufe des letzten Jahrhunderts baulich etwas gerundet hat. Zwar fließt zur Freude der Einwohner nun der Nord-Süd-Fernverkehr auf der A391 an Wenden vorbei, doch so wie die Schunter ab und zu ihr Hochwasser in unseren Bezirk schüttet, so ergießt sich bei Staus auf der A2 oder der A391 ein gewaltiger Verkehrsstrom nach *Wenden* hinein. Manchen dieser Zufallsbesucher überrascht dann das Geschäftsangebot auf unserer *Hauptstraße* – der einzigen Braunschweigs: Hier bekommt man nicht nur alles, was man zum Leben braucht, sondern kann auch bei einem Stück Torte, einem Capuccino oder einem Eis die Seele baumeln lassen, denn *Wenden* zeigt sich weltoffen. Genießen Sie es auf deutsch, griechisch, italienisch oder sportlich oder starten Sie im nördlichsten Teil *Wendens* vom Hotel *Seminarius* aus, eine kulinarische Kreuzfahrt in internationalen Gewässern. Danach können Sie sich direkt gegenüber in die »Fluten stürzen«, nämlich im Wendener Hallenbad. Gleich nebenan befindet sich übrigens mit der Firma *Perschmann* ein weiteres Unternehmen von Weltrang – spezialisiert auf Qualitätswerkzeuge und Kalibrierdienste.

Wer nun neugierig geworden ist, kann uns leicht testen, denn seit 1999 haben wir den »direkten Draht« zur Stadt, die *Stadtbahn*, deren Endhaltestelle (Linie M1) gegenüber vom Schulzentrum mit Grundschule, Lessinggymnasium und Bücherei am Heideblick liegt. Stadt und Dorf, Tradition und Moderne sind also bei uns nebeneinander präsent, und darauf sind wir ein klein bisschen stolz.

Außer der Schunter durchquert der Mittellandkanal unseren Bezirk: Ohne Brücken wären ***Thune*** und Harxbüttel nicht erreichbar. Thune ist der Ortsteil mit dem stärksten Einwohnerzuwachs, denn hier entstand in den 1990ern mit dem *Grefenhoop* das größte Baugebiet des Bezirks. Die Wälder um *Thune* sind die Perlen des Ortes, die jährlich beim Volkswandern in Augenschein genommen werden, und auf den Feldern sieht man »nickende Pferdeköpfe«, die »flüssiges Gold« förden: Unser

Bezirk ist zwar kein OPEC-Mitglied, doch in den letzten 50 Jahren wurde über eine Million Tonnen Erdöl gefördert. Auch für musikalisches Gold sind *Thune* und *Wenden* berühmt: Neben den traditionsreichen Männergesangvereinen gibt es hier die einzigen Feuerwehrmusikzüge Braunschweigs. Der Thuner Musikzug schafft es in jedem Frühjahr mit einem schwungvollen Konzert über 1000 Gäste von fern und nah anzulocken!

Nach ***Harxbüttel*** gelangt man nun (von Thune aus) durch erneutes Wenden: Zurück über die Thuner Schunterbrücke, der tiefstgelegenen des ganzen Bezirks, auf der man sich bei Hochwasser rasch nasse Füße holt, bis kurz vor den Mittellandkanal, wo man nach Westen abbiegt. Vorbei geht es unter anderem an der Firma *GE Healthcare Buchler*, einem der europaweit führenden Hersteller von Radiopharmazeutika. Kurz vor *Harxbüttel* trifft man eine alte Bekannte: die Schunter. Der früher mäandierende Flusslauf wurde einst begradigt, aber vor kurzem wieder renaturiert. So kommt die Natur im ältesten Ort unseres Bezirks besser zum Zuge und sogar Störche sollen nun wieder heimisch werden. Gelungen ist auch die Verschönerung der Ortseinfahrt, so dass jeder Ankommende sieht: Vor über 1000 Jahren war hier »Herikesgebutle«, eine Wurzel unseres schönen Bezirks, die von allen drei Orten noch am ehesten landwirtschaftlich geprägt ist. Dennoch: Die Mehrzahl der Einwohner lebt in älteren und jüngeren Neubaugebieten, von denen das letzte in Richtung Lagesbüttel gerade entsteht.

Drei so unterschiedliche Orte in einem gemeinsamen Bezirk, doch sie ergänzen sich und bereichern sich gegenseitig: Eine gelungene Symbiose – hervorgegangen aus einer im Jahr 1974 nicht unumstrittenen Gebietsreform. Gut Ding will eben Weile haben!

Musik wird im hohen Norden großgeschrieben. Chorkonzerte sind stets bestens besucht.

Dirtekt hinter dem Kanal beginnt der Ortsteil Thune, dessen Einwohnerzahl in den vergangenen Jahren dank großer Neubaugebiete kräftig gewachsen ist.

Stimmung pur: Romantiknacht in der Kirche St. Johannes Baptista

Es lebe das Brauchtum: fröhlicher Tanz in Tracht unter dem Maibaum.

Hoffmann Group Perschmann

Seit mehr als 140 Jahren im Dienst des Kunden

Das Unternehmen wurde 1866 von Heinrich Perschmann als Eisenwaren- und Werkzeughandel in Braunschweig gegründet. Mittlerweile ist der Betrieb in Wenden, einem nördlichen Stadtteil von Braunschweig, angesiedelt und beschäftigt mehr als 340 Mitarbeiter an vier Standorten. Das Familienunternehmen wird in der fünften Generation von Justus Perschmann geführt.

Ein unübersehbarer Gabelschlüssel vor dem Betriebsgelände ist das Erkennungszeichen für den Spezialisten im Bereich Qualitätswerkzeuge und Kalibrierdienstleistungen.

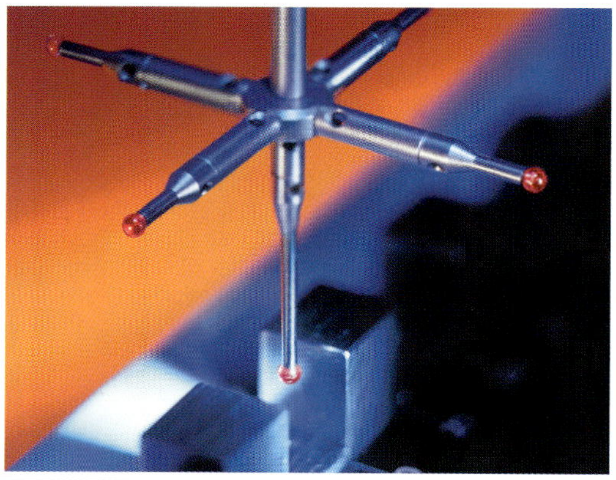

Koordinatenmesstechnik im Kalibrierlabor

Die Hch. Perschmann GmbH ist Partner der Hoffmann-Group und als solcher in Deutschland aktiv, mit Hauptsitz in Braunschweig, einem Vertriebsbüro in Berlin sowie einer Tochtergesellschaft in Polen.

Spezialisiert hat sich Perschmann auf den Vertrieb von hochwertigen Werkzeugen für Industrie und Handwerk. Heute ist die Hoffmann-Group als Systemlieferant von Qualitätswerkzeugen die Nummer eins in Deutschland und führend in Europa. Das Kernsortiment umfasst innovative Qualitätswerkzeuge in den Bereichen Zerspanungstechnik, Spanntechnik, Messtechnik, Schleif- und Trenntechnik sowie Betriebseinrichtungen.

Mit einer besonderen Auszeichnung wurde die Firma Perschmann GmbH im Jahre 2004 belohnt. Sie wurde als einer der 25 besten Liefe-

Kubus, Neubau Logistik

Werkzeugkatalog, immer das richtige Werkzeug (GARANT, Herstellermarken, HOLEX)

Gründerhaus 1877, Reichsstraße

Reichsstraße, Büro Innenansicht

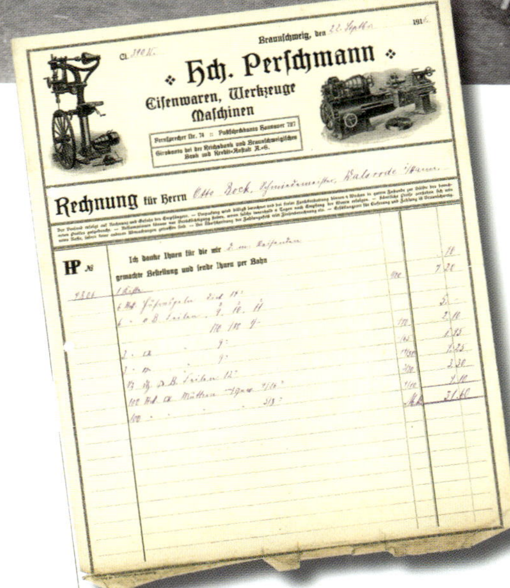

Rechnungslegung
um die Jahrhundertwende

ranten des VW-Konzerns prämiert. Der Wolfsburger Automobilbauer verleiht diese begehrte Auszeichnung weltweit alle zwei Jahre an seine Top 25-Lieferanten.
Nominiert für den Award wurden die 100 wichtigsten Zulieferer. Dabei ist die Perschmann GmbH für die beispielhafte unternehmerische Leistung im Bereich der Kostenverringerung durch Prozessoptimierung (e-Commerce) ausgezeichnet worden.

Mit seinem 1993 errichteten Kalibrierlabor, seit 2005 als eigenständige Perschmann Calibration GmbH geführt, bietet Perschmann den Kunden der Hoffmann Group einen Komplettservice im Bereich Kalibrierung von Mess- und Prüfmitteln an. In Nürnberg wurde 2006 ein weiteres Kalibrierlabor eröffnet. Heute zählt das Labor für die Messgrößen »Länge und Drehmoment sowie Waagen« zu den größten in Deutschland.

HPC-Fräsen, speziell für die Hartbearbeitung

Mit über 140 Jahren Erfahrung als Familienunternehmen lebt Perschmann eine Unternehmenskultur, die durch die Werte »klar«, »beweglich«, »verantwortungsvoll«, »vertrauensvoll«, »selbstbewusst« und »anspruchsvoll« geprägt ist.

Höchste Qualität ist bei Perschmann Pflicht. Im Mittelpunkt des Handelns steht dabei der Mensch, was sich auf Kunden wie auf eigene Mitarbeiter bezieht.

von links nach rechts:
Miodrag Zivic, Geschäftsleitung Vertrieb, Justus Perschmann, Geschäftsführer und Inhaber, Michael Uphaus, Geschäftsleitung Einkauf und Logistik, Horst Lanzke, kaufmännische Geschäftsleitung

Aber es gibt natürlich auch ganz »nüchterne« Komponenten des Erfolges, wie die höchste Lieferfähigkeit in der Branche, eine sehr schnelle Belieferung innerhalb von 24 Stunden und die hohe Beratungskompetenz. Der ausgefeilte, übersichtliche Katalog mit Festpreisen und jährlicher Neuauflage in 15 Sprachen setzt Maßstäbe in der Industrie.

Auch zukünftig wird das Motto des Gründervaters, »schlechte Werkzeuge sind geschenkt zu teuer, und gutes Werkzeug ist halbe Arbeit«, das Unternehmen und seine Mitarbeiter begleiten.

Hch. Perschmann GmbH
Hauptstraße 46d · 38110 Braunschweig
Tel. (0 53 07) 93 31 00 · Fax (0 53 07) 93 31 52
info@perschmann.de · www.hoffmann-group.com

Orts-, Personen-, Firmen- und Sachregister

A
Aerowest ..... 272 ff
Altstadtrathaus ..... 188 ff
Artline Dental ..... 164 ff
Assebummler ..... 52 ff

B
Basketball Historie ..... 130 ff
Bebelhof ..... 40 ff
Bienrode-Waggum-Bevenrode ..... 270 ff
Boom, Rechtsanwalt 161
Borkowski ..... 260 ff
Botanischer Garten ..... 98 ff
Braunschweig Classix ..... 156 ff
Braunschweiger Tanz-Sport-Club ..... 194 ff
BS Energy ..... 184 ff
Bürgerstiftung ..... 172 ff

C
Christentum-Säule 143

D
Das gebaute Braunschweig ..... 178 ff
DAX Bierbörse 167
Dellner & Hüser 220
Denkmalpflege 180 ..... ff
Deutsches Luft- und Raumfahrtzentrum ..... 268 ff
Deutsches Therapie Zentrum ..... 72 ff
Dom ..... 114 ff

E
Eck*cellent ..... 104 ff
Eintracht Braunschweig ..... 236 ff
Eisenbahnfreunde ..... 50 ff
Elixia 243
Entstehung der Stadt ..... 8 ff

F
Fachwerk ..... 138 ff
FENICOM ..... 256 ff
Filmfest ..... 108 ff
Fliesen Winter 32
ForschungsRegion ..... 192 ff
Frachtrasch ..... 214 ff
Franzi's & Pupasch ..... 152 ff

G
Gasballon 259
Gastwerk Rodizio 242
Golfclub ..... 30 ff
Görge ..... 36 ff
Guido's Pizzeria ..... 182 ff

H
Hafenbetriebsgesellschaft ..... 264 ff
Heimbs Kaffee ..... 92 ff
Heißluftballon 21
Hochschule für Bildende Künste ..... 64 ff
Hoffmann Group Perschmann ..... 276 ff
Hospiz 107

I
Industrie- und Handelskammer ..... 90 ff
I-Vent 33

J
Jakob Kemenate ..... 190 ff
Jo. Wolter Hausverwaltungen 155
Jo. Wolter Immobilien 113
Johann Heinrich von Thünen-Institut (vTI) ..... 246 ff
Junicke ..... 218 ff

K
Kaiser Otto IV ..... 70 ff
Karneval ..... 162 ff
KartCity 49
Klimawandel ..... 12 ff
Klinik am Zuckerberg ..... 54 ff
Klinikum Braunschweig ..... 118 ff
Komödie am Altstadtmarkt ..... 146 ff
Koukal, Barbara ..... 126 ff
Kultur im Zelt 175

L
Leiferde 16
Lindi 161
Literatur im Zelt 235
Literaturreihe 213
Loge, Freimaurer ..... 134 ff
Löwen Classics ..... 88 ff
Löwenkrone 45
Lusitano Gestüt 29

M
Men's Gala ..... 204 ff
Meyer, Christoph ..... 250 ff
Mili's Haarstudio ..... 94 ff
Milkau ..... 168 ff
Möbelzentrum Stöckheim ..... 18 ff
Movie 171
Museen ..... 82 ff
Mutter Habe nicht 97

N
Neubauer ..... 34 ff
NI Coffee ..... 158 ff

O
Okertour ..... 58 ff
Oskar Kämmer Schule ..... 176 ff

Ö
Östliches Ringgebiet ..... 208 ff

P
Parkanlagen 117
Paul-Gerhardt-Gemeinde 142
Phantoms ..... 132 ff
Physikalisch-Technische Bundesanstalt ..... 244 ff

Q
Quadriga 207

R
Reitstall Crome ..... 24 ff
Richard Borek Stiftung .....
.... 107, 117, 142, 143, 151, 178 ff, 180 ff, 207, 217
Riddagshausen ..... 222 ff
Ritter St. Georg ..... 148 ff
Rüdebusch ..... 26 ff

S
Sander Einrichtungshaus ..... 110 ff
Schadt's Brauerei ..... 198 ff
Scharping 217
Schloss Arkarden ..... 136 ff
Schlossmuseum 151
Schule 213
Schwarzer Berg ..... 232 ff
Sindermann ..... 252 ff
Staake Investment ..... 128 ff
Staatstheater ..... 100 ff
Stadtbibliothek 203
Stadthalle 44
Stadthotel Magnitor ..... 200 ff
Stadtregale 81
Stöckheim 16
Südstadt 39

T
Technische Universität ..... 144 ff
Tennis ATP ..... 61 ff
Traditionsinsel ..... 74 ff

V
Veltenhof 267
Vier Linden, Gaststätte ..... 210 ff
Viewegs Garten ..... 40 ff
Volkmarode ..... 228 ff
Volksbank Braunschweig/Wolfsburg ..... 122 ff
Volkswagenhalle ..... 86 ff

W
Wenden-Thune-Harxbüttel 274
Weststadt ..... 68 ff
Windmühlenkirche 263
Wolters ..... 46 ff

Y
Yachthafen Heidanger ..... 248 ff

Z
Zoo »Arche Noah« ..... 22 ff

Bildquellennachweis

Seite 3-5 Oliver Quantz **S. 6** Agentur Hübner **S. 8-11** Archiv Braunschweigisches Landesmuseum, Ingeborg Simon, Rudolf Flentje **S. 12-15** Prof. Walter Ackers **16/17** Peter Valentin **18-21** Fotostudio Sascha Grahmann **21** Frank Stahlkopf, Manfred Manlik **22/23** Archiv Zoo »Arche Noah« **24/25** Martina Rühl-Behrendt **26-29** Archiv Sped. Rüdebusch **30/31** Archiv Golf-Club **34/35** Holger Rietzeler **36-38** Archiv Görge **39** Oliver Fuhrmann **40-43** Karl-Heinz Löffelsend **44** Archiv Stadthalle **46-48** Archiv Wolters **49** Kenny Weiss **50/51** Jörg May **52/53** C. Hölscher, G. Joerks, T. Blumenberg **54-57** Holimed Verlagsgesellschaft **58-60** Fotostudio Sascha Grahmann, Chiara Werner, Dr. Frank Kornath **61-63** Brunswiek Marketing GmbH **64-67** Matthias Langer, Michael Weissköppel, Katharina Gattermann, Nadine Decker, Susann Dietrich, Sabrina Wolter **68/69** Archiv Braunschweigisches Landesmuseum, BLM, Ingeborg Simon, HAUM, Bernd-Peter Keiser **72/73** Antje-Katrin Loose **74-80** Manfred Gruner 81 Markus Fischer **82-85** Claus Cordes, Bernd Peter Kaiser, SNHM, Ilona Döring, Hans Jürgen Derda, BLM **86/87** Archiv Stadthalle **88/89** T.-BS Sportmarketing **90/91** IHK, Okerland Archiv, Heinz Grahmann **92/93** Archiv Heimbs **94-96** Heidrun Gramm, Marcel Schmidt **98/99** Michael Kraft **100-103** Christian Bort, Franz Schlechter, Jochen Quast, Thomas Ammerphol **107** Archiv Richard Borek Stiftung **108/109** Dirk Alper **110-112** Archiv Sander **114-116** Theofil Andreev **117** Heidemarie Pape, Maja Ohrdorf, Gisela Rothe **118-121** Archiv Klinikum Braunschweig **126/127** Fotostudio Sascha Grahmann **130/131** Ulrich Everling **132/133** Werbeagentur PartnerDesign **136/137** Archiv ECE Hamburg **138-141** Theofil Andreev 143 Kerry Wagner **144/145** Okerland Archiv, Andreas Baumann, TU Braunschweig **148-150** Fotostudio Sascha Grahmann, Carius Novak **151** Dr. Bernd Wedemeyer **152-154** Koch GbR **156/157** Archiv BraunschweigClassix **158-160** Fotostudio Sascha Grahmann **162/163** Linda Radke **164-166** SGB Medien, Havard Fossum **168-170** Nadine Milkau **178/179** Prof. Walter Ackers **180/181** Udo Gebauhr **184-187** Archiv BS Energy **188/189** Monika Heidemann **190/191** Heinz Kudalla, Stadt Braunschweig, Nds. Landesamt für Denkmalpflege, Dieter Haupt **192/193** Jens Simon, HZI, PTB, TU Braunschweig, Okerland Archiv, Helmholtz-Zentrum, Forschungsflughafen Braunschweig, ST.R. Meier, DSMZ, Siemens AG, Stadt Braunschweig **196/197** Theofil Andreev **200-202** Fotostudio Sascha Grahmann **203** Stadt Braunschweig Medienzentrum Gisela Rothe **204-206** Stefan Müller **207** Archiv Richard Borek Stiftung, Theofil Andreev **208/209** Georg Wittwer **210-212** Dirk Alper 213 Archiv Richard Borek Stiftung **214-216** Theofil Andreev **217** Marc Scharping **218-221** Ulli Frank **222-225** Reinhard Wetterau, Dieter Heitefuß **226/227** Dr. Michael Dahlke **228-231** Jörn Miehe, Dr.-Ing. Günter Weinhausen, Dr. Jürgen Böhm, Joachim Tappenbeck **232-234** Dieter Heitefuß, J. Schmidt, E. Biener **236-241** Archiv Eintracht Braunschweig, www. Eintracht.com **242** Falk Gawonski **244/245** PTB **246/247** Dr. Michael Welling, vTI Hamburg **250/251** Fotostudio Sascha Grahmann **252-255** Theofil Andreev **256-258** Fotostudio Sascha Grahmann **259** Frank Stahlkopf **263** Matthias Grand **264** Theofil Andreev **267** Dr. Falkenroth, Matthias Grand **270/271** Heiner Waßmuß **279** Oliver Quantz **280** Frank Stahlkopf

Die Bilder auf den nicht genannten Seiten sind von den an dieser Stelle vorgestellten Protagonisten geliefert und verantwortet. Wenn erforderlich, sind die entsprechenden Quellenhinweise in der Bildlegende aufgeführt oder am Bild angebracht.
Die Bilder der im Buch vertretenen Institutionen sind ebenfalls von diesen geliefert und verantwortet.
Die Bilder auf dem Cover sind dem Innenteil des Buches oder dem gelieferten Bildmaterial entnommen.

Wir sagen Danke

Einen ganz herzlichen Dank sagen wir allen, die beim Erstellen dieses Buches behilflich waren und damit zum Gelingen des Bildbandes »Das BraunschweigBuch« beigetragen haben.
Ohne die Unterstützung, guten Ideen, die Einsatzfreude und Kompetenz zahlreicher Beteiligter wäre es nicht möglich gewesen, die Stadt Braunschweig auf so einzigartige und noch nicht gekannte Weise vorzustellen.
So ist ein Buch entstanden, das eine Gemeinschaftsleistung vieler außergewöhnlich engagierter Personen ist.
Nur um eine Einstufung zu vermeiden, nenne ich hier nicht einige Namen von Partnern, die mit großem Aufwand, mit Liebe zum Detail und hoher Kompetenz einen wesentlichen Beitrag zur Qualität dieses Buches geleistet haben.
Unser besonderer Dank gilt den Stadtbezirken und Stadtteilen, den Institutionen und den Betrieben, die uns bei der Gestaltung mit Bildmaterial und wichtigen Informationen zur Seite gestanden haben.
Vor allem aber bedanken wir uns bei einer hohen Zahl von Protagonisten, die durch die Vorstellung ihrer umfangreichen und interessanten Angebote und Projekte dieses Buch so abwechslungsreich machen, aber auch die Basis dafür geschaffen haben, das Buch zu einem ungewöhnlich günstigen Preis anbieten zu können.
Viele Autorinnen und Autoren stellen sich vor, um über ihr Betätigungsfeld und Wissenswertes aus dem Umfeld zu berichten. So gelangen unsere Leser an Informationen, die für eine große Anzahl sicherlich neu, spannend oder amüsant sind.
Zahlreiche Bürgermeister und Heimatpfleger haben uns ihre Bezirke und Stadtteile derart engagiert und umfangreich näher gebracht, dass in allen Beiträgen die enge Verbundenheit zu ihrer Heimat zu erkennen ist.
Für diese wohlwollende Unterstützung, tatkräftige Hilfe und engagierte und angenehme Zusammenarbeit sagen wir allen Beteiligten ein großes Dankeschön.

Die schönsten Seiten Deutschlands

Weitere Titel finden Sie im Internet unter www.limosa.de

Edition Limosa | Agrimedia GmbH | Lüchower Straße 13a | 29459 Clenze
Telefon (0 58 44) 97 11 63-0 | Telefax (0 58 44) 97 11 63-9 | mail@limosa.de | www.limosa.de